Projeto LUMIRÁ

MATEMÁTICA 4

Organizadora: Editora Ática S.A.
Obra coletiva concebida pela Editora Ática S.A.
Editora responsável: Heloisa Pimentel

Material de apoio deste volume:
- Cartonados
- Caderno de Atividades

editora ática

editora ática

Diretoria editorial
Lidiane Vivaldini Olo

Gerência editorial
Luiz Tonolli

Editora responsável
Heloisa Pimentel

Coordenação da edição
Ronaldo Rocha

Edição
Pamela Hellebrekers Seravalli, Letícia Mancini Martins e André Luiz Ramos de Oliveira

Gerência de produção editorial
Ricardo de Gan Braga

Arte
Andréa Dellamagna (coord. de criação),
Talita Guedes (progr. visual de capa e miolo),
André Gomes Vitale (coord.),
Claudemir Camargo Barbosa, Mauro Fernandes e Christine Getschko (edição)
e Casa de Tipos (diagram.)

Revisão
Hélia de Jesus Gonsaga (ger.), Rosângela Muricy (coord.),
Ana Paula Chabaribery Malfa, Heloísa Schiavo,
Luís Maurício Boa Nova, Patrícia Travanca
e Paula Teixeira de Jesus;
Brenda Morais e Gabriela Miragaia (estagiárias)

Iconografia
Sílvio Kligin (superv.), Denise Durand Kremer (coord.),
Carlos Luvizari e Evelyn Torrecilla (pesquisa),
Cesar Wolf e Fernanda Crevin (tratamento de imagem)

Ilustrações
Estúdio Icarus CI – Criação de Imagem (capa),
Ampla Arena Estúdio, Estúdio Bela Magrela, Estúdio Tris,
Fabiana Shizue, Ilustra Cartoon, Jefferson Costa, Jorge Zaiba,
Pablo Mayer, Simone Zaich e Valter Ferrari;
Ilustra Cartoon e Pablo Mayer (Caderno de Atividades)

Direitos desta edição cedidos à Editora Ática S.A.
Avenida das Nações Unidas, 7221, 3º andar, Setor A
Pinheiros – São Paulo – SP – CEP 05425-902
Tel.: 4003-3061
www.atica.com.br / editora@atica.com.br

Dados Internacionais de Catalogação na Publicação (CIP)
(Câmara Brasileira do Livro, SP, Brasil)

> Projeto Lumirá : matemática : ensino fundamental I / obra coletiva concebida pela Editora Ática ; editor responsável Heloisa Pimentel. – 2. ed. – São Paulo : Ática, 2016.
>
> Obra em 4 v. para alunos do 1º ao 5º ano.
>
> 1. Matemática (Ensino fundamental) I. Pimentel, Heloisa.
>
> 16-00040   CDD-372.7

Índices para catálogo sistemático:
1. Matemática : Ensino fundamental 372.7

2017

ISBN 978 85 08 17890 2 (AL)
ISBN 978 85 08 17891 9 (PR)

Cód. da obra CL 739164

CAE 565 997 (AL) / 565 998 (PR)

2ª edição
3ª impressão

Impressão e acabamento
A.R. Fernandez

Elaboração de originais

Lígia Baptista Gomes

Licenciada em Matemática pelo Centro Universitário Fundação Santo André (SP)

Sonia Maria Pereira Vidigal

Pedagoga, mestra e doutoranda pela Faculdade de Educação da Universidade de São Paulo (USP)

Especialista em Relações Interpessoais (Unifran) e em Administração de Empresas (FGV-SP)

Lecionou na Educação Básica da Educação Infantil ao Ensino Médio

Atualmente leciona em curso de graduação e pós-graduação e de formação de professores nas áreas de Matemática e Psicologia do Desenvolvimento Humano com ênfase no desenvolvimento moral

Projeto LUMIRÁ

Este é o seu livro de **Matemática do 4º ano**.

Escreva aqui o seu nome:

....

....

Escreva aqui a sua idade:

....

Este livro vai ajudar você a pensar sobre o que já sabe, a investigar o mundo, a questionar o que vai aprender e a descobrir muito mais sobre a matemática.

Bom estudo!

Caro aluno

Você cresceu bastante. Está pronto para aprender mais coisas importantes e enfrentar novos desafios, como:

- ler e escrever com mais desenvoltura, compreendendo melhor diferentes palavras e textos;
- identificar e operar com números cada vez maiores, frações e decimais, e explorar figuras, medidas, tabelas e gráficos;
- compreender melhor o corpo humano, os fenômenos da natureza e a importância da conservação do ambiente;
- conhecer mais do planeta Terra e do Brasil;
- entender a história do Brasil e das pessoas que vivem em nosso país.

O **Projeto Lumirá** vai ajudá-lo com textos, atividades, jogos, ilustrações e fotografias muito interessantes. Você vai continuar aprendendo sempre mais e se divertindo com as novas descobertas.

Bom estudo!

COMO É O MEU LIVRO?

Este livro tem 4 Unidades, cada uma delas com 3 capítulos. No final, na seção **Para saber mais**, há indicações de livros, vídeos e *sites* para complementar seu estudo.

ABERTURA DE UNIDADE

Você observa a imagem, responde às questões e troca ideias com os colegas e o professor sobre o que vai estudar.

CAPÍTULOS

Textos, fotografias, ilustrações e atividades vão motivar você a pensar, questionar e aprender.

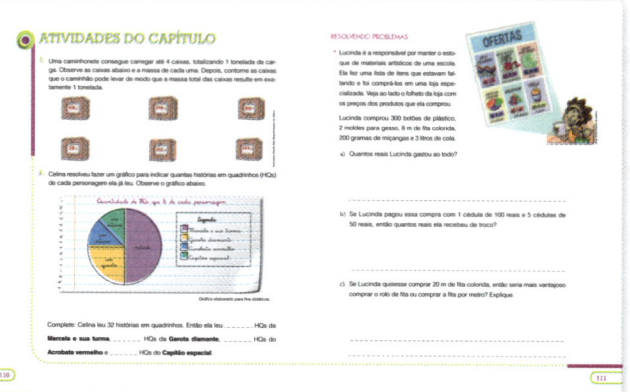

ATIVIDADES DO CAPÍTULO

Você encontra esta seção no final de cada capítulo. Ela traz mais atividades para completar seu estudo, acompanhadas de um programa de **Resolução de problemas**.

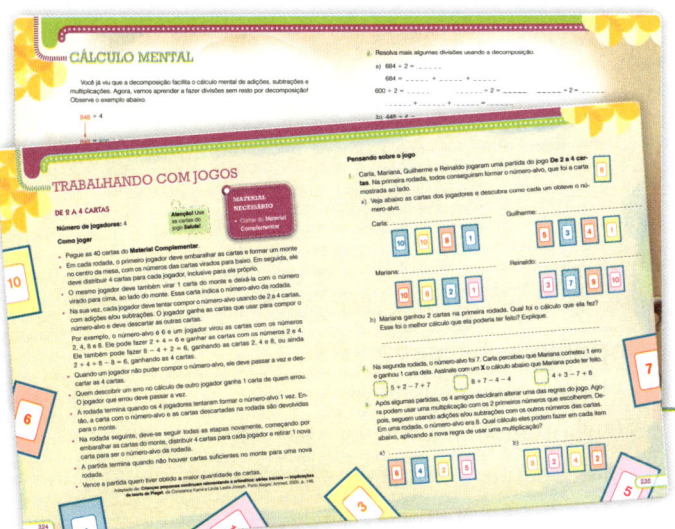

TRABALHANDO COM JOGOS E CÁLCULO MENTAL

Jogos e cálculos mentais vão levar você a usar a matemática para entender e transformar o mundo.

ÍCONE

🔊 Atividade oral

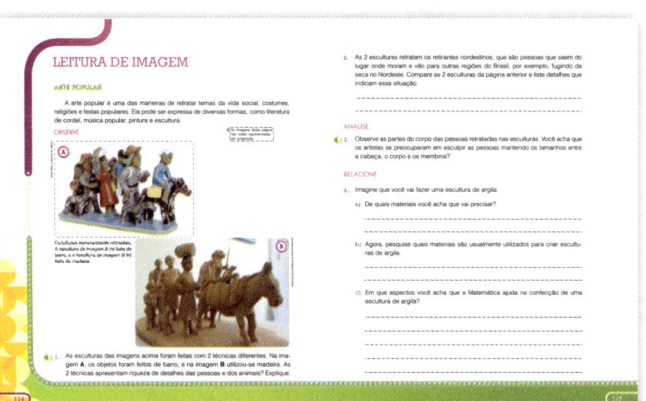

LEITURA DE IMAGEM

Aqui você vai fazer um trabalho com imagens que vão ajudar você a refletir sobre os temas estudados: o que é parecido com seu dia a dia, o que é diferente.

LER E ENTENDER

Nesta seção você vai ler diferentes textos. Um roteiro de perguntas vai ajudar você a ler cada vez melhor e a relacionar o que leu aos conteúdos estudados.

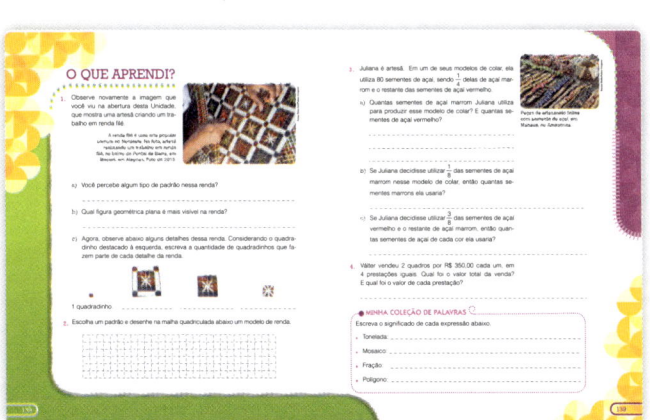

O QUE APRENDI?

Aqui você encontra atividades para pensar no que aprendeu, mostrar o que já sabe e refletir sobre o que precisa melhorar.

SUMÁRIO

UNIDADE 1

A MAGIA DO CINEMA 10

Capítulo 1: Números, imagens e ação! 12
- Para que servem os números? 12
- Números maiores do que 1 000 14
- Adição e subtração 18
- Adição com mais de 2 parcelas 20
- Calendário 22
- Tabela de dupla entrada 24
- Empilhamento de cubos e vistas 26
- **Atividades do capítulo** 30
- • Trabalhando com jogos 32

Capítulo 2: Formas, símbolos e cenas 34
- Símbolos matemáticos 34
- Decomposição e escrita por extenso 36
- Diferentes maneiras de resolver uma multiplicação 38
- Medidas de tempo: minutos e segundos .. 42
- Ampliação e redução de figura plana em malha quadriculada 44
- **Atividades do capítulo** 46
- • Cálculo mental 48

Capítulo 3: Cinema e pipoca, quanto custa? .. 50
- Operações com dinheiro 50
- Metade e um quarto de um inteiro 52
- Metade e um quarto de uma quantidade .. 54
- Desafios com a calculadora 56
- Medidas de comprimento 58
- Gráfico de colunas duplas 60
- Simetria 62
- Poliedros e corpos redondos 64
- **Atividades do capítulo** 66
- • Cálculo mental 68
- • Ler e entender 70

O QUE APRENDI? 72

UNIDADE 2

ARTE POPULAR 74

Capítulo 4: Fazendo arte 76
- Mosaicos e regularidades 76
- Multiplicação por número de 2 algarismos .. 80
- Metade, um quarto e um oitavo de um inteiro 84
- Metade, um quarto e um oitavo de uma quantidade 86
- Medidas de comprimento: milímetro, centímetro, metro e quilômetro 88
- Planificações 90
- **Atividades do capítulo** 92
- • Trabalhando com jogos 94

Capítulo 5: Números, formas e medidas 96
- Números e operações 96
- Multiplicação no jogo *Salute!* 98
- Problemas de multiplicação 100
- Medidas de massa: grama, quilograma e tonelada 102
- Gráfico de setores 106
- **Atividades do capítulo** 110
- • Cálculo mental 112
- • Leitura de imagem 114

Capítulo 6: Será que vai chover? 116
- Divisão no quadro de valor posicional 116
- Desafios com a calculadora 120
- Medidas de temperatura: graus Celsius (°C) .. 122
- Fração 124
- Polígonos 128
- **Atividades do capítulo** 132
- • Cálculo mental 134
- • Ler e entender 136

O QUE APRENDI? 138

UNIDADE 3

A MATEMÁTICA E O CAMPO 140

Capítulo 7: Semear e colher 142
- Números e medidas 142
- Compras com dinheiro 144
- Medida de superfície: área 146
- Metro quadrado 148
- Divisão com reagrupamento 150
- Gráfico de setores 154
- **Atividades do capítulo** 156
- • Trabalhando com jogos 158

Capítulo 8: Divisões, canteiros e combinações 160
- Mais divisões 160
- Jogo da divisão 162
- Área 164
- Comparação de frações 166
- Combinações 170
- Explorando polígonos 172
- **Atividades do capítulo** 174
- • Cálculo mental 176
- • Leitura de imagem 178

Capítulo 9: Hora de comprar e vender 180
- Equivalência de frações 180
- Frações nas compras 182
- Números decimais: décimos 184
- Medidas de capacidade: litro e mililitro 186
- Tabela e gráficos de colunas 188
- Prismas e pirâmides 190
- **Atividades do capítulo** 192
- • Cálculo mental 194
- • Ler e entender 196

O QUE APRENDI? 198

UNIDADE 4

TECNOLOGIA E COMUNICAÇÃO 200

Capítulo 10: Estudando no computador 202
- Grandezas e unidades de medida 202
- Fração e decimal maior do que 1 206
- Divisão: conferindo o resultado 208
- Gráfico de colunas e tabela 212
- Trocando dinheiro 216
- Gráfico de setores 218
- Simetria em polígonos 220
- **Atividades do capítulo** 222
- • Trabalhando com jogos 224

Capítulo 11: Jogos, centésimos e medidas 226
- Mais frações 226
- Números decimais: centésimos 228
- Medidas de massa e de capacidade 232
- Divisão: divisor de 2 algarismos 234
- Planificação de prismas e de pirâmides 236
- Segmento de reta 238
- **Atividades do capítulo** 240
- • Cálculo mental 242
- • Leitura de imagem 244

Capítulo 12: Dinheiro, decimais e figuras 246
- Centésimos e centavos do real 246
- Números decimais: milésimos 248
- Dobradura de *tsuru* 252
- Comparação e decomposição de decimais 254
- A calculadora e os decimais 258
- Área e perímetro 260
- Explorando prismas e pirâmides 264
- Pesquisas na internet 266
- **Atividades do capítulo** 268
- • Cálculo mental 270
- • Ler e entender 272

O QUE APRENDI? 274
PARA SABER MAIS 276
BIBLIOGRAFIA 279

CAPÍTULO 1

NÚMEROS, IMAGENS E AÇÃO!

PARA QUE SERVEM OS NÚMEROS?

Você já foi ao cinema? Se sim, você gosta de ir ao cinema?

O texto a seguir conta um pouco da história de como surgiu o cinema. Você verá que muitas coisas mudaram, desde os antigos filmes em preto e branco até os atuais desenhos animados e filmes produzidos com diversos recursos tecnológicos.

Um pouco da história do cinema

As primeiras ideias do cinema partiram de desenhos. Há muito tempo as pessoas sentem a necessidade de registrar movimentos por meio de pinturas e desenhos. Os chineses, por exemplo, há aproximadamente 7 mil anos, projetavam sombras de figuras sobre a parede, um jogo de sombras, próprio de seu teatro de marionetes.

Tempos depois, o inventor italiano Leonardo da Vinci realizou trabalhos utilizando a projeção de luz na superfície, criando a câmera escura. Essa câmera era formada por uma caixa fechada, com uma lente por onde passava a luz produzida por objetos que estavam fora da caixa.

Com base nessas invenções, os irmãos franceses Auguste e Louis Lumière inventaram, em 1895, o cinematógrafo: um aparelho considerado "3 em 1", pois era uma máquina de filmar, de revelar e de projetar.

Na época de criação do cinematógrafo, os filmes produzidos não tinham uma história. Esses filmes apresentavam apenas registros de imagens do cotidiano, em preto e branco.

Os filmes com histórias só começaram a ser produzidos pelo cineasta francês Georges Méliès. Seu filme **Viagem à Lua**, de 1902, tem apenas 14 minutos e foi o primeiro filme a abordar seres alienígenas.

Fonte de consulta: **Aprendendo Arte**, de César Coll e Ana Teberosky. São Paulo: Ática, 2000.

Granger, Nova York/Fotoarena

Cena do filme Viagem à Lua, de Georges Méliès, lançado em 1902.

1 O texto acima afirma que Auguste e Louis Lumière inventaram o cinematógrafo em 1895. O que você acha que esse número representa? Conte aos colegas e ao professor.

Os números podem ser usados com as seguintes finalidades.

- **Código:** são exemplos o número de um telefone e o número de uma linha de ônibus.
- **Contagem:** são exemplos o número que indica a quantidade de alunos de sua turma e o número que indica a quantidade de objetos em uma coleção.
- **Medida:** são exemplos o número que indica a duração de um filme e o número que indica a altura de um rinoceronte.
- **Ordem:** são exemplos o número que indica a posição de aluno em uma fila e o número que indica o ano do Ensino Fundamental em que você está estudando.

2 Releia a frase abaixo, extraída do texto da página anterior. Contorne os números dessa frase e escreva suas finalidades.

"Seu filme **Viagem à Lua**, de 1902, tem apenas 14 minutos e foi o primeiro filme a abordar seres alienígenas."

_____

_____

3 Dê exemplos de números que são usados como código.

4 Você já aprendeu que minuto e ano são unidades de medida de tempo. Que outras unidades de medida de tempo você conhece? Registre-as abaixo e compare sua resposta com as de alguns colegas.

_____

_____

5 O desenho animado brasileiro **O menino e o mundo** ganhou vários prêmios no Brasil e em outros países.

Complete: a duração desse filme é 80 minutos, ou seja, _____ hora e _____ minutos.

Cena do desenho animado brasileiro **O menino e o mundo**, de Alê Abreu, lançado no Brasil em 2014.

13

NÚMEROS MAIORES DO QUE 1000

Usamos números maiores do que 1000 em várias situações do dia a dia. Veja abaixo alguns exemplos.

As imagens desta página não estão representadas em proporção.

Vamos aprofundar o estudo dos números maiores do que 1000?

1 Observe o quadro numérico abaixo e pinte a sequência de números da 1ª coluna.

3000	3001	3002	3003	3004	3005	3006	3007	3008	3009
3010	3011	3012	3013	3014	3015	3016	3017	3018	3019
3020	3021	3022	3023	3024	3025	3026	3027	3028	3029
3030	3031	3032	3033	3034	3035	3036	3037	3038	3039
3040	3041	3042	3043	3044	3045	3046	3047	3048	3049
3050	3051	3052	3053	3054	3055	3056	3057	3058	3059
3060	3061	3062	3063	3064	3065	3066	3067	3068	3069
3070	3071	3072	3073	3074	3075	3076	3077	3078	3079
3080	3081	3082	3083	3084	3085	3086	3087	3088	3089
3090	3091	3092	3093	3094	3095	3096	3097	3098	3099

2 Observe o quadro da página anterior e troque ideias com os colegas sobre as questões abaixo.

a) Na sequência de números que você pintou, o que muda na escrita de um número para o outro? Por que ocorre essa modificação?

b) Compare a sequência de números da 1ª coluna com a sequência de números de outra coluna do quadro. Que semelhanças e diferenças você observa entre essas sequências?

c) Agora, observe a sequência dos números da 3ª linha do quadro. Como essa sequência é formada? Esse padrão pode ser observado nas demais linhas?

O quadro numérico da página anterior apresenta números com 4 **algarismos**. Você já sabe que os algarismos têm valores diferentes de acordo com a posição que ocupam na escrita do número.

Algarismos: são os 10 símbolos que usamos em nosso sistema de numeração para escrever os números. Em um número, cada algarismo ocupa uma posição, como mostra o quadro de valor posicional.

Veja abaixo como o número 3 048 é representado no quadro de valor posicional.

UM	C	D	U
Unidade de milhar	Centena	Dezena	Unidade
3	0	4	8

3 Escreva abaixo o valor de cada algarismo do número 3 048. Use as informações do quadro de valor posicional acima.

3 048

4 Procure no quadro numérico da página **14** e escreva abaixo um número com a característica de cada item.

a) Número em que o algarismo 8 esteja na ordem das unidades.

_____

b) Número em que o algarismo 5 esteja na ordem das dezenas.

_____

c) Número em que o algarismo 7 esteja na ordem das centenas.

_____

d) Número em que o algarismo 3 esteja na ordem das unidades de milhar.

_____

5 Ainda observando o mesmo quadro numérico, escreva um número em que o algarismo 3 tem cada valor indicado abaixo.

a) 3 _____

b) 30 _____

c) 300 _____

d) 3 000 _____

6 Alguns números pares desse quadro numérico têm algarismos iguais na ordem das dezenas e na ordem das unidades. Escreva abaixo esses números por extenso.

_____

_____

_____

7 Escreva um número de 4 algarismos para cada item abaixo.

a) O algarismo 5 deve aparecer 3 vezes e o algarismo 0 deve valer 0 centena.

_____

b) O algarismo 7 deve estar na ordem das centenas e também na ordem das unidades. _____

c) O algarismo 0 deve estar em todas as ordens possíveis. _____

8 Agora, responda.

a) Qual é o maior número de 4 algarismos? _____

b) Qual é o sucessor desse número? _____

9 Descubra uma regra para a formação de cada sequência numérica abaixo. Depois, complete as sequências com os números que faltam.

a) 4 050, 4 000, 3 950, _____, _____, _____, _____, 3 700.

b) 800, 840, 880, _____, _____, _____, _____, _____, 1 120.

c) 2 200, 2 140, 2 080, _____, _____, _____, _____, 1 780.

d) 900, 925, 950, _____, _____, _____, _____, 1 100.

10 Com um colega, leiam as dicas a seguir e descubram qual é o número citado.

- Estou entre o número 1 000 e o número 1 200.
- Sou um número par.
- O algarismo de minha centena não é 0.
- Tenho um algarismo que vale 5 dezenas.
- O algarismo de minha unidade é maior do que 7.

Eu sou o número: _____

QUAL É O NÚMERO?

11 Agora é a sua vez! Crie uma adivinha como a da atividade anterior e desafie um colega a respondê-la.

_____
_____
_____
_____

ADIÇÃO E SUBTRAÇÃO

Alan gosta de acompanhar o lançamento de filmes.

> O PRIMEIRO FILME DESSA TRILOGIA FOI LANÇADO EM 2008 E O SEGUNDO FILME FOI LANÇADO EM 2017. NOSSA, QUANTO TEMPO SE PASSOU ENTRE OS 2 LANÇAMENTOS!

> DIZEM QUE O LANÇAMENTO DO TERCEIRO FILME VAI SER 6 ANOS APÓS O LANÇAMENTO DO SEGUNDO FILME.

1 Ajude Alan a fazer os cálculos e escreva abaixo os resultados. Depois, conte a um colega como você calculou e veja o modo como ele fez.

a) O segundo filme dessa trilogia foi lançado quantos anos após o primeiro filme? _____

b) Em que ano vai ser lançado o terceiro filme?

_____

2 Resolva as adições e subtrações abaixo usando o quadro de valor posicional.

a) 915 + 181 = _____

UM	C	D	U
	9	1	5
+	1	8	1

c) 434 − 312 = _____

UM	C	D	U
	4	3	4
−	3	1	2

b) 292 + 297 = _____

UM	C	D	U
	2	9	2
+	2	9	7

d) 883 − 757 = _____

UM	C	D	U
	8	8	3
−	7	5	7

Vamos relembrar o nome dos termos de uma adição e de uma subtração.

Termos da adição

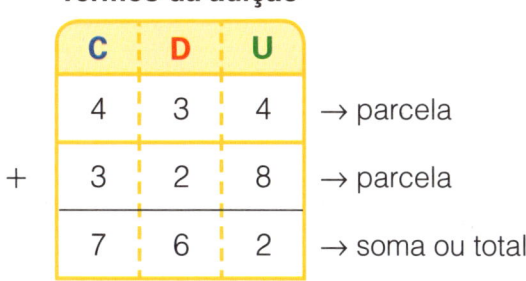

Termos da subtração

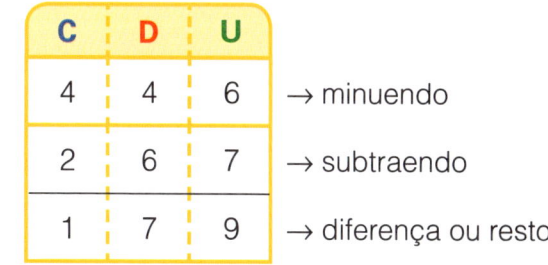

3 Pense nas operações e responda.

a) Uma subtração tem o número 2 300 como minuendo e o número 300 como subtraendo. Qual é o resto dessa subtração? _____

b) Uma adição tem parcelas 1 300 e 900. Qual é a soma ou o total dela? _____

4 Escreva uma adição e uma subtração com cada grupo de números abaixo. Siga o exemplo.

(52 7 59)   a) (17 41 58)   b) (349 129 220)

52 + 7 = 59

59 − 7 = 52

5 Com os colegas, identifique os termos das adições e das subtrações que vocês escreveram na atividade anterior.

6 Resolva os problemas abaixo. Use o caderno para fazer os cálculos e registrar os resultados. Depois compartilhe com os colegas como você pensou.

a) Em um cinema há 2 estacionamentos. O externo tem 135 vagas e o interno tem 57 vagas. Quantas vagas os 2 estacionamentos têm ao todo? Quantas vagas o estacionamento externo tem a mais do que o estacionamento interno?

b) Em uma casa de *shows* cabem 858 pessoas. Quinhentas e duas pessoas já compraram ingressos para o próximo espetáculo. Quantos ingressos ainda podem ser vendidos para esse espetáculo?

c) Ari tem 67 DVDs de filmes e sua irmã Celina tem 49 DVDs de filmes. Quantos DVDs eles têm ao todo?

ADIÇÃO COM MAIS DE 2 PARCELAS

Fabiano comprou 500 gramas de castanha-do-brasil, 350 gramas de castanha-de-caju e 130 gramas de castanha-da-índia. Ele vai misturar todas as castanhas em um recipiente e quer saber quantos gramas terá ao todo. Veja abaixo como ele está pensando.

SE EU MISTURAR AS CASTANHAS-DO-BRASIL E AS CASTANHAS-DE-CAJU, ENTÃO TEREI 850 GRAMAS DE CASTANHAS. DEPOIS MISTURO AS CASTANHAS-DA-ÍNDIA E FICO COM 980 GRAMAS.

SE EU MISTURAR AS CASTANHAS-DO-BRASIL E AS CASTANHAS-DA-ÍNDIA, ENTÃO TEREI 630 GRAMAS DE CASTANHAS. DEPOIS MISTURO AS CASTANHAS-DE-CAJU E FICO COM 980 GRAMAS.

E SE EU MISTURAR AS CASTANHAS-DE-CAJU E AS CASTANHAS-DA-ÍNDIA, ENTÃO TEREI 480 GRAMAS DE CASTANHAS. DEPOIS MISTURO AS CASTANHAS-DO-BRASIL E TAMBÉM FICO COM 980 GRAMAS!

Pensamento **A**

Pensamento **B**

Pensamento **C**

1 Complete as adições abaixo para representar cada pensamento de Fabiano.

Pensamento **A**

C	D	U
5	0	0
+ 3	5	0

C	D	U
8	5	0
+ 1	3	0

Pensamento **B**

C	D	U
5	0	0
+ 1	3	0

C	D	U
6	3	0
+ 3	5	0

Pensamento **C**

C	D	U
3	5	0
+ 1	3	0

C	D	U
4	8	0
+ 5	0	0

2 Por que você acha que Fabiano obteve 980 gramas como resultado nos 3 pensamentos? Converse com os colegas e o professor.

Fabiano também pensou que podia juntar todas as castanhas de uma vez só no recipiente e então calcular quantos gramas há ao todo. Veja abaixo como ele fez.

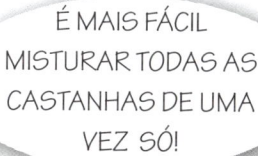
É MAIS FÁCIL MISTURAR TODAS AS CASTANHAS DE UMA VEZ SÓ!

	C	D	U
	5	0	0
	3	5	0
+	1	3	0
	9	8	0

500 + 350 + 130 = 980

3 Fabiano obteve o mesmo resultado ao misturar todas as castanhas de uma vez só? _____

4 Se Fabiano tivesse comprado 600 gramas de castanha-do-brasil, 480 gramas de castanha-de-caju e 240 gramas de castanha-da-índia, então quantos gramas de castanhas ele teria ao todo? Complete o quadro de valor posicional ao lado e depois registre abaixo a adição e a resposta.

UM	C	D	U
	6	0	0
	4	8	0
+			

Adição: _____ + _____ + _____ = _____

Resposta: _____

5 Resolva as adições abaixo.

a) 530 + 204 + 320 = _____

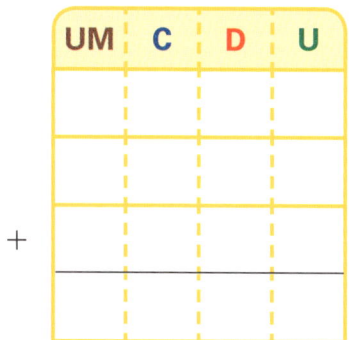

b) 1257 + 2908 + 765 = _____

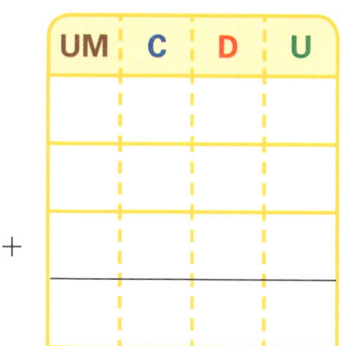

CALENDÁRIO

Para aproveitar as férias de Naiara, ela e sua avó foram algumas vezes a um festival de filmes durante o primeiro mês de 2017.

Para guardar os ingressos dos filmes que viram, Naiara resolveu colá-los em uma agenda. Como elas foram ao festival em quase todas as semanas desse mês, a agenda nova vai ficar recheada de ingressos!

1. Observe a agenda de Naiara, os ingressos dos filmes e o calendário. De qual ano é a agenda? E em qual mês ela está colando os ingressos dos filmes?

2. Você notou que Naiara e sua avó foram ao festival de filmes sempre no mesmo dia da semana? Em que dia da semana elas foram ao festival?

3 A quantos filmes Naiara e sua avó assistiram nesse mês? Se elas tivessem ido ao festival em todos os domingos desse mês e tivessem visto 1 filme diferente em cada domingo, então a quantos filmes elas teriam assistido?

_____

4 E se elas tivessem ido ao festival somente às quartas-feiras, então em quais dias desse mês elas teriam ido?

_____

5 Depois de colar todos os ingressos em sua agenda, Naiara ficou observando o calendário de janeiro de 2017. Veja ao lado as perguntas que ela fez e responda-as oralmente.

POR QUE NAS ÚLTIMAS LINHAS DO CALENDÁRIO DE JANEIRO A MAIORIA DOS QUADRINHOS ESTÁ EM BRANCO? O QUE ISSO INDICA?

6 Agora, veja abaixo os calendários do mês de fevereiro de 2016 e de 2017.

a) Quantos dias tem o mês de fevereiro de 2016? E quantas semanas completas ele tem?

_____

b) Quantos dias tem o mês de fevereiro de 2017? E quantas semanas completas ele tem?

_____

c) Reúna-se com um colega e façam uma pesquisa para saber por que o mês de fevereiro de 2016 tem 1 dia a mais do que o mês de fevereiro de 2017.

TABELA DE DUPLA ENTRADA

A escola de Naiara promoveu uma **Semana do Cinema** para os alunos e funcionários. Veja abaixo as anotações que ela fez dos títulos dos filmes e do nome e da idade dos alunos e dos funcionários que participaram.

Minions	Aviões	Cada um na sua casa	Zootopia	Procurando Dory
Leila, 6	Mário, 10	Carlos, 15	Maíra, 33	Fernanda, 8
Téo, 8	Everton, 7	Graciele, 18	Cauê, 9	Luciane, 12
Helena, 9	Marilene, 52	Pedro, 12	Jonathan, 48	Caroleine, 7
Carlota, 16	Celeste, 11	Virgínia, 17	Aurora, 45	Eleonora, 42
Celso, 45	Fabrício, 19	Gleisson, 11	Fátima, 31	Firmino, 32
Igor, 6	Geórgia, 44	Eliete, 10	Gilberto, 72	Gisela, 9
Edson, 32	Ilana, 10	Israel, 22	Ingrid, 29	Inês, 10
Fabiene, 29	Cibele, 9	Edna, 9	Eliseu, 32	Hélio, 40
Jussara, 7	Heitor, 35	Filomena, 14	Benjamin, 14	
Felício, 11		Hanna, 65	Haroldo, 16	
Getúlio, 9		Kelly, 16	Diana, 12	
Murilo, 23		Dario, 8		
Wesley, 42		Everaldo, 10		
		Débora, 42		
		Luciano, 13		

Naiara mostrou suas anotações para a professora Amina. Veja abaixo a conversa que elas tiveram.

1 Como você organizaria essas informações?

2 Amina sugeriu a tabela abaixo para organizar as informações obtidas.

Quantidade de pessoas que assistiu a cada filme na Semana do Cinema

Filme / Grupo de idade	Minions	Aviões	Cada um na sua casa	Zootopia	Procurando Dory
até 13 anos	7	5	7	2	5
de 14 a 25 anos	2	1	6	2	0
mais de 25 anos	4	3	2	7	3

Tabela elaborada para fins didáticos.

a) Nessa tabela as pessoas foram organizadas em grupos de idade. Complete:

a professora Amina usou _____ grupos de idade, que são _____

_____ .

b) O que pode ter motivado essa escolha de grupos de idade? Você escolheria os mesmos grupos? Compartilhe sua opinião com os colegas e o professor.

c) Quantas pessoas com mais de 25 anos assistiram ao filme **Zootopia**?

_____

d) Quantas pessoas assistiram ao filme **Cada um na sua casa**?

_____

e) Qual foi o filme menos assistido? Quantas pessoas assistiram a esse filme?

_____

f) Quantas pessoas participaram dessa **Semana do Cinema**?

_____

3 Reúna-se com 2 colegas e leiam o texto abaixo. Depois, pesquisem sobre o assunto e respondam: quais são as classificações por idade que os filmes podem ter?

> O Ministério da Justiça classifica programas de televisão, filmes e peças de teatro por faixas etárias. Essa classificação alerta sobre a adequação da programação à idade de crianças e adolescentes.

EMPILHAMENTO DE CUBOS E VISTAS

Você já reparou em como as caixas dos produtos são organizadas em um supermercado? É comum elas ficarem empilhadas conforme a ilustração abaixo.

Empilhamento 1　　**Empilhamento 2**　　**Empilhamento 3**

1. Descubra quantas caixas formam cada empilhamento acima e registre.

2. Isael e Aléxia construíram empilhamentos de cubos de modo que as faces de mesma cor dos cubos ficassem sempre voltadas para o mesmo lado do empilhamento. Veja abaixo os empilhamentos que eles construíram e escreva quantos cubos foram utilizados em cada um.

Empilhamento A　　**Empilhamento B**　　**Empilhamento C**

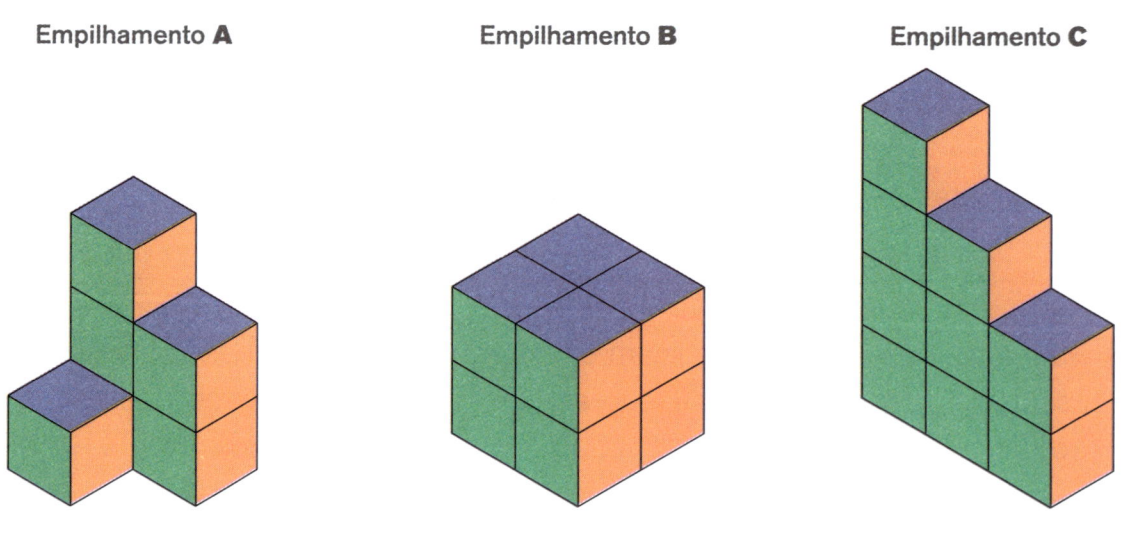

3 Depois de construir os 3 empilhamentos de cubos, Aléxia propôs uma brincadeira a Isael! Ela observou cada empilhamento de cubos de modo que só fosse possível ver faces de mesma cor. Em seguida, Aléxia fez alguns desenhos para que Isael identificasse qual empilhamento ela desenhou.
Veja abaixo os desenhos que Aléxia fez e o diálogo entre eles.

a) Agora é com você! Observe novamente os empilhamentos **A**, **B** e **C** que Isael e Aléxia construíram e relacione cada desenho que ela fez a um dos empilhamentos.

Desenho **1**: _____

Desenho **2**: _____

Desenho **3**: _____

Desenho **4**: _____

Desenho **5**: _____

Desenho **6**: _____

b) Pinte os desenhos que Aléxia fez de acordo com as cores das faces dos cubos nos empilhamentos.

> Os desenhos que Aléxia fez são as **vistas laterais** dos empilhamentos.

4 Veja abaixo mais alguns empilhamentos de cubos.

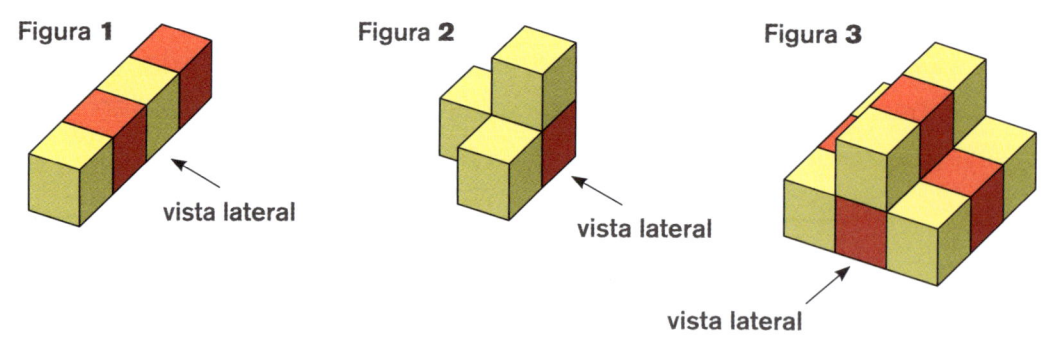

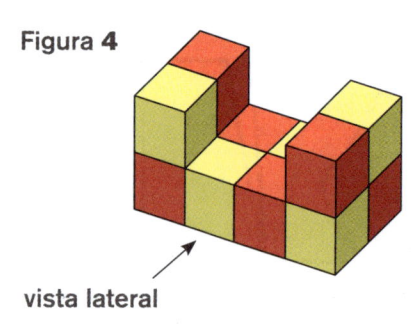

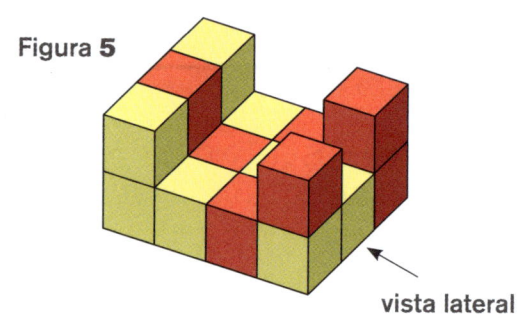

a) Quantos cubos há em cada figura? Escreva junto das figuras.

b) Desenhe e pinte abaixo a vista lateral indicada em cada figura.

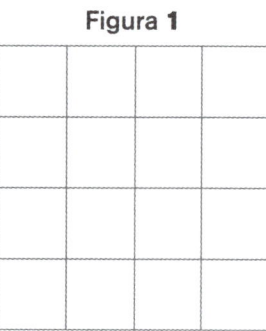

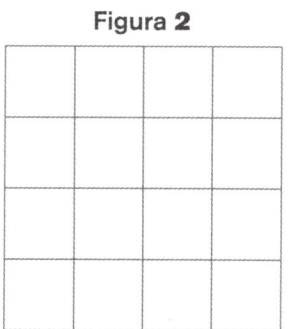

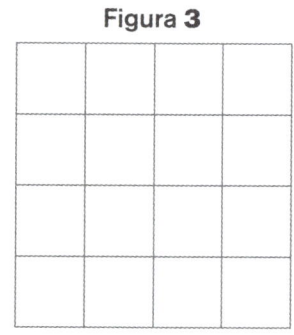

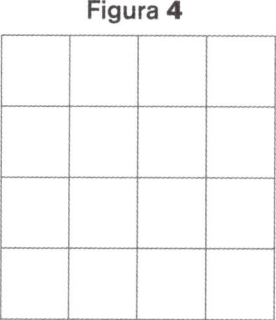

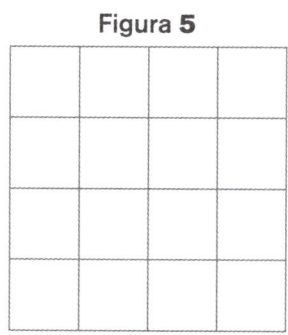

5 A soma dos pontos das faces opostas de um dado é sempre 7. Então, quantos pontos há na face oposta à face de cada dado abaixo?

a)

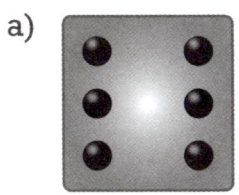

b)

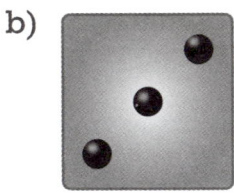

c)

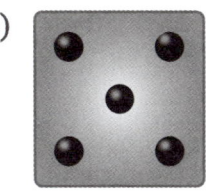

d)

Ilustrações: Banco de Imagens/ Arquivo da editora

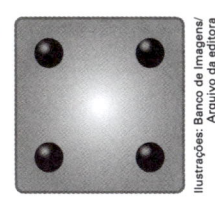

6 Agora, um desafio! Você vai pensar nas faces opostas de 2 dados. Observe os dados abaixo e os nomes das vistas.

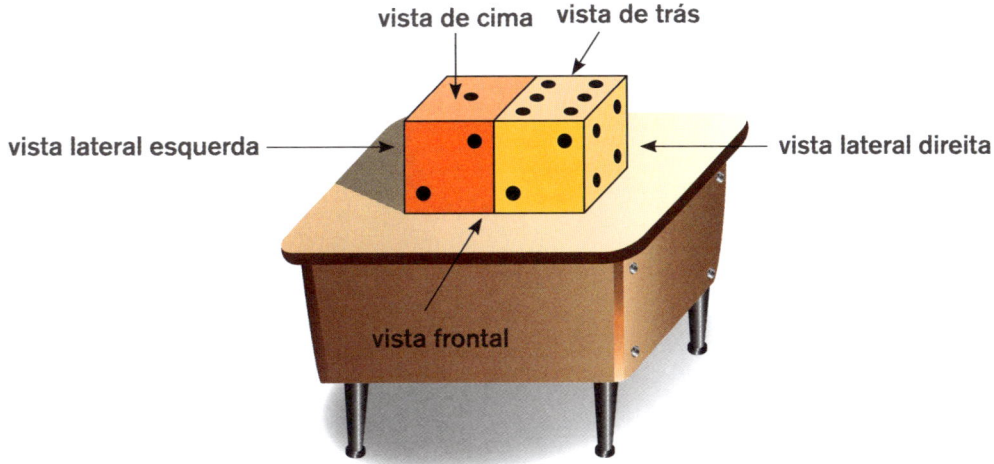

a) Quantos pontos há nas faces da vista frontal desses dados?

b) E nas faces da vista de cima desses dados?

c) E nas faces da vista de trás desses dados?

d) Quantos pontos há na face da vista lateral direita desses dados?

e) E na face da vista lateral esquerda desses dados?

ATIVIDADES DO CAPÍTULO

1. Antes de ir ao cinema, as pessoas costumam pesquisar algumas informações sobre os filmes aos quais querem assistir. Indique abaixo 2 informações sobre os filmes que são medidas de tempo.

   _____

   _____

2. Resolva a subtração e a adição abaixo no quadro do valor posicional. Depois, confira o resultado usando uma calculadora e escreva-o abaixo por extenso.

   a) 817 − 384 = _____

   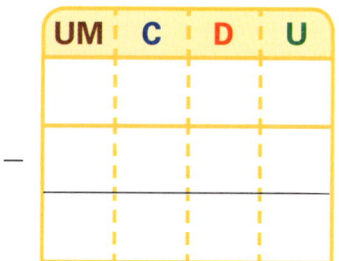

   b) 1 999 + 124 + 233 = _____

   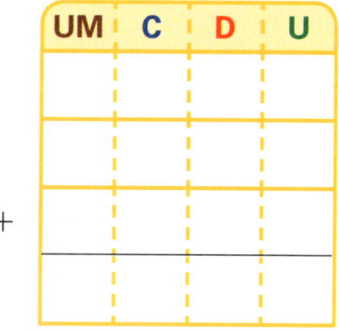

   _____

   _____

3. Observe ao lado o empilhamento de cubos.

   a) Complete: nesse empilhamento há

   _____ cubos.

   b) Desenhe e pinte na malha quadriculada ao lado a vista das faces verdes desse empilhamento.

    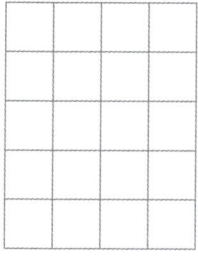

4. Cléber e Clélia são irmãos e nasceram no mesmo mês de diferentes anos. O aniversário de Clélia é no dia 23 de fevereiro e o de Cléber é no dia 15. Em que dia da semana cada um deles fez aniversário em 2016?

   _____

RESOLVENDO PROBLEMAS

1. Carol foi ao cinema assistir a um filme de ficção. A sala do cinema em que ela foi tem 10 fileiras com 12 poltronas em cada uma. Na sessão havia 46 homens e 54 mulheres.

   a) Quantas poltronas essa sala de cinema tem?

   _____

   b) Quantas pessoas havia nessa sessão?

   _____

   c) Quantas poltronas ficaram vazias nessa sessão?

   _____

   d) Qual das perguntas abaixo pode ser respondida pela operação 54 − 46? Faça um **X** e depois calcule o resultado e registre a resposta.

   ☐ Quantos homens e quantas mulheres havia nessa sessão?

   ☐ Quantas mulheres havia a mais do que homens nessa sessão?

   ☐ Quantos homens havia a mais do que mulheres nessa sessão?

   Resposta: _____

2. Júlio quer assistir no cinema a um filme em 3-D (3 dimensões). O ingresso custa R$ 30,00, mas ele paga meia-entrada. Ele já tem R$ 5,00 reais e conseguiu mais R$ 4,00 com seu avô.

   a) Quantos reais faltam para Júlio poder comprar o ingresso para o cinema?

   _____

   _____

   b) Troque ideias com os colegas e pensem em um modo de Júlio conseguir o dinheiro que falta para ele assistir ao filme.

TRABALHANDO COM JOGOS

QUATRO EM LINHA

Número de jogadores: 2 ou 3

MATERIAL NECESSÁRIO

Todos os materiais encontram-se no **Material Complementar**.
- Tabuleiro
- 20 fichas de uma cor para cada jogador
- 3 dados

Como jogar

- Um dos jogadores deve destacar os materiais do **Material Complementar** e todos os jogadores devem ajudar a montar os dados.
- Na sua vez, cada jogador deve lançar os 3 dados e fazer as operações que quiser (adição, subtração, multiplicação e divisão) usando os números sorteados. Cada número só pode ser usado 1 única vez.

Por exemplo, se um jogador obtiver os números 2, 3 e 4 nos dados, então poderá fazer $2 \times 3 = 6$ e, com o resultado dessa operação, fazer $6 + 4 = 10$.

- Em seguida, o jogador deve cobrir no tabuleiro, com uma de suas fichas, o número que corresponde ao resultado obtido em suas operações. No exemplo dado, o jogador deve cobrir o número 10 com uma de suas fichas.
- Se o jogador não conseguir fazer operações que formem um dos números livres do tabuleiro, então deve passar a vez. Nesse caso, o próximo jogador pode usar os números do jogador que passou a vez ou pode jogar os dados novamente.
- Vence a partida quem conseguir colocar 4 fichas suas em linha reta, sem nenhuma ficha do adversário no meio. As 4 fichas podem formar uma linha horizontal, vertical ou inclinada.
- Se acabarem as fichas de algum jogador, então vence a partida quem tiver colocado sua ficha no número 0.

Adaptado de: PONTIFÍCIA UNIVERSIDADE CATÓLICA DE SÃO PAULO (PUC-SP). **Prof. Dra. Maria José Ferreira da Silva**. Disponível em: <www.pucsp.br/~maze/jogos/americanos/11CONTIG%2060.pdf>. Acesso em: 30 jan. 2016.

Pensando sobre o jogo

1. Gleise e Leonílson estão jogando **Quatro em linha**.

   a) Gleise tirou os números 2, 3 e 5 nos dados e cobriu o número 30 no tabuleiro. Que operações ela fez?

   _____

   b) Leonílson cobriu o número 18 no tabuleiro e só fez adições com os números dos dados. Quais números ele tirou nos dados?

   _____

   c) Algumas rodadas depois, Gleise já cobriu os números 30, 64 e 36 e Leonílson já cobriu os números 18, 41 e 100. Qual número Gleise deve tentar marcar em seguida para vencer a partida? E quais números ela deve tirar nos dados para obter esse número?

0	1	2	3	4	5	6	7
27	28	29	30	31	32	33	8
26	54	55	60	64	66	34	9
25	50	120	125	144	72	35	10
24	48	108	180	150	75	36	11
23	45	100	96	90	80	37	12
22	44	42	41	40	39	38	13
21	20	19	18	17	16	15	14

   _____

   _____

2. Pense nas regras do jogo para o término da partida.

   a) Qual número do tabuleiro você deve tentar cobrir primeiro com uma de suas fichas? Justifique.

   _____

   _____

   b) Para cobrir esse número, que números você pode tirar nos dados? E quais operações você faria?

   _____

   _____

   _____

CAPÍTULO 2

FORMAS, SÍMBOLOS E CENAS

SÍMBOLOS MATEMÁTICOS

Os algarismos que utilizamos para escrever os números são símbolos matemáticos. Além dos algarismos, há outros símbolos matemáticos que você já estudou. Observe a situação abaixo.

Você já conhece o símbolo = (lemos: **é igual a**). E o símbolo ≠, você conhece?

Lemos o símbolo ≠ como **é diferente de**. Esse símbolo é usado para indicar que um número ou uma operação não é igual a outro número ou a outra operação.

Observe abaixo os exemplos.

105 + 40 ≠ 190   210 + 40 = 250

Cento e cinco mais quarenta **é diferente de** cento e noventa.

Duzentos e dez mais quarenta **é igual a** duzentos e cinquenta.

1 Vamos descobrir se você já sabe usar esses símbolos? Compare as operações abaixo e use corretamente os símbolos = (**é igual a**) ou ≠ (**é diferente de**).

a) 100 − 50 _____ 90 − 50

b) 320 − 50 _____ 230 + 50

c) 100 + 5 _____ 90 + 15

d) 4 × 10 _____ 5 × 8

e) 300 + 0 _____ 2 × 145

f) 5 × 50 _____ 500 − 250

Além dos símbolos = e ≠, há outros 2 símbolos que ajudam a comparar números e operações.

> O símbolo > (lemos: **é maior do que**) e o símbolo < (lemos: **é menor do que**) são usados para comparar um número ou uma operação a outro número ou a outra operação.

Veja abaixo alguns exemplos.

3 405 > 2 850

Três mil, quatrocentos e cinco **é maior do que** dois mil, oitocentos e cinquenta.

3 012 < 4 004

Três mil e doze **é menor do que** quatro mil e quatro.

2 Agora, use os símbolos > (**é maior do que**) ou < (**é menor do que**) para comparar os números e as operações abaixo.

a) 2 050 _____ 2 005

b) 1 002 _____ 1 020

c) 222 + 2 _____ 234 − 5

d) 444 + 5 _____ 434 + 20

e) 600 + 600 _____ 1 000 + 12

f) 5 005 _____ 5 500

g) 4 444 _____ 4 040

h) 1 009 + 1 _____ 1 011 − 3

3 Observe abaixo a altura de Jordano e a altura de seu pai e complete os itens.

a) A altura de Jordano é _____ e a altura do pai dele é _____.

b) Faltam _____ para Jordano ter a altura do pai.

c) Jordano comparou a altura dele com a do pai usando o símbolo matemático < (**é menor do que**). Veja como ele fez:

110 cm < 184 cm

Agora, compare a altura deles utilizando os símbolos matemáticos > (**é maior do que**) e ≠ (**é diferente de**).

_____ cm > _____ cm

_____ cm ≠ _____ cm

DECOMPOSIÇÃO E ESCRITA POR EXTENSO

Edgar já sabe fazer a decomposição de um número de acordo com suas ordens. Veja abaixo como ele escreveu um número com algarismos e por extenso, e como ele fez a decomposição desse número.

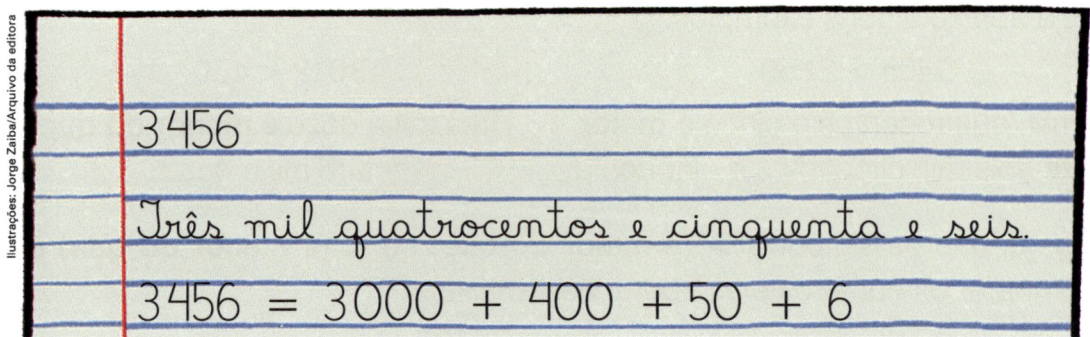

Rebeca viu a decomposição que Edgar fez e disse que podia fazer a leitura desse número de outra maneira.

OLHANDO A DECOMPOSIÇÃO QUE VOCÊ FEZ, EU PERCEBO QUE TAMBÉM POSSO LER ESSE NÚMERO COMO 3 UNIDADES DE MILHAR, 4 CENTENAS, 5 DEZENAS E 6 UNIDADES.

1 Em cada item abaixo está representado um número. Escreva esses números com algarismos e por extenso.

a) 1000 + 80 + 4

_____ _____

b) 4 unidades de milhar mais 5 centenas mais 2 unidades.

_____ _____

c) 3000 + 700 + 6

_____ _____

d) 6 unidades de milhar e 5 centenas.

_____ _____

2 Decomponha os números abaixo de acordo com suas ordens.

a) 3 601 = _____

b) 2 005 = _____

c) 1 231 = _____

d) 4 111 = _____

3 Escreva os números da atividade anterior em ordem crescente.

_____

4 Contorne de **azul** a representação com algarismos de cada número abaixo.

a) Mil duzentos e três.

    1 230   1 203   1 302

b) Mil seiscentos e oitenta e quatro.

    1 684   1 648   1 884

c) Seis mil quinhentos e vinte e dois.

    6 542   6 520   6 522

5 Você já está craque em compor e decompor números? Verifique se o número representado em cada item abaixo é **maior** ou **menor** do que o número indicado no quadrinho.

a) 100 + 1 + 1 000 + 5 000 | 5 800 | _____

b) 300 + 10 + 30 + 3 000 | 3 500 | _____

c) 400 + 9 + 90 | 500 | _____

d) 1 + 100 + 1 000 + 90 | 2 000 | _____

DIFERENTES MANEIRAS DE RESOLVER UMA MULTIPLICAÇÃO

Edgar e Rebeca agora estão trocando ideias sobre como calcular o valor de 4 × 345.

Veja abaixo como eles fizeram seus cálculos.

VOU ADICIONAR 4 VEZES O NÚMERO 345.

VOU DECOMPOR O NÚMERO 345 DE ACORDO COM SUAS ORDENS.

Edgar

4 × 345 = 345 + 345 + 345 + 345

```
  1 2
   345
   345
   345
 + 345
  1380
```

Rebeca

Como 345 = 300 + 40 + 5, para calcular o valor de 4 × 345 faço assim:

4 × 300 = 1200

4 × 40 = 160

4 × 5 = 20

Adicionando os resultados, obtenho:

1200 + 160 + 20 = 1380

Edgar e Rebeca fizeram 2 resoluções diferentes, mas os resultados obtidos para a multiplicação foram iguais. Eles perceberam, então, que as 2 maneiras de resolver a multiplicação estão corretas.

1 Resolva as multiplicações a seguir usando as estratégias de Edgar e de Rebeca. Depois, registre o resultado.

a) 2 × 450 = _____

Resolução igual à de Edgar	Resolução igual à de Rebeca

b) 3 × 532 = _____

Resolução igual à de Edgar	Resolução igual à de Rebeca

2 Também podemos resolver uma multiplicação usando o quadro de valor posicional. Acompanhe o raciocínio abaixo e complete com o que falta.

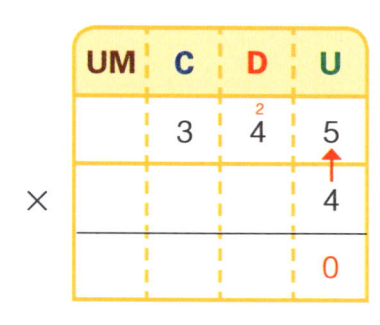

Primeiro, multiplicamos 4 vezes _____ unidades, que é igual a _____ unidades.

Colocamos o _____ na casa das unidades e "guardamos" o _____ para juntar às dezenas.

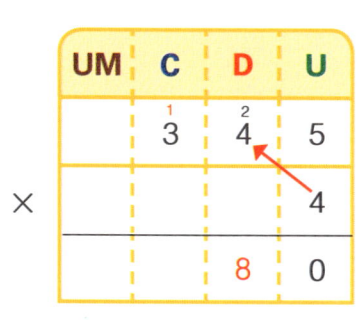

Em seguida, multiplicamos _____ vezes _____ dezenas, que é igual a _____ dezenas.

Adicionamos essas dezenas às 2 dezenas "guardadas".

_____ dezenas + _____ dezenas = _____ dezenas

Colocamos o _____ na casa das dezenas e "guardamos" o _____ para juntar às centenas.

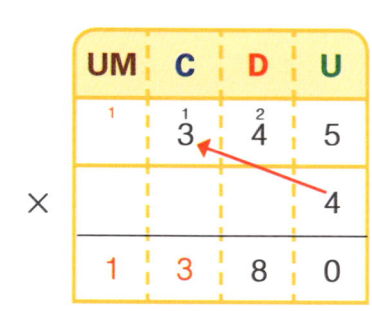

Por último, multiplicamos _____ vezes _____ centenas, que é igual a _____ centenas.

Adicionamos essas centenas à 1 centena "guardada".

_____ centenas + _____ centena = _____ centenas.

Colocamos o _____ na casa das centenas e o _____ na casa das unidades de milhar.

Assim: 4 × 345 = _____

VOCÊ PERCEBEU QUE COM ESSA MANEIRA DE RESOLVER A MULTIPLICAÇÃO TAMBÉM ESTAMOS PENSANDO NAS ORDENS DO NÚMERO 345? VOCÊ ACHOU ESSA MANEIRA MAIS PRÁTICA DO QUE AS MANEIRAS USADAS POR EDGAR E POR REBECA?

3 Calcule o valor de 3 × 674 usando o quadro de valor posicional e complete.

UM	C	D	U
	6	7	4
×			3

_____ × _____ unidades = _____ unidades

Coloco o _____ na casa das unidades e "guardo"

o _____ para juntar às dezenas.

_____ × _____ dezenas = _____ dezenas

Adiciono essas dezenas à _____ dezena "guardada", ficando com _____ dezenas.

Coloco o _____ na casa das dezenas e "guardo" o _____ para juntar às centenas.

_____ × _____ centenas = _____ centenas

Adiciono essas centenas às _____ centenas "guardadas", ficando com _____ centenas. Assim: 3 × 674 = _____

4 Ao resolver os problemas a seguir, Giovana se enganou nos cálculos. Leia os problemas, corrija as resoluções de Giovana e depois escreva as respostas.

a) **Problema 1.** O entregador de uma empresa entrega 126 pacotes por dia. Quantos pacotes ele vai entregar em 5 dias?

5 × 126

5 × 100 = 500
5 × 20 = 100
5 × 6 = 35
500 + 100 + 35 = 635

Resposta: _____

b) **Problema 2.** Uma floricultura recebeu 7 pacotes de rosas, com 120 rosas em cada pacote. Quantas rosas essa floricultura recebeu?

7 × 120

C	D	U
1	2	0
	×	7
7	4	0

Resposta: _____

5 Retome os problemas que Giovana resolveu.

a) Resolva cada problema usando outra estratégia.

Outra estratégia para o problema **1**.

Outra estratégia para o problema **2**.

🔊 b) Você resolveu as mesmas multiplicações de 2 maneiras diferentes. Para que você acha que isso pode ser útil?

6 Agora é sua vez! Resolva as multiplicações abaixo no quadro de valor posicional. Depois, confira os resultados resolvendo as multiplicações de outra maneira.

a) 8 × 491 = _____

UM	C	D	U
	4	9	1
×			8

b) 6 × 371 = _____

UM	C	D	U
	3	7	1
×			6

41

MEDIDAS DE TEMPO: MINUTOS E SEGUNDOS

Lembre-se:
1 hora equivale a 60 minutos.

No dia a dia, precisamos marcar o tempo para organizar nossas atividades, como ir à escola, almoçar, encontrar os amigos e jogar bola.

Para saber as horas e os minutos, costumamos consultar um relógio.

1 Complete as frases abaixo com a quantidade correta de minutos.

a) Meia hora tem _____ minutos.

b) 1 hora e meia tem _____ minutos.

c) 2 horas têm _____ minutos.

d) 3 horas têm _____ minutos.

e) 10 horas têm _____ minutos.

f) 10 horas e meia têm _____ minutos.

2 Observe os relógios abaixo e leia as legendas.

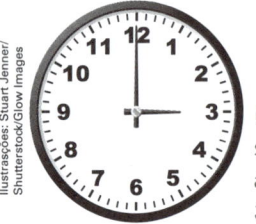

Naiara e sua avó saíram para ir ao cinema às 3 horas da tarde.

Elas chegaram ao cinema às 3 horas e 30 minutos.

a) Quanto tempo Naiara e sua avó levaram para chegar ao cinema?

_____

b) A sessão do cinema começou às 4 horas e 10 minutos. Elas chegaram adiantadas ou atrasadas para o horário da sessão? Quantos minutos?

_____

c) O filme terminou às 6 horas. Complete: o filme durou _____ hora e _____ minutos.

Além das horas e dos minutos, o relógio também mede o tempo usando outra unidade de medida de tempo: o segundo. Para marcar os segundos, o relógio analógico usa um terceiro ponteiro que se movimenta bem rápido.

3 Você sabe quanto tempo dura 1 segundo? Pense em atividades ou situações que você acha que duram 1 segundo e compartilhe com os colegas e o professor.

1 minuto = 60 segundos

4 Veja como Marlene e Oto pensaram para transformar 100 segundos em minutos e segundos.

> COMO 1 MINUTO EQUIVALE A 60 SEGUNDOS, É SÓ PENSARMOS EM QUANTOS GRUPOS DE 60 CABEM EM 100.

> PODEMOS PEGAR OS 100 SEGUNDOS E TIRAR 60 SEGUNDOS, QUE EQUIVALEM A 1 MINUTO. OS 40 SEGUNDOS QUE SOBRAM NÃO PODEM SER TRANSFORMADOS EM MINUTOS. ENTÃO, 100 SEGUNDOS É IGUAL A 1 MINUTO E 40 SEGUNDOS.

Faça os cálculos para transformar cada item abaixo em minutos e segundos.

a) 150 segundos → _____

b) 220 segundos → _____

c) 300 segundos → _____

5 Veja a continuação do diálogo entre Marlene e Oto.

> MAS PARA QUE ALGUÉM CONTA OS SEGUNDOS?

> VOCÊ, QUE ADORA IR AO CINEMA, SABE QUANTO TEMPO DEMORA O *TRAILER* DE UM FILME? DÁ PARA ASSISTIR MUITAS COISAS EM ALGUNS SEGUNDOS!

Ilustrações: Jorge Zaiba/Arquivo da editora

Pesquise a duração em minutos e segundos dos *trailers* de 2 filmes de que você gosta. Em seguida, escreva quantos segundos esses *trailers* duram.

a) Filme: _____

_____ minutos e _____ segundos → _____ segundos

b) Filme: _____

_____ minutos e _____ segundos → _____ segundos

6 Complete: o ponteiro dos segundos demora _____ segundos para dar 1 volta completa no relógio e 120 segundos para dar _____ voltas completas. O ponteiro dos minutos demora _____ segundos para "andar" 1 minuto no relógio e demora 120 segundos para "andar" _____ minutos.

AMPLIAÇÃO E REDUÇÃO DE FIGURA PLANA EM MALHA QUADRICULADA

A professora Roberta pediu aos alunos que fizessem um cartão com a forma de um coração. Ela tinha como modelo a figura **A** abaixo. Então, ela resolveu ampliar o modelo para que os alunos copiassem mais facilmente o coração, e desenhou a figura **B**.

Figura **A**

Figura **B**

> **Ampliar** uma figura é o mesmo que aumentar seu tamanho.
>
> **Reduzir** uma figura é o mesmo que diminuir seu tamanho.
>
> Tanto na ampliação de uma figura quanto na redução, a figura final tem o mesmo formato que a figura inicial.

1 Faça esta atividade com um colega.

a) Comparem as figuras **A** e **B** acima e procurem explicar como a professora Roberta fez a ampliação do modelo de coração.

b) A figura **B** é uma ampliação da figura **A**. Então vocês acham que a figura **A** é uma redução da figura **B**?

c) Verifiquem se a figura **D** abaixo é uma ampliação ou uma redução da figura **C**. Expliquem a resposta.

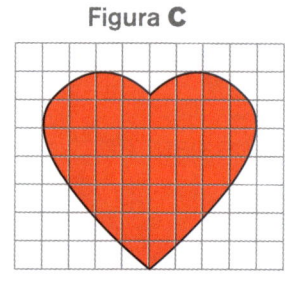

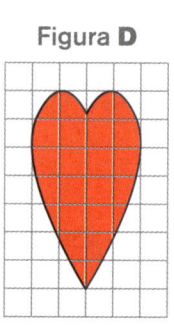

Figura **C**

Figura **D**

44

2 Agora, observe abaixo os 2 desenhos na malha quadriculada. A casa **1** é uma redução da casa **2** ou a casa **2** é uma ampliação da casa **1**? Explique aos colegas.

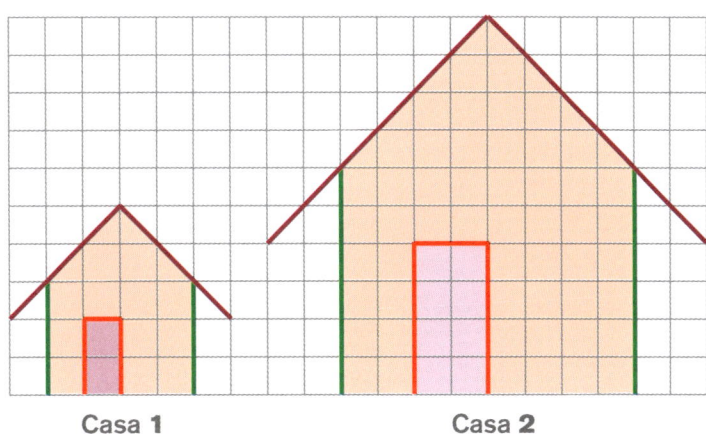

Casa 1   Casa 2

3 Nos desenhos abaixo, não se pode dizer que a casa **4** é ampliação da casa **3** nem que a casa **3** é redução da casa **4**. Por que podemos fazer essas afirmações? Troque ideias com os colegas e o professor.

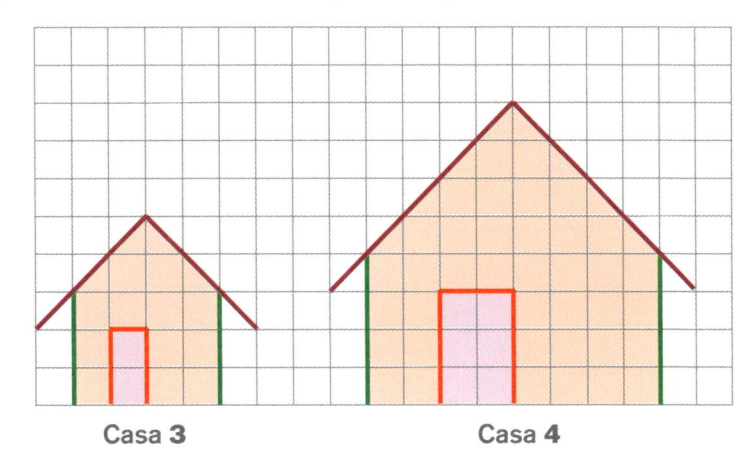

Casa 3   Casa 4

4 Qual dos retângulos da malha quadriculada abaixo é uma ampliação do retângulo **A**? Assinale esse retângulo com um **X**.

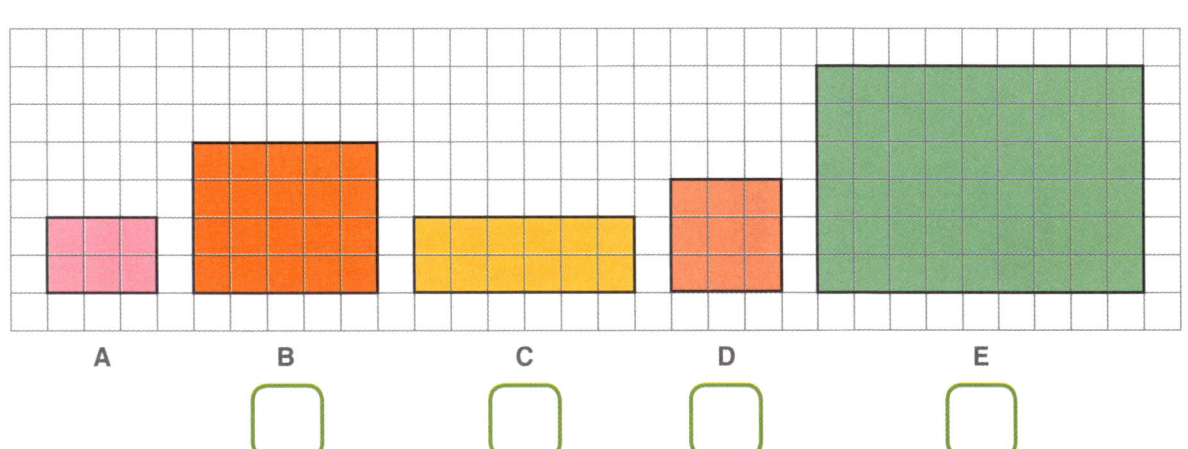

A   B   C   D   E

ATIVIDADES DO CAPÍTULO

1. Compare as operações abaixo usando os símbolos = (**é igual a**), > (**é maior do que**) ou < (**é menor do que**).

    a) 321 + 123 _____ 341 + 83

    b) 10 + 300 _____ 250 + 250

    c) 150 − 25 _____ 100 + 25

    d) 54 + 140 _____ 600 + 90

2. Resolva as multiplicações abaixo da maneira que preferir.

    a) 6 × 358 = _____

    b) 4 × 529 = _____

3. Complete as frases abaixo com as palavras **segundo**, **minuto** ou **hora**, ou seus plurais.

    a) Quando eu espirro, meus olhos fecham por aproximadamente 2 _____.

    b) Meu irmão mergulha na piscina e fica mais de 10 _____ sem respirar.

    c) O recreio da escola dura 20 _____.

    d) O último filme a que assisti no cinema durou mais de 2 _____.

    e) 1 _____ tem 60 minutos e 1 _____ tem 60 segundos.

4. As figuras abaixo são ampliação ou redução uma da outra? Justifique.

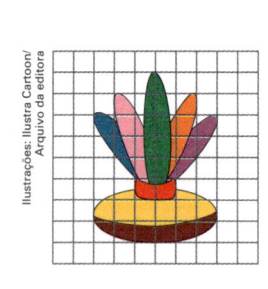

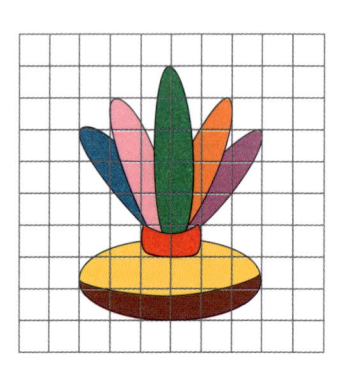

RESOLVENDO PROBLEMAS

- Lígia foi à casa de uma amiga para assistir a um filme. Ela saiu de sua casa às 13:30 e chegou à casa da amiga 20 minutos depois. Lígia e sua amiga conversaram por 10 minutos antes de iniciar o filme. Depois de assistir ao filme, as meninas ficaram meia hora tomando um lanche. Lígia foi embora logo em seguida, às 15:45 em ponto.

    a) Em que horário Lígia chegou à casa da amiga?

    _____

    b) Em que horário elas começaram a assistir ao filme?

    _____

    c) Em que horário o filme terminou?

    _____

    d) Desenhe os ponteiros nos relógios abaixo para registrar o horário de início e o horário de término do filme.

    Início do filme   Término do filme

    e) Quanto tempo durou o filme?

    _____

    f) A que horas elas começaram a lanchar?

    _____

CÁLCULO MENTAL

1. Vamos observar regularidades nas adições abaixo e formar dezenas exatas? Escreva os resultados das adições.

   a) 14 + 6 = _____

   24 + 6 = _____

   54 + 6 = _____

   b) 524 + 6 = _____

   544 + 6 = _____

   554 + 6 = _____

   c) 2 353 + 7 = _____

   2 363 + 7 = _____

   2 373 + 7 = _____

2. Continue buscando regularidades nas adições abaixo para formar centenas exatas.

   a) 340 + 60 = _____

   540 + 60 = _____

   740 + 60 = _____

   b) 460 + 40 = _____

   660 + 40 = _____

   860 + 40 = _____

   c) 1010 + 90 = _____

   1110 + 90 = _____

   1210 + 90 = _____

3. Compare as operações abaixo sem fazer cálculos e registre os símbolos < ou >.

   a) 1000 + 400 + 50 + 3 _____ 1000 + 400 + 30 + 8

   b) 1000 + 700 + 80 + 7 _____ 1000 + 800 + 70 + 3

   c) 1000 + 200 + 50 _____ 1000 + 200 + 7

4. Podemos agilizar o cálculo mental pensando em dezenas exatas. Veja no exemplo abaixo como agrupamos as parcelas de modo a facilitar o cálculo.

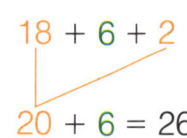

   18 + 6 + 2

   20 + 6 = 26

   Esses agrupamentos também podem ser feitos para obter centenas exatas ou unidades de milhar exatas.

   Agora é com você! Agrupe as parcelas dos itens abaixo e calcule mentalmente o resultado.

   a) 14 + 7 + 6

   b) 300 + 30 + 600

   c) 600 + 8 + 20 + 200 + 20

   d) 1000 + 60 + 2000 + 40

5. Você já aprendeu a decompor um número de diferentes maneiras. Algumas das maneiras de decompor os números podem facilitar o cálculo mental de adições. Observe o exemplo e decomponha os números abaixo de 2 maneiras diferentes.

240 = 200 + 40 ou 240 = 200 + 20 + 20 ou 240 = 100 + 100 + 10 + 10 + 10 + 10

a) 220 = _____

b) 410 = _____

6. Agora, veja abaixo como a decomposição das parcelas de uma adição ajuda a fazer o cálculo mentalmente.

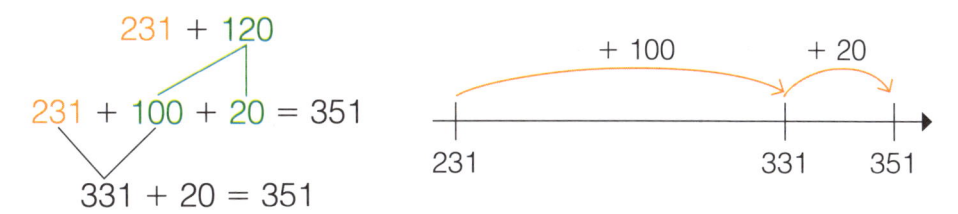

231 + 120
231 + 100 + 20 = 351
331 + 20 = 351

+ 100   + 20
231   331   351

Complete as retas numeradas abaixo com os números que faltam. Lembre-se de que há diferentes maneiras de decompor um número.

a) 204 + 140 = _____

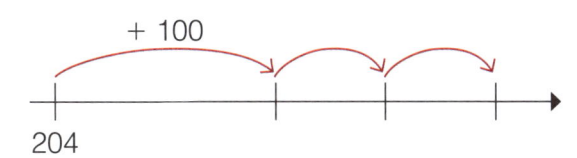

+ 100
204

b) 480 + 340 = _____

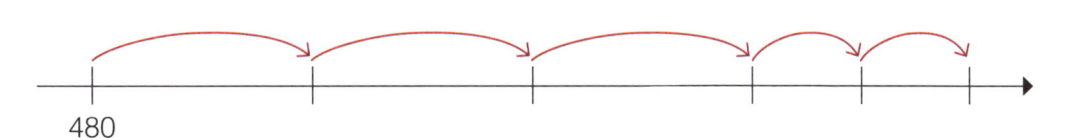

480

MINHAS DICAS

Anote algo que você aprendeu nestas atividades e que pode ajudar a realizar cálculos mais rapidamente.

_____
_____

CAPÍTULO 3

CINEMA E PIPOCA, QUANTO CUSTA?

● **OPERAÇÕES COM DINHEIRO**

1 Joana, Edgar e Raí foram ao cinema na quarta-feira à tarde e Raí pagou todos os gastos do passeio. Os ingressos custaram R$ 20,00 por pessoa. Raí comprou também 3 sacos de pipoca, 3 copos de suco e 3 potinhos de amendoim.

COMBO A R$ 20,00
COMBO B R$ 35,00
COMBO C R$ 47,00

PREÇO POR UNIDADE
R$ 12,00
R$ 9,00
R$ 4,00

a) Quantos reais Raí gastou ao todo com os ingressos?

_____

b) Raí pagou os ingressos com 1 cédula de R$ 100,00. Para facilitar o troco, ele deu mais 1 cédula de R$ 10,00. Escreva abaixo quantos reais Raí recebeu de troco e explique aos colegas e ao professor como ele facilitou o troco.

_____

c) Raí comprou as pipocas, os sucos e os amendoins unitários. Então quantos reais ele gastou ao todo com essa compra?

_____

d) Se Raí tivesse comprado 1 combo **A**, 1 combo **B** e mais 3 potinhos de amendoim unitários, então quanto ele teria gastado ao todo com essa compra?

_____

2 Imagine que você e mais 5 amigos querem comprar 6 sacos de pipoca, 3 copos de suco e 1 potinho de amendoim nesse cinema.

a) Complete: podemos comprar 2 combos _____ e assim gastaremos R$ _____ ao todo. Porém, compraremos _____ copo de suco e _____ potinho de amendoim a mais.

b) De que outra maneira vocês podem comprar exatamente esses itens? Quantos reais vocês gastariam ao todo?

_____

_____

c) Complete: a maneira mais barata de comprar esses itens é comprar _____,

gastando R$ _____ ao todo.

3 Na semana seguinte, Raí, Joana e Edgar foram novamente ao mesmo cinema e cada um pagou seu ingresso com 1 única cédula. Observe abaixo o troco que cada um recebeu e escreva o valor da cédula que cada um usou.

As imagens destas páginas não estão representadas em proporção.

Joana: _____   Raí: _____   Edgar: _____

4 Émerson, Juçara e Maurício foram a outro cinema onde cada ingresso custa R$ 24,00. Cada um pagou seu ingresso com 1 cédula de R$ 50,00, mas um deles recebeu o troco errado. Veja abaixo quantos reais cada amigo recebeu de troco.

Émerson: _____   Juçara: _____   Maurício: _____

a) Escreva quantos reais cada um recebeu de troco.

b) Qual deles recebeu o troco errado? Qual foi o erro?

_____

METADE E UM QUARTO DE UM INTEIRO

1 Com uma folha de papel, siga os passos abaixo.

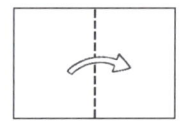

- Dobre a folha para obter a metade dela.
- Desdobre a folha e pinte de **azul** 1 metade.

Dobrar

Direção da dobra

a) Compare sua dobradura com a de um colega. A parte **azul** de sua dobradura tem o mesmo tamanho da parte **azul** da dobradura dele?

b) Agora, recorte a parte **azul** da sua dobradura e junte com a parte **azul** de seu colega. As 2 partes juntas têm o mesmo tamanho de 1 folha inteira?

> Quando dividimos um inteiro em 2 partes iguais, dizemos que essa divisão foi feita ao meio, ou seja, que temos 2 metades do mesmo tamanho. Então, para obter a **metade** de um inteiro, **dividimos por 2**.
>
> **2 metades** formam **1 inteiro**.

c) Complete: em 1 folha há _____ partes **azuis**, ou seja, há 2 _____.

2 Com uma nova folha de papel do mesmo tamanho, siga os passos abaixo.

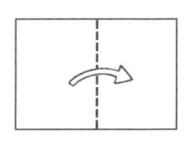

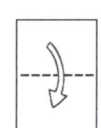

- Dobre a folha para obter a metade dela.
- Faça outra dobra para obter a metade da metade da folha.
- Desdobre a folha e pinte de **marrom** 1 metade da metade.

a) Compare sua dobradura com a de um colega. A parte **marrom** de sua dobradura tem o mesmo tamanho da parte **marrom** da dobradura dele?

b) Recorte a parte **marrom** da sua dobradura e junte com a parte **marrom** de seu colega. As 2 partes juntas têm o mesmo tamanho de 1 folha inteira?

c) Agora, junte a parte **marrom** da sua dobradura com a parte **marrom** de 3 colegas. As 4 partes juntas têm o mesmo tamanho de 1 folha inteira?

> Quando dividimos um inteiro em 4 partes iguais, dizemos que cada parte equivale a **um quarto** do inteiro. Então, para obter **um quarto** de um inteiro, **dividimos por 4**.
>
> **4 quartos** formam **1 inteiro**.

d) Complete: em 1 folha há _____ partes **marrons**, ou seja, há 4 _____.

3 Júnia e Lauro são vizinhos e costumam brincar juntos. Eles ganharam uma folha de papel bem grande para fazer pipas.

Veja no desenho abaixo como eles fizeram a divisão na folha para depois cortá-la em partes iguais. Em seguida, cada um deles recebeu a mesma quantidade de partes da folha.

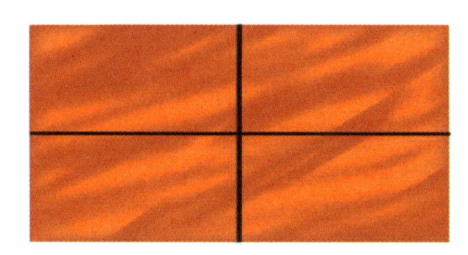

> NÃO SOLTE PIPAS PERTO DE FIOS ELÉTRICOS E ANTENAS PARA NÃO TOMAR CHOQUE! PROCURE LOCAIS ABERTOS, COMO PRAÇAS E PARQUES.

a) Em quantas partes iguais eles dividiram a folha de papel?

_____

b) Complete: cada um deles recebeu _____ partes iguais da folha, que equivalem à _____ da folha.

c) Júnia resolveu dar 1 parte dela da folha a uma amiga, e Lauro também deu 1 parte dele para seu irmão. Eles deram, ao todo, metade ou um quarto da folha?

_____

d) O irmão de Lauro recebeu metade ou um quarto da folha?

_____

4 Veja a imagem ao lado.

a) Quantas metades do sanduíche a menina ganhou?

_____

b) Quantos quartos do sanduíche o menino ganhou?

_____

c) A menina tem razão de reclamar? Por quê?

_____

_____

> ESPERA UM POUCO! POR QUE O PEDRO GANHOU 4 SANDUÍCHES E EU GANHEI SÓ 2 SANDUÍCHES?

METADE E UM QUARTO DE UMA QUANTIDADE

Tamires e seu irmão dividem igualmente entre si tudo o que ganham.

SE EU GANHAR GIZES DE CERA PARA COLORIR, ENTÃO VOU DIVIDI-LOS IGUALMENTE COM VOCÊ!

1 Uma tia de Tamires e de seu irmão deu a eles de presente uma caixa com 12 gizes de cera.

a) Quantos gizes de cera cada um deles recebeu?

_____

> Quando dividimos uma quantidade em 2 partes iguais, dizemos que essa divisão foi feita ao meio, ou seja, que cada parte é **metade** da quantidade. Então, para obter **metade** de uma quantidade, **dividimos por 2**.

b) Tamires recebeu mais ou menos da metade da quantidade de gizes de cera?

_____

2 A mãe de Patrícia dividiu igualmente 40 figurinhas entre Patrícia e seus 3 irmãos.

a) Quantas figurinhas cada um recebeu? _____

> Quando dividimos uma quantidade em 4 partes iguais, dizemos que cada parte é **um quarto** da quantidade. Então, para obter **um quarto** de uma quantidade, **dividimos por 4**.

b) Patrícia recebeu mais ou menos da metade da quantidade de figurinhas?

_____

3 Complete cada frase com as quantidades corretas.

a) Se Isabela comprou a metade de sua lista de 20 livros, então ela comprou _____ livros.

b) Dividindo 80 adesivos entre 2 amigos, cada um receberá _____ da quantidade de adesivos, ou seja, _____ adesivos.

c) Emílio recebeu um quarto do total de 16 borrachas, ou seja, ele recebeu _____ borrachas.

> Sabendo quanto representa **um quarto** de uma quantidade, para obter a quantidade total **multiplicamos por 4**.

4 Hugo recebeu um quarto da quantidade de lápis de uma caixa.

   a) Se ele recebeu 4 lápis, então quantos lápis a caixa tinha ao todo?

   _____

   b) Se ele tivesse recebido 5 lápis, então quantos lápis a caixa teria ao todo?

   _____

5 Plínio juntou metade de um pacote de folhas de papel sulfite coloridas com metade de um pacote de folhas de papel sulfite brancas. Cada pacote tem 100 folhas.

   a) Quantas folhas Plínio juntou ao todo?

   _____

   b) Quantas folhas há em um quarto do pacote?

   _____

6 Em cada item abaixo, pinte de **laranja** metade dos desenhos e pinte de **roxo** um quarto dos desenhos.

   a)

   b)

7 Pense nas cédulas do Real e calcule a quantia de cada item abaixo.

   a) Metade de R$ 10,00: _____

   b) Metade de R$ 100,00: _____

   c) Um quarto de R$ 20,00: _____

   d) Um quarto de R$ 8,00: _____

DESAFIOS COM A CALCULADORA

No capítulo **1** você usou uma calculadora para conferir o resultado de uma adição e de uma subtração. Agora, vamos explorar outras situações com a calculadora.

1 Cite exemplos de situações em que você acha mais fácil calcular "de cabeça" do que usar a calculadora. Compartilhe com os colegas e o professor.

2 Vitória registrou o número 4 300 em uma calculadora. Em seguida, ela apertou a tecla [+], depois algumas outras teclas e então a tecla [=]. Ela obteve o número 9 000 no visor.
Use uma calculadora e siga o que Vitória fez para obter o mesmo resultado. Registre abaixo as teclas que você apertou.

_____

3 As adições podem ser feitas de várias maneiras em uma calculadora. Vamos descobrir?

a) Em uma calculadora, aperte as teclas abaixo. Depois, registre o resultado.

[3][6][+][2][+][2][+][2][+][2][+][2][=] [   ]

b) Agora, pressione a tecla [CE] para limpar o visor e aperte as teclas indicadas abaixo. Depois, registre o resultado.

[3][6][+][2][=][=][=][=][=] [   ]

c) Compare os resultados. O que aconteceu? Qual das maneiras de resolver a adição é mais interessante?

4 Use os mesmos números da atividade **3**, mas agora com o sinal da subtração.

a) Anote abaixo os resultados.

[3] [6] [−] [2] [−] [2] [−] [2] [−] [2] [−] [2] [=] ☐

[3] [6] [−] [2] [=] [=] [=] [=] [=] ☐

🔊 b) O que acontece com a adição na calculadora também acontece com a subtração?

5 Na estreia de um filme, uma rede de cinemas vendeu 275 ingressos a R$ 26,00 cada um.

a) Como você pode calcular quantos reais foram arrecadados ao todo com a venda desses ingressos? _____

b) Tente fazer esse cálculo usando a calculadora.
Registre as teclas que você apertou e a resposta. ☐☐☐☐☐☐☐

_____

c) Nesse dia também foram vendidos 65 ingressos pela metade do preço, para estudantes e idosos. Como você pode calcular quantos reais foram arrecadados ao todo com a venda desses ingressos para estudantes e idosos?

_____

d) Tente fazer esse cálculo usando a calculadora.
Registre as teclas que você apertou e a resposta. ☐☐☐☐☐☐

_____

e) Complete: foram arrecadados ao todo R$ _____ nesse dia.

6 Observe abaixo algumas operações feitas com o auxílio de uma calculadora e complete as teclas apertadas.

☐ ☐ ☐ [−] [4] [5] [=] [9] [5]

[3] [2] [7] ☐ [3] [=] [1] [0] [9]

[5] [8] [0] ☐ [2] [1] [=] [5] [5] [9]

☐ [×] [4] [5] [=] [2] [2] [5]

[2] [1] [9] [3] ☐ [2] [2] [=] [2] [2] [1] [5]

Atenção!
Procure se informar sobre os animais brasileiros e como ajudar a protegê-los!

MEDIDAS DE COMPRIMENTO

Cássio pesquisou na internet informações sobre o comprimento de alguns animais adultos. Veja abaixo o resultado da pesquisa que ele fez.

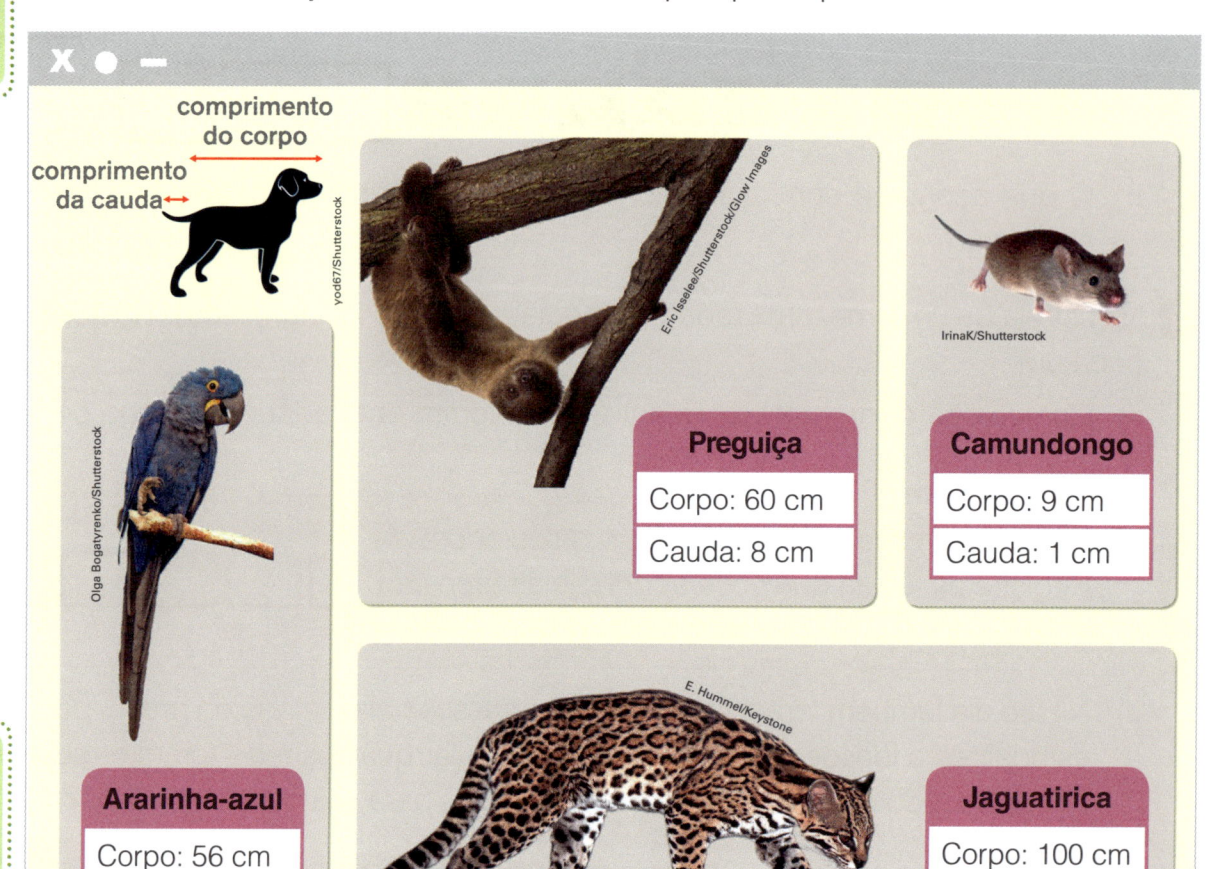

comprimento do corpo
comprimento da cauda

As imagens desta página não estão representadas em proporção.

Preguiça
Corpo: 60 cm
Cauda: 8 cm

Camundongo
Corpo: 9 cm
Cauda: 1 cm

Ararinha-azul
Corpo: 56 cm
Cauda: 35 cm

Jaguatirica
Corpo: 100 cm
Cauda: 35 cm

Esquilo
Corpo: 25 cm
Cauda: 20 cm

Lobo-guará
Corpo: 115 cm
Cauda: 50 cm

A **ararinha-azul** é uma espécie extinta na natureza desde os anos 2000. Há alguns espécimes vivendo em cativeiro e alguns projetos, como o Projeto Ararinha, que tentam recuperar a espécie.

O **lobo-guará**, apesar do nome, é inofensivo e tímido com relação aos seres humanos. Infelizmente, essa espécie está ameaçada de extinção.

Fontes de consulta: MUNDOS DOS ANIMAIS. **Tópicos por animais.** Disponível em: <www.mundodosanimais.pt/mamiferos/murganho/>; SAÚDE ANIMAL. **Zoo virtual.** Disponível em: <www.saudeanimal.com.br/zoo.htm>; AMIGO DO LOBO. **Sobre o lobo-guará.** Disponível em: <http://amigodolobo.org/resumo-da-especie/caracteristicas-do-corpo/>. Acesso em: 1º mar. 2016.

Depois da pesquisa, Cássio calculou o comprimento total de cada animal, adicionando o comprimento da cauda ao comprimento do corpo. Ele resolveu organizar os dados obtidos em uma tabela.

- Vamos ajudar o Cássio?

a) Complete a tabela abaixo seguindo o exemplo.

Comprimento de alguns animais

Nome do animal	Comprimento do corpo (em cm)	Comprimento da cauda (em cm)	Comprimento total (em cm)
Ararinha-azul	56	35	56 + 35 = 91
			___ + ___ = ___
			___ + ___ = ___
			___ + ___ = ___
			___ + ___ = ___
			___ + ___ = ___

Tabela elaborada para fins didáticos.

b) Qual desses animais tem o maior comprimento do corpo?

_____

c) E qual desses animais tem a cauda com menor comprimento?

_____

d) Qual é a diferença de comprimento total entre o maior e o menor animal?

_____

e) Qual unidade de medida foi usada para registrar os comprimentos do corpo e da cauda dos animais?

_____

f) Cite outros comprimentos dos animais que podem ser medidos em centímetros.

_____

g) Cite 2 instrumentos que podem ser usados para medir comprimentos.

_____

GRÁFICO DE COLUNAS DUPLAS

Você se lembra da tabela apresentada no capítulo **1**, com os filmes da **Semana do Cinema** da escola de Naiara? Agora esses dados estão agrupados de outra maneira. Observe abaixo a nova tabela.

Quantidade de pessoas que assistiu a cada filme da Semana do Cinema

Filme / Grupo de idade	Minions	Aviões	Cada um na sua casa	Zootopia	Procurando Dory	Total
até 20 anos	8	6	12	4	5	36
mais de 20 anos	5	3	3	7	3	20
Total	13	9	15	11	8	56

Tabela elaborada para fins didáticos.

Usando os dados dessa nova tabela, a professora Amina construiu o gráfico abaixo, de colunas duplas.

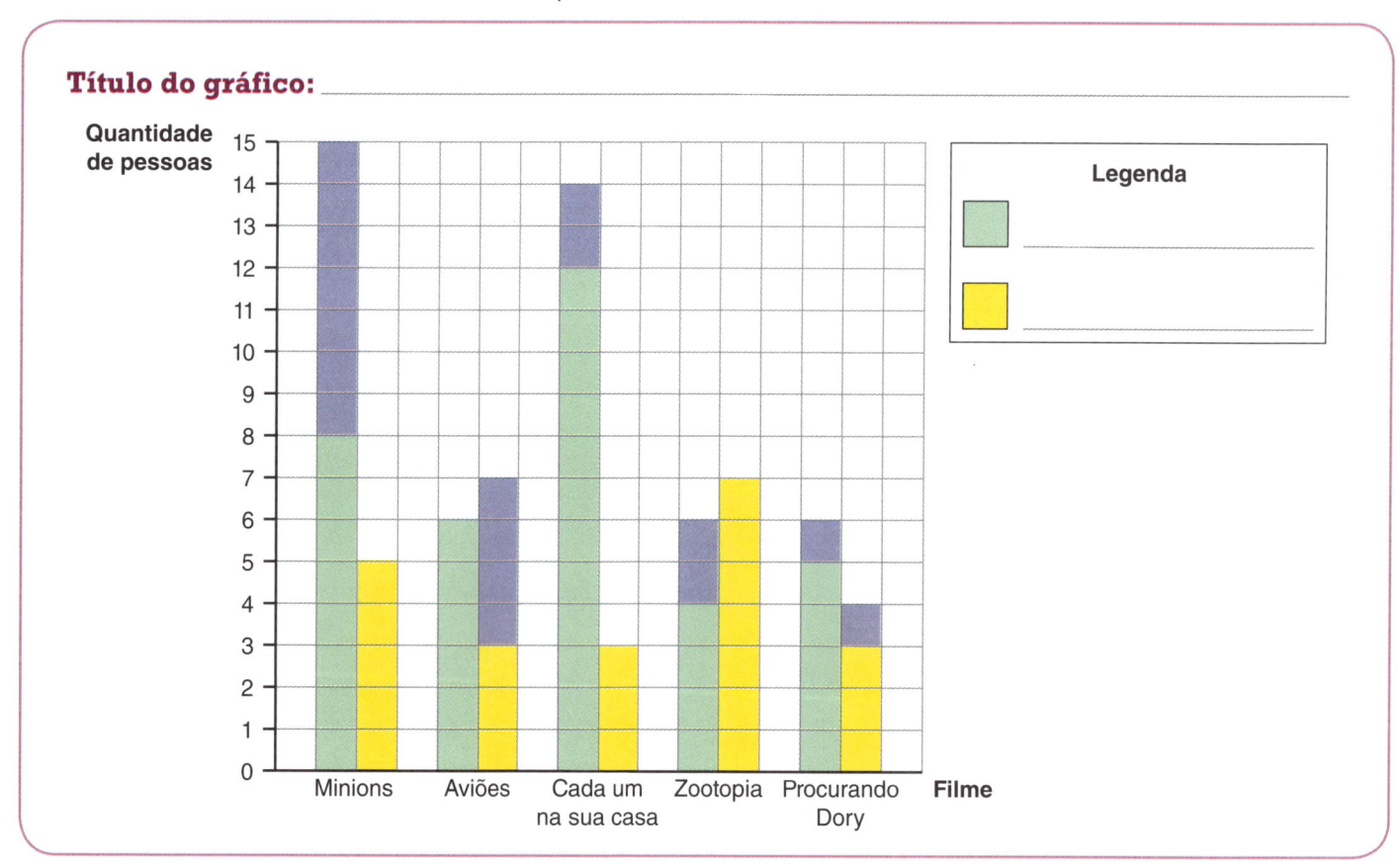

Título do gráfico: _____

[Gráfico de colunas duplas com Quantidade de pessoas no eixo vertical (0 a 15) e Filme no eixo horizontal: Minions, Aviões, Cada um na sua casa, Zootopia, Procurando Dory. Legenda com duas cores: verde e amarelo.]

Gráfico elaborado para fins didáticos.

Esse gráfico tem colunas duplas porque representa a quantidade de pessoas que assistiu a cada filme agrupadas em 2 grupos de idade. As 2 cores da legenda identificam cada um desses grupos.

1 Observe a tabela e o gráfico da página anterior e troque ideias com os colegas.

a) Que informações a tabela e o gráfico trazem?

_____

_____

b) O que representam as cores **verde** e **amarela** utilizadas nas colunas do gráfico?

_____

_____

c) Qual das legendas abaixo é a mais adequada para esse gráfico: a legenda **A** ou a **B**? Copie a legenda correta no espaço indicado no gráfico da página anterior.

Legenda **A**	Legenda **B**
Grupo de idade	**Grupo de idade**
🟩 até 20 anos 🟨 mais de 20 anos	🟩 mais de 20 anos 🟨 até 20 anos

d) Escreva na página anterior o título do gráfico.

e) Crie e escreva abaixo uma pergunta a respeito desse gráfico. Dê a pergunta para um colega responder.

_____

_____

2 No fim de semana logo após a **Semana do Cinema**, mais algumas pessoas assistiram aos filmes. Veja abaixo as anotações do nome e da idade das pessoas que assistiram a cada filme.

a) Corrija as quantidades na tabela da página anterior acrescentando os dados dessas pessoas.

b) Complete o gráfico da página anterior com os dados da tabela corrigida.

Minions	Aviões	Cada um na sua casa	Zootopia	Procurando Dory
Marcelo, 9	Virgílio, 21	Marisol, 17	Abelardo, 10	Brígida, 47
Miranda, 15	Laurindo, 30	Irene, 9	Cassandra, 13	Helena, 10
Waldir, 13	Sirlene, 25			
Vilma, 17	Silvânia, 22			
Daniel, 19				
Evanir, 9				
Dulcinês, 8				

61

● SIMETRIA

Observe ao lado a figura que Roberto desenhou usando uma régua.

Depois que terminou, Roberto mostrou seu desenho para sua colega Vanessa. Ela percebeu que o desenho que Roberto fez é uma figura plana simétrica que tem 1 eixo de simetria.

> **Figura plana simétrica** é uma figura que apresenta simetria, ou seja, que tem **1 ou mais eixos de simetria**.

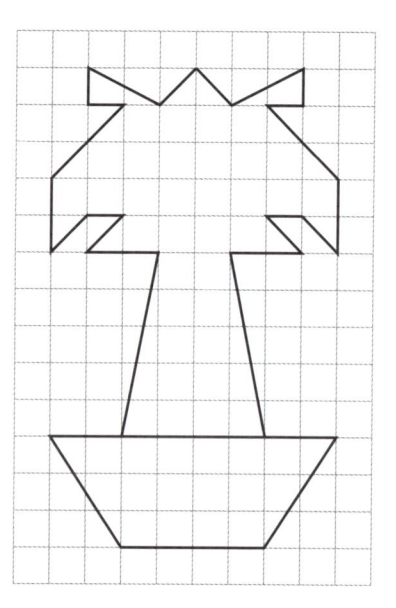

1 Com o auxílio de uma régua, trace o eixo de simetria no desenho de Roberto. Em seguida, pinte o desenho como quiser.

2 Observe as figuras abaixo.

a) Identifique quais figuras acima apresentam simetria e trace seus eixos de simetria.

b) Pinte de **marrom** cada figura que tem apenas 1 eixo de simetria.

c) Pinte de **rosa** cada figura que tem mais de 1 eixo de simetria.

d) Pinte de **cinza** cada figura que não tem eixo de simetria, ou seja, que não é simétrica.

3 Vanessa gostou de brincar com simetrias! Ela resolveu fazer um desenho de seu gato Palmito em uma malha quadriculada. Veja abaixo.

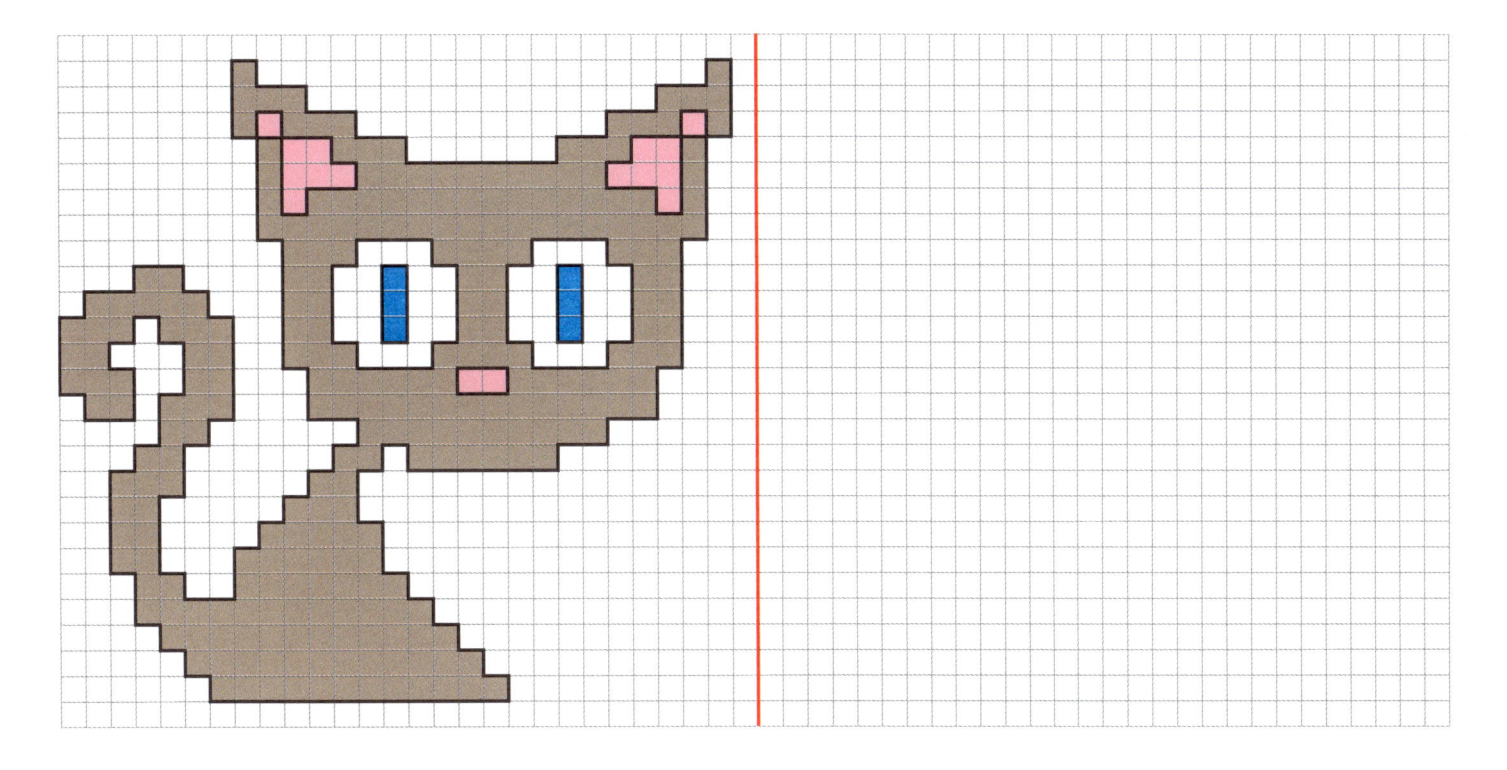

a) É correto dizer que o desenho que Vanessa fez é uma figura plana simétrica? Justifique.

_____

_____

b) Desenhe acima a figura simétrica ao desenho do gato Palmito em relação ao eixo de simetria em **vermelho**.

> **Figuras planas simétricas** são figuras que apresentam simetria entre si, ou seja, uma figura é simétrica a outra figura em relação a um **eixo de simetria**.

c) É correto dizer que o desenho feito por Vanessa e o gato simétrico a ele que você desenhou são figuras planas simétricas? Justifique.

_____

_____

POLIEDROS E CORPOS REDONDOS

Observe abaixo as imagens de alguns sólidos geométricos. Quais deles você já conhece?

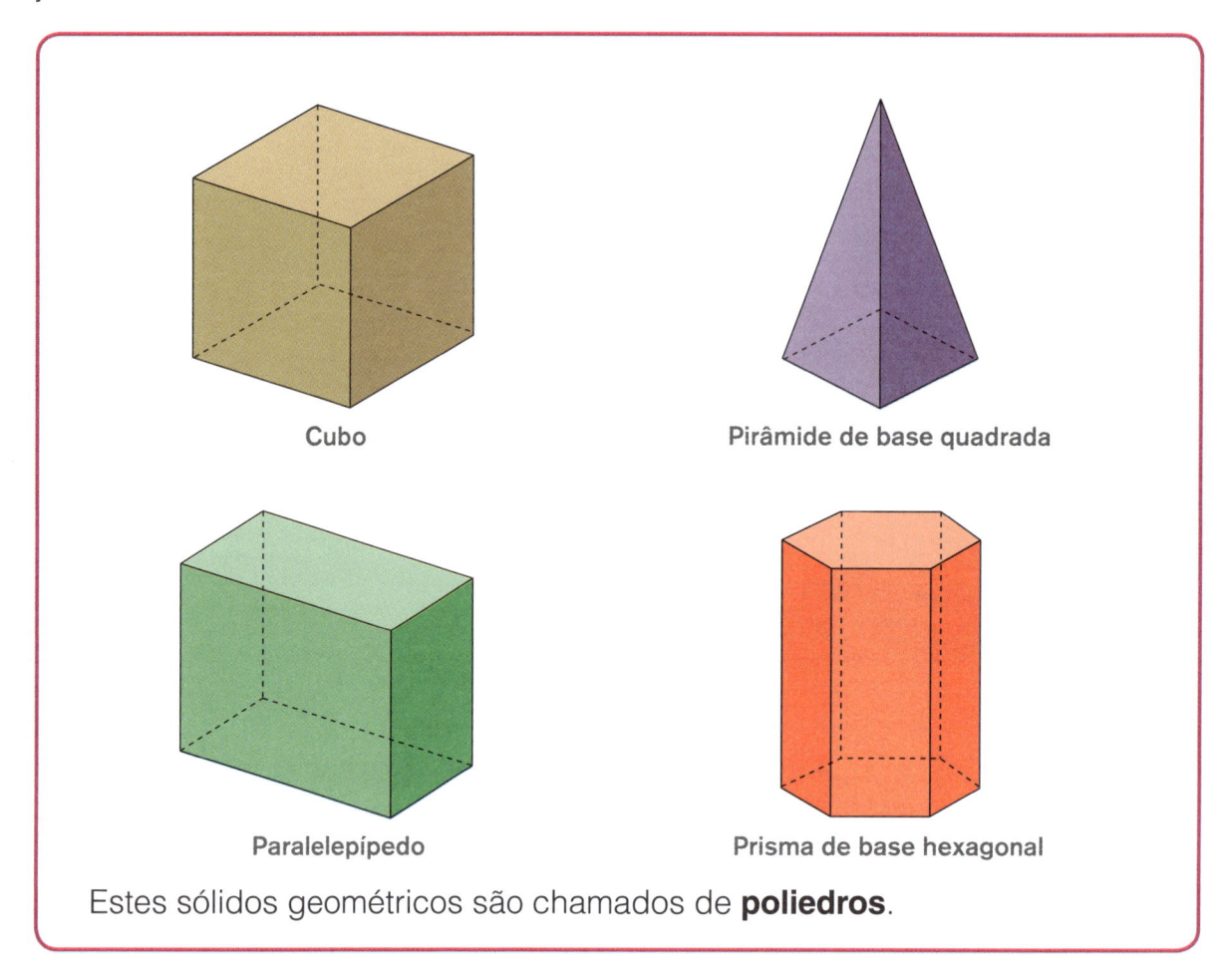

Cubo

Pirâmide de base quadrada

Paralelepípedo

Prisma de base hexagonal

Estes sólidos geométricos são chamados de **poliedros**.

Esfera

Cone

Cilindro

Estes sólidos geométricos são chamados de **corpos redondos**.

1 Quais semelhanças e diferenças você percebe entre os poliedros e os corpos redondos acima? Compartilhe suas observações com os colegas.

2 Observe agora os poliedros e os corpos redondos abaixo.

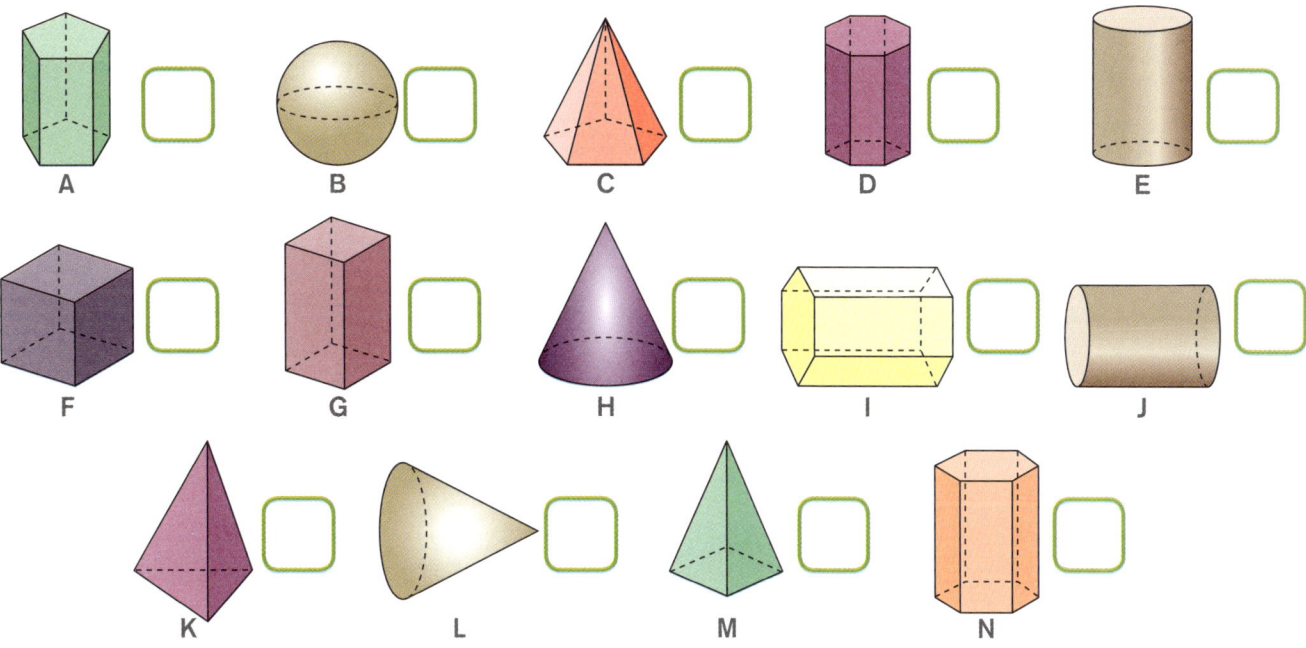

A B C D E
F G H I J
K L M N

a) Contorne os sólidos geométricos acima que são poliedros.

b) Assinale com um **X** os sólidos geométricos que são corpos redondos.

c) Pense em outras maneiras de agrupar alguns desses sólidos geométricos sem obter grupos só com poliedros ou só com corpos redondos. Registre abaixo esses grupos ou faça desenhos para representá-los.

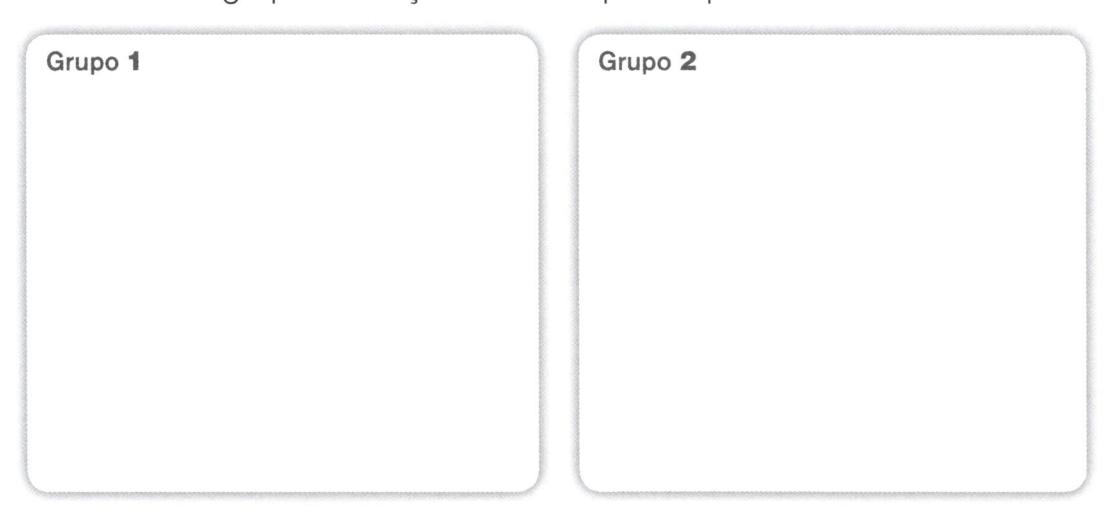

Grupo 1	Grupo 2

d) Quais sólidos geométricos não foram representados nos grupos que você formou?

_____

_____

ATIVIDADES DO CAPÍTULO

1. Calcule a metade e depois um quarto da quantidade registrada em cada item abaixo.

   a) 12

   Metade: _____ Um quarto: _____

   b) 60

   Metade: _____ Um quarto: _____

   c) 400

   Metade: _____ Um quarto: _____

   d) 612

   Metade: _____ Um quarto: _____

2. Lígia passou no caixa eletrônico de um banco e sacou R$ 200,00. Veja na tabela ao lado o que ela comprou.

Gastos com compras	
Estabelecimento	**Quantia gasta**
Supermercado	R$ 85,00
Farmácia	R$ 43,00
Pet shop	R$ 20,00

   Tabela elaborada para fins didáticos.

   a) Quantos reais sobraram após as compras de Lígia?

   _____

   b) Se Lígia gastar mais R$ 67,00 em uma livraria, então quantos reais sobrarão?

   _____

3. Vamos desenhar!

   a) Na malha quadriculada abaixo, desenhe do lado esquerdo do fio **vermelho** uma figura plana simétrica. Pinte de **roxo** os eixos de simetria dessa figura.

   b) Agora, desenhe a figura simétrica à figura que você desenhou, em relação ao eixo de simetria **vermelho**.

   c) Pinte de **laranja** os eixos de simetria dessa figura.

RESOLVENDO PROBLEMAS

- Denise assistiu aos 5 filmes abaixo em uma única semana das férias. Em cada dia da semana, de segunda a sexta-feira, ela assistiu a um dos filmes.

Leia as dicas abaixo e descubra em qual dia da semana Denise assistiu a cada filme.

- **Gato e rato** foi o primeiro filme que Denise viu nessa semana.
- Até quarta-feira ela não tinha assistido ao filme **Amanhecer**.
- Ela assistiu ao filme **O invisível** no dia seguinte ao dia em que assistiu ao filme **Amanhecer**.
- Denise não assistiu ao filme **Uma jornada espacial** na quarta-feira.

Segunda-feira: _____

Terça-feira: _____

Quarta-feira: _____

Quinta-feira: _____

Sexta-feira: _____

CÁLCULO MENTAL

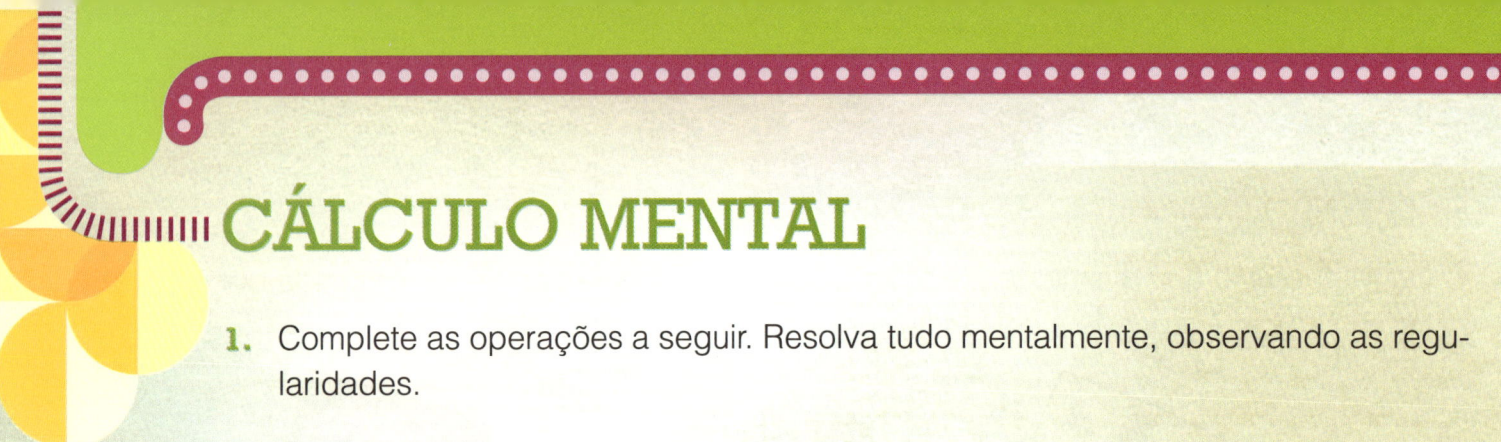

1. Complete as operações a seguir. Resolva tudo mentalmente, observando as regularidades.

   a) 97 − 7 = 90
   97 − 17 = 80
   97 − _____ = 70

   b) 76 − 6 = _____
   86 − 6 = _____
   96 − _____ = 90

   c) 60 − 2 = _____
   50 − _____ = 48
   40 − 2 = _____

   d) 30 − 9 = 21
   40 − 19 = 21
   50 − _____ = 21

   e) 90 − 27 = _____
   80 − _____ = 63
   70 − 7 = _____

   f) 90 + _____ = 108
   190 + _____ = 208
   290 + 18 = _____

2. Continue resolvendo mentalmente as operações abaixo, agora pensando na decomposição dos números. Veja o exemplo e escreva os resultados das subtrações.

   39 − 16
   39 − 10 − 6
   29 − 6 = 23

   a) 59 − 21 = _____

   b) 98 − 34 = _____

   c) 73 − 42 = _____

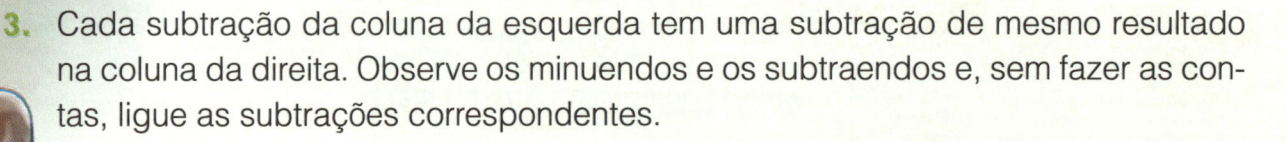

3. Cada subtração da coluna da esquerda tem uma subtração de mesmo resultado na coluna da direita. Observe os minuendos e os subtraendos e, sem fazer as contas, ligue as subtrações correspondentes.

   350 − 85 = _____

   540 − 45 = _____

   712 − 228 = _____

   208 − 80 = _____

   732 − 248 = _____

   355 − 90 = _____

   542 − 47 = _____

   408 − 280 = _____

4. Observe como Mirna resolveu uma subtração e resolva as subtrações abaixo.

> PARA CALCULAR SUBTRAÇÕES COMO 200 MENOS 137 É MAIS FÁCIL USAR A PROPRIEDADE DA IGUALDADE QUE PERMITE FAZER ASSIM:

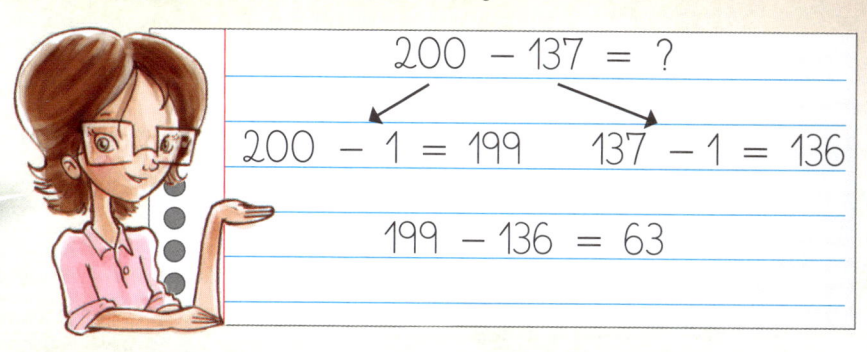

200 − 137 = ?
200 − 1 = 199   137 − 1 = 136
199 − 136 = 63

a) 300 − 124 = _____   c) 700 − 438 = _____   e) 1 500 − 1 235 = _____

b) 500 − 233 = _____   d) 1 000 − 456 = _____   f) 3 000 − 2 789 = _____

5. Forme 4 subtrações usando um número de cada quadro abaixo para cada subtração. Depois, registre as subtrações que você formou.

Minuendo	Subtraendo	Resto ou diferença
67 168 80 89	55 42 23 13	126 67 44 34

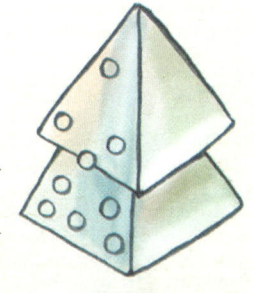

_____ − _____ = _____   _____ − _____ = _____

_____ − _____ = _____   _____ − _____ = _____

6. Observe a regularidade nas multiplicações ao lado. Usando o que você observou, escreva o resultado de cada multiplicação abaixo.

2 × 2 = 4
2 × 20 = 40
2 × 200 = 400

a) 3 × 7 = _____   b) 5 × 4 = _____

   3 × 70 = _____   5 × 40 = _____

   3 × 700 = _____   5 × 400 = _____

   3 × 7 000 = _____   5 × 4 000 = _____

● MINHAS DICAS

Anote algo que você aprendeu nestas atividades e que pode ajudar a realizar cálculos mais rapidamente.

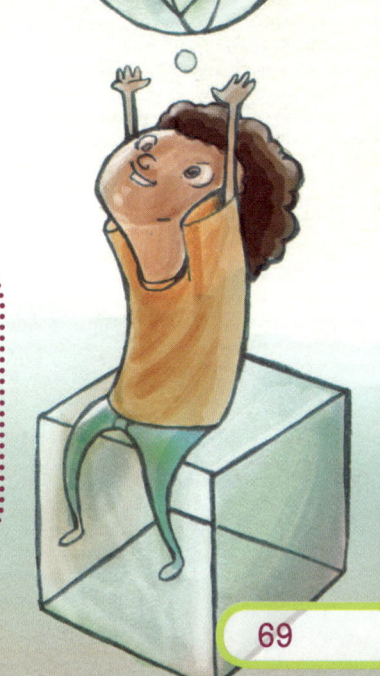

_____

_____

LER E ENTENDER

O poema abaixo é composto de quadrinhas, que são muito presentes na tradição popular oral e aparecem nas cantigas de brincadeiras de roda. Cada quadrinha é composta de 4 versos rimados.

Vamos ler o poema abaixo e perceber as rimas das quadrinhas?

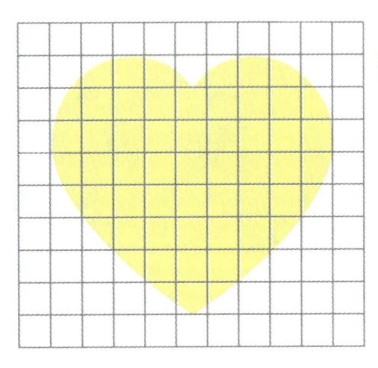

Papel quadriculado

Um dia é melhor somar,
no outro é subtrair.
Tem vez de multiplicar,
tem hora de dividir.

Nossa vida é uma conta
num papel quadriculado,
tem gente que fica tonta,
sem chegar ao resultado.

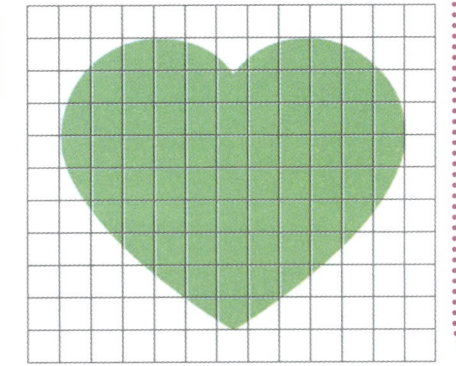

Se o problema é complicado
de difícil solução,
é melhor não dar um passo
sem ouvir o coração.

Livro de papel, de Ricardo Azevedo.
São Paulo: Ed. do Brasil, 2001. p. 46-47.

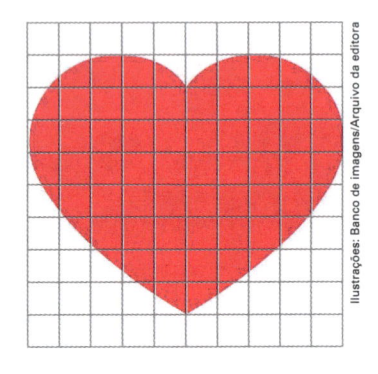

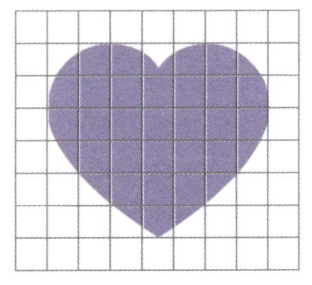

ANALISE

1. A quadrinha que você leu trata de problemas que não podem ser resolvidos pela Matemática. Que tipos de problemas são esses?

2. Você viu que o poema **Papel quadriculado** é composto de 3 quadrinhas. Você conhece outros poemas ou cantigas com quadrinhas? Conte aos colegas e ao professor.

3. Na primeira quadrinha desse poema aparecem verbos que indicam 4 operações matemáticas. Que operações são essas?

4. O que você acha que significa no poema a expressão "nossa vida é uma conta", que aparece na segunda quadrinha?

5. O problema citado na última quadrinha não é um problema matemático. Que versos nos fazem perceber isso? Copie-os abaixo.

_____

_____

RELACIONE

6. As imagens que ilustram esse poema são corações desenhados em malhas quadriculadas.

a) Quantos eixos de simetria tem cada coração?

_____

b) Como é o eixo de simetria de cada coração: horizontal ou vertical?

_____

7. Dobre uma folha de papel ao meio e recorte meio coração. Desdobre a folha e verifique se você conseguiu um coração inteiro. Se não conseguir, então tente outra vez com outra folha de papel.

8. Usando a mesma ideia da atividade anterior, dobre uma folha de papel ao meio e faça recortes de modo a obter uma das figuras abaixo quando você desdobrar a folha.

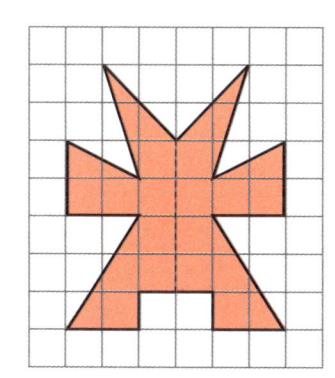

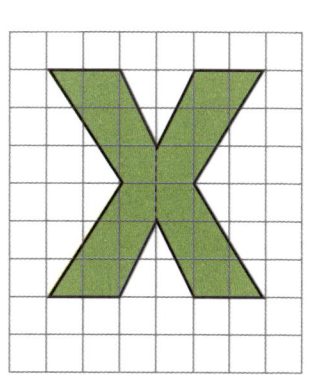

O QUE APRENDI?

1. A imagem que você viu na abertura desta Unidade mostra a entrada de um cinema.

   a) De acordo com o relógio na imagem, quanto tempo falta para a próxima sessão do cinema?

   _____

   _____

   b) De acordo com a data na imagem, quantos dias faltam para a estreia do filme **O bom dinossauro**? _____

   c) Os dias 2 de janeiro de 2016 e 7 de janeiro de 2016 caíram em quais dias da semana? Consulte um calendário de 2016. _____

   _____

   d) O pai de Juliana comprou 1 ingresso para ele, 1 ingresso para ela, que é estudante, e 1 ingresso para a avó de Juliana, que é idosa. Quantos reais ele pagou em cada ingresso? E quantos reais ele pagou ao todo?

   _____

   _____

   e) Se ele entregou para o atendente 1 cédula de R$ 50,00, então quantos reais ele recebeu de troco? _____

   f) Complete: o valor do ingresso de estudante ou idoso é _____ do valor do ingresso inteiro.

2. O filme **O bom dinossauro** tem 93 minutos de duração. Se esse filme começar a ser exibido às 17:00, então em qual horário ele terminará?

   _____

3. Forme 2 grupos com os colegas da turma. Façam uma pesquisa sobre o tipo de filme preferido dos alunos de cada grupo e completem a tabela e as frases abaixo.

Quantidade de alunos da turma que prefere cada tipo de filme

Grupo / Tipo de filme	Ação	Comédia	Animação	Musical
Grupo A				
Grupo B				

Tabela elaborada para fins didáticos.

O tipo de filme mais escolhido pelos alunos da turma foi _____ e o menos escolhido foi _____. No grupo _____ há mais alunos que escolheram filme de animação. Ao todo, _____ alunos responderam a essa pesquisa.

4. Observe o empilhamento ao lado.

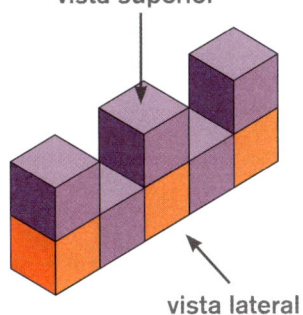

   a) Complete: há _____ cubos nesse empilhamento.

   b) Pinte abaixo as vistas indicadas nesse empilhamento.

   Vista lateral

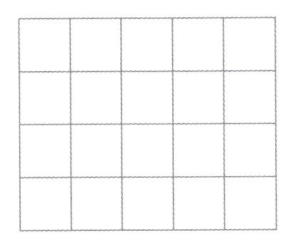

   Vista superior

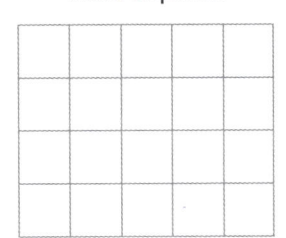

vista superior

vista lateral

• MINHA COLEÇÃO DE PALAVRAS

Com suas palavras, escreva o significado de cada expressão abaixo.

- Maior do que: _____

- Poliedro: _____

- Ordem: _____

- Gráfico: _____

UNIDADE 2

ARTE POPULAR

- O que esta imagem mostra?
- Você conhece outra arte popular? Cite 2 exemplos.

A renda filé é uma arte popular comum no Nordeste. Na foto, artesã realizando um trabalho em renda filé, no bairro de Pontal da Barra, em Maceió, em Alagoas. Foto de 2015.

CAPÍTULO 4

FAZENDO ARTE

MOSAICOS E REGULARIDADES

A Matemática está presente em muitas obras de arte. O artista holandês M. C. Escher (1898-1972), por exemplo, usou a geometria para criar mosaicos.

Escher tinha muito interesse na criação de mosaicos com figuras da natureza estilizadas. Veja abaixo alguns dos mosaicos que ele criou.

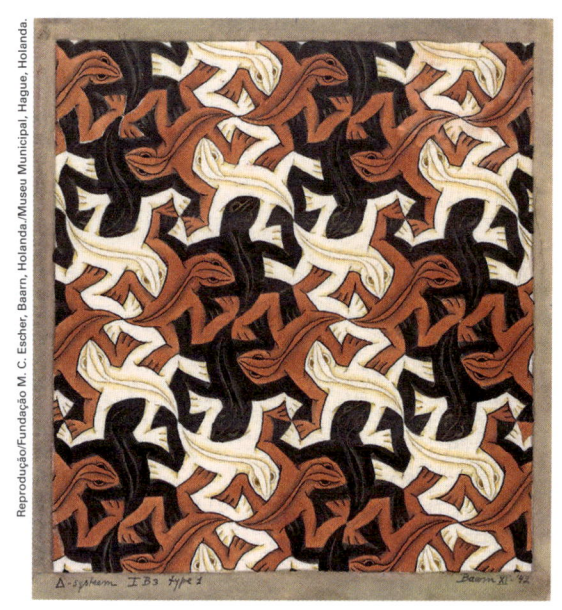

Lizard (Lagarto), de M. C. Escher, 1942. Pintura com lápis. Fundação Escher, na Holanda.

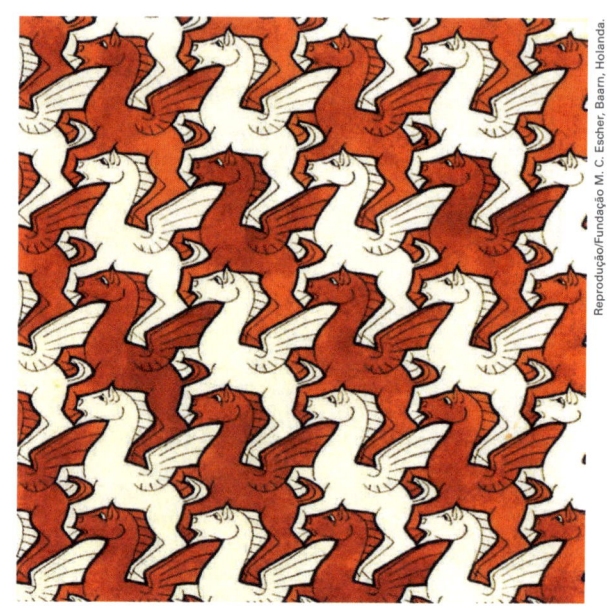

Pegasus (Pégaso), de M. C. Escher, 1959. Lápis e aquarela. Fundação Escher, na Holanda.

1 Junte-se a um colega e observem novamente os mosaicos acima.

a) O que mais chama a atenção de vocês nos mosaicos de Escher?

b) Que figuras vocês identificam nessas imagens?

2 Agora é a sua vez de criar um mosaico!

- Pinte as peças de mosaico do **Material Complementar**, como a peça ao lado, com as cores que preferir.

- Destaque as peças e monte um mosaico. Depois, mostre-o aos colegas.

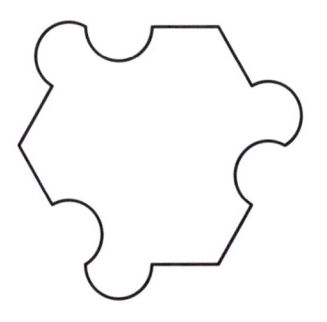

3 Para formar um mosaico, também podemos usar peças com a forma de figuras geométricas planas. Observe o mosaico abaixo.

Vamos montar um mosaico parecido com este?

- Pinte as peças de mosaico de trapézio do **Material Complementar** com as cores que quiser.
- Destaque as peças e monte um mosaico. Depois, mostre-o aos colegas.

O professor Vicente distribuiu a seus alunos vários cartões com a forma de figuras geométricas planas como abaixo.

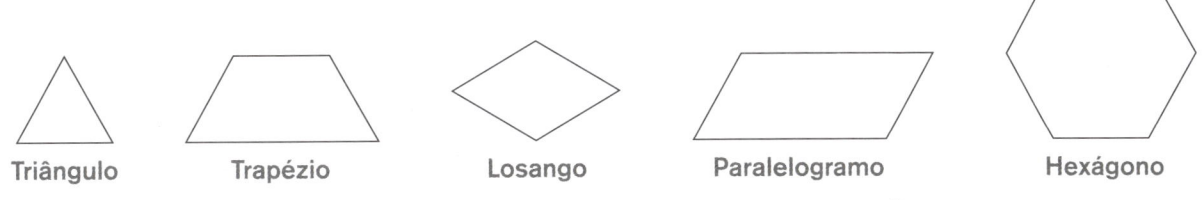

Triângulo   Trapézio   Losango   Paralelogramo   Hexágono

Em seguida, ele pediu aos alunos que pintassem essas figuras e montassem com elas alguns mosaicos. Veja abaixo 2 mosaicos que os alunos fizeram.

> Mosaicos formados por figuras geométricas planas são chamados de **mosaicos geométricos**.

4 As peças usadas nos mosaicos geométricos acima têm a forma de quais figuras geométricas planas? Escreva o nome dessas figuras abaixo de cada mosaico.

5 Compare os mosaicos desta página com os mosaicos de Escher, na página anterior. Em que esses mosaicos diferem?

Outra maneira de compor mosaicos geométricos é criar um padrão e desenhá-los em malhas, que podem ser formadas por triângulos, quadrados ou hexágonos. Observe os mosaicos abaixo em diferentes malhas.

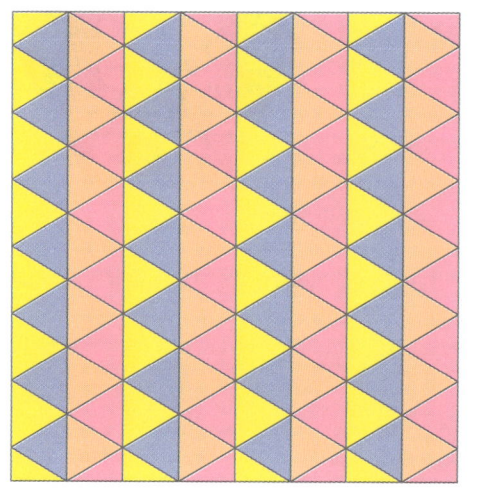

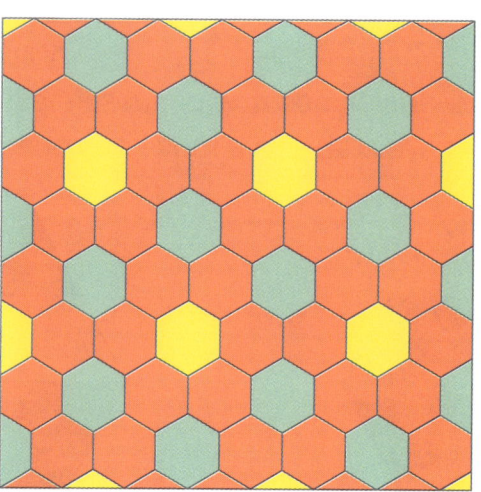

6 Observe o mosaico iniciado abaixo. Termine de pintar a malha seguindo o mesmo padrão.

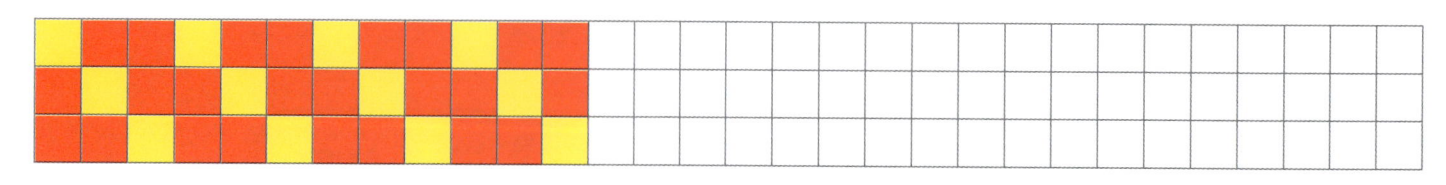

7 Faça o mesmo com o mosaico abaixo. Observe sua regularidade e termine de pintar a malha.

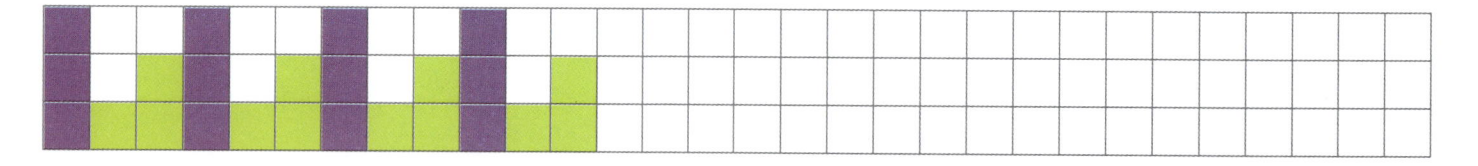

8 Agora é a sua vez! Solte a imaginação, escolha o padrão e crie um mosaico na malha de triângulos abaixo. Depois, mostre seu mosaico para um colega e peça a ele que identifique o padrão que você escolheu.

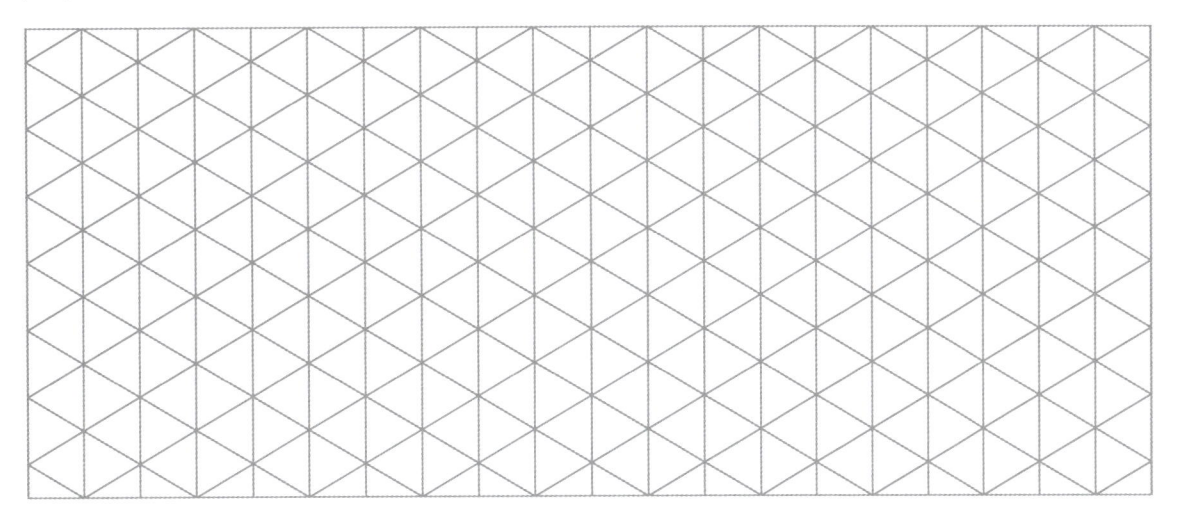

9 Leonel é decorador de ambientes e vai montar um mosaico de azulejos para decorar a parede de um banheiro. Ele vai fazer fileiras de azulejos verdes intercaladas por fileiras de azulejos roxos. Veja abaixo como o mosaico vai ficar.

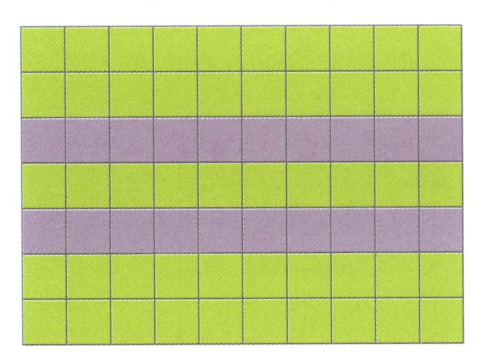

a) Para compor o mosaico, Leonel vai usar 7 azulejos na altura e 10 azulejos no comprimento. De quantos azulejos ele vai precisar ao todo para compor esse mosaico?

b) Agora, imagine que Leonel tenha de fazer mais 10 mosaicos iguais a esse. De quantos azulejos ele vai precisar ao todo?

MULTIPLICAÇÃO POR NÚMERO DE 2 ALGARISMOS

Você se lembra das diferentes maneiras que foram usadas para calcular o valor de 4 × 345 no capítulo **2**?

Agora que você já estudou como se resolve uma multiplicação por decomposição, observe abaixo como podemos calcular o valor de 12 × 371 usando o quadro de valor posicional.

Inicialmente, multiplicamos 371 por 2.

UM	C	D	U
	¹3	7	1
×		1	2
	7	4	2

2 × 371 = 742

Em seguida, multiplicamos 371 por 10.

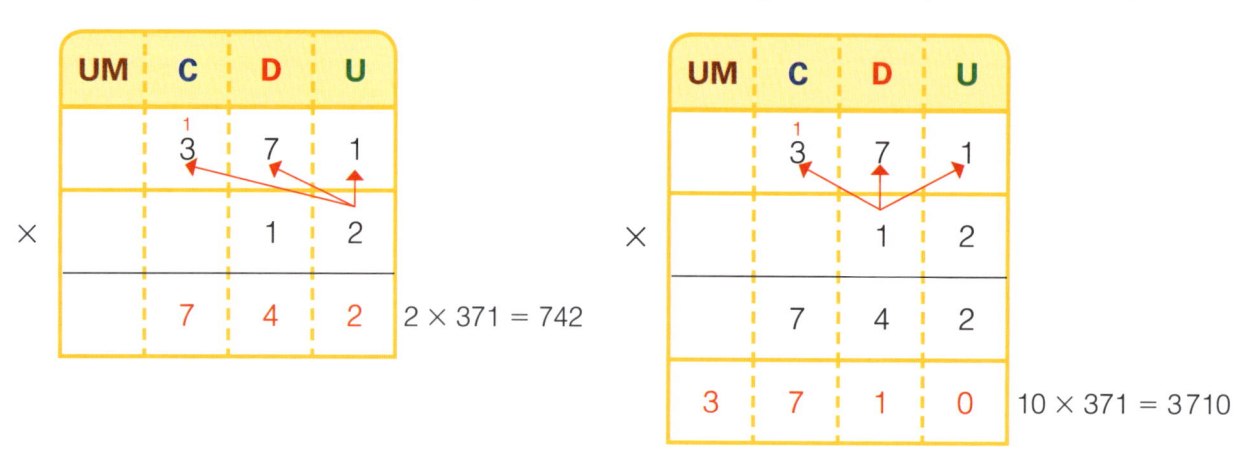

UM	C	D	U
	¹3	7	1
×		1	2
	7	4	2
3	7	1	0

10 × 371 = 3710

Por último, adicionamos os resultados das multiplicações.

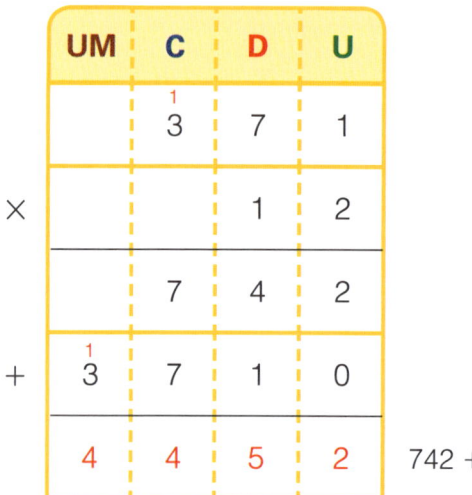

UM	C	D	U
	¹3	7	1
×		1	2
	7	4	2
+ ¹3	7	1	0
4	4	5	2

742 + 3710 = 4452

Portanto: 12 × 371 = 4452

Assim como na adição e na subtração, também podemos nomear os números em uma multiplicação.

12 × 371 = 4452

1º fator   2º fator   produto

1 Resolva as multiplicações abaixo usando o quadro de valor posicional. Depois, escreva por extenso o número pedido.

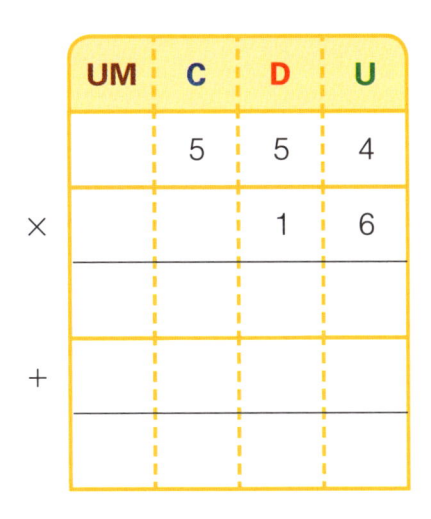

a) 16 × 554 = _____

	UM	C	D	U
		5	5	4
×			1	6
+				

2º fator: _____

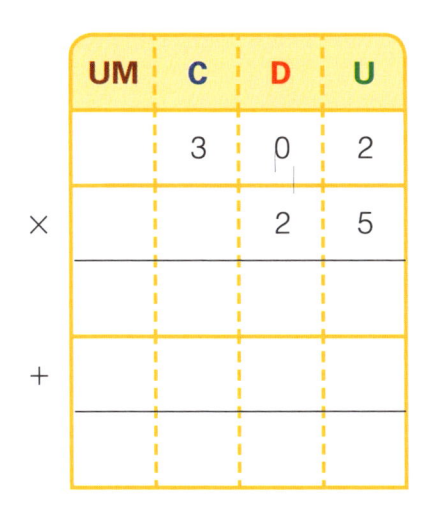

c) 25 × 302 = _____

	UM	C	D	U
			3	0	2
×				2	5
+				

Produto: _____

b) 23 × 420 = _____

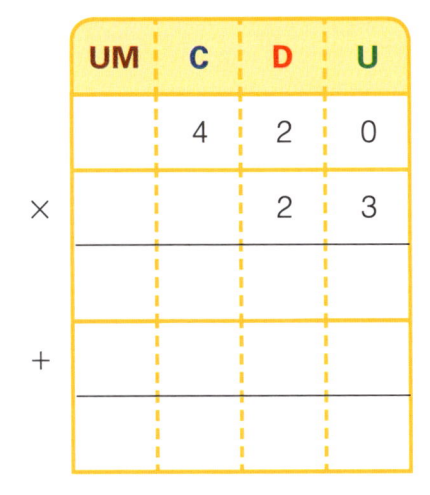

	UM	C	D	U
		4	2	0
×			2	3
+				

Produto: _____

d) 41 × 198 = _____

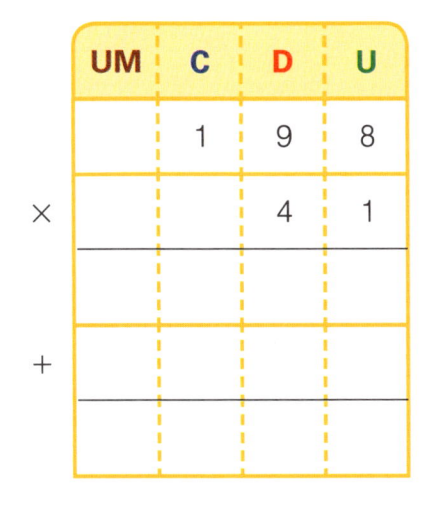

	UM	C	D	U
		1	9	8
×			4	1
+				

1º fator: _____

2 Eulália resolveu uma multiplicação no quadro de valor posicional e depois apagou alguns algarismos.

14 × 633 = _____

	UM	C	D	U
	2	¹6	¹3	3
×			1	4
		2	3	2
+	6			0
		8	6	

a) Complete o quadro de valor posicional acima com os algarismos corretos. Depois, anote o resultado da multiplicação.

b) Invente uma questão que pode ser resolvida com a multiplicação que Eulália fez.

_____

_____

3 Aloísio calculou o valor de 73 × 123 em um quadro de valor posicional. Veja abaixo a resolução que ele fez.

	um	C	D	u
		¹1	²2	3
×			7	3
		3	6	9
+	8	4	1	0
	8	7	7	9

a) A resolução de Aloísio está correta? Se não estiver correta, corrija-a.

_____

b) Complete: 73 × 123 = _____

c) Explique o que Aloísio poderia fazer para conferir o produto que ele obteve.

ARTESANATO – PREÇOS

1 REDE	R$ 95,00
1 PULSEIRA	R$ 10,00
1 COLCHA DE RENDA	R$ 122,00

4 Roberta tem R$ 1 278,00 e quer comprar algumas peças de artesanato em Maceió, em Alagoas, para vender em sua loja. Ela escolheu 1 dúzia de redes, 14 pulseiras e 3 colchas de renda. Veja na placa ao lado o preço de cada peça que Roberta quer comprar.

a) Com o dinheiro que Roberta tem, ela consegue comprar todas as mercadorias que escolheu? Por quê? Registre seu cálculo no espaço ao lado.

_____
_____

b) Faltam ou sobram quantos reais para ela comprar as peças que escolheu?

_____

5 Observe novamente a placa da atividade anterior.

a) Crie uma pergunta que envolva multiplicação, usando os dados dessa placa.

_____
_____

b) Peça a um colega que resolva ao lado o problema que você criou enquanto você resolve o problema que ele criou. Em seguida, confiram juntos os resultados.

Resposta: _____
_____

METADE, UM QUARTO E UM OITAVO DE UM INTEIRO

No capítulo anterior, para trabalhar com as ideias de **metade** e **um quarto**, você fez dobraduras em uma folha de papel. Agora, vamos fazer dobraduras usando círculos?

1 Destaque 2 círculos do **Material Complementar**.

Atenção! Para que fiquem partes iguais é preciso dobrar o círculo de modo que uma parte fique exatamente sobre a outra, sem faltar nem sobrar.

a) Pegue um dos círculos que você destacou e dobre-o ao meio para obter 2 partes iguais.
Corte o círculo ao meio, na linha da dobra. Veja ao lado como devem ficar as 2 partes.

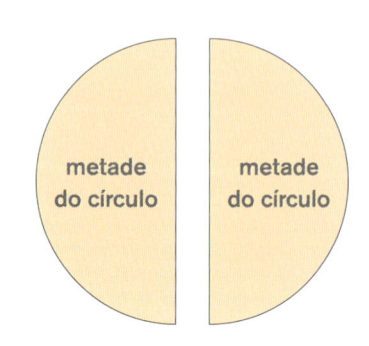

b) Complete: quando dividimos um inteiro em 2 partes iguais, cada parte é chamada de _____.

> Representamos a metade de um inteiro assim: $\frac{1}{2}$. Lemos: um meio.

c) Pegue o outro círculo que você destacou, dobre-o ao meio, recorte na linha da dobra e obtenha 2 metades.
Agora, dobre novamente ao meio cada metade que você obteve. Procure deixar as partes bem sobrepostas.
Em seguida, recorte com cuidado cada metade da metade, na linha da dobra. Veja ao lado como devem ficar as 4 partes.

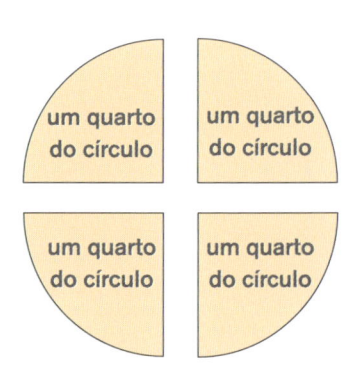

d) Complete: quando dividimos um inteiro em 4 partes iguais, cada parte é chamada de _____.

> Representamos um quarto de um inteiro assim: $\frac{1}{4}$. Lemos: um quarto.

2 Vamos continuar dividindo círculos! Destaque mais 1 círculo do **Material Complementar**. Divida e recorte o círculo em 4 partes iguais, como feito na atividade **1**.

Depois, dobre ao meio cada quarto do círculo, obtendo a metade da metade da metade do círculo. Não se esqueça de manter as partes bem sobrepostas. Recorte cada parte na linha da dobra. Veja ao lado como devem ficar as 8 partes.

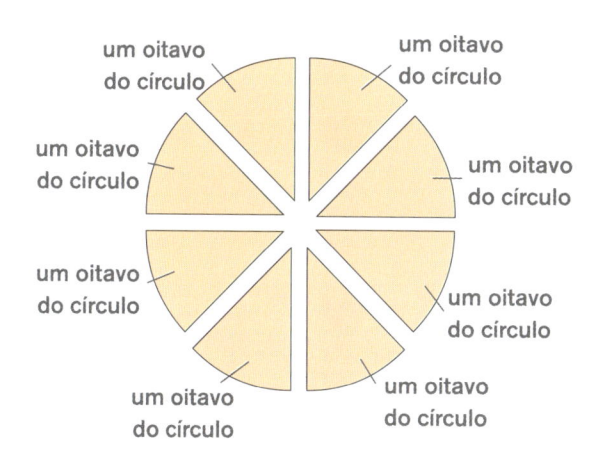

> Quando dividimos um inteiro em 8 partes iguais, cada parte é chamada de **um oitavo**. Representamos um oitavo de um inteiro assim: $\frac{1}{8}$. Lemos: um oitavo.

3 Destaque o último círculo do **Material Complementar**. Compare esse círculo (inteiro) e as partes dos círculos que você recortou (metades, quartos e oitavos).

a) Quantas metades são necessárias para formar um inteiro? _____

b) Quantos quartos são necessários para formar um inteiro? _____

c) Quantos oitavos são necessários para formar um inteiro? _____

d) Complete as frases abaixo.

- Para formar 1 peça de $\frac{1}{2}$ do círculo são necessárias _____ peças de $\frac{1}{4}$ do círculo.

  Para formar 1 peça de $\frac{1}{2}$ do círculo são necessárias _____ peças de $\frac{1}{8}$ do círculo.

  Para formar 1 peça de $\frac{1}{4}$ do círculo são necessárias _____ peças de $\frac{1}{8}$ do círculo.

- A metade de um inteiro é $\frac{1}{}$, a metade da metade de um inteiro é $\frac{1}{}$ ou um _____, a metade de um quarto de um inteiro é $\frac{1}{}$ ou um _____.

4 Agora, vamos criar uma colagem! Cole em uma folha de papel as metades, os quartos e os oitavos dos círculos que você recortou. Dê um título para sua colagem, coloque a data de hoje, assine no canto da folha e mostre sua criação para os colegas.

METADE, UM QUARTO E UM OITAVO DE UMA QUANTIDADE

1 Você já sabe calcular a metade e um quarto de uma quantidade! Complete.

Para calcular a metade de uma quantidade, divido essa quantidade por _____, e para calcular um quarto de uma quantidade, divido essa quantidade por _____.

E como será que calculo um oitavo de uma quantidade?

> Quando dividimos uma quantidade em 8 partes iguais, dizemos que cada parte é **um oitavo** da quantidade. Então, para obter **um oitavo** de uma quantidade, **dividimos por 8**.

2 Calcule mentalmente e complete cada item abaixo.

a) Metade de 24 cadernos são _____.

b) Um quarto de 32 lápis de cor são _____.

c) Um oitavo de 16 livros são _____.

3 Pense, converse com os colegas e complete abaixo.

Represento metade de uma quantidade por $\frac{1}{\_\_}$, represento um quarto de uma quantidade por $\frac{1}{\_\_}$ e represento um oitavo de uma quantidade por $\frac{1}{\_\_}$.

4 Pinte $\frac{1}{2}$ da quantidade de desenhos abaixo de **laranja**, $\frac{1}{4}$ de **roxo** e $\frac{1}{8}$ de **marrom**. Em seguida, complete com os resultados.

$\frac{1}{2}$ de 16 → _____ $\frac{1}{4}$ de 16 → _____ $\frac{1}{8}$ de 16 → _____

5 Poliana compra frutas e vegetais em uma feira. Calcule a quantidade de produtos que ela comprou.

a) Metade de 1 dúzia de bananas são _____ bananas.

b) Um quarto de 2 dúzias de maçãs são _____ maçãs.

c) Um oitavo de 4 dúzias de tomate são _____ tomates.

6 No fim de uma feira, a barraca de Nair tinha somente 24 bananas para vender, quando chegaram ao mesmo tempo 5 clientes. Valdo pediu $\frac{1}{2}$ da quantidade de bananas, Anísio pediu $\frac{1}{4}$ da quantidade de bananas e Leia, Júlia e Marco pediram, cada um deles, $\frac{1}{8}$ da quantidade de bananas.

a) Quantas bananas cada cliente pediu?

Valdo: _____ Júlia: _____

Anísio: _____ Marco: _____

Leia: _____

b) Os 5 clientes podem receber as quantidades de bananas pedidas? Justifique.

_____

_____

c) Complete as frases abaixo com as expressões **metade**, **um quarto** ou **um oitavo** de modo que os 5 clientes comprem bananas. Lembre-se de que a barraca só tem 24 bananas para vender.

Valdo comprou _____ da quantidade de bananas e

Anísio comprou _____ da quantidade de bananas. Leia

comprou _____ da quantidade de bananas, Júlia comprou

_____ e Marco comprou _____.

MEDIDAS DE COMPRIMENTO: MILÍMETRO, CENTÍMETRO, METRO E QUILÔMETRO

Giovani mediu o comprimento de um lápis com sua régua e verificou que o lápis tinha 15 cm. Em seguida, ele tentou medir a espessura do lápis com a mesma régua.

A ESPESSURA DO LÁPIS TEM MENOS DE 1 CENTÍMETRO! COMO FAÇO PARA MEDIR ALGO TÃO PEQUENO?

1 Como você faria para medir algo pequeno, menor do que 1 centímetro?

2 Observe uma régua. Quantos risquinhos há entre as marcas 0 e 1 da régua? E quantos espaços há entre esses risquinhos?

Giovani perguntou para a professora como medir comprimentos menores do que 1 centímetro. Veja abaixo a resposta dela.

*PARA MEDIR COMPRIMENTOS MENORES DO QUE 1 CENTÍMETRO, VOCÊ DEVE USAR O **MILÍMETRO**. OS RISQUINHOS QUE VOCÊ VIU NA RÉGUA MARCAM OS MILÍMETROS.*

O **centímetro (cm)** e o **milímetro (mm)** são unidades de medida de comprimento.

1 cm = 10 mm

3 Meça os objetos abaixo com uma régua e complete as frases.

a) Este livro tem _____ mm de altura.

b) Este prego tem _____ mm de espessura.

Lembre-se: 1 metro (m) equivale a 100 centímetros (cm).

4 Faça as conversões das medidas abaixo.

a) 210 mm = _____ cm

b) 4 000 mm = _____ cm

c) 400 cm = _____ m

d) 4 000 mm = _____ m

e) 54 cm = _____ mm

f) 5 m = _____ mm

g) 17 m = _____ cm

h) 850 mm = _____ cm

Giovani e sua família foram visitar uma exposição de arte em outra cidade. Durante o trajeto, Giovani percebeu que as placas da estrada mostravam medidas em **quilômetros (km)**. Ele se lembrou de uma aula em que a professora explicou que o quilômetro também é uma unidade de medida de comprimento, usada para distâncias grandes.

Lembre-se:
1 quilômetro (km) equivale a 1 000 metros (m).

5 Imagine que a família de Giovani foi de carro de Porto Alegre, capital do Rio Grande do Sul, à cidade de Flores da Cunha, no interior do estado, para ver a exposição de arte. O GPS mostrou que a distância entre as 2 cidades é 146 km. Após percorrer 138 km, o pneu do carro furou.

a) Quantos quilômetros faltavam para a família de Giovani chegar à cidade de Flores da Cunha?

_____

b) Indique quantos metros faltavam para chegar a Flores da Cunha.

_____

6 Para cada medida abaixo, indique a unidade de medida mais adequada.

a) Espessura da miçanga de uma bijuteria: _____

c) Largura de um livro: _____

As imagens destas páginas não estão representadas em proporção.

b) Comprimento de uma ponte: _____

d) Altura de um prédio: _____

Ponte Rio Negro, em Manaus, no Amazonas. Foto de 2011.

Prédio comercial em Curitiba, no Paraná. Foto de 2015.

PLANIFICAÇÕES

1 Leia atentamente as instruções abaixo para montar a planificação de um poliedro. Para isso, você vai usar uma embalagem que tem a forma de um poliedro.

MATERIAL NECESSÁRIO
- Embalagem com a forma de um poliedro
- 1 folha de cartolina (ou de outro papel grosso)
- Lápis
- Régua
- Tesoura com pontas arredondadas
- Fita adesiva

Como fazer

- Faça uma marca em um dos lados da embalagem.

- Coloque a embalagem sobre a folha com o lado marcado apoiado na folha. Gire a embalagem para todos os lados e verifique se não faltará espaço para desenhar todos os lados da embalagem. Se faltou espaço, posicione novamente o lado marcado da embalagem sobre a folha até encontrar uma posição em que não falte espaço.

- Com a embalagem na posição que você descobriu anteriormente, pegue o lápis e faça na folha o contorno do lado da embalagem.

Atenção!
Planejar o uso do papel, para que não falte espaço para seu trabalho, é uma etapa muito importante.

- Gire a embalagem para a direita e apoie outro de seus lados na folha, encostado no primeiro lado. Contorne esse lado.

- Vá reposicionando a embalagem até contornar todos os seus lados, um encostado no outro.

> As superfícies de um poliedro que podem ser apoiadas em uma folha de papel, para delas se obter o contorno, são chamadas **faces** do poliedro.

- Ajuste as linhas de contorno que você desenhou usando uma régua. Veja ao lado exemplos de como pode ficar a planificação de um poliedro de faces retangulares. Sua planificação pode ser diferente, dependendo do poliedro que você escolheu.

- Por fim, recorte a planificação. Dobre-a nas linhas demarcadas e monte o poliedro. Use fita adesiva para fechar o poliedro.

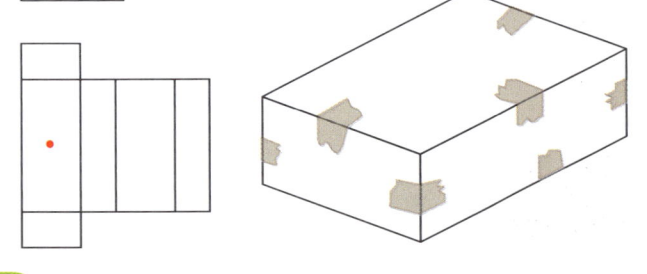

> As linhas de dobra e de colagem formam as **arestas** do poliedro.

2 Faça o que se pede abaixo, usando o poliedro que você montou, e complete.

a) Apoie o poliedro em uma mesa. Você pode apoiá-lo e ele fica parado sobre a mesa de _____ maneiras diferentes.

b) O nome das partes do poliedro que podem ser apoiadas na mesa é _____.

c) Essas partes se encontram de 2 em 2 em uma dobra ou colagem do poliedro.

No seu poliedro há _____ encontros.

d) O nome desses encontros é _____.

e) Essas partes também se encontram de 3 em 3 em uma "ponta" do poliedro.

No seu poliedro há _____ "pontas".

> As "pontas" são chamadas de **vértices** do poliedro.

3 Vamos relembrar outros poliedros! Observe os poliedros abaixo.

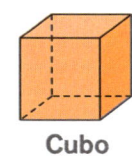

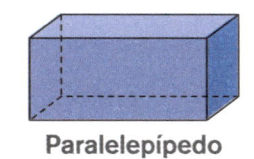

Cubo **Paralelepípedo** **Pirâmide de base quadrada** **Prisma de base hexagonal**

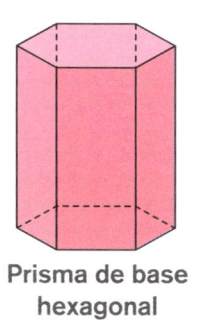

a) Pinte os moldes do **Material Complementar** de acordo com as cores dos poliedros acima. Depois, destaque os moldes e monte os poliedros.

b) Observe cada poliedro que você montou e complete a tabela abaixo.

Quantidade de faces, vértices e arestas dos poliedros

Nome do poliedro	Quantidade de faces	Quantidade de arestas	Quantidade de vértices
Cubo			
Paralelepípedo			
Pirâmide de base quadrada			
Prisma de base hexagonal			

Tabela elaborada para fins didáticos.

ATIVIDADES DO CAPÍTULO

1. Resolva as multiplicações abaixo no quadro de valor posicional e identifique o termo pedido.

   a) 15 × 519 = _____

   2º fator: _____

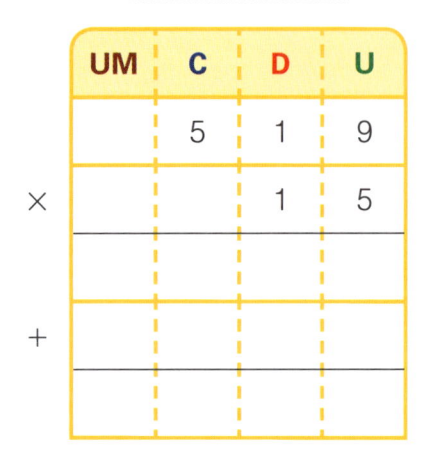

UM	C	D	U
	5	1	9
×		1	5
+			

   b) 42 × 234 = _____

   Produto: _____

UM	C	D	U
	2	3	4
×		4	2
+			

2. Pinte metade, um quarto e um oitavo do desenho ao lado com cores diferentes.

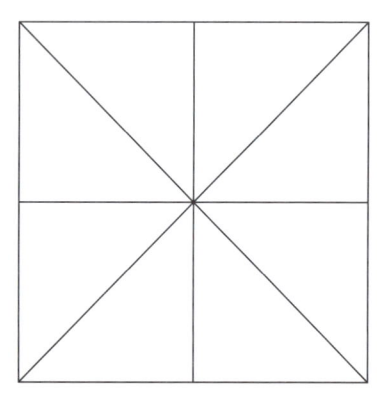

3. Na figura abaixo, pinte um triângulo **amarelo**, um quadrado **vermelho**, um losango **verde**, um paralelogramo **marrom**, um trapézio **laranja** e um hexágono **roxo**.

RESOLVENDO PROBLEMAS

- Júlio e Regina são motoristas de táxi e resolveram anotar em uma tabela a distância que cada um percorreu em cada dia de trabalho de uma semana. Observe abaixo.

Distâncias percorridas durante uma semana

Dia da semana	Distância percorrida por Júlio	Distância percorrida por Regina
Segunda-feira	156 km	210 km
Terça-feira	165 km	189 km
Quarta-feira	245 km	132 km
Quinta-feira	138 km	276 km
Sexta-feira	195 km	173 km
Sábado	128 km	150 km
Total		

Tabela elaborada para fins didáticos.

a) Complete a tabela acima com a distância total que cada um percorreu nessa semana.

b) Qual foi a diferença, em quilômetros, entre as distâncias percorridas por eles nessa semana?

_____

c) Complete: Regina percorreu a maior distância _____ e percorreu a menor distância _____. Júlio percorreu a maior distância _____ e a menor distância _____.

d) Imagine que, na semana seguinte, as distâncias percorridas por Júlio mantiveram um padrão: na segunda-feira ele percorreu 212 km, no dia seguinte ele percorreu 203 km e na quarta-feira ele percorreu 194 km. De acordo com esse padrão, quantos quilômetros Júlio percorreu na quinta-feira? E na sexta-feira? E no sábado?

_____

_____

TRABALHANDO COM JOGOS

SALUTE!

Salute: palavra da língua inglesa que significa, entre outras coisas, 'saudação ou cumprimento'.

Número de jogadores: 3

MATERIAL NECESSÁRIO
- Cartas do **Material Complementar**.

Como jogar

- Um dos jogadores deve destacar as cartas do **Material Complementar**.

- Os 3 jogadores devem se sentar em roda e decidir quem será o juiz na primeira rodada.

- O juiz embaralha as cartas e as organiza em um monte, colocado entre os jogadores, com as cartas viradas para baixo.

- A rodada começa com o juiz dizendo "*Salute!*". Em seguida, cada um dos outros 2 jogadores retira 1 carta do monte, segurando-a virada para o adversário. Dessa maneira, o juiz pode ver ambas as cartas, mas cada jogador pode ver apenas a carta do adversário e não a sua própria.

- O juiz multiplica mentalmente os números das 2 cartas e diz aos jogadores apenas o resultado. Por exemplo, se os jogadores têm as cartas com os números 7 e 4, então o juiz deve dizer "28".

- Considerando o número da carta do adversário e o resultado dito pelo juiz, cada jogador deve calcular mentalmente o número de sua carta.

- O primeiro jogador a acertar seu próprio número ganha as 2 cartas.

- O jogador à direita do juiz será o próximo juiz. A rodada termina quando cada jogador for juiz 1 vez.

- A partida termina quando acabarem as cartas do monte e vence a partida quem ficou com mais cartas.

Atenção! Guarde suas cartas, pois você vai usá-las novamente.

Adaptado de: **Jogos em grupo na Educação Infantil: implicações da teoria de Piaget**, de Constance Kamii e Rheta Devries. São Paulo: Trajetória Cultural, 1991.

Pensando sobre o jogo

1. Miuki, Gislaine e Eduardo estavam jogando **Salute!**.

    a) Em uma jogada, Gislaine viu que a carta de Eduardo tinha o número 4, e Miuki disse que o resultado da multiplicação era 12. Qual era o número da carta de Gislaine? _____

    b) Na jogada seguinte, Eduardo viu que a carta de Miuki tinha o número 6, e Gislaine disse que a multiplicação resultava em 36. Qual era o número da carta de Eduardo? _____

    c) Na última jogada da rodada, Eduardo disse que a multiplicação dos números das cartas resultava em 12. Preencha as cartas abaixo com os números que Miuki e Gislaine podem ter tirado.

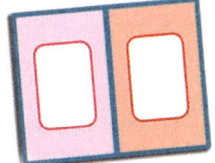

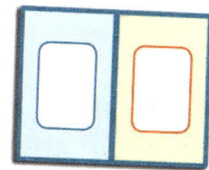

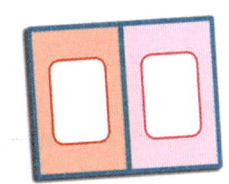

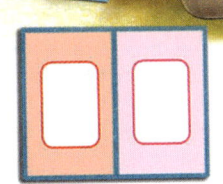

    Miuki Gislaine   Miuki Gislaine   Miuki Gislaine   Miuki Gislaine   Miuki Gislaine

2. Complete os itens abaixo.

    a) Vejo a carta 2 e o resultado da multiplicação é 16, então tenho a carta _____.

    b) Vejo a carta 4 e o resultado da multiplicação é 16, então tenho a carta _____.

    c) Vejo a carta 8 e o resultado da multiplicação é 16, então tenho a carta _____.

3. Os resultados das multiplicações da atividade anterior são sempre 16. O que acontece com os números das cartas?

4. Use o que você concluiu na atividade **3** para completar os itens abaixo.

    a) Vejo a carta 3 e o resultado da multiplicação é 24, então tenho a carta _____.

    b) Vejo a carta 6 e o resultado da multiplicação é 24, então tenho a carta _____.

    c) Vejo a carta 4 e o resultado da multiplicação é 24, então tenho a carta _____.

    d) Vejo a carta 8 e o resultado da multiplicação é 24, então tenho a carta _____.

CAPÍTULO 5

NÚMEROS, FORMAS E MEDIDAS

NÚMEROS E OPERAÇÕES

Você sabia que materiais recicláveis, como latas, canecas, colheres, garfos e peças de equipamentos eletrônicos, podem virar arte? E sabia que também podemos fazer arte com materiais naturais, como madeira, pedra-sabão, argila, pedrinhas, areia e cascas de ovos?

Observe abaixo uma escultura do artista estadunidense Brian Marshall, feita com materiais recicláveis, e uma escultura dos artistas brasileiros Marcio Santos e Alan Rosa, construída com areia de praia.

> **Escultura:** obra de expressão artística que representa objetos e seres reais ou abstratos por meio de imagens ou modelagens em relevo.

Skate robot assemblage, de Brian Marshall, 2010. Escultura de materiais recicláveis. Coleção particular.

Castelo de areia, de Marcio Santos e Alan Rosa, do projeto Meninos de Areia, 2015. Escultura de areia de praia em Mongaguá, em São Paulo.

As imagens destas páginas não estão representadas em proporção.

1 Para uma exposição de esculturas de areia, Samanta usou 2 853 kg de areia em seu trabalho, Carlos usou 1 987 kg e Joaquim usou 3 587 kg.

a) Qual desses artistas usou mais massa de areia em sua escultura? E qual usou menos massa de areia?

_____

b) Qual é a diferença entre essas massas? Escreva-a por extenso.

_____

_____

c) Qual foi a massa total de areia utilizada nas 3 esculturas?

_____

_____

2 Uma escola de artes está promovendo um concurso de esculturas feitas com pedrinhas. Para participar do concurso, Raimundo comprou um pacote com 400 pedrinhas coloridas. Chegando em casa, ele selecionou 137 pedrinhas que não tinham as cores que ele queria usar na escultura e decidiu não utilizá-las.

a) Quantas pedrinhas sobraram para Raimundo usar em sua escultura?

_____

b) Raimundo vai colocar as pedrinhas que sobraram em potinhos com 50 pedrinhas em cada um. De quantos potinhos ele vai precisar para colocar essas pedrinhas?

africanstuff/Shutterstock

_____

3 As esculturas do concurso foram expostas na escola durante uma Mostra de Artes. Cada visitante pagou R$ 3,00 para entrar na exposição.

a) A Mostra de Artes recebeu 870 visitantes. Quantos reais ela arrecadou com a venda dos ingressos?

_____

b) A organização da Mostra de Artes custou R$ 590,00 e esse valor foi descontado do valor recebido com a venda dos ingressos. Então, quantos reais a escola arrecadou?

_____

4 Você já visitou alguma exposição de obras de arte? Se você já visitou, então conte aos colegas do que mais gostou e ouça as histórias que eles vão contar.

● MULTIPLICAÇÃO NO JOGO *SALUTE!*

No final do capítulo anterior, você brincou com o jogo **Salute!**. Jogue novamente com seus colegas. Depois, com os mesmos colegas do jogo, façam as atividades a seguir.

1 Vitória, Ígor e Ubiraci estavam jogando **Salute!**. Vitória viu que a carta de Ubiraci era o 7 e Ígor disse que o produto era 28. Qual número Vitória deveria falar para vencer essa jogada?

_____

2 Escreva na carta em branco abaixo o número que um jogador deve falar para ganhar cada jogada. O resultado da multiplicação de cada jogada aparece no balão ao lado das cartas.

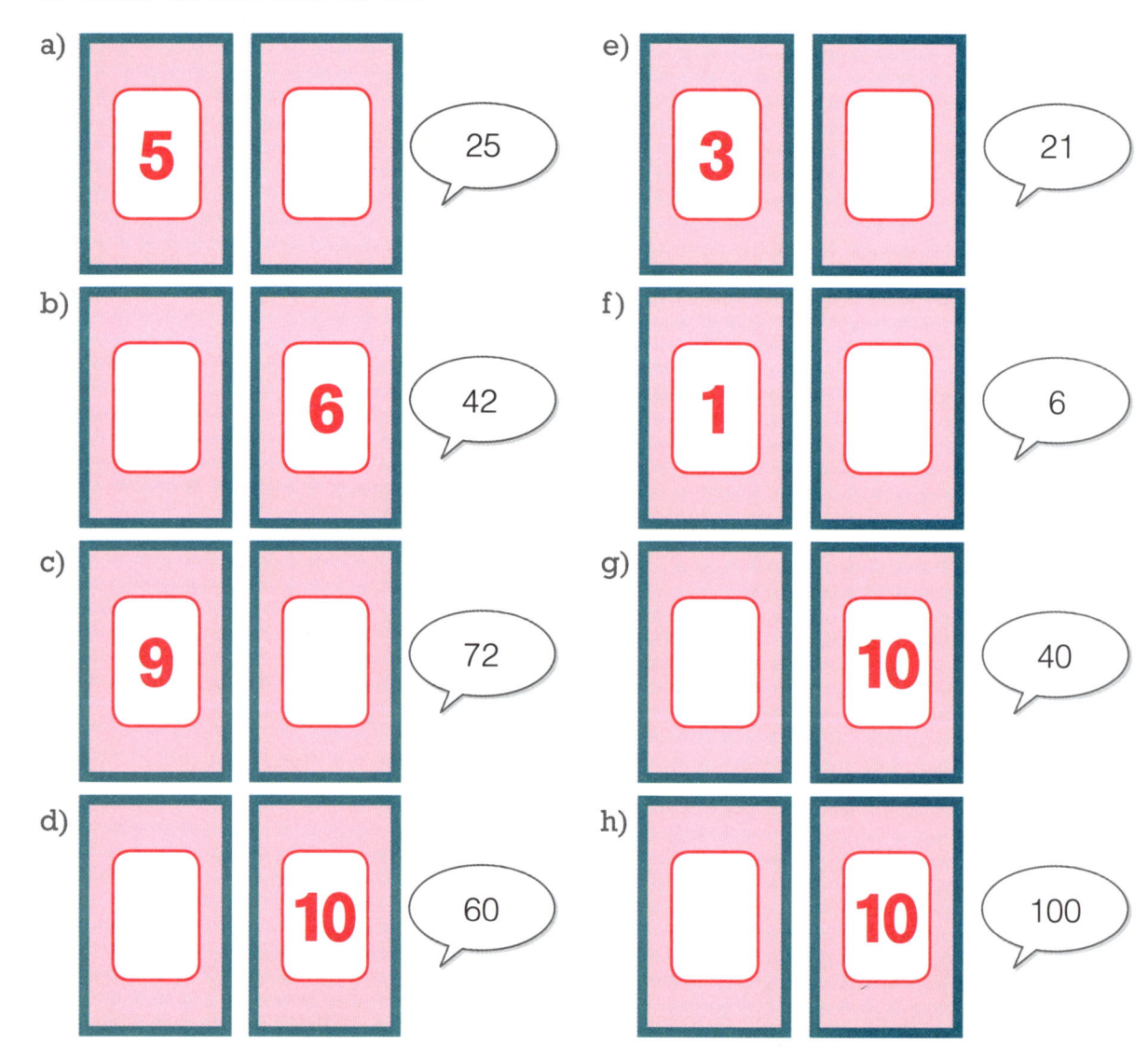

a) 5, ___ → 25

b) ___, 6 → 42

c) 9, ___ → 72

d) ___, 10 → 60

e) 3, ___ → 21

f) 1, ___ → 6

g) ___, 10 → 40

h) ___, 10 → 100

3 Janice, Rui e Milene são irmãos de Vitória, Ígor e Ubiraci. Eles já sabem fazer multiplicações e divisões com números maiores!

Então, eles resolveram mudar as cartas do jogo **Salute!** e usar cartas com números de 2 algarismos. Veja abaixo as cartas que eles tiraram em cada jogada e escreva o resultado da multiplicação no balão.

a) 23 12

b) 34 56

c) 87 11

d) 66 10

4 Pense e responda: você acha que o jogo fica mais divertido com cartas com números de 1 algarismo ou números de 2 algarismos?

_____

5 Como você fez para resolver os cálculos da atividade **2**? E os cálculos da atividade **3**?

_____

_____

PROBLEMAS DE MULTIPLICAÇÃO

1 Uma galeria de Manaus, no Amazonas, organizou uma exposição de obras de arte de artistas locais. Observe a seguir as informações sobre a exposição.

Exposição aberta	Duração	Valor da entrada inteira
de terça-feira a domingo das 9:00 às 17:00	de 1º de março (terça-feira) a 3 de abril (domingo)	R$ 13,00 cada ingresso

a) Quantas horas por dia a exposição ficou aberta?

_____

b) Quantas horas por semana a exposição ficou aberta?

_____

c) Em quantos dias ao todo é possível visitar essa exposição?

_____

d) No primeiro dia da exposição, 122 pessoas a visitaram pagando a entrada inteira. Quantos reais a galeria arrecadou com esses visitantes?

_____

e) As esculturas estavam organizadas em 9 salas com 72 esculturas em cada uma. Quantas esculturas havia nessa exposição?

_____

2 Invente uma pergunta usando os dados da atividade **1** e que possa ser resolvida com multiplicações. Peça a um colega que faça a resolução no caderno e depois registre abaixo a resposta. Confiram juntos a resolução.

Pergunta: _____

_____

Resposta: _____

3 Para ir a uma exposição das obras da Tarsila do Amaral (1886-1973), Isabela e seu irmão Alberto estão juntando dinheiro para comprar ingressos para sua família: 3 pessoas que pagam o ingresso inteiro e 2 pessoas que pagam meia entrada. Cada ingresso inteiro da exposição vai custar R$ 24,00.

a) Quantos reais custarão todos os ingressos que Isabela e Alberto vão comprar?

_____

b) Alberto está juntando R$ 13,00 por mês. Quantos reais ele terá em 6 meses? Esse valor será suficiente para pagar os ingressos?

_____

_____

c) Isabela está juntando R$ 25,00 por bimestre. Quantos reais ela terá em 6 meses? Esse valor será suficiente para pagar os ingressos?

_____

_____

d) Quantos reais Alberto e Isabela juntarão ao todo a cada 2 meses?

_____

e) Em quantos meses eles conseguirão juntar dinheiro suficiente para a compra dos ingressos?

_____

MEDIDAS DE MASSA: GRAMA, QUILOGRAMA E TONELADA

Você já estudou 2 unidades de medidas de massa: o grama (g) e o quilograma (kg). Vamos relembrar?

> 1 quilograma = 1 000 gramas

1 Complete: a unidade de medida mais adequada para medir a massa de uma pessoa é o _____ e a unidade de medida mais adequada para medir a massa de um lápis é o _____.

2 Você conhece outras unidades de medida de massa?

3 Frederico foi com sua mãe levar o carro para uma revisão. O mecânico disse para eles que levantaria o carro em um equipamento especial, para que ele pudesse olhar embaixo. Leia ao lado o diálogo entre eles.

— MÃE, POSSO DEIXAR MINHA MOCHILA DENTRO DO CARRO ENQUANTO ELE É LEVANTADO PELO EQUIPAMENTO?

— ACHO QUE NÃO PODE, FILHO. TALVEZ ESTRAGUE O EQUIPAMENTO. O CARRO JÁ É MUITO PESADO SOZINHO.

— PODE DEIXAR A MOCHILA. O CARRO PESA MAIS DE MIL QUILOS, MAIS ALGUNS QUILOS NÃO VÃO FAZER DIFERENÇA PARA O EQUIPAMENTO.

a) Quantos quilogramas tem o carro?

_____

> Tonelada é uma medida de massa usada para medidas maiores do que 1 000 quilogramas.
> 1 000 quilogramas (kg) = 1 tonelada (t)

b) Responda novamente ao item **a** usando o termo **tonelada**.

_____

4 Faça as conversões abaixo.

a) 7 kg = _____ g

b) 2 000 g = _____ kg

c) 9 t = _____ kg

d) 6 000 kg = _____ t

5 Veja ao lado a atividade que a professora Helena propôs a seus alunos.

a) Reúna-se com 2 colegas e completem o quadro abaixo conforme a classificação que a professora Helena pediu. Observe o exemplo.

> Classifiquem os animais da lista abaixo em mamíferos ou aves.
> Depois, escrevam a unidade de medida mais adequada para indicar a massa desses animais adultos: grama, quilograma ou tonelada.
> - Beija-flor
> - Elefante
> - Baleia
> - Cachorro
> - Onça
> - Avestruz
> - Camundongo

Classificação / Unidade de medida mais adequada	Mamífero	Ave
Grama (g)	Camundongo	
Quilograma (kg)		
Tonelada (t)		

b) Agora, pesquise e complete com o que se pede abaixo.

Maior animal do planeta: _____

Massa desse animal adulto: _____

Inseto mais pesado do planeta: _____

Massa desse inseto adulto: _____

Fonte da pesquisa: _____

Data da pesquisa: _____

> Não se esqueça de anotar a fonte e a data da pesquisa, pois a cada dia novas espécies de animais são descobertas.

As imagens destas páginas não estão representadas em proporção.

6 Márcia foi a uma farmácia e resolveu usar a balança digital. Observe as cenas abaixo.

a) Por que Márcia subiu 2 vezes na balança? Explique sua resposta.

_____

_____

_____

b) Na primeira cena, a balança indica o número **30**. Contorne abaixo o que esse número representa.

    30 gramas   30 quilogramas   30 toneladas

c) Complete: se Márcia colocasse na balança apenas a mochila e o livro, então a balança indicaria _____.

7 Se possível, faça o mesmo que Márcia e responda.

a) Qual é sua massa?

_____

b) Qual você acha que é a massa de sua mochila escolar?

_____

8 Vamos equilibrar os pratos das balanças! Leia as regras a seguir e escreva as combinações de alimentos abaixo de cada balança.

- Em cada balança, os 2 pratos devem ter a mesma massa.
- Você pode colocar mais de 1 pacote no prato da direita.
- Você só pode colocar 1 pacote de cada alimento em cada balança.

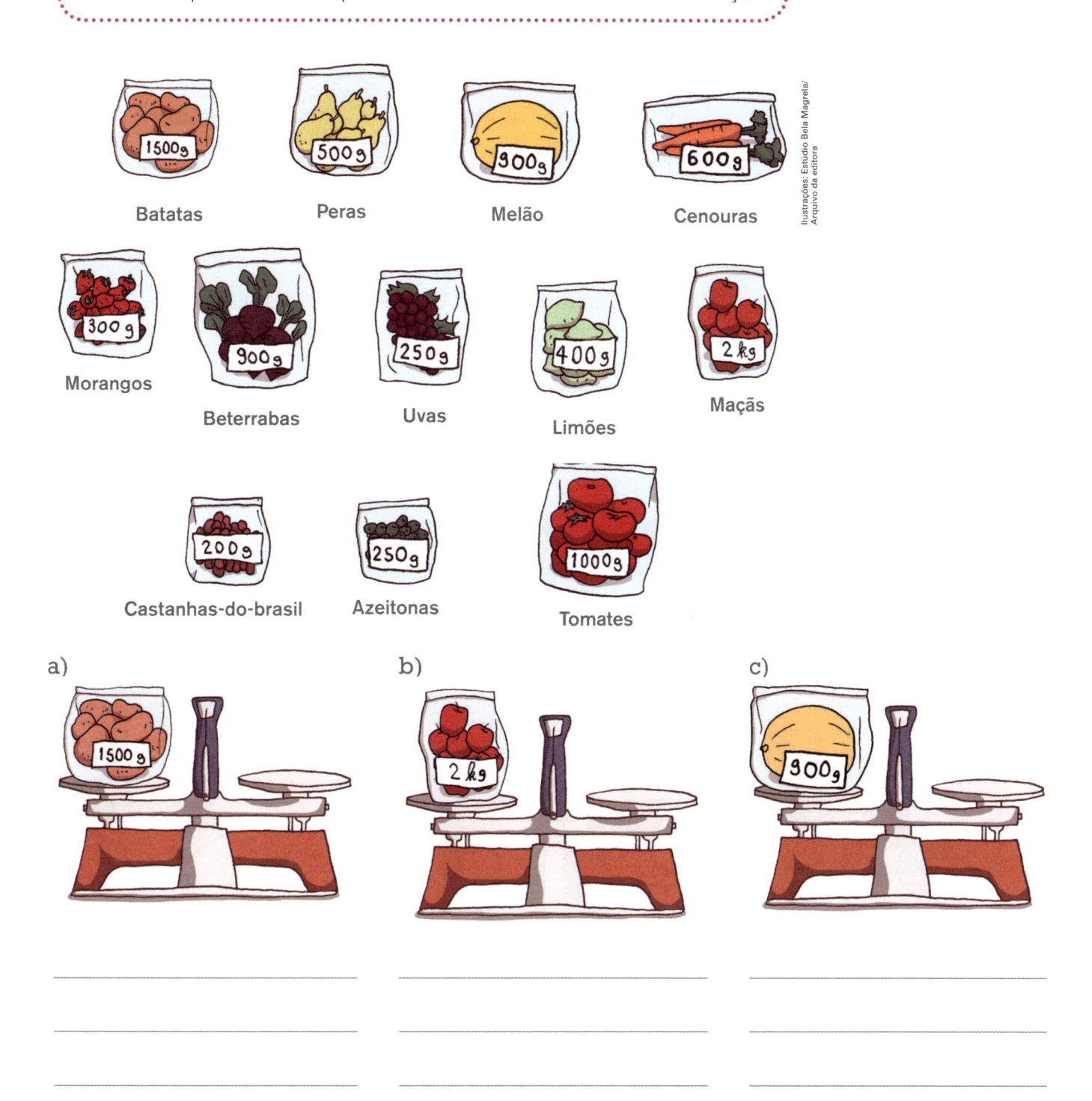

Batatas — 1500 g
Peras — 500 g
Melão — 300 g
Cenouras — 600 g
Morangos — 300 g
Beterrabas — 900 g
Uvas — 250 g
Limões — 400 g
Maçãs — 2 kg
Castanhas-do-brasil — 200 g
Azeitonas — 250 g
Tomates — 1000 g

a) 1500 g =

b) 2 kg =

c) 300 g =

GRÁFICO DE SETORES

Acompanhe abaixo o diálogo entre Antônio e Celina.

— O QUE SIGNIFICA ESSE GRÁFICO?

— É UM GRÁFICO QUE OS ALUNOS DA OUTRA TURMA FIZERAM PARA MOSTRAR SEUS ANIMAIS PREFERIDOS.

— MAS ESSE GRÁFICO NÃO TEM NENHUM NÚMERO!

— É VERDADE, ELE NÃO TEM NÚMEROS. MAS É POSSÍVEL DESCOBRIR ALGUMAS COISAS APENAS OBSERVANDO O GRÁFICO.

— O QUÊ?

— VOCÊ CONSEGUE IDENTIFICAR A QUANTIDADE DE ALUNOS DESSA TURMA QUE PREFEREM CACHORRO?

— EU NEM SEI QUANTOS ALUNOS HÁ NESSA TURMA!

— É VERDADE, MAS A PARTE VERMELHA DO GRÁFICO REPRESENTA QUANTO DO CÍRCULO?

— METADE!

— ISSO MESMO! ENTÃO METADE DOS ALUNOS DESSA TURMA PREFERE CACHORRO. E O QUE SIGNIFICAM AS OUTRAS PARTES?

— OS ALUNOS QUE GOSTAM DE PÁSSAROS E OS QUE GOSTAM DE GATOS.

1 Observe a legenda do gráfico e explique por que foi utilizada uma cor diferente para cada animal.

2 Você lembra o que significa **metade** e **um quarto**? Explique para um colega o que significa cada um desses termos.

> O gráfico observado por Antônio e Celina chama-se **gráfico de setores**.
>
> A parte **vermelha** do gráfico que eles observaram representa metade, a parte **amarela** representa um quarto e a parte **verde** também representa um quarto.

3 Observando as informações do gráfico de setores da página anterior e a conversa entre Antônio e Celina, complete as frases abaixo.

- Podemos dizer que _____ da quantidade de alunos da turma analisada prefere cachorro e a outra metade prefere _____ ou _____.

- _____ da quantidade de alunos da turma prefere gato e _____ prefere pássaro.

- O animal de estimação preferido dos alunos dessa turma é o _____.

4 Imagine que o círculo inteiro do gráfico de setores representa as respostas dos 20 alunos da turma.

Animais preferidos do 4º ano B

Legenda:
- Cachorro (vermelho)
- Pássaro (amarelo)
- Gato (verde)

a) Junte-se a um colega e recortem 20 pequenos quadradinhos iguais de papel para representar cada um desses alunos.
Distribuam os quadradinhos sobre as partes do gráfico ao lado, respeitando as quantidades: metade dos quadradinhos na parte **vermelha**, um quarto na parte **amarela** e um quarto na parte **verde**.

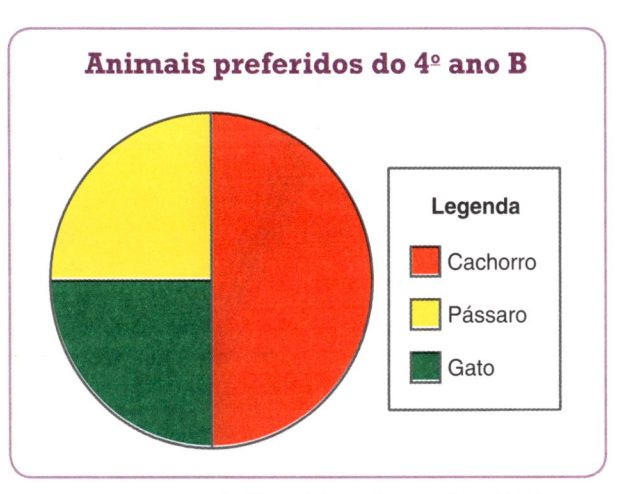

Gráfico elaborado para fins didáticos.

b) Observe a distribuição dos quadradinhos nas partes do gráfico de setores. Quantos quadradinhos você colocou sobre a parte **vermelha** do gráfico? Então, quantos alunos dessa turma preferem cachorro?

_____

_____

c) Quantos alunos dessa turma preferem pássaro? E quantos preferem gato?

_____

LEITURA DE GRÁFICOS DE SETORES

Antônio e seu pai viram uma pesquisa feita com jovens de 18 a 20 anos sobre suas expressões artísticas preferidas. Cada pessoa escolheu 1 expressão artística. Com os dados dessa pesquisa, organizados em uma tabela, eles construíram um gráfico de setores. Depois, Antônio mostrou o gráfico para Celina.

CELINA, VEJA O GRÁFICO DE SETORES QUE EU FIZ COM MEU PAI! ESSE É UM DESAFIO PARA VOCÊ. O GRÁFICO NÃO ESTÁ PINTADO. VOCÊ DEVE PINTÁ-LO DE ACORDO COM OS DADOS DA TABELA QUE NÓS TAMBÉM FIZEMOS.

Expressões artísticas preferidas de jovens de 18 a 20 anos

Expressões artísticas	Quantidade de pessoas
Escultura	metade → 24 pessoas
Fotografia	um quarto → 12 pessoas
Pintura	um oitavo → 6 pessoas
Mosaico	um oitavo → 6 pessoas

Expressões artísticas preferidas de jovens de 18 a 20 anos

Legenda:
- Escultura
- Fotografia
- Pintura
- Mosaico

Tabela e gráfico elaborados para fins didáticos.

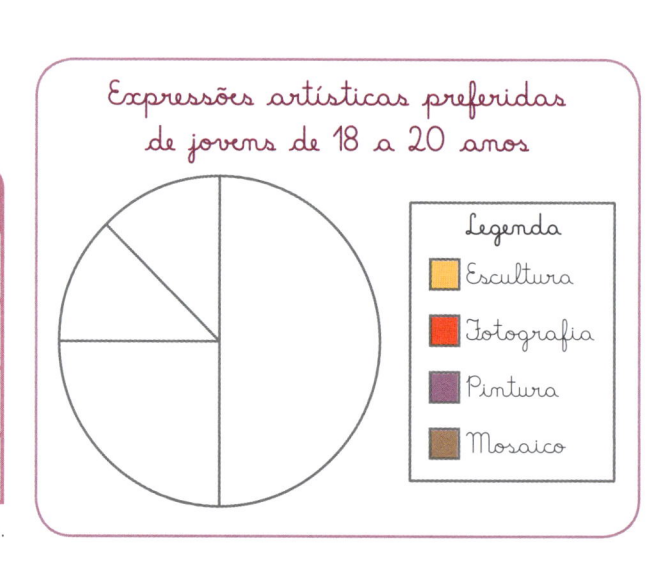

1 Observe os dados da tabela e a legenda do gráfico da página anterior.

a) Quantas pessoas responderam a essa pesquisa?

_____

b) Pinte as partes do gráfico de acordo com a legenda.

2 Observe o gráfico que você pintou e complete as frases abaixo com $\frac{1}{2}$, $\frac{1}{4}$ ou $\frac{1}{8}$.

a) ——— do total de pessoas dessa pesquisa prefere escultura.

b) ——— do total de pessoas dessa pesquisa prefere mosaico.

c) ——— do total de pessoas dessa pesquisa prefere pintura.

d) ——— do total de pessoas dessa pesquisa prefere fotografia.

3 Agora, imagine uma nova pesquisa sobre as expressões artísticas preferidas de 96 pessoas. Os resultados foram os mesmos: metade das pessoas pesquisadas prefere escultura, um quarto prefere fotografia, um oitavo prefere pintura e um oitavo prefere mosaico.
Observe a tabela da página anterior e, sem distribuir quadradinhos de papel no gráfico, responda às perguntas a seguir.

a) Quantas pessoas dessa nova pesquisa preferem escultura?

_____

_____

b) Quantas pessoas preferem fotografia?

_____

c) Quantas pessoas preferem pintura?

_____

d) Quantas pessoas preferem mosaico?

_____

ATIVIDADES DO CAPÍTULO

1. Uma caminhonete consegue carregar até 4 caixas, totalizando 1 tonelada de carga. Observe as caixas abaixo e a massa de cada uma. Depois, contorne as caixas que o caminhão pode levar de modo que a massa total das caixas resulte em exatamente 1 tonelada.

   112 kg   274 kg   388 kg

   50 kg   422 kg   226 kg

2. Celina resolveu fazer um gráfico para indicar quantas histórias em quadrinhos (HQs) de cada personagem ela já leu. Observe o gráfico abaixo.

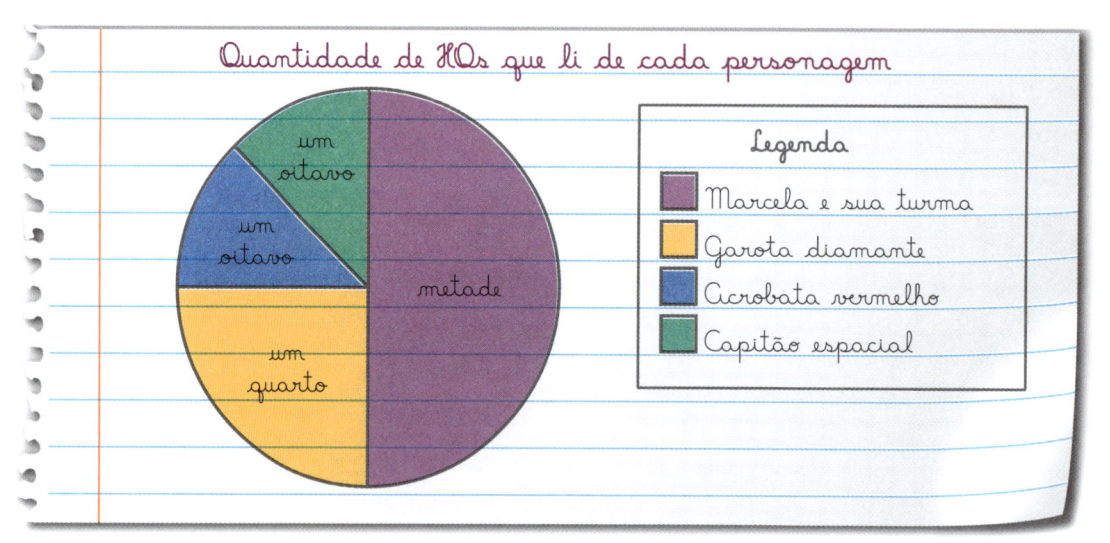

   Quantidade de HQs que li de cada personagem

   - um oitavo
   - um oitavo
   - um quarto
   - metade

   Legenda:
   - Marcela e sua turma
   - Garota diamante
   - Acrobata vermelho
   - Capitão espacial

   Gráfico elaborado para fins didáticos.

   Complete: Celina leu 32 histórias em quadrinhos. Então ela leu _____ HQs da **Marcela e sua turma**, _____ HQs da **Garota diamante**, _____ HQs do **Acrobata vermelho** e _____ HQs do **Capitão espacial**.

RESOLVENDO PROBLEMAS

- Lucinda é a responsável por manter o estoque de materiais artísticos de uma escola. Ela fez uma lista de itens que estavam faltando e foi comprá-los em uma loja especializada. Veja ao lado o folheto da loja com os preços dos produtos que ela comprou.

  Lucinda comprou 300 botões de plástico, 2 moldes para gesso, 8 m de fita colorida, 200 gramas de miçangas e 3 litros de cola.

  a) Quantos reais Lucinda gastou ao todo?

  _____

  b) Se Lucinda pagou essa compra com 1 cédula de 100 reais e 5 cédulas de 50 reais, então quantos reais ela recebeu de troco?

  _____

  c) Se Lucinda quisesse comprar 20 m de fita colorida, então seria mais vantajoso comprar o rolo de fita ou comprar a fita por metro? Explique.

  _____

  _____

CÁLCULO MENTAL

Você tem usado muitas vezes a multiplicação. Veja agora alguns cálculos que ajudam a pensar nessa operação.

1. Observe as multiplicações dos exemplos abaixo e descubra o padrão dos resultados. Depois, use sua descoberta para completar as outras multiplicações.

> 6 × 10 = 60
> 6 × 100 = 600
> 6 × 1000 = 6000

> 10 × 6 = 60
> 100 × 6 = 600
> 1000 × 6 = 6000

a) 5 × 10 = _____
   5 × 100 = _____
   5 × 1000 = _____

b) 7 × 10 = _____
   7 × 100 = _____
   7 × 1000 = _____

c) 9 × 10 = _____
   9 × _____ = 900
   9 × 1000 = _____

d) 3 × _____ = 30
   3 × _____ = 300
   3 × _____ = 3000

e) 12 × 10 = _____
   12 × 100 = _____
   12 × 1000 = _____

f) 10 × 5 = _____
   100 × 5 = _____
   1000 × 5 = _____

g) _____ × 7 = 70
   _____ × 7 = 700
   _____ × 7 = 7000

h) _____ × 8 = 80
   _____ × 8 = 800
   1000 × 8 = _____

i) 10 × 4 = _____
   100 × 4 = _____
   _____ × 4 = 4000

j) 10 × 15 = _____
   100 × 15 = _____
   1000 × 15 = _____

Você viu o que acontece com o produto de uma multiplicação quando um dos fatores é 10, 100 ou 1000. O que será que acontece quando um dos fatores é 20, 300 ou 4000?

Veja abaixo como você pode pensar para calcular o valor de 12 × 20.

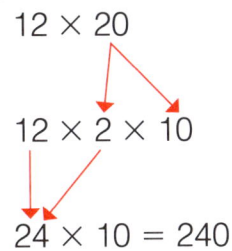

$$12 \times 20$$
$$12 \times 2 \times 10$$
$$24 \times 10 = 240$$

2. Complete as multiplicações abaixo.

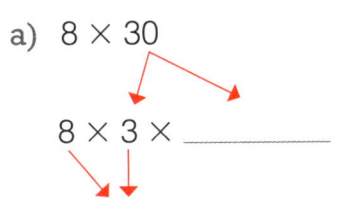

a) 8 × 30

8 × 3 × _____

_____ × _____ = _____

b) 7 × 400

7 × _____ × _____

_____ × _____ = _____

c) 4 × 600

_____ × _____ × _____

_____ × _____ = _____

d) 3 × 9000

_____ × _____ × _____

_____ × _____ = _____

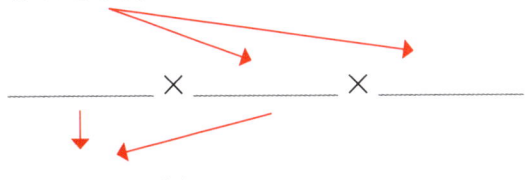

3. Agora, resolva cada multiplicação abaixo pensando na estratégia da atividade anterior e registre o produto.

a) 5 × 80 = _____

b) 4 × 500 = _____

c) 9 × 700 = _____

d) 6 × 2000 = _____

● MINHAS DICAS

Anote algo que você aprendeu nestas atividades e que pode ajudar a realizar cálculos mais rapidamente.

_____

_____

LEITURA DE IMAGEM

ARTE POPULAR

A arte popular é uma das maneiras de retratar temas da vida social, costumes, religiões e festas populares. Ela pode ser expressa de diversas formas, como literatura de cordel, música popular, pintura e escultura.

OBSERVE

As imagens desta página não estão representadas em proporção.

Esculturas representando retirantes. A escultura da imagem **A** foi feita de barro, e a escultura da imagem **B** foi feita de madeira.

1. As esculturas das imagens acima foram feitas com 2 técnicas diferentes. Na imagem **A**, os objetos foram feitos de barro, e na imagem **B** utilizou-se madeira. As 2 técnicas apresentam riqueza de detalhes das pessoas e dos animais? Explique.

2. As 2 esculturas retratam os retirantes nordestinos, que são pessoas que saem do lugar onde moram e vão para outras regiões do Brasil, por exemplo, fugindo da seca no Nordeste. Compare as 2 esculturas da página anterior e liste detalhes que indicam essa situação.

_____
_____

ANALISE

3. Observe as partes do corpo das pessoas retratadas nas esculturas. Você acha que os artistas se preocuparam em esculpir as pessoas mantendo os tamanhos entre a cabeça, o corpo e os membros?

RELACIONE

4. Imagine que você vai fazer uma escultura de argila.

   a) De quais materiais você acha que vai precisar?

   _____
   _____

   b) Agora, pesquise quais materiais são usualmente utilizados para criar esculturas de argila.

   _____
   _____

   c) Em que aspectos você acha que a Matemática ajuda na confecção de uma escultura de argila?

   _____
   _____
   _____
   _____

CAPÍTULO 6

SERÁ QUE VAI CHOVER?

DIVISÃO NO QUADRO DE VALOR POSICIONAL

Juçara e Gabriel estão aprendendo outra maneira de resolver divisões. Vamos aprender com eles?

1 Acompanhe o raciocínio abaixo e complete com o que falta.

Atenção!
Ao contrário da adição, da subtração e da multiplicação, para resolver uma divisão começamos pelas centenas, depois dividimos as dezenas e, por último, as unidades.

O número 647 tem 6 centenas.
Dividindo 6 centenas por 2, obtemos

_____ centenas.
Colocamos o 3 abaixo da chave de divisão.

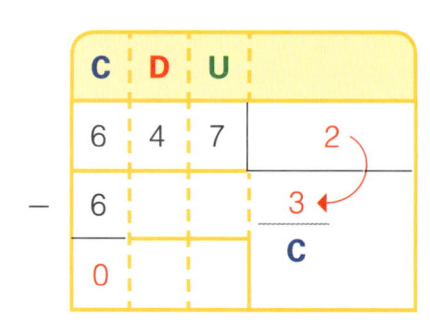

Multiplicamos 2 vezes 3 centenas.

2 × 3 centenas = _____ centenas
Subtraímos essas centenas das 6 centenas de 647.

6 centenas − 6 centenas = _____ centena

Colocamos o _____ na casa das centenas.

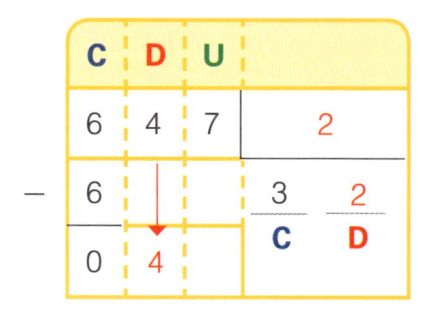

Em seguida, dividimos as dezenas. Para isso, copiamos o 4 na casa das dezenas, ao lado do 0.

Dividindo 4 dezenas por 2, obtemos

_____ dezenas. Colocamos o _____ abaixo da chave de divisão e ao lado do 3.

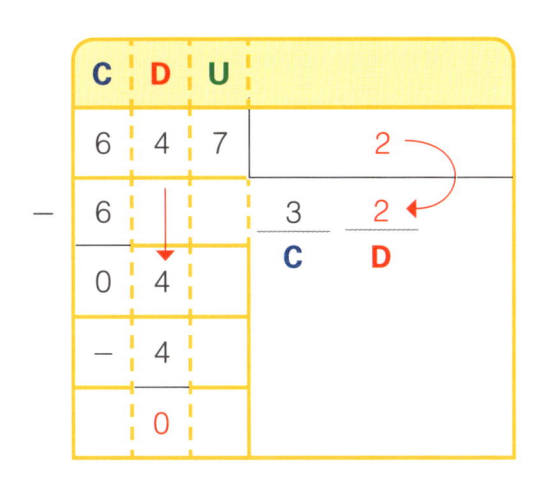

Multiplicamos 2 vezes _____ dezenas.

_____ × _____ dezenas = _____ dezenas
Subtraímos essas dezenas das 4 dezenas de 647.

_____ dezenas – _____ dezenas = _____ dezena

Colocamos o _____ na casa das dezenas.

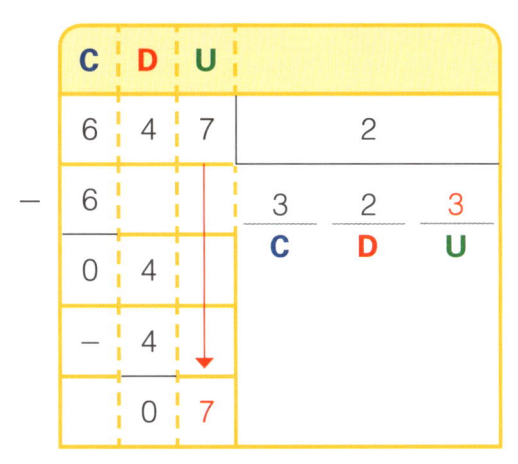

Por último, dividimos as unidades. Para isso, copiamos o _____ na casa das unidades, ao lado do _____.

Dividindo _____ unidades por 2, obtemos 3 unidades e sobra 1 unidade. Colocamos o _____ abaixo da chave de divisão e ao lado do _____.

Multiplicamos _____ vezes _____ unidades.

_____ × _____ unidades = _____ unidades

Subtraímos essas unidades das _____ unidades de 647.

_____ unidades – _____ unidades = _____ unidade
Colocamos o 1 na casa das unidades.

Assim: 647 ÷ 2 = _____ e sobra _____ unidade

2 A divisão da atividade anterior é **exata** ou **não exata**? Justifique.

_____

> **Lembre-se:** quando efetuamos uma divisão em partes iguais e não há sobra, a divisão é **exata**. Quando há sobra, a divisão é **não exata**.

117

No dia seguinte, Gabriel faltou à escola, pois estava doente. Então, Juçara explicou ao colega os conteúdos que ele perdeu. Acompanhe a conversa abaixo.

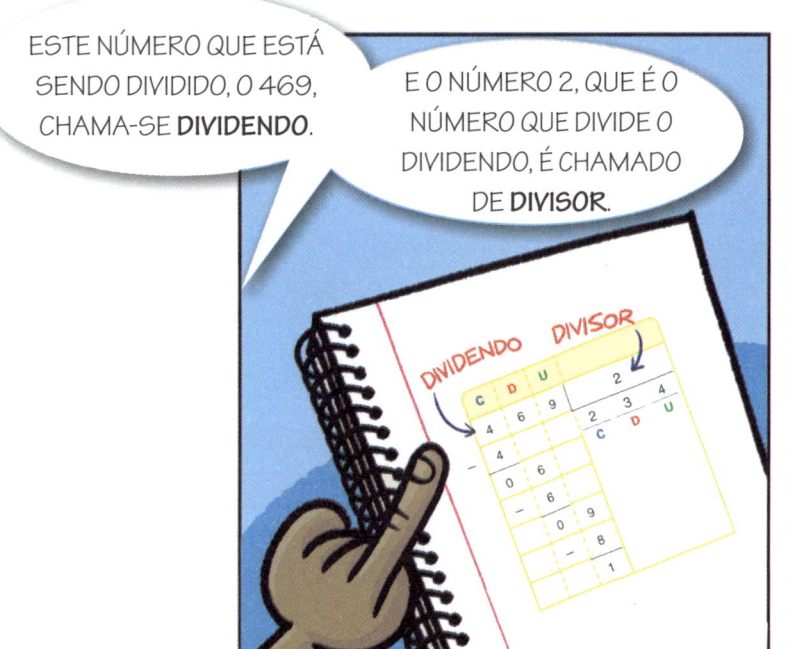

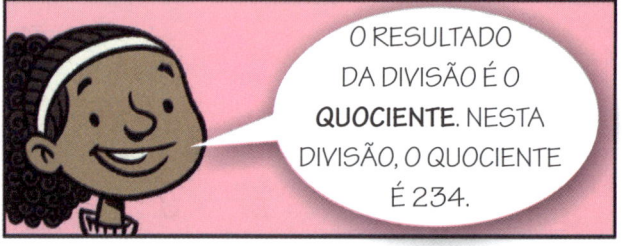

Juçara: GABRIEL, ONTEM VOCÊ PERDEU UM CONTEÚDO IMPORTANTE DE MATEMÁTICA.

Juçara: VOCÊ PERDEU A EXPLICAÇÃO DOS **TERMOS DA DIVISÃO**.

Gabriel: E QUAIS SÃO ELES?

Juçara: ESTE NÚMERO QUE ESTÁ SENDO DIVIDIDO, O 469, CHAMA-SE **DIVIDENDO**.

Juçara: E O NÚMERO 2, QUE É O NÚMERO QUE DIVIDE O DIVIDENDO, É CHAMADO DE **DIVISOR**.

Gabriel: E O RESULTADO?

Juçara: O RESULTADO DA DIVISÃO É O **QUOCIENTE**. NESTA DIVISÃO, O QUOCIENTE É 234.

Juçara: E AINDA HÁ MAIS UM NOME PARA VOCÊ SABER! O NÚMERO QUE SOBRA CHAMA-SE **RESTO**. NESTE CASO, O RESTO É 1.

Juçara: E VOCÊ JÁ SABE QUE ESSA DIVISÃO É **NÃO EXATA**. SE O RESTO FOSSE **ZERO**, ENTÃO A DIVISÃO SERIA **EXATA**.

3 Veja abaixo os passos da divisão de 847 por 4 e complete com o que falta.

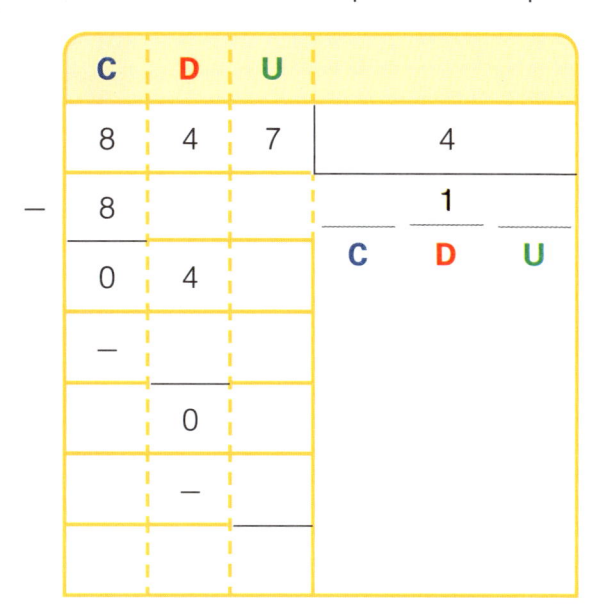

C	D	U	
8	4	7	4
− 8			1
			C D U
0	4		
−			
	0		
	−		

Na divisão acima, o número 847 é chamado de _____ e o número _____ é chamado de divisor.

Essa divisão tem quociente _____ e resto _____.

4 Resolva as divisões abaixo usando o quadro de valor posicional. Depois, escreva o número pedido.

a) 968 ÷ 3 = _____ e resto _____

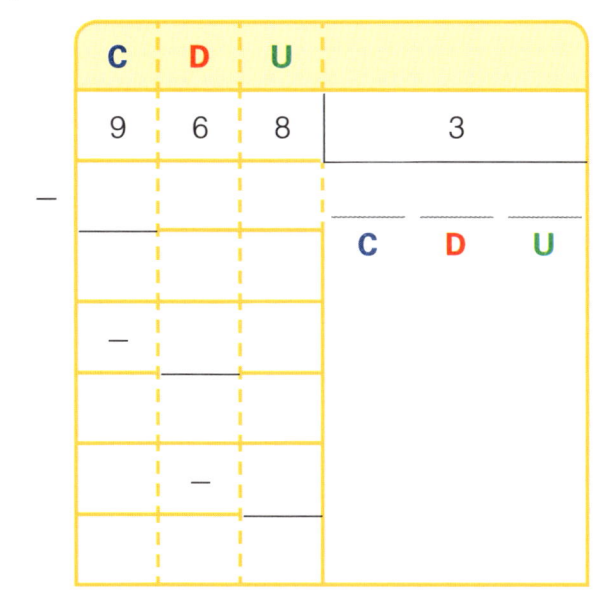

C	D	U	
9	6	8	3
−			
			C D U
−			
	−		

b) 846 ÷ 2 = _____ e resto _____

C	D	U	
8	4	6	2
−			
			C D U
−			
	−		

Quociente: _____

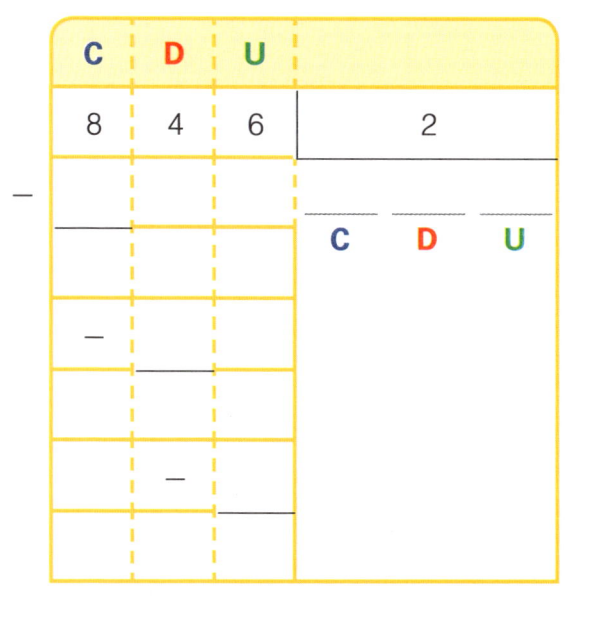

Dividendo: _____

DESAFIOS COM A CALCULADORA

Use uma calculadora para realizar as atividades a seguir.

Preste atenção! O desafio é digitar as teclas para fazer as transformações pedidas sem apagar o número que já está no visor. Depois, você vai registrar a operação (ou as operações) que fez para chegar ao resultado.

1 Registre o número 25 no visor da calculadora.

a) Sem usar as teclas **2** e **7**, obtenha o número 52 no visor da calculadora. Registre abaixo todas as teclas que você digitou, incluindo a tecla **=**.

_____

b) Agora, verifique se algum colega resolveu de uma maneira diferente da sua e copie-a abaixo.

_____

2 Limpe o visor da calculadora. Agora, registre o número 16.

a) Sem usar a tecla **5**, obtenha o número 61 no visor da calculadora. Registre abaixo todas as teclas que digitou.

_____

b) Agora, copie abaixo uma maneira de resolver que foi utilizada por algum colega e que seja diferente da sua.

_____

3 Limpe o visor da calculadora e depois registre o número 41.

   a) Sem usar as teclas [2] e [7], obtenha o número 14 no visor da calculadora. Quais teclas você digitou?

   _____

   b) Converse com um colega e veja quem digitou a menor quantidade de teclas para obter o número 14 no visor da calculadora.

4 Limpe o visor da calculadora e registre o número 357.

Sem usar as teclas [5] e [0], obtenha o número 307 no visor da calculadora. Quais teclas você digitou?

_____

5 Limpe o visor da calculadora e registre novamente o número 357.

Agora, obtenha o número 57 no visor da calculadora sem usar as teclas [3] e [0]. Quais teclas você digitou?

_____

6 Limpe o visor da calculadora e registre mais uma vez o número 357.

Agora, obtenha o número 7 no visor da calculadora sem usar as teclas [3], [5] e [0]. Quais teclas você digitou?

_____

7 Limpe o visor da calculadora e registre agora o número 36.

Obtenha o número 6 no visor da calculadora usando a menor quantidade de teclas possível, mas sem usar a tecla [−]. Quais teclas você digitou?

_____

8 Limpe o visor da calculadora e registre o número 25.
Agora, obtenha o número 100 no visor da calculadora usando a menor quantidade de teclas possível, mas sem usar a tecla [+]. Quais teclas você digitou?

_____

MEDIDAS DE TEMPERATURA: GRAUS CELSIUS (°C)

Anabele estava de férias e foi à praia ver uma exposição de esculturas de areia. Mas ela não pôde aproveitar, pois o dia estava frio e chuvoso.

Ela ainda vai ficar mais alguns dias de férias e quer saber se os próximos dias também estarão frios nessa praia. Então, ela consultou a previsão da temperatura para a próxima semana. Veja abaixo.

Previsão da temperatura

Dia	Máx.	Mín.
Domingo	22°	19°
Segunda-feira	29°	25°
Terça-feira	28°	23°
Quarta-feira	28°	25°
Quinta-feira	28°	22°
Sexta-feira	30°	20°
Sábado	30°	29°

1 Por que você acha que utilizamos o termo **previsão** para indicar essas temperaturas?

2 Na previsão da temperatura mostrada acima há as indicações **máx.** e **mín.** para cada dia da semana.

a) Você sabe o que significam essas indicações?

b) Troque ideias com os colegas e anote abaixo o significado de cada uma dessas indicações.

• **Máx.:** _____

• **Mín.:** _____

3 Observe novamente a previsão da temperatura mostrada na página anterior.

> No Brasil, usamos o **grau Celsius** como unidade de medida de temperatura. O símbolo do grau Celsius é **°C**.

a) Qual é a temperatura máxima prevista para o domingo? E qual é a temperatura mínima?

_____

_____

b) Qual é a temperatura mínima prevista para essa semana? Para qual dia da semana?

_____

_____

c) Qual é a temperatura máxima prevista para essa semana? Para quais dias?

_____

_____

d) Anabele consultou a previsão da temperatura para saber se os próximos dias estarão frios. Em quais dias a previsão indica que vai fazer frio?

_____

4 Os termômetros são instrumentos usados para medir temperaturas. Observe abaixo as fotos de 2 tipos de termômetro.

As imagens desta página não estão representadas em proporção.

Termômetro digital em São João do Polêsine, no Rio Grande do Sul. Foto de 2013.

Termômetro clínico.

a) Você já viu algum desses termômetros?

b) Converse com os colegas sobre as situações em que esses termômetros são utilizados. Depois, registre abaixo.

_____

_____

FRAÇÃO

Andressa planeja cortar um pano branco em retalhos com a forma retangular. Em seguida, ela riscará cada retalho, dividindo-o em partes iguais.

1 Vamos relembrar a representação de **metade**, **um quarto** e **um oitavo**!
Andressa recortou 3 retalhos e dividiu cada um deles em partes iguais. Depois, ela pintou 1 parte de cada retalho.
Associe cada retalho abaixo à sua representação e escreva como se lê.

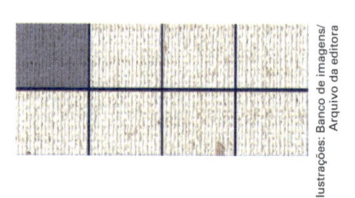

$\dfrac{1}{8}$ → _____

$\dfrac{1}{2}$ → _____

$\dfrac{1}{4}$ → _____

> As representações $\dfrac{1}{2}$, $\dfrac{1}{4}$ e $\dfrac{1}{8}$ são chamadas de **frações**. Uma fração representa partes de um inteiro ou de uma quantidade.

Andressa dividiu outro retalho em 8 partes iguais e pintou 5 dessas partes. Veja ao lado como ela fez.

Podemos representar a parte pintada desse retalho pela fração $\dfrac{5}{8}$ (lemos: cinco oitavos).

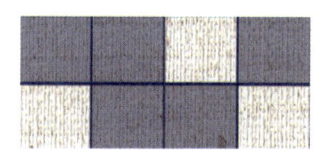

2 Observe acima a fração $\dfrac{5}{8}$ e o retalho que Andressa pintou. Pense, converse com os colegas e tentem associar abaixo o significado de cada termo da fração.

A | 5   ☐ Quantidade de partes iguais em que o retalho foi dividido.

B | 8   ☐ Quantidade de parte iguais do retalho que foram pintadas.

> O termo acima do traço de uma fração é chamado de **numerador** e representa a quantidade de partes consideradas do inteiro ou da quantidade.
>
> O termo abaixo do traço é chamado de **denominador** e representa a quantidade de partes em que o inteiro ou a quantidade foi dividido.

Você já sabe como ler algumas frações. Leia abaixo as regras para ler mais algumas frações.

- Começamos a ler uma fração sempre pelo numerador.
- Depois, lemos o denominador. O denominador 2 é lido como "meio" e o denominador 3 é lido como "terço". Os denominadores entre 4 e 10 são lidos como números ordinais.

Veja abaixo alguns exemplos.

$\frac{2}{3}$ → Dois terços. $\frac{1}{4}$ → Um quarto. $\frac{3}{7}$ → Três sétimos.

3 Complete com o que falta em cada item abaixo.

a) Fração: _____
   Por extenso: _____
   Denominador: _____

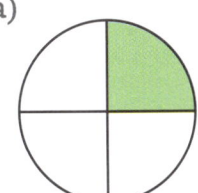

b) Fração: $\frac{5}{6}$
   Por extenso: _____
   Numerador: _____

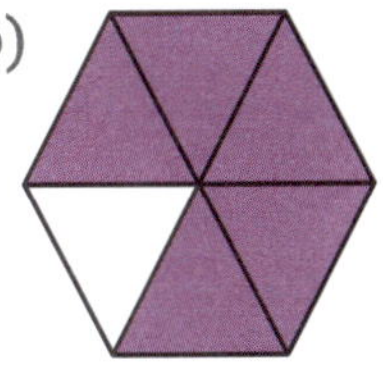

c) Fração: $\frac{2}{3}$
   Por extenso: _____
   Denominador: _____

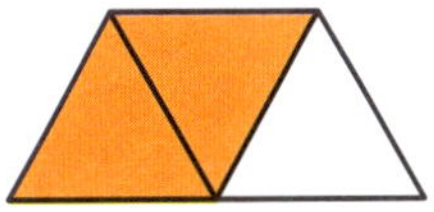

d) Fração: _____
   Por extenso: _____
   Numerador: _____

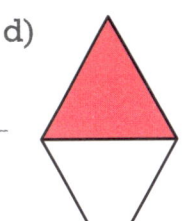

4 Além dos retalhos retangulares, Andressa também precisa recortar 120 retalhos triangulares e pintar cada um deles com uma cor. Ela vai pintar um quarto da quantidade de retalhos triangulares de **marrom**, um quinto deles de **laranja** e o restante deles de **roxo**. Complete abaixo com a quantidade de retalhos triangulares que Andressa vai pintar de cada cor.

Marrom: _____ retalhos.

Laranja: _____ retalhos.

Roxo: _____ retalhos.

5 Cláudio e Heitor jogam em um time de basquete. Em uma partida, Cláudio marcou um sétimo dos pontos marcados por Heitor, que fez 70 pontos.

a) Quantos pontos Cláudio fez nessa partida?

_____

b) Se Heitor tivesse feito 90 pontos nessa partida e Cláudio tivesse marcado um décimo desses pontos, então quantos pontos Cláudio teria feito?

_____

6 Observe os quadrinhos abaixo e pinte da mesma cor os que indicam o mesmo número.

Um meio.	Um sétimo.	Uma parte de seis.
$\frac{1}{5}$	Um terço.	$\frac{1}{9}$
Uma parte de três.	Uma parte de nove.	$\frac{1}{3}$
Um sexto.	Um quinto.	Uma parte de cinco.
$\frac{1}{6}$	$\frac{1}{7}$	Uma parte de sete.
Um nono.	$\frac{1}{2}$	Metade.

7 Júlio calculou $\frac{2}{4}$ de 24 bolinhas. Veja abaixo como ele anotou seu raciocínio.

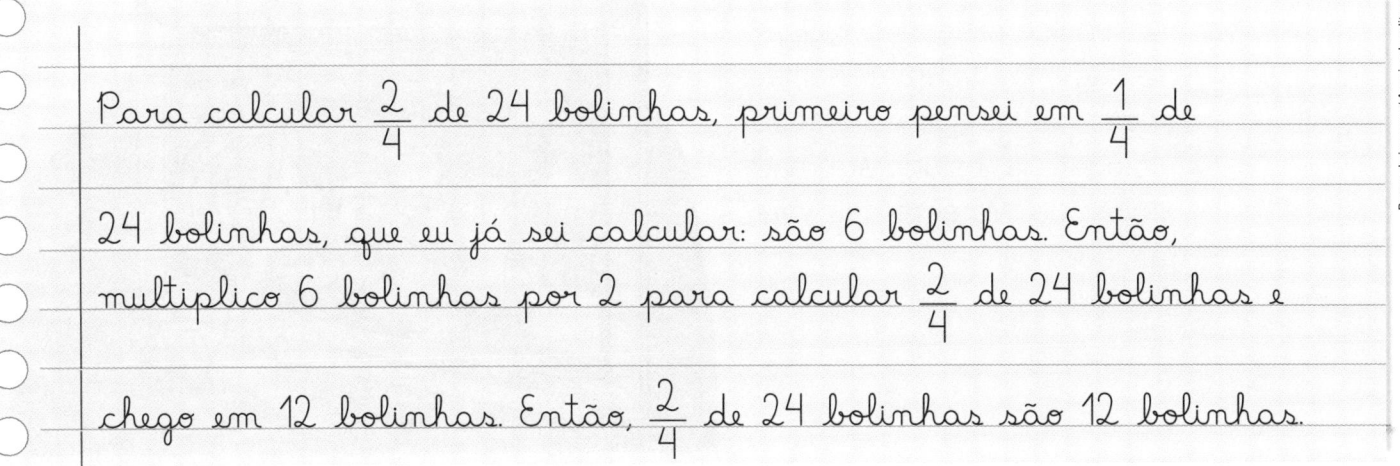

> Para calcular $\frac{2}{4}$ de 24 bolinhas, primeiro pensei em $\frac{1}{4}$ de 24 bolinhas, que eu já sei calcular: são 6 bolinhas. Então, multiplico 6 bolinhas por 2 para calcular $\frac{2}{4}$ de 24 bolinhas e chego em 12 bolinhas. Então, $\frac{2}{4}$ de 24 bolinhas são 12 bolinhas.

Agora, faça como Júlio, calcule as quantidades pedidas em cada item abaixo e complete as frases.

a) $\frac{3}{8}$ de 24 bolinhas.

Como $\frac{1}{8}$ de 24 bolinhas são _____ bolinhas,

então $\frac{3}{8}$ de 24 bolinhas são _____ bolinhas.

b) $\frac{5}{8}$ de 16 bolinhas.

Como ___ de 16 bolinhas são _____ bolinhas,

então ___ de 16 bolinhas são _____ bolinhas.

c) $\frac{2}{4}$ de 40 bolinhas.

Como ___ de 40 bolinhas são _____ bolinhas,

então ___ de 40 bolinhas são _____ bolinhas.

d) $\frac{3}{5}$ de 30 bolinhas.

Como ___ de 30 bolinhas são _____ bolinhas,

então ___ de 30 bolinhas são _____ bolinhas.

POLÍGONOS

Janice desenhou na lousa algumas figuras geométricas planas que ela e seus colegas já estudaram nas aulas de Matemática. Veja ao lado.

1 Você já conhece as figuras geométricas planas que Janice desenhou!

a) Escreva abaixo o nome de cada figura e sua quantidade de lados.

Figura **A**: _____

Figura **B**: _____

Figura **C**: _____

Figura **D**: _____

Figura **E**: _____

b) O que há em comum na quantidade de lados das figuras **B** e **C**?
_____

c) Desenhe abaixo outras figuras geométricas planas como as de Janice.

3 lados	4 lados

5 lados	6 lados

O professor de Janice viu as figuras que ela desenhou e fez uma observação interessante.

> JANICE, TODAS AS FIGURAS QUE VOCÊ DESENHOU SÃO **POLÍGONOS**.

> VEJA QUE CADA FIGURA É **FECHADA** E FORMADA SÓ POR **LINHAS RETAS**, QUE SÃO OS LADOS. VEJA TAMBÉM QUE ESSES LADOS **NÃO SE CRUZAM**.

> SE VOCÊ DESENHASSE ESTAS OUTRAS FIGURAS GEOMÉTRICAS PLANAS, ENTÃO ELAS NÃO SERIAM POLÍGONOS.

2 Observe as figuras geométricas planas que você desenhou na atividade **1**. Todas essas figuras são polígonos?

3 Converse com os colegas e expliquem por que cada figura geométrica plana abaixo não é um polígono.

a)

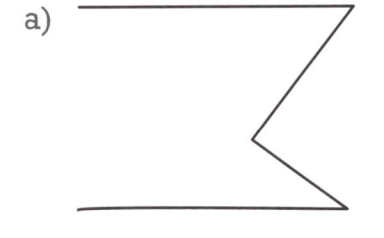

b)

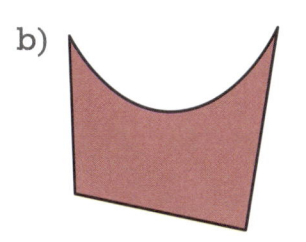

c)

d)

e)

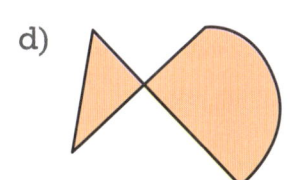

f)

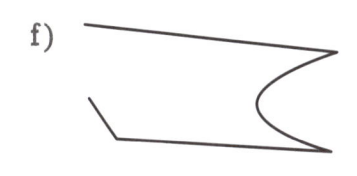

Veja abaixo o que Janice pensou depois que aprendeu a identificar polígonos.

> QUANDO EU DESENHO POLÍGONOS DE 3 LADOS, POSSO CHAMAR TODOS ELES DE TRIÂNGULOS.

> QUANDO EU DESENHO POLÍGONOS DE 4 LADOS, ALGUNS EU POSSO CHAMAR DE QUADRADO, RETÂNGULO, TRAPÉZIO OU PARALELOGRAMO.

> MAS OUTROS EU NÃO POSSO CHAMAR ASSIM.

> SERÁ QUE HÁ UM NOME PARA TODOS OS POLÍGONOS DE 4 LADOS?

Podemos classificar um polígono de acordo com a quantidade de lados que ele tem. Veja abaixo o nome de alguns polígonos.

Quantidade de lados	Nome do polígono
3	triângulo
4	quadrilátero
5	pentágono
6	hexágono
7	heptágono
8	octógono
9	eneágono
10	decágono

4 No grupo de polígonos abaixo há um intruso! Descubra qual é o polígono intruso e contorne-o.

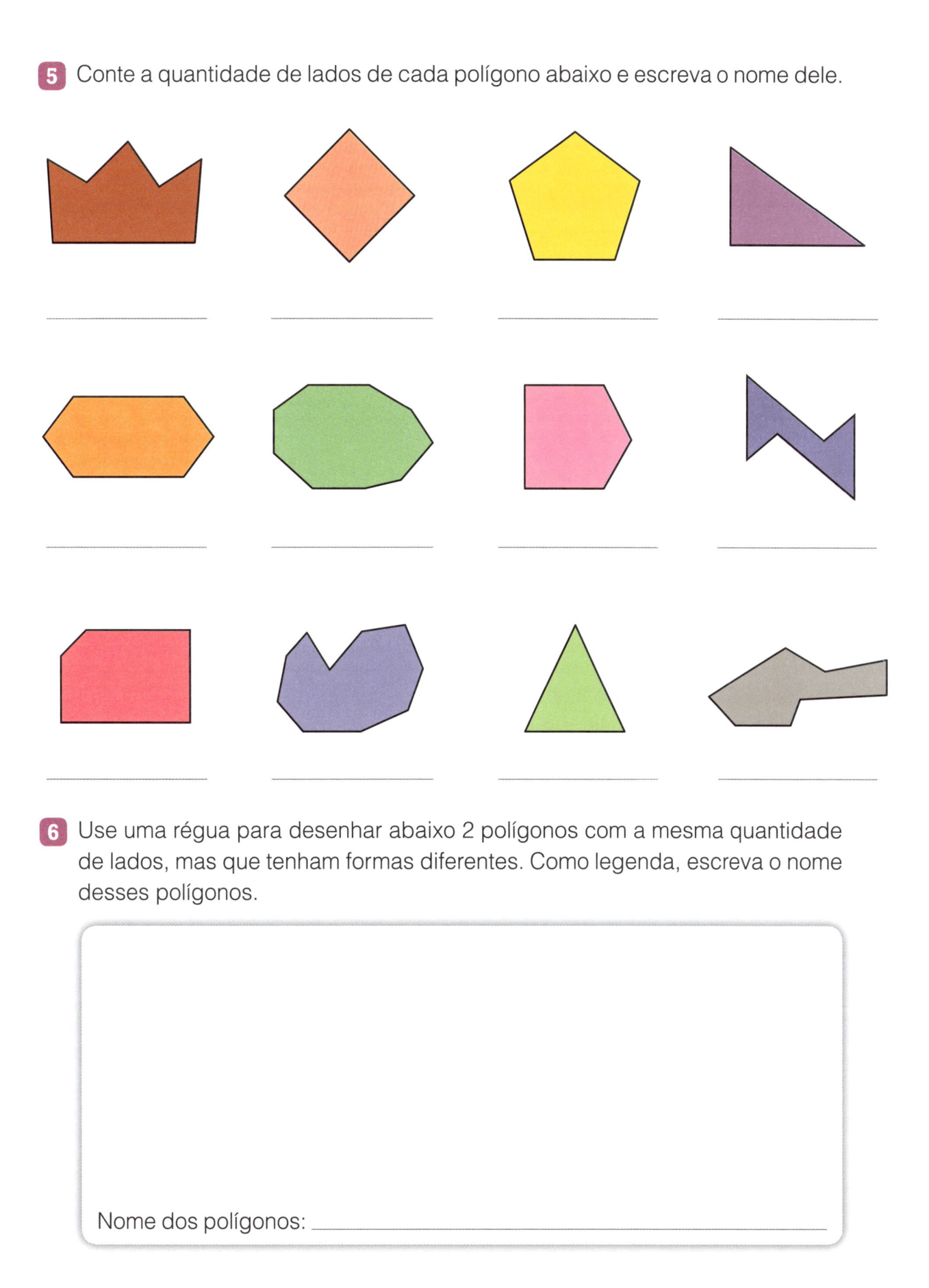

5 Conte a quantidade de lados de cada polígono abaixo e escreva o nome dele.

_____   _____   _____   _____

_____   _____   _____   _____

_____   _____   _____   _____

6 Use uma régua para desenhar abaixo 2 polígonos com a mesma quantidade de lados, mas que tenham formas diferentes. Como legenda, escreva o nome desses polígonos.

Nome dos polígonos: _____

ATIVIDADES DO CAPÍTULO

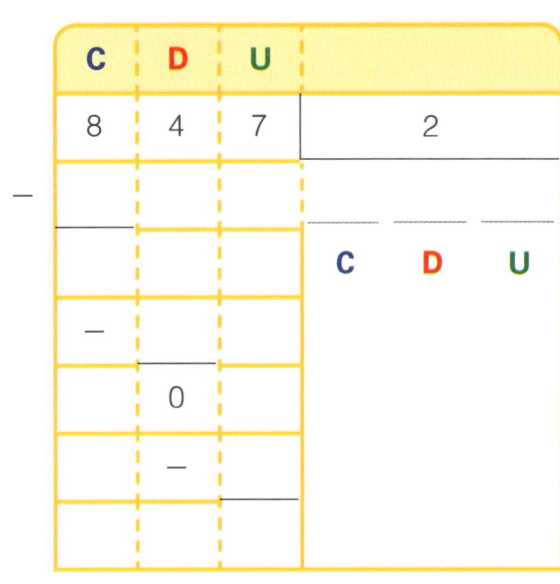

1. Resolva as divisões usando o quadro de valor posicional e escreva o número pedido.

   a) 847 ÷ 2 = _____ e resto _____

C	D	U	
8	4	7	2
			C D U
	0		

   Dividendo: _____

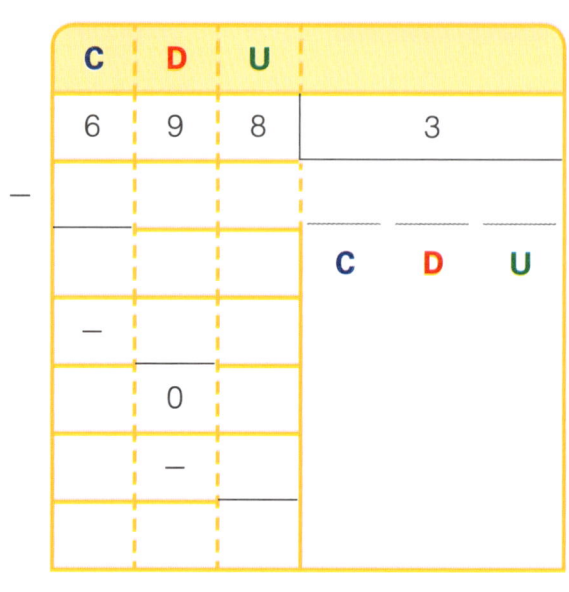

   b) 698 ÷ 3 = _____ e resto _____

C	D	U	
6	9	8	3
			C D U
	0		

   Divisor: _____

2. Roberta foi comprar materiais para seu projeto de arte, mas só conseguiu comprar uma parte deles. Complete as frases abaixo.

   Roberta comprou seis sétimos dos 35 botões de que precisava; então ela comprou _____ botões. Ela comprou 5 dos 40 pincéis de que precisava; então comprou _____ oitavo dos pincéis. Ela comprou _____ folhas de papel vegetal, que correspondem a nove décimos das folhas de que precisava; então ela precisava comprar 50 folhas de papel vegetal.

3. Contorne as figuras geométricas abaixo que são polígonos.

RESOLVENDO PROBLEMAS

- Raquel foi a uma galeria de arte comprar um quadro no valor de R$ 484,00. Ao escolher pagar o quadro à vista, com 5 cédulas de R$ 100,00, ela recebeu um desconto de R$ 48,00.

  Apenas leia as perguntas abaixo.

  Pergunta 1: Quantos reais Raquel recebeu de troco?

  Pergunta 2: Qual é o valor de cada prestação no pagamento a prazo?

  Pergunta 3: Qual é o valor do quadro após o aumento do preço?

  a) Qual das perguntas acima é possível responder com os dados do problema?

  b) Por que as outras perguntas não podem ser respondidas com os dados do problema?

  c) Releia a pergunta que pode ser respondida, faça os cálculos necessários e responda a ela.

  d) Se Raquel não tivesse recebido o desconto, então quantos reais ela teria recebido de troco?

  e) E se Raquel pudesse pagar em 4 parcelas iguais o valor do quadro, sem o desconto, então qual seria o valor de cada parcela?

CÁLCULO MENTAL

Você já viu que a decomposição facilita o cálculo mental da adição e da subtração. Agora, vamos ver como multiplicar por decomposição! Observe o exemplo abaixo.

5 × 792

792 = 700 + 90 + 2

5 × 700 = 3 500   5 × 90 = 450   5 × 2 = 10

3 500 + 450 + 10 = 3 960

1. Complete a decomposição e resolva cada multiplicação abaixo.

   a) 6 × 473 = _____

   473 = 400 + _____ + _____

   6 × 400 = _____

   6 × _____ = _____

   6 × _____ = _____

   _____ + _____ + _____ = _____

   b) 8 × 234 = _____

   234 = _____ + _____ + _____

   8 × _____ = _____

   _____ × _____ = _____

   _____ × _____ = _____

   _____ + _____ + _____ = _____

2. Agora, faça toda a decomposição abaixo.

9 × 563 = _____

_____ = _____ + _____ + _____

_____ × _____ = _____

_____ × _____ = _____

_____ × _____ = _____

_____ + _____ + _____ = _____

3. Calcule o resultado de cada multiplicação a seguir usando recursos de cálculo mental que você já conhece.

a) 4 × 20 = _____

b) 2 × 134 = _____

c) 10 × 300 = _____

d) 7 × 300 = _____

e) 3 × 532 = _____

f) 25 × 100 = _____

g) 3 × 212 = _____

h) 4 × 525 = _____

4. Ligue os números abaixo de 2 em 2, de modo que multiplicando cada par de números obtém-se 300 como resultado.

30   5   50   20   12

60   10   25   6   15

● MINHAS DICAS

Anote algo que você aprendeu nestas atividades e que pode ajudar a realizar cálculos mais rapidamente.

_____

_____

LER E ENTENDER

Você viu neste capítulo uma previsão de temperatura. Você sabia que também é possível fazer uma previsão do tempo?

Fazer a previsão da temperatura é prever temperaturas máxima e mínima para cada dia, enquanto a previsão do tempo se refere ao clima do dia (por exemplo, se vai chover ou fazer sol). Essas previsões estão disponíveis para consulta em diversas mídias impressas e digitais.

Observe abaixo os detalhes que compõem as previsões do tempo e da temperatura.

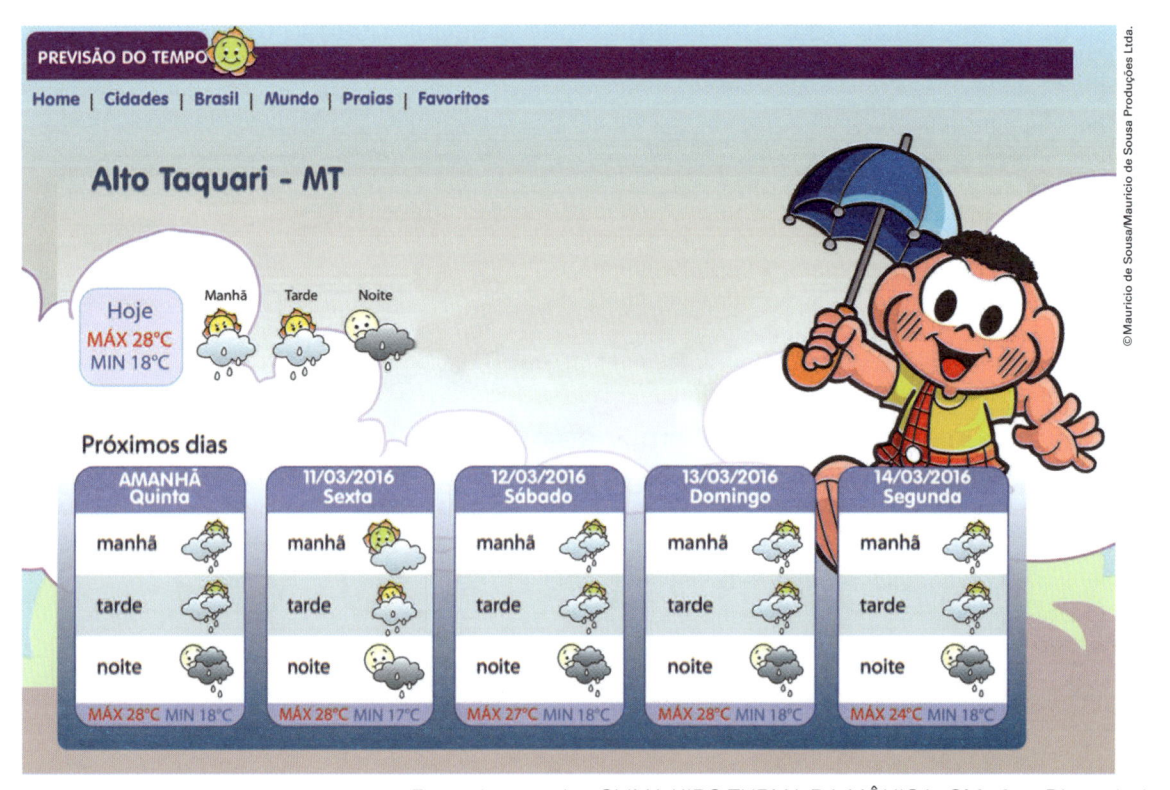

Fonte de consulta: CLIMA KIDS TURMA DA MÔNICA. **Cidades**. Disponível em: <www.climakids.com.br/cidade/2767/alto-taquari>. Acesso em: 9 mar. 2016.

ANALISE

1. Observe os dados apresentados nas previsões acima.

    a) Para qual cidade essa previsão foi feita?
    _____

    b) Em qual data essa previsão foi feita?
    _____

    c) Explique para um colega como você chegou à resposta do item anterior.

2. Observe o personagem segurando o guarda-chuva e os desenhos que acompanham a previsão do tempo na página anterior.

a) Você conhece esse personagem?

b) Qual é o nome desse personagem? De onde ele é? Se necessário, faça uma pesquisa para responder a essas perguntas.

_____

_____

c) Por que esse personagem está segurando um guarda-chuva?

_____

_____

d) Descreva os outros desenhos que aparecem nessa previsão do tempo.

e) O que esses desenhos simbolizam?

_____

_____

f) Qual dos dias mostrados não tinha previsão de chuva para o dia todo?

_____

RELACIONE

3. Observe agora a previsão da temperatura na página anterior.

a) Qual dos dias teve a menor temperatura mínima prevista? Qual era essa temperatura?

_____

_____

b) E quais dos dias tiveram a maior temperatura máxima prevista? Qual era essa temperatura?

_____

_____

O QUE APRENDI?

1. Observe novamente a imagem que você viu na abertura desta Unidade, que mostra uma artesã criando um trabalho em renda filé.

   A renda filé é uma arte popular comum no Nordeste. Na foto, artesã realizando um trabalho em renda filé, no bairro de Pontal da Barra, em Maceió, em Alagoas. Foto de 2015.

   a) Você percebe algum tipo de padrão nessa renda?
   _____

   b) Qual figura geométrica plana é mais visível na renda?
   _____

   c) Agora, observe abaixo alguns detalhes dessa renda. Considerando o quadradinho destacado à esquerda, escreva a quantidade de quadradinhos que fazem parte de cada detalhe da renda.

   1 quadradinho. _____ _____ _____

2. Escolha um padrão e desenhe na malha quadriculada abaixo um modelo de renda.

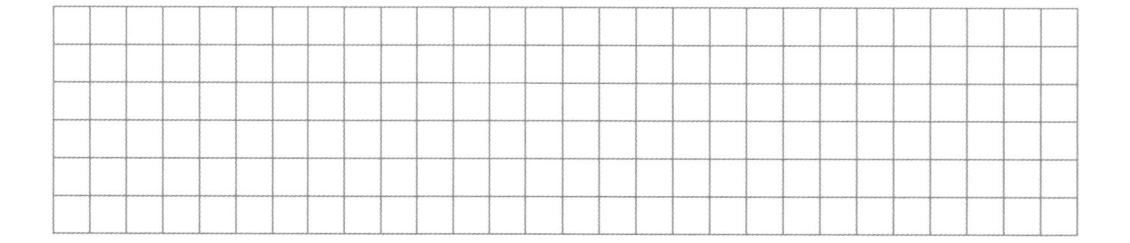

3. Juliana é artesã. Em um de seus modelos de colar, ela utiliza 80 sementes de açaí, sendo $\frac{1}{4}$ delas de açaí marrom e o restante das sementes de açaí vermelho.

   a) Quantas sementes de açaí marrom Juliana utiliza para produzir esse modelo de colar? E quantas sementes de açaí vermelho?

   _____

   _____

   _____

   Peças de artesanato feitas com semente de açaí, em Manaus, no Amazonas.

   b) Se Juliana decidisse utilizar $\frac{1}{8}$ das sementes de açaí marrom nesse modelo de colar, então quantas sementes marrons ela usaria?

   _____

   c) Se Juliana decidisse utilizar $\frac{3}{8}$ das sementes de açaí vermelho e o restante de açaí marrom, então quantas sementes de açaí de cada cor ela usaria?

   _____

4. Válter vendeu 2 quadros por R$ 350,00 cada um, em 4 prestações iguais. Qual foi o valor total da venda? E qual foi o valor de cada prestação?

   _____

● MINHA COLEÇÃO DE PALAVRAS

Escreva o significado de cada expressão abaixo.

- Tonelada: _____
- Mosaico: _____
- Fração: _____
- Polígono: _____

UNIDADE 3
A MATEMÁTICA E O CAMPO

- Que tipo de regiões são mostradas nesta imagem?
- Quais são as diferenças entre as regiões desta imagem?
- Descreva o local onde você mora. Depois, compare-o com as regiões desta imagem.

141

CAPÍTULO 7

SEMEAR E COLHER

NÚMEROS E MEDIDAS

Carlos tem 10 anos de idade e mora em um sítio com sua família desde que tinha 6 anos. Logo que se mudaram, seu pai pensou em plantar café e resolveu pesquisar sobre o cultivo dessa planta.

Leia abaixo algumas informações que o pai de Carlos obteve em sua pesquisa.

Café – uma das bebidas mais consumidas no mundo

- A semeadura do café ocorre entre os meses de abril e julho. Em cada saquinho com terra são colocadas 2 sementes. Após 45 dias, permanece a semente que tiver tido o melhor crescimento em cada saquinho e a outra semente é descartada.
- Os pés de café começam a produzir 5 anos depois de terem sido plantados. Cada pé produz cerca de 2 quilos e 500 gramas de frutos por ano.
- O grão de café mede aproximadamente 17 mm de comprimento. Ele tem a cor vermelha quando está maduro e, por isso, é conhecido como grão "cereja".
- Depois da colheita, o grão de café precisa ser torrado para ser consumido. Há um ponto diferente de torra do café de acordo com sua variedade e com o modo como será consumido.
- Após serem torrados, os grãos de café passam por um período de descanso, antes de serem moídos ou apenas embalados (em grãos).

Fonte de consulta: ASSOCIAÇÃO BRASILEIRA DA INDÚSTRIA DE CAFÉ (Abic). **Consumidor**. Disponível em: <www.abic.com.br/publique/cgi/cgilua.exe/sys/start.htm?sid=55>. Acesso em: 21 mar. 2016.

Plantação de café, com destaque para frutos verdes e frutos maduros, em Altinópolis, em São Paulo. Foto de 2015.

1 Leia a afirmação abaixo.

> Se Carlos tem 10 anos, então sua família se mudou para o sítio há 4 anos.

a) Essa afirmação está correta?

b) Qual operação matemática justifica sua resposta ao item anterior?

2 Na pesquisa que o pai de Carlos fez há números que representam medidas.

a) Complete o quadro abaixo de acordo com essas informações.

Número e sua unidade de medida	O que o número representa na pesquisa
45 dias	Quantidade de dias que se espera para ver qual semente de cada saquinho teve o melhor crescimento.
5 anos	
	Massa de frutos que cada pé de café produz por ano.
	Comprimento aproximado de cada grão de café.

b) Que tipos de medidas esses números representam?

3 Imagine que você plantou alguns pés de café e todos produziram frutos. Observe o exemplo e calcule a massa de frutos, em quilogramas (kg), que você colheria se tivesse as quantidades de pés de café indicadas abaixo.

1 pé de café: 2 kg e 500 g

2 pés de café: **2** × 2 kg = **4** kg   **2** × 500 g = 1 000 g = **1** kg

  4 kg + **1** kg = 5 kg

a) 4 pés de café: _____

b) 8 pés de café: _____

c) 20 pés de café: _____

d) 40 pés de café: _____

e) 80 pés de café: _____

4 Um agricultor colheu cerca de 25 kg de café em 1 ano. Quantos pés de café produtivos ele tem?

Resposta: _____

Grãos de café.

COMPRAS COM DINHEIRO

Na cidade próxima ao sítio de Carlos há vários mercados que vendem pacotes de 500 gramas de café em pó. O preço desses pacotes varia conforme o tipo de café e o mercado em que é vendido. Observe a tabela abaixo.

Preço do pacote de café em pó (pacote de 500 g)

Marca do café / Mercado	Café Campestre	Café Agreste	Café Montanhês	Café do Sul	Café do Norte
Bem-te-vi	R$ 8,50	R$ 9,30	R$ 9,00	R$ 9,80	R$ 11,00
Pé da Serra	R$ 8,60	R$ 8,80	R$ 8,50	R$ 8,60	R$ 10,30
Baratotal	R$ 8,40	R$ 8,70	R$ 8,90	R$ 9,80	R$ 9,80
Grão Cereja	R$ 8,90	R$ 8,90	R$ 8,90	R$ 10,00	R$ 10,40

Tabela elaborada para fins didáticos.

1 Observe os preços dos pacotes de café em pó. Você já viu preços representados dessa forma?

2 Escreva o valor de cada item por extenso de acordo com o exemplo abaixo.

R$ 8,90 → Oito reais e noventa centavos.

a) R$ 2,60 → _____

b) R$ 5,55 → _____

c) R$ 17,01 → _____

3 De acordo com os dados da tabela acima, complete as frases abaixo.

O café mais barato é o _____, que é vendido no mercado _____ por R$ _____. O café mais caro é o _____, que é vendido no mercado _____ por R$ _____.

4 Continue consultando a tabela da página anterior.

a) O pai de Carlos gosta do Café Agreste. Quanto ele vai economizar se comprar um pacote desse café no mercado Pé da Serra em vez de comprar no mercado Grão Cereja? E se ele comprar no mercado Baratotal? Escreva os valores usando o símbolo R$ e por extenso.

_____

_____

b) É mais vantajoso comprar 1 pacote do Café do Sul no mercado Bem-te-vi ou no mercado Baratotal? Justifique.

c) Em qual mercado é menos vantajoso comprar o Café Agreste? Justifique.

5 Marta é dona de uma cafeteria. Para repor seu estoque, ela resolveu comprar alguns pacotes do Café Montanhês no mercado Bem-te-vi.

a) Escreva quantos pacotes Marta precisa comprar para obter cada quantidade abaixo.

- 1 kg de café → _____
- 2 kg de café → _____
- 3 kg de café → _____
- 4 kg de café → _____
- 5 kg de café → _____
- 10 kg de café → _____

b) Calcule e escreva quantos reais Marta vai gastar para comprar cada quantidade abaixo.

- 1 kg de café → _____
- 2 kg de café → _____
- 3 kg de café → _____
- 4 kg de café → _____
- 5 kg de café → _____
- 10 kg de café → _____

MEDIDA DE SUPERFÍCIE: ÁREA

Márcio está costurando uma toalha de retalhos de tamanhos iguais, apenas com estampas diferentes. Ele vai usar essa toalha em um piquenique na próxima viagem que fizer ao sítio da avó. Veja abaixo os retalhos que ele já costurou.

1 Quantos retalhos Márcio já costurou para formar essa toalha?

_____

2 Como você chegou ao resultado da atividade anterior? Compartilhe sua estratégia com os colegas.

> A medida que você obteve é chamada de medida de superfície ou **área** da toalha. Usando 1 retalho como unidade de medida, podemos dizer que a área dessa toalha é **24 retalhos**.

3 Alguns dias depois, Márcio costurou mais alguns retalhos e terminou a toalha. Veja ao lado como ela ficou.

a) Quantos retalhos Márcio costurou ao todo?

_____

b) Considere 1 retalho como unidade de medida. Qual é a área dessa toalha?

_____

4 Calcule a área de cada toalha abaixo considerando 1 quadradinho como unidade de medida. Depois, represente o cálculo de cada área com uma multiplicação.

a) Área: _____

   Multiplicação: _____

b) Área: _____

   Multiplicação: _____

c) Área: _____

   Multiplicação: _____

d) Área: _____

   Multiplicação: _____

e) Área: _____

   Multiplicação: _____

5 Na malha quadriculada abaixo, pinte um retângulo com 40 quadradinhos de área.

METRO QUADRADO

Valéria, a avó de Márcio, preparou parte do terreno de seu sítio para uma horta. Para isso, ela demarcou o terreno com regiões quadradas de 1 metro de lado. Veja abaixo.

1 De acordo com as imagens acima, quantas regiões quadradas de 1 metro de lado Valéria obteve para a horta?

_____

Dizemos que a área da horta é 80 regiões quadradas de 1 m de lado. Também podemos dizer que a área da horta é 80 **metros quadrados**.

Em seguida, Valéria observou a parte do terreno que seu vizinho preparou para plantio. Ele também demarcou o terreno dele com regiões quadradas de 1 m de lado. Veja abaixo.

2 O terreno que o vizinho de Valéria preparou tem área maior ou menor do que o terreno que ela preparou? Explique sua resposta aos colegas.

3 Ari também pensou em dividir parte do terreno de seu sítio para plantio. Vamos ajudá-lo?

> É SÓ VER QUANTOS QUADRADOS DE 1 METRO DE LADO CABEM EM CADA TERRENO.

a) Verifique quantos metros quadrados tem cada terreno abaixo e complete as frases.

O terreno demarcado perto do lago tem _____ de área.

O terreno demarcado ao lado do rio tem _____ de área.

b) Qual dos terrenos é o maior?

_____

4 Atividade prática para fazer com mais 2 colegas! Vocês vão construir um quadrado de jornal com 1 m de lado.

Com as folhas de jornal, montem um quadrado de 1 m de lado. Se necessário, usem a fita adesiva para juntar uma folha de jornal com outra.

MATERIAL NECESSÁRIO

- Folhas de jornal
- Fita adesiva
- Tesoura com pontas arredondadas
- Trena ou fita métrica

Observando o quadrado de jornal que vocês montaram, pensem em uma estratégia para obter a área do piso da sala de aula usando esse quadrado.

DIVISÃO COM REAGRUPAMENTO

A professora de Gustavo está ensinando a resolver divisões com reagrupamento.

1 Acompanhe o raciocínio a seguir e complete com o que falta.

C	D	U		
7	5	2		2
			3	
			C	

O número 752 tem 7 centenas.

Dividindo 7 centenas por 2, obtemos _____ centenas e sobra _____ centena.

Colocamos o 3 abaixo da chave de divisão.

C	D	U		
7	5	2		2
−6			3	
1			C	

Multiplicamos 2 vezes 3 centenas.

2 × 3 centenas = _____ centenas

Subtraímos essas centenas das 7 centenas de 752.

7 centenas − 6 centenas = _____ centena

Colocamos o _____ na casa das centenas.

C	D	U		
7	5	2		2
−6			3	
1	5		C	

Em seguida, dividimos as dezenas. Para isso, copiamos o 5 na casa das dezenas, ao lado do 1.

Então, temos 1 centena e 5 dezenas para dividir por 2, ou seja, 15 dezenas para dividir por 2.

C	D	U			
7	5	2		2	
−6			3	7	
1	5		C	D	

Dividindo 15 dezenas por 2, obtemos _____ dezenas e sobra _____ dezena.

Colocamos o _____ abaixo da chave de divisão, ao lado do 3.

Multiplicamos 2 vezes _____ dezenas.

_____ × _____ dezenas = _____ dezenas

Subtraímos essas dezenas das 15 dezenas.

_____ dezenas − _____ dezenas = _____ dezena

Colocamos o _____ na casa das dezenas.

C	D	U			
7	5	2		2	
− 6				3	7
1	5			C	D
− 1	4				
	1				

Por último, dividimos as unidades. Para isso, copiamos

o _____ na casa das unidades, ao lado do _____.

Então, temos ao todo 1 dezena e 2 unidades para dividir por 2, ou seja, 12 unidades para dividir por 2.

C	D	U			
7	5	2		2	
− 6				3	7
1	5			C	D
− 1	4				
	1	2			

Dividindo 12 unidades por 2, obtemos

_____ unidades.

Colocamos o _____ abaixo da chave de divisão, ao lado do 7.

Multiplicamos _____ vezes _____ unidades.

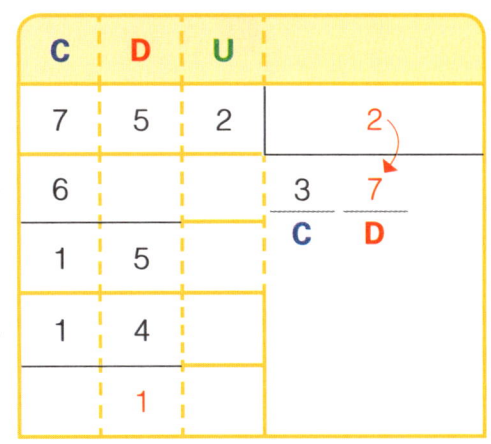

_____ × _____ unidades = _____ unidades

Subtraímos essas unidades das _____ unidades.

_____ unidades − _____ unidades = _____ unidade

Colocamos o 0 na casa das unidades.

Assim: 752 ÷ 2 = _____ e resto _____

C	D	U				
7	5	2		2		
− 6				3	7	6
1	5			C	D	U
− 1	4					
	1	2				
2	1	2				
	0	0				

2 Resolva as divisões abaixo.

a) 988 ÷ 3 = _____ e resto _____

C	D	U	
9	8	8	3

(C D U)

b) 956 ÷ 2 = _____ e resto _____

C	D	U	
9	5	6	2

(C D U)

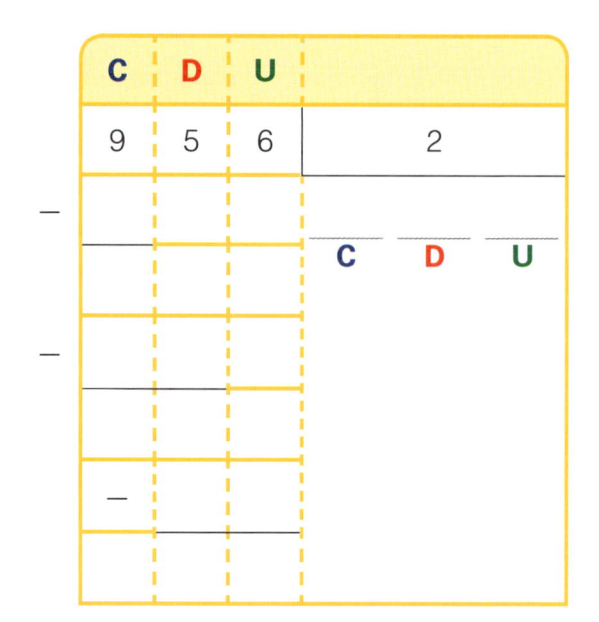

3 Chegando em casa, Gustavo quis resolver algumas divisões para treinar o que estudou na escola. Acompanhe abaixo o raciocínio de Gustavo e complete o quadro de valor posicional com o que falta.

COMEÇO PELAS CENTENAS. TENHO 5 CENTENAS QUE DIVIDIDAS POR 5 DÁ 1 CENTENA. COLOCO O 1 ABAIXO DA CHAVE DE DIVISÃO.

EM SEGUIDA, DIVIDO AS DEZENAS. TENHO 4 DEZENAS QUE DIVIDIDAS POR 5 DÁ... OPA! NÃO DÁ PARA FAZER ESSA DIVISÃO!

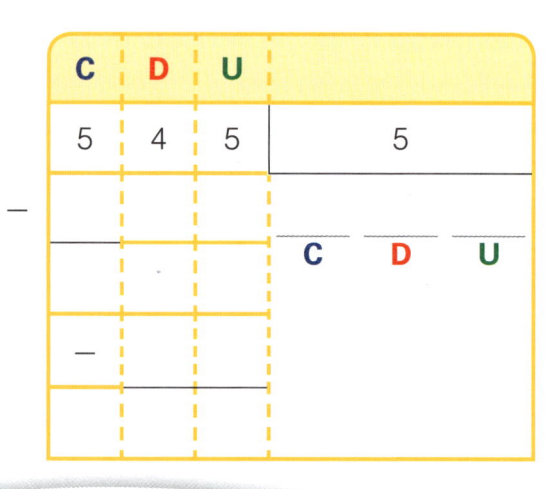

C	D	U	
5	4	5	5

(C D U)

QUANDO EU DIVIDO 4 DEZENAS POR 5 O QUOCIENTE É ZERO E O RESTO É 4 DEZENAS. ENTÃO, COLOCO O ZERO ABAIXO DA CHAVE DE DIVISÃO E AO LADO DO 1. DEPOIS, COPIO O 5 NA CASA DAS UNIDADES, AO LADO DO 4. AGORA, DIVIDO AS UNIDADES. TENHO 45 UNIDADES QUE DIVIDIDAS POR 5 DÁ 9 UNIDADES. PORTANTO, A DIVISÃO DE 545 POR 5 DÁ 109 E O RESTO É ZERO.

4 Marcos é da mesma turma que Gustavo. Veja ao lado como eles resolveram juntos uma divisão e como Marcos estimou o resultado.

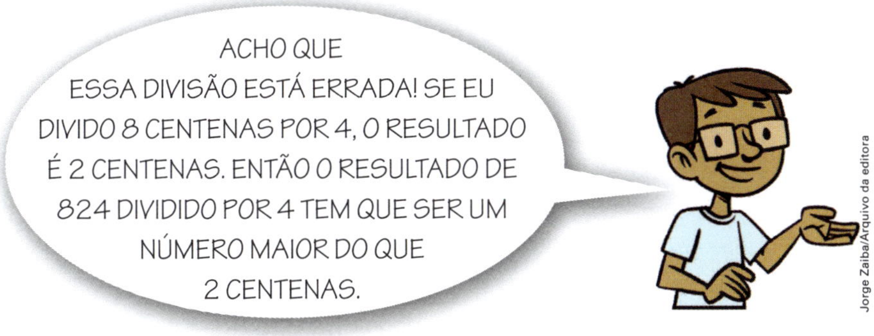

C	D	U			
8	2	4		4	
−8			2	6	
0	2	4	D	U	
	−2	4			
	0	0			

ACHO QUE ESSA DIVISÃO ESTÁ ERRADA! SE EU DIVIDO 8 CENTENAS POR 4, O RESULTADO É 2 CENTENAS. ENTÃO O RESULTADO DE 824 DIVIDIDO POR 4 TEM QUE SER UM NÚMERO MAIOR DO QUE 2 CENTENAS.

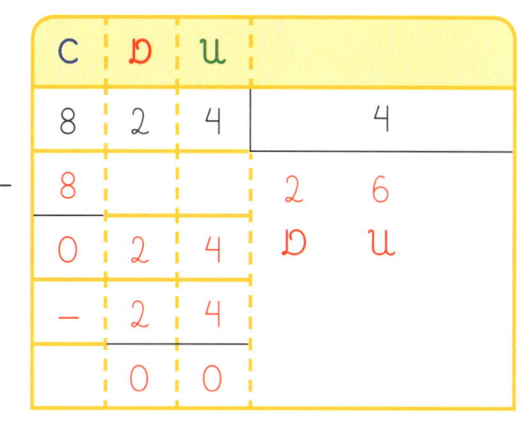

a) Marcos estimou que o quociente dessa divisão seria de qual ordem? Ele fez essa estimativa corretamente?

_____

_____

b) Eles resolveram corretamente essa divisão? Se não resolveram, corrija a divisão no quadro de valor posicional.

_____

5 Estime a ordem dos quocientes das divisões abaixo. Em seguida, confirme sua estimativa resolvendo as divisões.

a) 738 ÷ 6 = _____

Ordem do quociente: _____

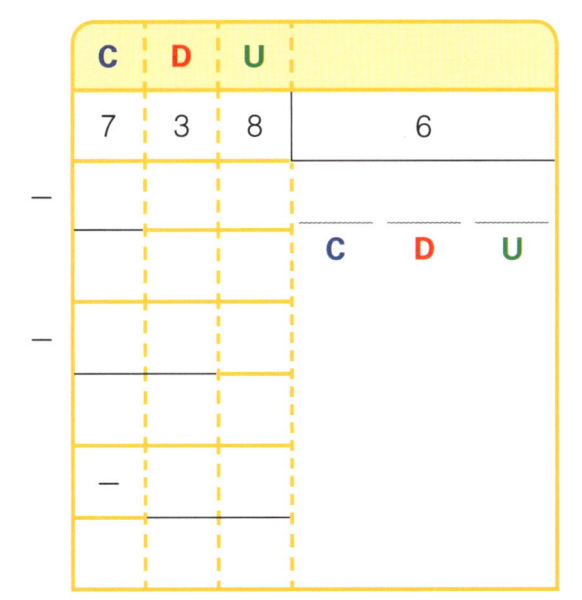

C	D	U				
7	3	8		6		
−				C	D	U
−						
−						

b) 828 ÷ 9 = _____

Ordem do quociente: _____

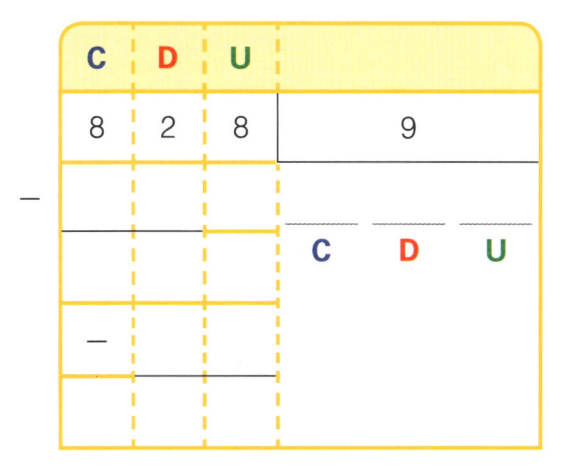

C	D	U				
8	2	8		9		
−				C	D	U
−						

GRÁFICO DE SETORES

Helena comprou uma fazenda em Minas Gerais e fez uma grande plantação de girassol. Veja abaixo como ela representou em um gráfico de setores a divisão do terreno da fazenda.

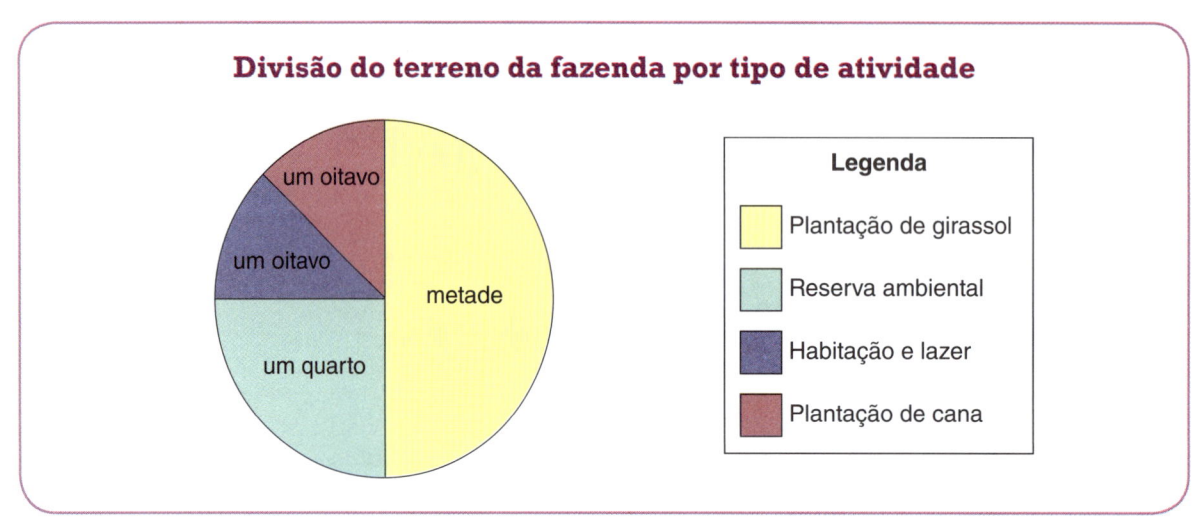

Divisão do terreno da fazenda por tipo de atividade

- um oitavo
- um oitavo
- metade
- um quarto

Legenda:
- Plantação de girassol
- Reserva ambiental
- Habitação e lazer
- Plantação de cana

Gráfico elaborado para fins didáticos.

1 Helena fez várias afirmações sobre a divisão de sua fazenda. Avalie as frases abaixo e use **F** para indicar as afirmativas falsas e **V** para as afirmativas verdadeiras. Depois, reescreva as afirmações falsas, corrigindo-as. Observe o exemplo.

> A parte usada para habitação e lazer é menor do que a parte usada para plantação de cana. **F**
> A parte usada para habitação e lazer é do mesmo tamanho que a parte usada para plantação de cana.

a) A maior parte da fazenda é destinada à reserva ambiental.

_____

b) Helena reservou uma pequena parte do terreno para criação de gado.

_____

c) A parte usada para plantação de cana é igual à parte usada para habitação e lazer.

_____

Na cidade próxima ao sítio de Helena há um espaço chamado **Espaço Cultura e Inclusão**, destinado a pessoas com alguma deficiência, como auditiva, visual, motora e intelectual. Nesse espaço são organizadas oficinas de culinária e atividades de música, teatro e dança, que despertam todos os sentidos (olfato, paladar, tato, audição e visão).

2 Durante 1 mês, uma funcionária desse espaço coletou os dados sobre a quantidade de participantes nas atividades promovidas. Ela registrou parte dos dados na tabela abaixo e parte no gráfico de setores.

Quantidade de participantes nas atividades do Espaço Cultura e Inclusão

Atividade	Música tátil	Danças doces e amargas	Respirando cores	Culinária teatral
Quantidade de participantes			$\frac{1}{8}$	$\frac{1}{10}$

Tabela elaborada para fins didáticos.

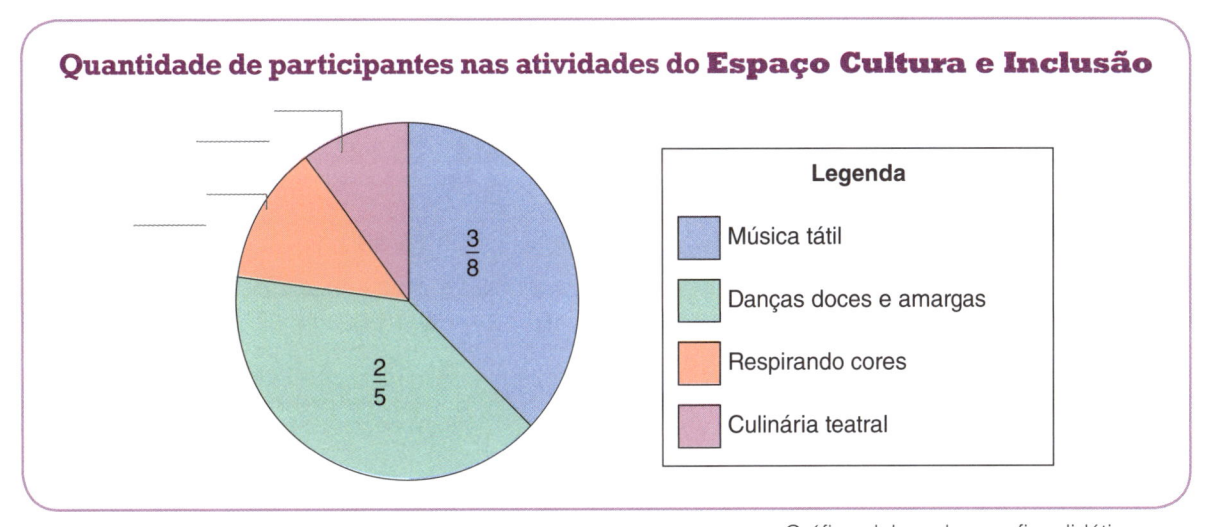

Quantidade de participantes nas atividades do Espaço Cultura e Inclusão

Legenda:
- Música tátil — $\frac{3}{8}$
- Danças doces e amargas — $\frac{2}{5}$
- Respirando cores
- Culinária teatral

Gráfico elaborado para fins didáticos.

a) Complete a tabela e o gráfico acima.

b) Nesse mês, qual das atividades teve mais participantes: "Respirando cores" ou "Música tátil"?

c) Escreva abaixo as 4 frações desta atividade por extenso.

ATIVIDADES DO CAPÍTULO

1. Observe abaixo o terreno que Eli dividiu em quadrados de 1 m de lado.

    a) Use 1 quadrado de 1 m de lado como unidade de medida. Qual é a área desse terreno? Justifique com uma multiplicação.

    _____

    _____

    _____

    b) Eli vai usar três sétimos desse terreno para plantar alfaces. Quantos metros quadrados sobrarão desse terreno?

    _____

2. Um produto é vendido em 3 tamanhos, em 2 mercados diferentes. Veja abaixo.

Preço do produto

Tamanho do pacote / Mercado	500 g	1 kg e 500 g	2 kg
A	R$ 3,40	R$ 10,00	R$ 13,80
B	R$ 3,60	R$ 10,80	R$ 14,00

Tabela elaborada para fins didáticos.

   a) É mais vantajoso comprar 1 pacote de 500 g desse produto no mercado **A** ou no mercado **B**? Justifique.

   _____

   _____

   b) Escolha 2 valores da tabela e escreva-os abaixo por extenso.

   _____

   _____

RESOLVENDO PROBLEMAS

1. No enunciado do problema abaixo faltam alguns números.

> Os pais de Naomi preocupam-se com a educação da filha, que está no 4º ano do Ensino Fundamental e tem _____ anos de idade. Por isso, eles resolveram colocar _____ reais por mês em uma poupança para Naomi usar futuramente em seus estudos. Desconsiderando possíveis rendimentos na poupança, após _____ anos, ou seja, _____ meses, quantos reais eles terão colocado ao todo na poupança para Naomi?

a) Complete o enunciado desse problema com os números ao lado.

| 4 | 9 | 48 | 130 |

b) Agora, resolva o problema.

Resposta: _____

2. Calcule quantas garrafas PET estão representadas na figura abaixo usando somente multiplicações e subtrações.

Resposta: _____

157

TRABALHANDO COM JOGOS

JOGO DA MULTIPLICAÇÃO

MATERIAL NECESSÁRIO

Todos os materiais encontram-se no **Material Complementar**:
- 40 cartas de cada cor (amarelas, azuis, vermelhas e pretas)
- 2 dados

Atenção! Use os dados do jogo **Quatro em linha**.

Número de jogadores: 3 ou 4

Como jogar

- Um dos jogadores deve destacar as cartas de seu **Material Complementar** e organizá-las no centro da mesa, em um monte para cada cor.

- Os jogadores devem combinar quantas rodadas serão jogadas na partida.

- Cada carta tem uma pontuação diferente, dependendo de sua cor. Veja na tabela ao lado.

- Na sua vez, cada jogador lança os 2 dados e multiplica os pontos obtidos. O produto indica a pontuação que ele deve receber com as cartas. Veja abaixo os exemplos.

Pontuação de cada carta

Cor da carta	Pontuação
Amarela	1
Azul	10
Vermelha	100
Preta	1 000

Tabela elaborada para fins didáticos.

$3 \times 1 = 3$
O jogador fez 3 pontos e deve receber 3 cartas amarelas.

$6 \times 5 = 30$
O jogador fez 30 pontos e deve receber 3 cartas azuis.

- Quando um jogador juntar 10 cartas da mesma cor, deve trocá-las imediatamente por 1 carta com valor correspondente. Por exemplo, se um jogador tiver 8 cartas amarelas e receber 2 cartas amarelas, então deve trocar as 10 cartas amarelas por 1 carta azul. Quando um jogador fizer uma troca, ele ganha o direito a mais 1 jogada.

- Vence a partida quem tiver mais pontos ao final das rodadas estipuladas no começo da partida.

Pensando sobre o jogo

1. Observe a tabela da página anterior.

    a) É possível receber 1 carta azul só com os pontos obtidos no lançamento dos 2 dados? Explique sua resposta.

    _____

    _____

    b) É possível receber 1 carta vermelha ou 1 carta preta com os pontos obtidos no lançamento dos 2 dados?

    _____

    _____

2. João, Ana e Vítor estão brincando com o **Jogo da multiplicação**. João tem 1 carta preta, 1 carta vermelha e 1 carta amarela; Ana tem 5 cartas vermelhas, 2 cartas azuis e 1 carta amarela; e Vítor não está mostrando as cartas dele.

    a) Quantos pontos João tem? E quantos pontos Ana tem?

    _____

    b) Quantos pontos Ana precisa obter para empatar com João?

    _____

    c) Vítor disse: "Se cada um de vocês tirasse o número máximo nos 2 dados e esta fosse minha última jogada, então mesmo assim eu seria o vencedor!". Qual é pontuação mínima que Vítor deve ter para que sua afirmação esteja correta?

    _____

CAPÍTULO 8
DIVISÕES, CANTEIROS E COMBINAÇÕES

MAIS DIVISÕES

1 Marcos estava revendo divisão com estimativas e encontrou uma divisão em que não é possível dividir as centenas. Acompanhe abaixo o raciocínio dele e complete os quadros de valor posicional com o que falta.

COMEÇO A DIVISÃO PELAS CENTENAS. TENHO QUE DIVIDIR 5 CENTENAS POR 8. O QUOCIENTE DESSA DIVISÃO É ZERO E O RESTO É 5 CENTENAS. COLOCO O ZERO ABAIXO DA CHAVE DE DIVISÃO.

C	D	U	
5	9	5	8
			C

C	D	U	
5	9	5	8
–			
		C D	

ESSAS 5 CENTENAS EQUIVALEM A 50 DEZENAS. ENTÃO, TENHO 59 DEZENAS PARA DIVIDIR POR 8, O QUE DÁ 7 DEZENAS E SOBRAM 3 DEZENAS. ENTÃO, COLOCO O 7 ABAIXO DA CHAVE DE DIVISÃO, AO LADO DO ZERO.

AGORA, VOU DIVIDIR AS UNIDADES. TENHO 35 UNIDADES QUE, DIVIDIDAS POR 8, DÁ 4 UNIDADES E SOBRAM 3 UNIDADES. ENTÃO, COLOCO O 4 ABAIXO DA CHAVE DE DIVISÃO, AO LADO DO 7. PORTANTO, A DIVISÃO DE 595 POR 8 DÁ 74 E O RESTO É 3.

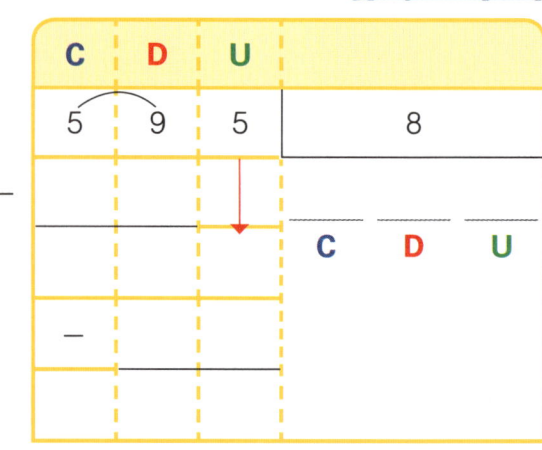

C	D	U	
5	9	5	8
–			
			C D U
–			

2 Estime a ordem dos quocientes abaixo e resolva as divisões usando o raciocínio de Marcos.

a) 517 ÷ 8 = _____ e resto _____

Ordem do quociente: _____

C	D	U	
5	1	7	8

c) 979 ÷ 9 = _____ e resto _____

Ordem do quociente: _____

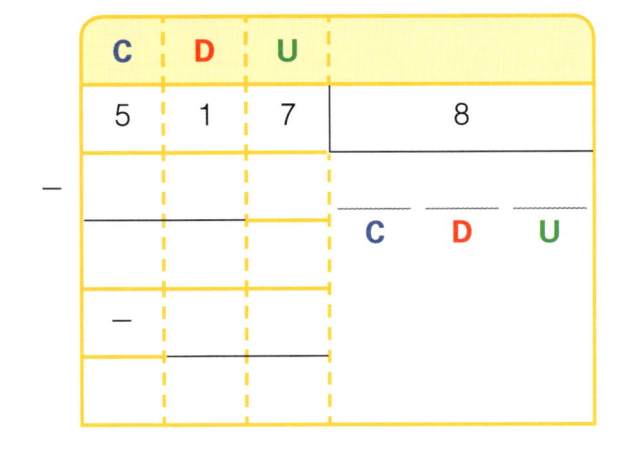

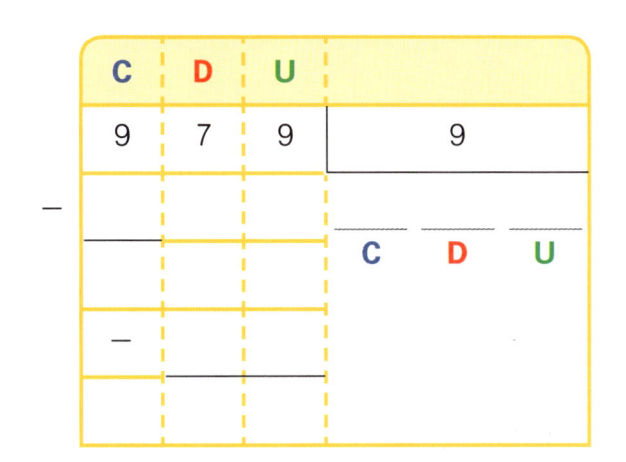

C	D	U	
9	7	9	9

b) 393 ÷ 4 = _____ e resto _____

Ordem do quociente: _____

C	D	U	
3	9	3	4

d) 960 ÷ 6 = _____ e resto _____

Ordem do quociente: _____

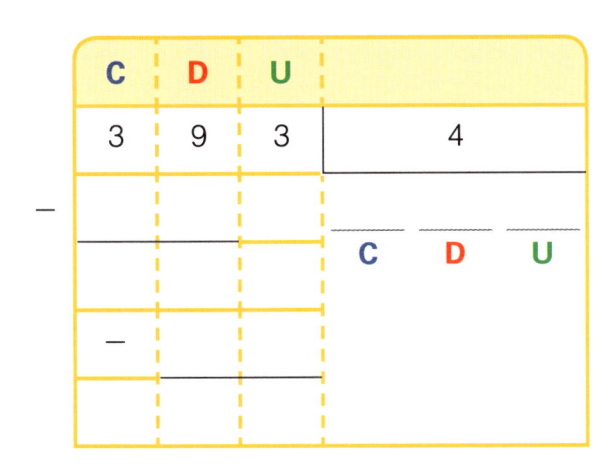

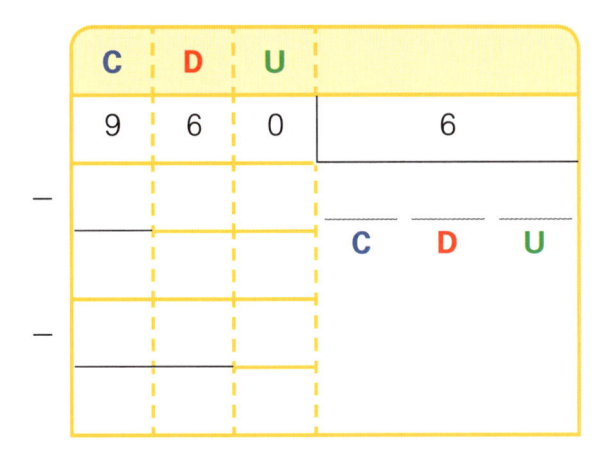

C	D	U	
9	6	0	6

3 Amanda quer distribuir igualmente as mudas de 247 goiabeiras em 6 fileiras. Quantas mudas Amanda vai plantar em cada fileira? Justifique sua resposta com uma divisão no quadro posicional ao lado.

_____

_____

C	D	U	
2	4	7	6

JOGO DA DIVISÃO

No final do capítulo anterior, você brincou com o **Jogo da multiplicação**. Agora, vamos continuar com um jogo parecido, chamado **Jogo da divisão**.

Antes de começar, veja a tabela ao lado e relembre quantos pontos vale cada carta.

Pontuação de cada carta

Cor da carta	Pontuação
Amarela	1
Azul	10
Vermelha	100
Preta	1 000

Tabela elaborada para fins didáticos.

1 De acordo com a tabela, pinte as cartas abaixo para representar o número de cada item.

a) 1 046

b) 468

c) 2 350

d) 1 102

2 Agora, forme um grupo com mais 3 colegas para participar do **Jogo da divisão**. Leiam as instruções e divirtam-se!

Instruções

MATERIAL NECESSÁRIO
- Cartas amarelas, azuis e vermelhas do **Jogo da multiplicação**
- Lápis e papel

- Um dos alunos deve pegar suas 30 cartas amarelas, azuis e vermelhas do **Jogo da multiplicação**. Em seguida, deve embaralhar as cartas e fazer um monte sobre a mesa, ao alcance de todos os jogadores.
- O primeiro jogador escolhe um número de 1 a 9 e, em seguida, retira as 5 primeiras cartas do monte, colocando-as sobre a mesa de modo que todos os jogadores possam ver suas cores.
- Em seguida, ele deve declarar qual é o quociente e qual é o resto da divisão dos pontos das cartas pelo número escolhido.

   Por exemplo, se ele escolheu o número 3 e tirou 2 cartas amarelas, 2 azuis e 1 vermelha, então, ao dividir 122 por 3, deve obter quociente 40 e resto 2.

- Se acertar o quociente e o resto, então o jogador fica com as cartas. Se errar, então os outros jogadores devem calcular e indicar os números corretos.
- A partida termina quando não houver mais cartas no monte. Ganha a partida quem tiver o maior número de pontos em suas cartas.

3 Em uma jogada do **Jogo da divisão**, Isabela escolheu o número 3 e tirou as cartas ao lado.

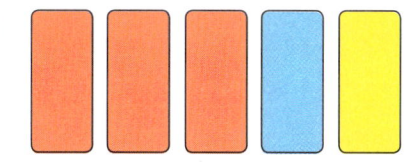

a) Quantos pontos Isabela obteve com essas cartas?

_____

b) Qual é o quociente e o resto que Isabela deve falar para ganhar as cartas? Registre a divisão no quadro de valor posicional ao lado.

c) Qual estratégia você utilizaria para validar o resultado dessa divisão?

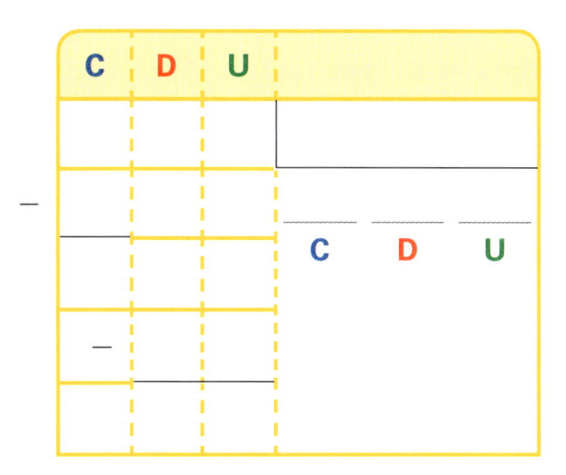

_____

_____

ÁREA

Parte do terreno no **Espaço Cultura e Inclusão** foi reservada para construir um jardim sensorial com canteiros de flores e ervas aromáticas. Veja abaixo a variedade de formatos que os canteiros terão.

Canteiro A

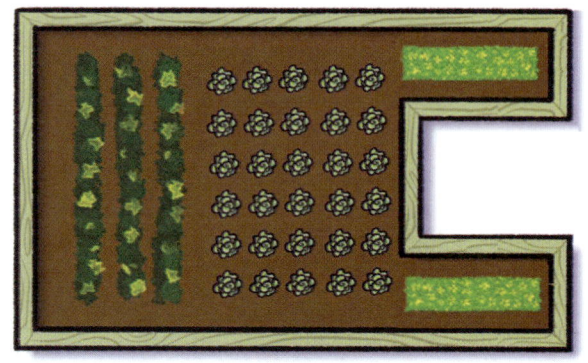

Canteiro C

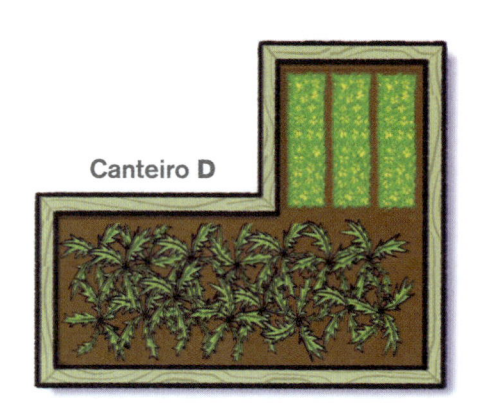

Canteiro B

Canteiro D

1 Helen usou papel quadriculado para representar a área ocupada por cada canteiro. Veja ao lado, por exemplo, a representação do canteiro **D**.

a) Quantos quadradinhos tem a representação do canteiro **D**?

_____

b) Qual é a área, em metros quadrados, do canteiro **D**?

_____

1 metro
1 metro

2 Observe abaixo a representação dos 4 canteiros. Continue considerando que cada quadradinho tem 1 m de lado.

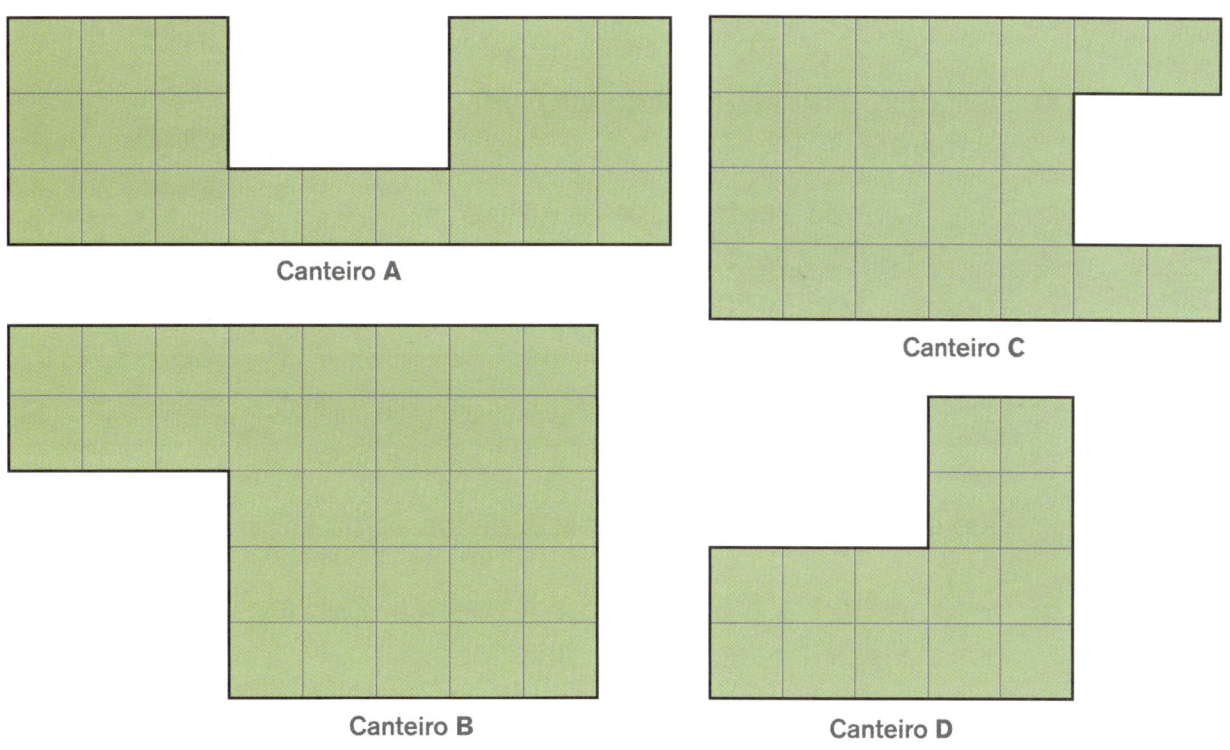

Canteiro A

Canteiro C

Canteiro B

Canteiro D

a) Qual desses canteiros tem menor área: o canteiro **A** ou o canteiro **C**? Qual é essa área, em metros quadrados?

_____

_____

b) E qual é a área total dos 4 canteiros do jardim sensorial?

_____

c) Desenhe 2 canteiros que tenham a mesma área, mas com formas diferentes.

3 Você já foi a um jardim sensorial? Com mais 2 colegas, façam uma pesquisa sobre jardins sensoriais. Registrem o que descobriram em um cartaz e compartilhem as informações com o restante da turma.

COMPARAÇÃO DE FRAÇÕES

1 Vamos fazer uma atividade prática!

MATERIAL NECESSÁRIO
- 5 tiras do **Material Complementar**
- Lápis de cor verde, cor-de-rosa, azul, laranja e marrom

a) Destaque as tiras do **Material Complementar**.

Pinte 1 tira de **verde**. Dobre essa tira em 2 partes iguais, como na figura abaixo, e faça um traço sobre a dobra.

Que fração representa cada parte da tira **verde**? ——

b) Pegue outra tira e pinte-a de **cor-de-rosa**. Dobre essa tira em 3 partes iguais e faça um traço sobre cada dobra.

Que fração representa cada parte da tira **cor-de-rosa**? ——

c) Pegue outra tira e pinte-a de **azul**. Dobre essa tira em 4 partes iguais e faça um traço sobre cada dobra.

Que fração representa cada parte da tira **azul**? ——

d) Pegue outra tira e pinte-a de **laranja**. Dobre essa tira em 6 partes iguais e faça um traço sobre cada dobra.

Que fração representa cada parte da tira **laranja**? ——

Atenção! Guarde as tiras que você fez para serem usadas novamente no próximo capítulo.

e) Pegue outra tira e pinte-a de **marrom**. Dobre essa tira em 8 partes iguais e faça um traço sobre cada dobra.

Que fração representa cada parte da tira **marrom**? ——

f) Agora, escreva em cada tira a fração que corresponde a cada parte, como no exemplo abaixo.

$\frac{1}{8}$	$\frac{1}{8}$	$\frac{1}{8}$	$\frac{1}{8}$	$\frac{1}{8}$	$\frac{1}{8}$	$\frac{1}{8}$	$\frac{1}{8}$

2 Compare as partes das tiras que você fez.

a) Que fração representa a maior parte? E a menor parte?

_____

_____

b) Então, qual fração é a maior? E qual é a menor?

_____

c) Compare as partes das tiras que representam as frações $\frac{1}{4}$ e $\frac{1}{6}$. Qual das partes é maior? Então, qual dessas frações é a maior? Explique.

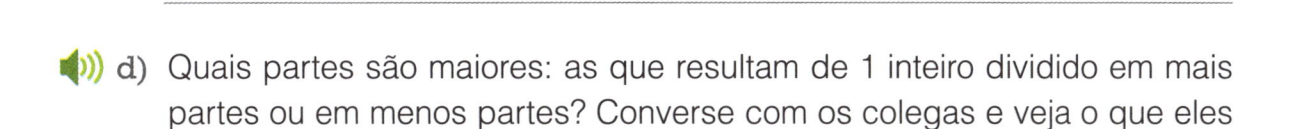

_____

_____

_____

🔊 d) Quais partes são maiores: as que resultam de 1 inteiro dividido em mais partes ou em menos partes? Converse com os colegas e veja o que eles pensam a esse respeito.

_____

_____

3 Cada figura abaixo está dividida em partes iguais. Observe as partes pintadas dessas figuras e contorne a maior fração em cada item.

a) $\frac{2}{3}$ $\frac{2}{6}$

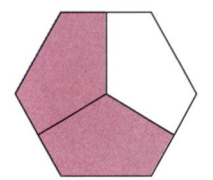

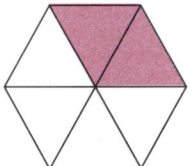

b) $\frac{3}{7}$ $\frac{3}{5}$

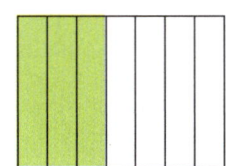

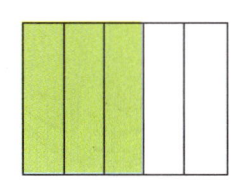

4 Acompanhe a história abaixo.

> FIZ UM BOLO DE LARANJA COM AS LARANJAS DO QUINTAL.
>
> VÓ, POSSO COMER BOLO?
>
> PODE COMER, MAS SÓ 1 PEDAÇO.
>
> EU DISSE QUE VOCÊ SÓ PODIA PEGAR 1 PEDAÇO!
>
> É MESMO, MAS VOCÊ NÃO DISSE QUAL ERA O TAMANHO DO PEDAÇO QUE EU PODIA PEGAR.

a) Por que a avó do menino ficou surpresa?

_____

_____

b) O que você acha que a avó poderia ter dito ou feito para evitar essa confusão?

c) Cada bolo abaixo foi dividido em partes iguais. Contorne de **vermelho** o maior dos pedaços e de **verde** o menor dos pedaços.

5 Isabela vai distribuir igualmente 8 canetas coloridas em algumas caixas.

a) Quantas canetas ela vai colocar em cada caixa se forem 2 caixas? E se forem 4 caixas? E se forem 8 caixas? Represente abaixo essas canetas.

2 caixas   4 caixas   8 caixas

Dica: você pode desenhar 1 tracinho para cada caneta.

b) Que fração representa a quantidade de canetas em cada caixa em relação ao total de canetas de Isabela?

- 2 caixas: ——
- 4 caixas: ——
- 8 caixas: ——

c) Em qual das distribuições cada caixa ficou com mais canetas? Qual fração representa a quantidade de canetas dessa distribuição?

_____

_____

d) E em qual das distribuições cada caixa ficou com menos canetas? Qual fração representa a quantidade de canetas dessa distribuição?

_____

_____

e) Então, qual é a maior fração representada nesta atividade? E a menor?

_____

6 Escreva as frações abaixo em ordem crescente. Se necessário, pense nas tiras que você fez e em novas tiras divididas em partes iguais.

$\frac{1}{8}$ $\frac{1}{4}$ $\frac{1}{2}$ $\frac{1}{6}$ $\frac{1}{7}$ $\frac{1}{10}$ $\frac{1}{3}$ $\frac{1}{9}$ $\frac{1}{5}$

——, ——, ——, ——, ——, ——, ——, ——, ——.

COMBINAÇÕES

1 Lauro quer preparar um suco com 1 fruta e 1 legume.

a) Se Lauro tiver as frutas laranja, maçã e abacaxi e os legumes beterraba e cenoura, então quantas combinações diferentes de suco ele pode fazer? Escreva ou desenhe abaixo todas as combinações.

b) Se Lauro tiver 3 tipos de fruta e 4 tipos de legume, então quantas combinações diferentes de suco ele pode fazer?

c) Se Lauro tiver 5 tipos de fruta, então quantos tipos de legume ele deve ter para que possa fazer 30 combinações possíveis de suco?

d) Complete abaixo com a quantidade de combinações de suco que Lauro pode fazer de acordo com as quantidades de frutas e legumes indicadas.

- 7 frutas e 2 legumes → _____ combinações
- 2 frutas e 7 legumes → _____ combinações

2 Uma escola está criando códigos com 1 letra e 2 algarismos para identificar cada aluno. Nosso alfabeto tem 26 letras e temos 10 algarismos.

a) Há quantas combinações diferentes de registro?

_____

b) Imagine que a escola não usará vogais no registro. Então, há quantas combinações diferentes de registro?

_____

3 Observe a imagem abaixo.

a) Crie um problema envolvendo combinações dos objetos dessa imagem. Não é necessário usar todos os objetos.

_____

_____

b) Peça a um colega que resolva o problema que você criou. Em seguida, confiram juntos a resposta do problema.

Resposta: _____

EXPLORANDO POLÍGONOS

Você já sabe o que são polígonos e sabe classificá-los de acordo com a quantidade de lados.

Será que existe alguma relação entre a quantidade de lados e a quantidade de vértices de um polígono?

> O encontro de 2 lados de um polígono forma um **vértice** do polígono.

1 Complete o quadro abaixo com o que falta.

Desenho do polígono		■				⬣
Nome do polígono			Retângulo	Pentágono		
Quantidade de lados	3				6	
Quantidade de vértices						8

2 Observe o quadro que você completou e compare a quantidade de lados com a quantidade de vértices de cada polígono. O que você percebeu? Converse com os colegas.

3 Você conhece algum polígono que não apareceu nesse quadro? Desenhe-o abaixo e escreva seu nome.

Nome do polígono: _____

4 Observe os quadriláteros abaixo.

_____   _____   _____

_____   _____

a) Escreva o nome desses quadriláteros.

🔊 b) Meça os lados desses quadriláteros. O que eles têm em comum? Em que eles são diferentes? Converse com os colegas e o professor.

Agora, observe abaixo a linha reta que foi traçada ligando 2 vértices do quadrado.

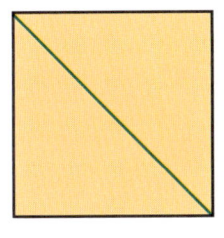

> A linha reta que liga 2 vértices de um polígono, e não é lado dele, é chamada de **diagonal** do polígono.

5 Vamos explorar as diagonais dos quadriláteros!

a) Trace a outra diagonal do quadrado acima.

b) Trace as diagonais de todos os quadriláteros da atividade **4**.

c) Quantas diagonais você traçou em cada quadrilátero da atividade **4**?

_____

🔊 d) Meça as diagonais desses quadriláteros. O que elas têm em comum? Em que elas são diferentes? Converse com os colegas e o professor.

ATIVIDADES DO CAPÍTULO

1. Complete cada figura abaixo pintando quadradinhos para que as 3 figuras tenham áreas iguais.

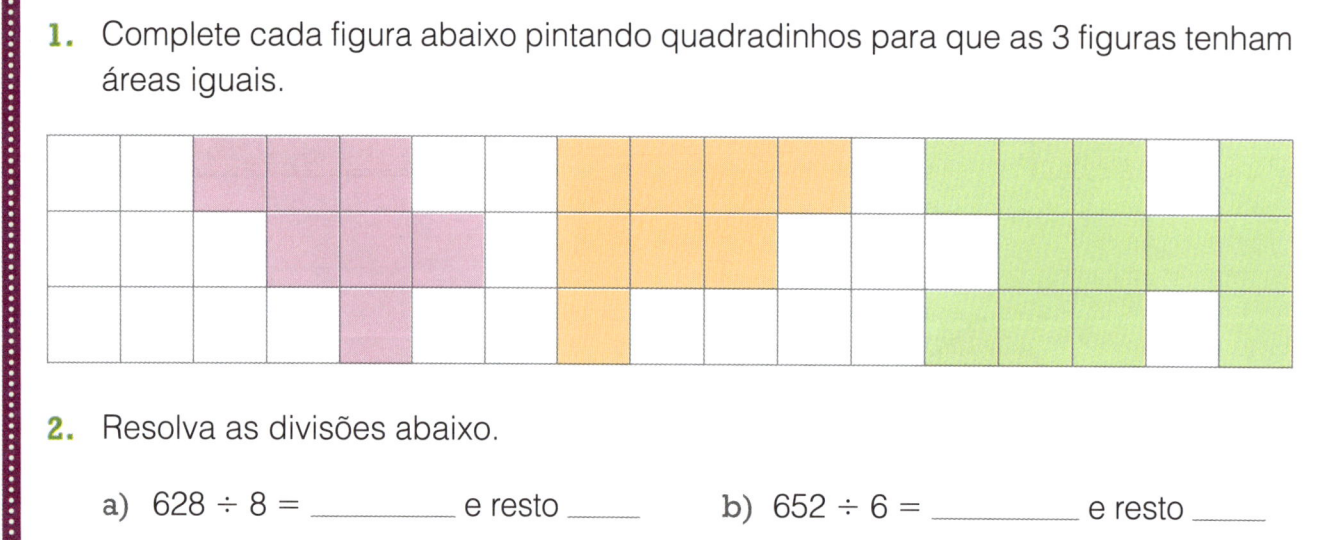

2. Resolva as divisões abaixo.

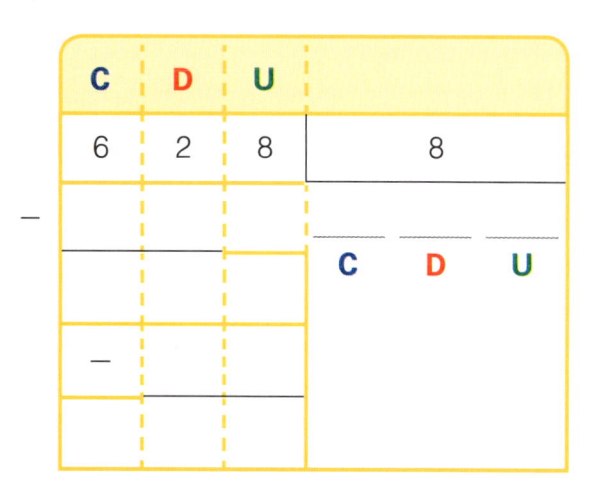

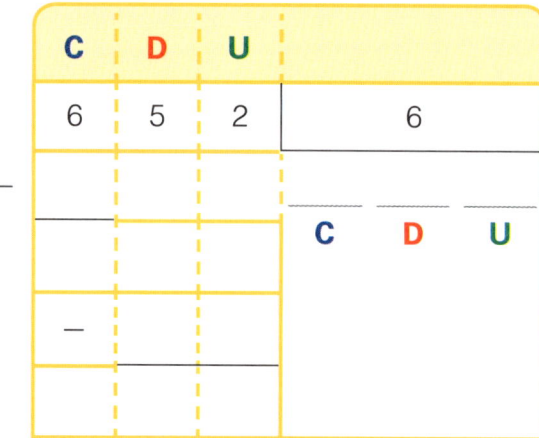

   a) 628 ÷ 8 = _____ e resto _____

   b) 652 ÷ 6 = _____ e resto _____

3. Cada figura abaixo foi dividida em partes iguais. Em cada item, escreva a fração que representa a parte pintada da figura de cima. Em seguida, pinte na figura abaixo uma fração maior do que a fração da figura acima.

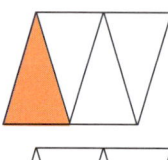

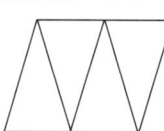

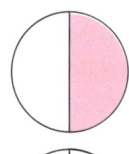

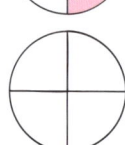

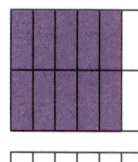

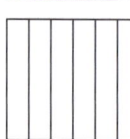

   a) ─────

   b) ─────

   c) ─────

RESOLVENDO PROBLEMAS

- No escritório em que Berenice trabalha há um espaço para que os funcionários esquentem refeições no almoço. Ela trabalha no escritório de segunda a sexta-feira e, a cada dia que leva sua refeição para o almoço, ela economiza R$ 13,00. Além disso, a alimentação de Berenice fica mais saudável, pois ela prepara o próprio almoço com ingredientes frescos e bem variados.

    a) Se Berenice levar sua refeição de segunda a sexta-feira de uma semana, então quantos reais ela vai economizar?

    _____

    b) Quantos reais ela economizaria em 20 dias levando sua refeição?

    _____

    c) Consulte um calendário do próximo mês.

    - Quantos dias Berenice vai trabalhar no próximo mês?

    _____

    - Se ela levar sua refeição em todos os dias de trabalho desse mês, então quantos reais vai economizar?

    _____

    d) Com um colega, pensem em algumas dicas para economizar dinheiro. Escreva abaixo as dicas nas quais vocês pensaram e depois compartilhem com os outros colegas.

    _____

    _____

CÁLCULO MENTAL

Você já viu que a decomposição facilita o cálculo mental de adições, subtrações e multiplicações. Agora, vamos aprender a fazer divisões sem resto por decomposição! Observe o exemplo abaixo.

848 ÷ 4

848 = 800 + 40 + 8

800 ÷ 4 = 200 e resto 0   40 ÷ 4 = 10 e resto 0   8 ÷ 4 = 2 e resto 0

200 + 10 + 2 = 212

1. Agora, complete a decomposição e resolva cada divisão abaixo.

   a) 963 ÷ 3 = _____

   963 = 900 + _____ + _____

   900 ÷ 3 = _____   _____ ÷ 3 = _____   _____ ÷ 3 = _____

   _____ + _____ + _____ = _____

   b) 846 ÷ 2 = _____

   846 = _____ + _____ + _____

   _____ ÷ 2 = _____   _____ ÷ 2 = _____   _____ ÷ 2 = _____

   _____ + _____ + _____ = _____

2. Resolva mais algumas divisões usando a decomposição.

a) 684 ÷ 2 = _____

684 = _____ + _____ + _____

600 ÷ 2 = _____   _____ ÷ 2 = _____   _____ ÷ 2 = _____

_____ + _____ + _____ = _____

b) 448 ÷ 4 = _____

448 = _____ + _____ + _____

_____ ÷ 4 = _____   _____ ÷ 4 = _____   _____ ÷ 4 = _____

_____ + _____ + _____ = _____

3. Ligue cada divisão abaixo a seu resultado.

806 ÷ 2   636 ÷ 3   840 ÷ 4   626 ÷ 2

313   210   403   212

4. Calcule o resultado de cada divisão a seguir usando recursos de cálculo mental que você já conhece.

a) 240 ÷ 4 = _____
b) 268 ÷ 2 = _____
c) 300 ÷ 10 = _____
d) 366 ÷ 3 = _____

e) 426 ÷ 2 = _____
f) 906 ÷ 3 = _____
g) 486 ÷ 2 = _____
h) 642 ÷ 2 = _____

MINHAS DICAS

Anote algo que você aprendeu nestas atividades e que pode ajudar a realizar cálculos mais rapidamente.

_____
_____

LEITURA DE IMAGEM

MULHERES NOS JOGOS OLÍMPICOS

O esporte é uma forma de lazer que por muito tempo foi unicamente masculina. A presença das mulheres em eventos esportivos é recente: em 2012 ocorreu a primeira edição dos Jogos Olímpicos da Era Moderna em que todos os 191 países e 13 territórios tiveram pelo menos 1 mulher em suas delegações.

Fonte de consulta: FOLHA DE S.PAULO. **Esporte**. Disponível em: <www1.folha.uol.com.br/esporte/2014/11/1542070-igualdade-de-generos-pode-ajudar-pais-na-olimpiada-aponta-estudo.shtml>. Acesso em: 18 fev. 2016.

OBSERVE

1. Maria Lenk (1915-2007) foi a primeira brasileira e a primeira sul-americana a participar dos Jogos Olímpicos da Era Moderna. Foto da participação da nadadora nos Jogos Olímpicos de 1932, em Los Angeles, nos Estados Unidos.

2. Maurren Maggi foi a primeira brasileira a ganhar medalha de ouro nos Jogos Olímpicos da Era Moderna, em competição individual. Na foto, Maurren entre a medalhista de prata Tatyana Lebedeva (da Rússia) e a medalhista de bronze Blessing Okagbare (da Nigéria) na cerimônia de entrega de medalhas do salto em distância feminino dos Jogos Olímpicos de 2008, em Pequim, na China.

ANALISE

1. Compare as 2 fotos acima.

   a) O que há em comum entre elas? _____

   b) E o que há de diferente entre as fotos? _____

   c) As atletas destas fotos competiram em quais esportes? _____

2. Releia as legendas das fotos e complete o texto abaixo.

> A segunda edição dos Jogos Olímpicos da Era Moderna, realizada em 1900, foi a primeira edição em que as mulheres puderam participar do evento. Somente _____ anos depois, a primeira mulher brasileira participou: a nadadora _____.
>
> Após mais 64 anos, em _____, foram obtidas as primeiras medalhas femininas brasileiras em competições em duplas ou coletivas. Já em competições individuais, a seleção brasileira obteve as primeiras medalhas femininas em _____: bronze com a judoca Kleyten Quadros e ouro com a saltadora em distância _____.

RELACIONE

3. Pense nos esportes em que as atletas da foto competiram. Você acha que são esportes atualmente praticados por homens ou por mulheres?

4. Vamos pensar nos atletas que você conhece?

   a) Liste abaixo o nome de atletas que você conhece.

   _____

   _____

   b) Quantos dos atletas que você listou são mulheres?

   c) Você acha que há menos mulheres do que homens em eventos esportivos? Por quê?

5. Você acha que na sua escola há desigualdade entre meninos e meninas? Alguém já te disse que você não podia fazer alguma coisa porque é "coisa de menino" ou é "coisa de menina"? Se sim, em qual situação isso aconteceu?

6. Agora, pense em algumas profissões.

   a) Cite uma profissão que você nunca viu um homem exercendo e uma profissão que você nunca viu uma mulher exercendo.

   Homem: _____   Mulher: _____

   b) Você acha que alguma profissão não pode ser desempenhada por um dos gêneros? Qual profissão? Justifique.

CAPÍTULO 9

HORA DE COMPRAR E VENDER

EQUIVALÊNCIA DE FRAÇÕES

Vamos observar novamente as tiras que você fez no capítulo anterior?

1 Pegue as tiras que você dividiu em 2 e em 6 partes iguais. Posicione-as uma embaixo da outra, como mostrado abaixo, e complete os itens a seguir.

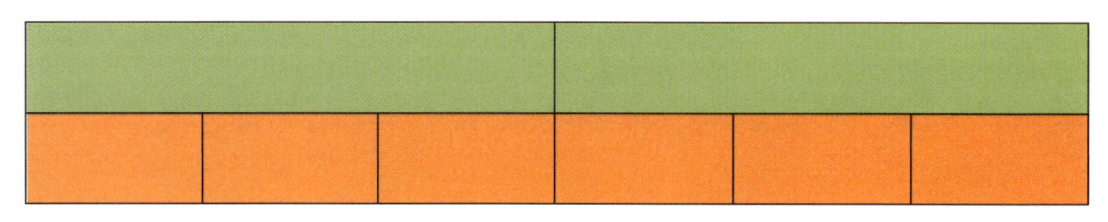

a) A tira **laranja** foi dividida em _____ partes iguais.

b) A fração que representa cada parte dessa tira é ____.

c) Considere 3 partes dessa tira. Essas partes têm o mesmo tamanho que _____ parte da tira **verde**.

d) 1 parte da tira **verde** representa $\dfrac{}{2}$ da tira, e 3 partes da tira **laranja** representam $\dfrac{}{6}$ da tira.

> Quando 2 frações representam a mesma parte de um inteiro ou de uma quantidade, dizemos que são **frações equivalentes**. Neste caso, $\dfrac{3}{6}$ é equivalente a $\dfrac{1}{2}$, assim como $\dfrac{1}{2}$ é equivalente a $\dfrac{3}{6}$. Podemos escrever assim: $\dfrac{1}{2} = \dfrac{3}{6}$

2 Vamos descobrir outras frações equivalentes! Pegue as tiras que você dividiu em 4 e em 8 partes iguais. Posicione-as uma embaixo da outra.

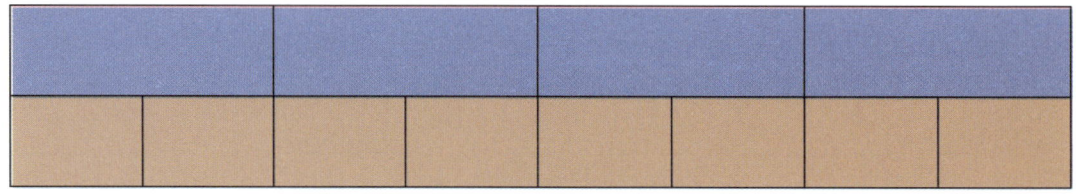

a) Compare as partes dessas tiras e escreva a fração equivalente a $\dfrac{1}{4}$. ____

b) Escreva a fração equivalente a $\dfrac{6}{8}$. ____

3 Pegue todas as tiras e posicione-as uma embaixo da outra, como abaixo.

a) Escreva abaixo a fração que representa cada parte.

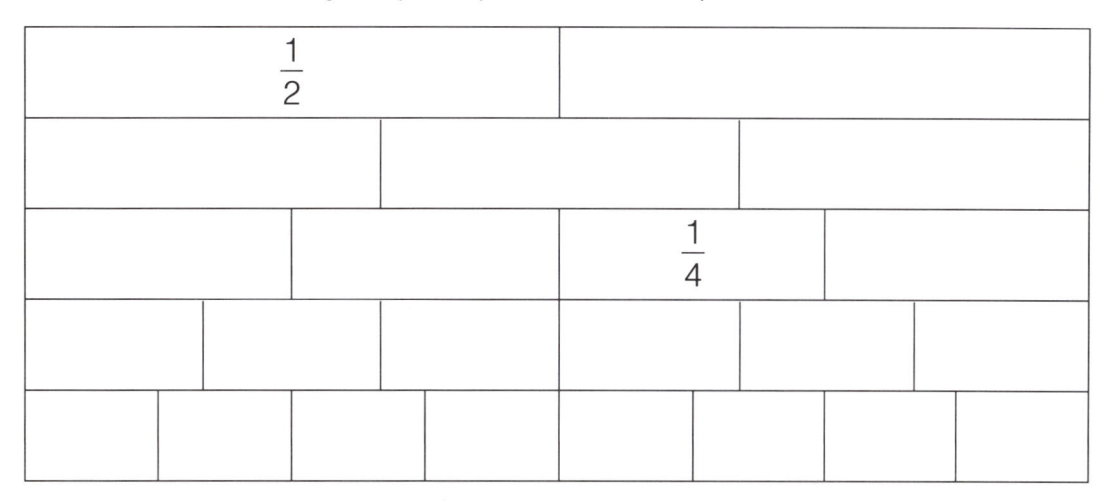

	$\frac{1}{2}$				
		$\frac{1}{4}$			

b) 2 partes da tira **laranja** têm o mesmo tamanho de qual outra parte?

_____

c) 2 partes da tira **azul** têm o mesmo tamanho de quais outras partes?

_____

_____

d) Compare todas as partes e escreva as frações equivalentes a cada fração abaixo.

- $\frac{2}{6}$ = _____
- $\frac{2}{8}$ = _____
- $\frac{3}{6}$ = _____ = _____ = _____
- $\frac{4}{8}$ = _____ = _____ = _____

4 Cada figura abaixo está dividida em partes iguais.

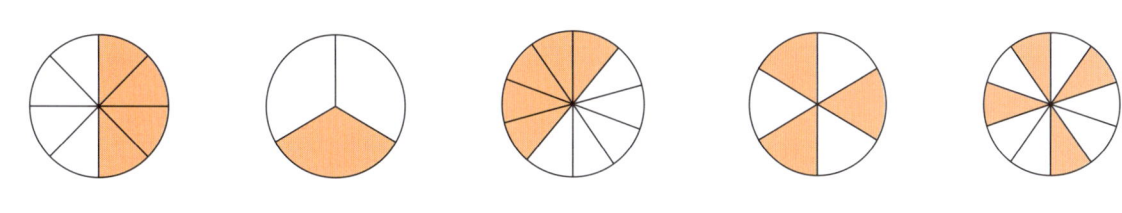

_____   _____   _____   _____   _____

a) Escreva a fração da parte pintada de cada figura.

b) Quais dessas figuras têm metade das partes pintadas? Contorne-as.

c) Escreva as frações das figuras que são equivalentes a $\frac{1}{2}$.

$\frac{1}{2}$ = _____ = _____ = _____ = _____

181

FRAÇÕES NAS COMPRAS

Manoel tem um sítio e cultiva vários tipos de abóboras. Ele recebeu uma mensagem de uma feirante que costuma usar frações para indicar a quantidade de abóboras que ela quer comprar. Veja abaixo a mensagem da feirante.

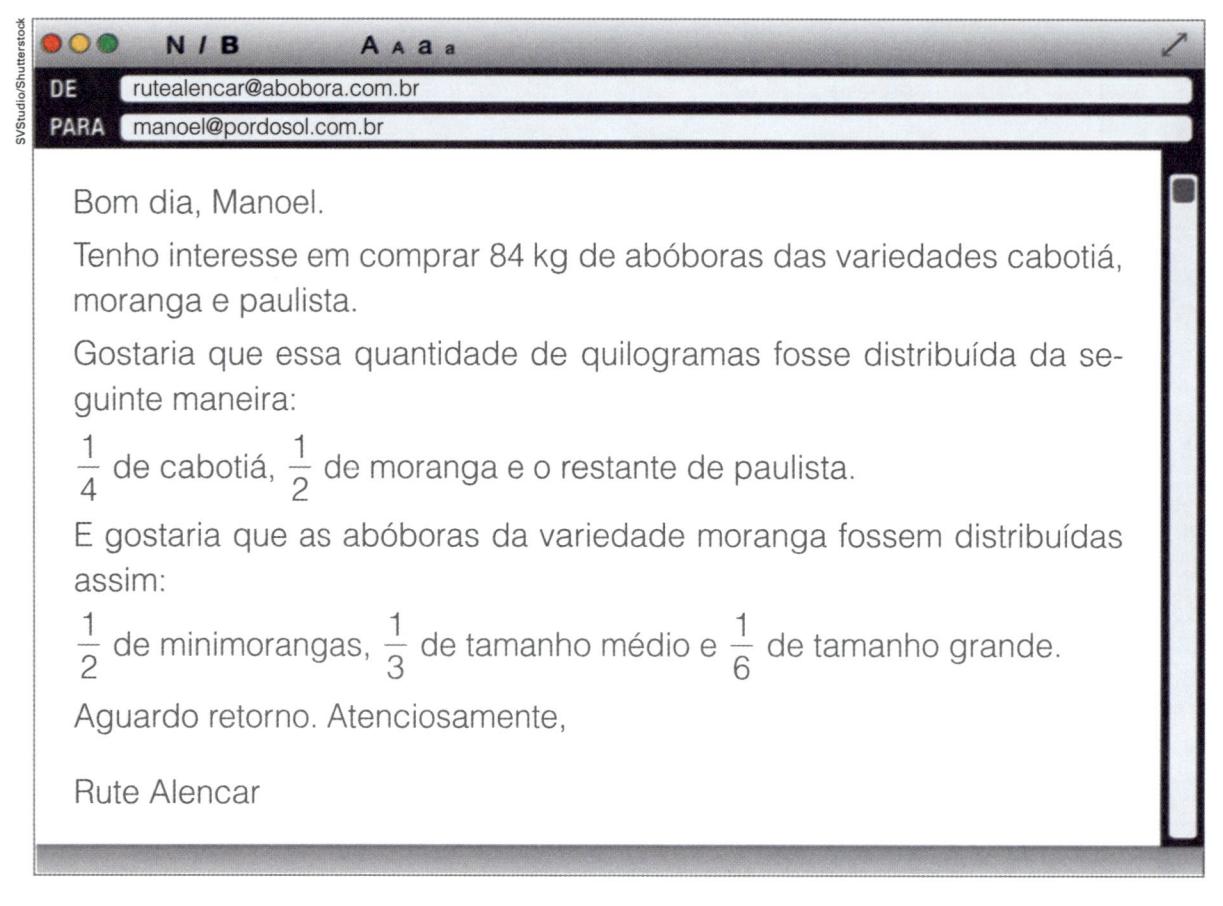

DE rutealencar@abobora.com.br
PARA manoel@pordosol.com.br

Bom dia, Manoel.

Tenho interesse em comprar 84 kg de abóboras das variedades cabotiá, moranga e paulista.

Gostaria que essa quantidade de quilogramas fosse distribuída da seguinte maneira:

$\frac{1}{4}$ de cabotiá, $\frac{1}{2}$ de moranga e o restante de paulista.

E gostaria que as abóboras da variedade moranga fossem distribuídas assim:

$\frac{1}{2}$ de minimorangas, $\frac{1}{3}$ de tamanho médio e $\frac{1}{6}$ de tamanho grande.

Aguardo retorno. Atenciosamente,

Rute Alencar

---

1 Releia a mensagem.

a) Qual é o nome da feirante?

_____

b) Quantas variedades de abóbora a feirante encomendou?

_____

c) Qual variedade de abóbora foi encomendada em mais de um tamanho? Quais são esses tamanhos?

_____

2 De acordo com a mensagem da página anterior, complete cada item abaixo com a quantidade de quilogramas de abóboras que Rute quer comprar.

a) Todas as variedades de abóboras: _____

b) Cabotiá: _____

c) Moranga: _____

d) Paulista: _____

e) Minimorangas: _____

f) Morangas médias: _____

g) Morangas grandes: _____

3 De que outra maneira Rute poderia ter escrito na mensagem as quantidades de quilogramas de abóbora que ela queria comprar?

a) Complete a mensagem abaixo com outra maneira de escrever as frações.

DE _____
PARA _____

Bom dia, Manoel.
Tenho interesse em comprar 84 kg de abóboras das variedades cabotiá, moranga e paulista.
Gostaria que essa quantidade de quilogramas fosse distribuída da seguinte maneira:

_____ de cabotiá, _____ de moranga

e _____ de paulista.
E gostaria que as abóboras da variedade moranga fossem distribuídas assim:

_____ de minimorangas, _____ de tamanho

médio e _____ de tamanho grande.
Aguardo retorno. Atenciosamente,

Rute Alencar

---

b) Converse com um colega e veja se ele completou a mensagem de Rute da mesma maneira que você.

NÚMEROS DECIMAIS: DÉCIMOS

Depois de fazer a toalha de retalhos para o piquenique, Márcio costurou os 10 retalhos que sobraram, formando uma nova toalha. Veja abaixo.

1 Essa você já sabe fazer! Escreva abaixo a fração que representa cada retalho nessa toalha. Depois, escreva-a por extenso.

- Fração: ———

- Por extenso: _____

Você representou cada retalho dessa toalha usando uma fração. Mas há outra maneira de representar esse número, usando a forma **decimal**.

- Na forma de fração: $\frac{1}{10}$
- Na forma decimal: **0,1**

Veja abaixo como representamos o número 0,1 no quadro de valor posicional.

U,	d
Unidade	Décimo
0,	1

Podemos escrever qualquer fração de denominador 10 na forma decimal. A leitura do número na forma decimal é igual à leitura da fração. Por exemplo, $\frac{3}{10}$ na forma decimal é 0,3, e ambos são lidos como três décimos.

2 Cada figura abaixo está dividida em 10 partes iguais. Preencha o quadro com as representações que faltam.

Figura	Fração	Decimal	Por extenso
	$\frac{3}{10}$		
			Dois décimos.
	$\frac{4}{10}$		
		0,9	
			Sete décimos.

MEDIDAS DE CAPACIDADE: LITRO E MILILITRO

Em seu sítio, Ramiro tem uma pequena criação de abelhas para produzir e vender mel apenas para os amigos.

Ramiro vende o mel embalado em garrafas de diferentes tamanhos. Veja ao lado a capacidade de cada embalagem.

1 Calcule e complete as frases abaixo.

a) $\frac{1}{2}$ litro corresponde a _____ mililitros.

b) $\frac{1}{4}$ L corresponde a _____ mL.

2 Eliana, tia de Ramiro, é doceira. Para fazer 5 tortas de maçã, ela usa 5 copos de mel, que equivalem ao todo a exatamente 1 litro.

a) Quantos mililitros de mel cabem em cada copo?

_____

_____

b) De quantos litros de mel Eliana precisa para ter mel suficiente para encher 20 desses copos? E quantas tortas ela pode fazer com essa quantidade de mel?

_____

_____

_____

c) Quantos litros de mel ela terá que comprar para produzir 30 tortas?

_____

_____

_____

A criação de abelhas é chamada de **apicultura** e tem várias vantagens: não precisa de uma grande área para sua produção, não polui nem destrói o ambiente. As abelhas também oferecem, além do mel, outros produtos que podem ser comercializados, como própolis e geleia real.

3 Josefa quer comprar 3 litros de mel de Ramiro.

a) Quais são as possibilidades que ela tem para levar essa quantidade de mel nas garrafas que Ramiro vende, levando apenas um tamanho de garrafa?

_____

_____

b) Pinte de cores diferentes 2 possibilidades de Josefa levar os 3 litros de mel usando 2 tamanhos de garrafas diferentes.

2 L   1 L   1 L   500 mL   500 mL   500 mL   500 mL   250 mL   250 mL   250 mL   250 mL

4 Um amigo de Ramiro precisa de $\frac{1}{2}$ litro de mel, mas as garrafas com essa capacidade acabaram. Como Ramiro pode embalar a quantidade de mel de que seu amigo precisa usando as outras garrafas?

_____

Apiário: local onde são criadas as abelhas para a produção de mel.

5 Todo mês Sinésio compra 1 litro e 500 mL de mel do apiário de Ramiro.

a) Sinésio divide igualmente essa quantidade de mel entre ele, sua mãe e um primo. Com quantos mililitros de mel cada um deles fica após a divisão?

_____

b) No mês passado, Sinésio comprou 500 mL a mais de mel do que a quantidade que ele costuma comprar mensalmente. Ele dividiu o mel com mais 2 pessoas. Se ele dividir igualmente entre todas as pessoas, então quantos mililitros de mel cada um deles receberá?

_____

TABELA E GRÁFICOS DE COLUNAS

Marluce, esposa de Ramiro, ajuda-o a cuidar do pequeno apiário. Ela faz tabelas e gráficos para acompanhar a venda do mel a cada ano, em litros e em reais. Veja abaixo a tabela e os gráficos que ela construiu, referentes aos anos de 2011 a 2016.

- De 2011 a 2014, cada litro de mel foi vendido por R$ 18,00.
- A partir de 2015 o preço do litro de mel aumentou para R$ 22,00.

Venda de mel de 2011 a 2016

Ano	Quantidade vendida (em litros)	Valor das vendas (em reais)
2011	220	3 960
2012	258	4 644
2013	301	5 418
2014	243	4 374
2015	202	4 444
2016	209	4 598

Tabela elaborada para fins didáticos.

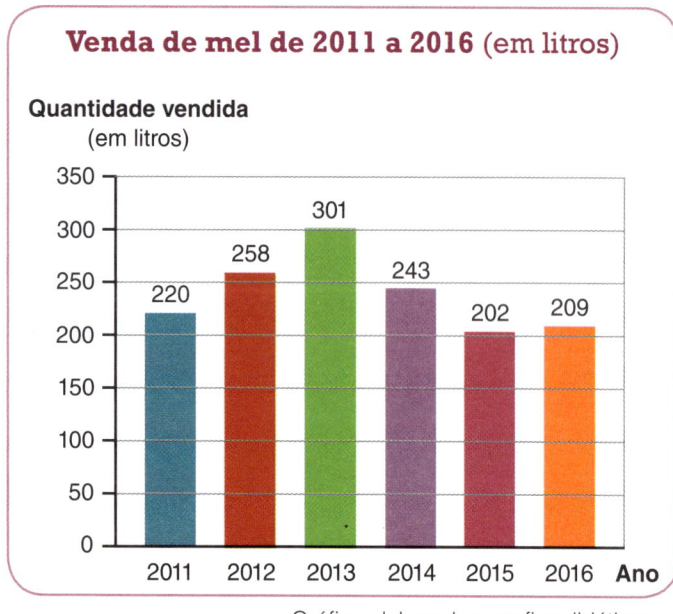

Venda de mel de 2011 a 2016 (em litros)

Quantidade vendida (em litros)
- 2011: 220
- 2012: 258
- 2013: 301
- 2014: 243
- 2015: 202
- 2016: 209

Gráfico elaborado para fins didáticos.

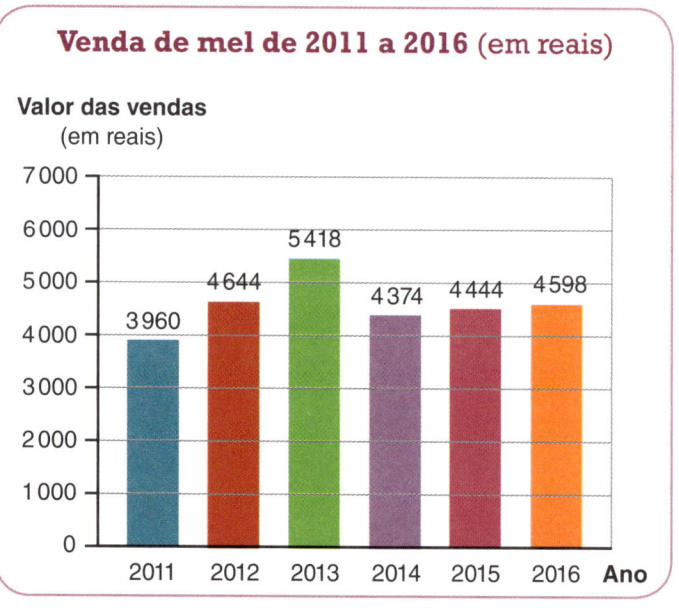

Venda de mel de 2011 a 2016 (em reais)

Valor das vendas (em reais)
- 2011: 3 960
- 2012: 4 644
- 2013: 5 418
- 2014: 4 374
- 2015: 4 444
- 2016: 4 598

Gráfico elaborado para fins didáticos.

1. Por que foram necessários 2 gráficos para representar os dados de uma única tabela?

2. Você já tinha visto gráficos representados em malhas quadriculadas. Em que os gráficos da página anterior são diferentes dos gráficos que você já viu?

3. Complete as frases abaixo.

    a) O apiário vendeu mais litros de mel no ano de _____ e menos litros de mel em _____. Portanto, a maior quantidade de litros de mel foi vendida em _____.

    b) Em 2015, o litro de mel custava R$ _____,00, e as vendas nesse ano totalizaram R$ _____,00.

4. As informações que você completou no item **b** da atividade **3** indicam termos de uma operação. Que operação é essa?

   _____

5. Observe novamente o primeiro gráfico.

    a) Quantos litros de mel foram vendidos no período de 2014 a 2016?

    _____

    b) Qual é a diferença, em litros, entre a venda de mel em 2012 e em 2011?

    _____

    c) Você obteve as respostas dos itens **a** e **b** consultando a tabela, o primeiro gráfico ou ambos?

PRISMAS E PIRÂMIDES

O professor Carlos distribuiu para seus alunos os moldes de alguns poliedros: prismas e pirâmides. Depois que montaram os poliedros, Carlos pediu a eles que fizessem agrupamentos com algum critério de características comuns entre os poliedros.

Veja abaixo 3 agrupamentos que os alunos criaram.

Agrupamento 1

Poliedros com 2 bases	Poliedros com 1 base
A, C, E, G	B, D, F, H

Agrupamento 2

Forma da base: triangular	Forma da base: pentagonal	Forma da base: hexagonal	Forma da base: heptagonal
A, H	B, G	D, E	C, F

Agrupamento 3

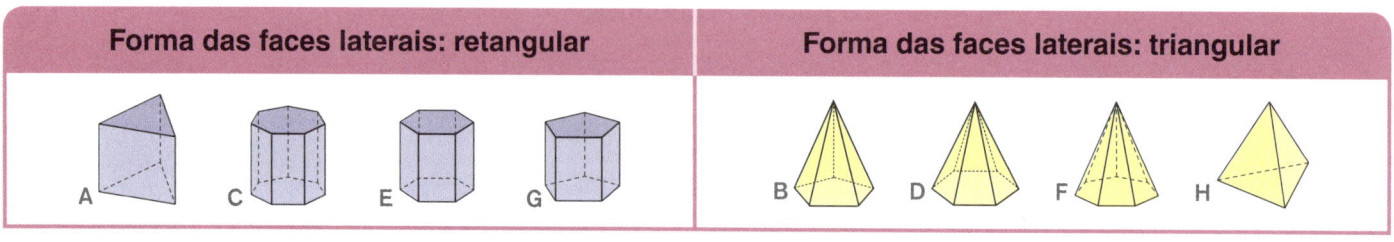

Forma das faces laterais: retangular	Forma das faces laterais: triangular
A, C, E, G	B, D, F, H

> As faces dos poliedros que não são base são chamadas de **faces laterais**.

1 Destaque os moldes dos prismas e das pirâmides do **Material Complementar**. Monte os poliedros e organize-os como no **agrupamento 1** acima.
Qual critério os alunos podem ter usado na formação desse agrupamento? Como ficou a separação dos prismas e das pirâmides nesse agrupamento?

2 Continue formando agrupamentos com os poliedros que você montou.

a) Organize os poliedros como no **agrupamento 2** da página anterior. Qual critério os alunos podem ter usado na formação desse agrupamento? Como ficou a separação dos prismas e das pirâmides nesse agrupamento?

_____

_____

b) Organize os poliedros como no **agrupamento 3** da página anterior. Qual critério os alunos podem ter usado na formação desse agrupamento? Como ficou a separação dos prismas e das pirâmides nesse agrupamento?

_____

_____

3 Observe os vértices dos poliedros que você montou.

a) Complete a tabela abaixo.

Quantidade de vértices dos poliedros

Poliedro	A	B	C	D	E	F	G	H
Quantidade de vértices da base								
Quantidade de vértices do poliedro								

Tabela elaborada para fins didáticos.

b) O que você pode observar em relação à quantidade de vértices do prisma e de sua base?

_____

_____

c) O que você pode observar em relação à quantidade de vértices da pirâmide e de sua base?

_____

_____

ATIVIDADES DO CAPÍTULO

1. Cecília separou os 160 animais de sua fazenda colocando cada espécie em um pasto diferente: cavalos no pasto **A**, bois no pasto **B** e búfalos no pasto **C**. De seus animais, $\frac{3}{10}$ são cavalos, $\frac{1}{5}$ são bois e $\frac{4}{8}$ são búfalos.

   a) Pinte da mesma cor os quadrinhos abaixo que têm frações equivalentes.

   $\frac{3}{10}$ $\frac{1}{2}$ $\frac{1}{5}$ $\frac{2}{10}$ $\frac{4}{8}$ $\frac{2}{4}$

   b) Complete: Cecília colocou _____ no pasto **A**, _____ no pasto **B** e _____ no pasto **C**.

2. Marcelo dividirá algumas garrafas de água com 3 colegas de acampamento: Caetano, Juliana e Daniela. Ele tem 2 garrafas de 2 L, 5 garrafas de 1 L e 6 garrafas de 500 mL.

   a) Escreva abaixo quais garrafas cada um dos 4 colegas deve receber de modo que tenham a mesma quantidade de água.

   - Marcelo: _____
   - Caetano: _____
   - Juliana: _____
   - Daniela: _____

   b) Complete: cada um deles deve receber _____ litros de água.

3. Cada figura abaixo está dividida em partes iguais.

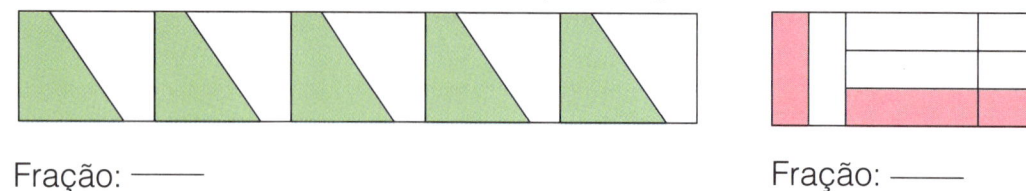

   Fração: ――   Fração: ――

   Decimal: _____   Decimal: _____

   a) Escreva abaixo de cada figura a representação da quantidade de partes pintadas na forma de fração e de decimal.

   b) Pinte mais partes de cada figura de modo que cada uma passe a representar 7 décimos.

RESOLVENDO PROBLEMAS

- Yoko reservou 3 partes do terreno de sua fazenda para suas vacas leiteiras pastarem. Imagine que ela dividiu os pastos em quadrados de 1 m de lado cada um. Observe a imagem abaixo.

a) Qual é a área, em metros quadrados, de cada parte do terreno reservada para pastagem?

_____

b) Leia abaixo o diálogo entre Yoko e Rui.

> VAMOS ADUBAR DOIS QUARTOS DA PARTE DO TERRENO DAS VACAS GIROLANDAS E QUATRO OITAVOS DA PARTE DAS VACAS HOLANDESAS.

> NA PARTE DO TERRENO DAS VACAS JERSEY VAMOS ADUBAR METADE.

Quantos metros quadrados serão adubados em cada parte do terreno?

_____

c) Qual das 3 partes do terreno terá a maior área adubada? Justifique sua resposta usando as frações que representam a área adubada de cada parte do terreno.

_____

_____

_____

CÁLCULO MENTAL

Você já reparou que o resultado de uma operação pode ajudar a calcular o resultado de outras operações semelhantes? Vamos ver como isso acontece nas subtrações.

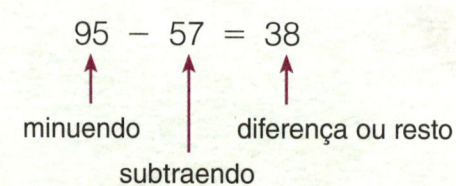

1. Observe a subtração abaixo.

    95 − 57 = 38

    minuendo   subtraendo   diferença ou resto

    a) O que acontece com a diferença da subtração se o minuendo aumentar e o subtraendo continuar igual? Faça o cálculo com a subtração abaixo e responda.

    95 − 57 = 38
    aumentou 4 unidades
    99 − 57 = _____

    _____

    b) E o que acontece com a diferença se o minuendo diminuir e o subtraendo continuar igual? Faça o cálculo com a subtração abaixo e responda.

    95 − 57 = 38
    diminuiu 4 unidades
    91 − 57 = _____

    _____

2. Resolva as subtrações observando o que acontece com a diferença quando o minuendo é alterado e o subtraendo não. A subtração do quadrinho abaixo vai ajudá-lo.

    431 − 256 = 175

    a) 451 − 256 = _____   c) 541 − 256 = _____
    b) 401 − 256 = _____   d) 331 − 256 = _____

194

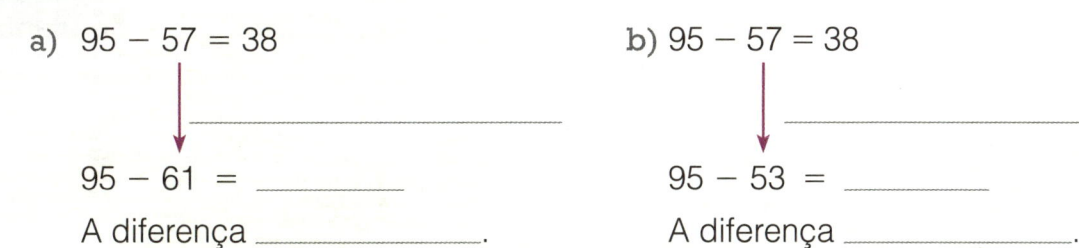

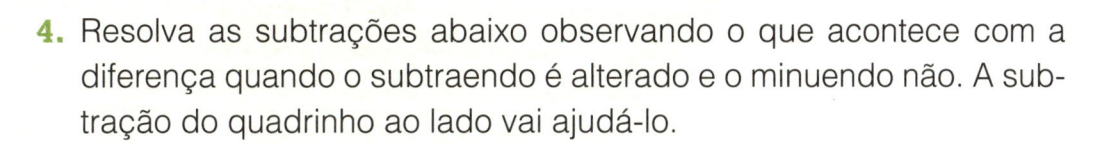

3. Agora, pense no que acontece com a diferença se o minuendo continuar igual e o subtraendo aumentar ou diminuir. Faça o cálculo e escreva se a diferença **aumentou** ou **diminuiu**.

a) 95 − 57 = 38

95 − 61 = _____

A diferença _____.

b) 95 − 57 = 38

95 − 53 = _____

A diferença _____.

4. Resolva as subtrações abaixo observando o que acontece com a diferença quando o subtraendo é alterado e o minuendo não. A subtração do quadrinho ao lado vai ajudá-lo.

431 − 256 = 175

a) 431 − 156 = _____

b) 431 − 56 = _____

c) 431 − 246 = _____

d) 431 − 146 = _____

5. Há outra estratégia de cálculo mental para resolver uma subtração. Veja o exemplo ao lado.

85 − 35 = 50

85 − 5 = 80   35 − 5 = 30

80 − 30 = 50

a) Converse com os colegas sobre essa estratégia.

b) Utilize essa estratégia para resolver as subtrações abaixo.

724 − 157 = 567

700 − 133 = _____   926 − 359 = _____

● **MINHAS DICAS**

Anote algo que você aprendeu nestas atividades e que pode ajudar a realizar cálculos mais rapidamente.

_____

_____

LER E ENTENDER

Leia abaixo um texto informativo retirado do livro **Pequenas histórias de plantar e de colher**. Esse texto traz informações sobre as plantações de arroz na Ásia e a importância desse alimento para os asiáticos.

> O arroz é o principal alimento da Ásia e começou a ser plantado há mais de 10 mil anos no vale do rio Yang-tsé, na China. De lá, a cultura se espalhou pela Índia, pelo Japão, pela Indonésia e por outros países da área. Nessa época, os chineses também passaram a plantar soja e a usar redes para pescar em rios e lagos. [...]
>
> O arroz para os orientais é como o pão para nós: come-se no café da manhã, no almoço e no jantar. Ele é tão importante que, em alguns desses países, a mesma palavra é usada para indicar "arroz" e "comida".
>
> **Pequenas histórias de plantar e de colher**, de Ruth Helena Bellinghini. p. 11.
> Disponível em: ASSOCIAÇÃO NACIONAL DE DEFESA VEGETAL (ANDEF). **Livros**.
> <www.andefedu.com.br/uploads/img/livro/arquivo/plantar_colher06mar.pdf>. Acesso em: 5 mar. 2016.

Plantação de arroz em Guangxi Zhuang, na China. Foto de 2014.

Adaptado de: IBGE. **Atlas geográfico escolar**. 6. ed. Rio de Janeiro, 2012.

ANALISE

1. Segundo o texto que você leu do livro **Pequenas histórias de plantar e de colher**, onde o arroz é considerado o principal alimento?

   _____

2. Há quanto tempo o arroz começou a ser plantado na China? Escreva o número usando apenas algarismos: _____ anos.

3. Em alguns países citados no texto, a palavra **arroz** é usada no lugar de outra palavra. Que palavra é essa?

   _____

4. De acordo com o texto, marque um **X** na frase incorreta.

   ☐ O arroz é um dos alimentos mais importantes na dieta dos povos asiáticos, principalmente dos chineses.

   ☐ Os chineses plantam arroz não para subsistência, mas apenas para exportá-lo para outros países, como Japão, Índia, Indonésia e demais vizinhos da Ásia.

   ☐ Na mesma época em que se iniciou o plantio de arroz, os chineses também começaram a plantar soja.

RELACIONE

5. As plantações de arroz no Brasil são feitas em terrenos planos, como na foto ao lado. Observe na página anterior a foto da plantação de arroz na China, em terreno inclinado, e descreva que tipo de organização você acha que é feita no terreno antes de fazer a plantação.

   Plantação de arroz em Porto Velho, em Rondônia. Foto de 2016.

6. Observe o mapa da página anterior e descreva a localização da China.

O QUE APRENDI?

Observe novamente a imagem que você viu na abertura desta Unidade.

1. No centro desta imagem há uma plantação de cenouras ao lado de uma plantação de tomates. Cada canteiro dessa plantação tem 1 metro de lado.

    a) Qual é a área da plantação de cenouras? Represente o cálculo com uma multiplicação.

    _____

    b) Complete: a fração ―― representa 1 canteiro de cenouras em relação à plantação de cenouras. A fração ―― representa 1 canteiro de tomates em relação à plantação de tomates.

    c) As frações que você completou no item **b** são equivalentes?

    _____

    d) Analisando somente essas frações, podemos dizer qual das plantações tem a maior área? Justifique.

    _____

2. Observe o recorte ao lado e, utilizando seus conhecimentos sobre polígonos, complete as frases a seguir.

    a) O _____ é o polígono que representa a parte verde neste terreno.

    b) A parte amarela tem a forma de um _____.

    c) A parte vermelha do terreno tem _____ lados, então podemos dizer que ela tem a forma de um _____.

3. Todos os dias Malu ordenha as vacas de seu sítio, obtendo 5 L de leite. Ela separa esse leite em garrafas com 500 mL.

> **Ordenha:** processo de extrair leite de alguns mamíferos.

a) Quantas garrafas de leite Malu enche por dia?

_____

b) O conteúdo de cada garrafa representa que fração de 1 litro?

_____

c) O conteúdo de cada garrafa representa que fração do total de garrafas? Represente também usando um decimal.

_____

_____

d) Malu bebe 3 copos de leite por dia. Cada copo equivale à metade de 1 garrafa de leite. Quantos mililitros de leite cabem em cada copo?

_____

e) Esse conteúdo representa que fração de 1 litro?

_____

MINHA COLEÇÃO DE PALAVRAS

Escreva o significado de cada expressão abaixo.

- Litro: _____

- 1 décimo: _____

- Vértice: _____

- Metro quadrado: _____

UNIDADE 4
TECNOLOGIA E COMUNICAÇÃO

Alunos que acessam a internet todos os dias

Turma	Quantidade de alunos
4º ano A	15
4º ano B	23
4º ano C	15
4º ano D	11

0,9   1,4   22,9   0,4   14   5,4

- Qual é o local mostrado nesta imagem?
- O que as pessoas estão fazendo?
- Para você, o que significa tecnologia? E comunicação?

CAPÍTULO 10

ESTUDANDO NO COMPUTADOR

GRANDEZAS E UNIDADES DE MEDIDA

1 Vamos relembrar algumas medidas que você já estudou? Complete os itens.

a) 117 m → medida de _____.

b) 35 °C → medida de _____.

c) 13 minutos → medida de _____.

d) 40 kg → medida de _____.

e) 2 L → medida de _____.

f) 10 metros quadrados → medida de _____.

g) 27 reais → medida de _____.

> Essas medidas são exemplos de **grandezas**.

2 Agora, vamos relembrar as unidades de medida de algumas dessas grandezas?

a) Pense nas unidades de medida de comprimento que você conhece, como passos, polegadas, metros, centímetros e quilômetros. Se você usá-las para medir um comprimento, obterá o mesmo resultado que um colega?

b) Pense nas unidades de medida de capacidade que você conhece, como copos, xícaras, colheres, litros e mililitros. Se você usá-las para medir uma capacidade, obterá o mesmo resultado que um colega?

c) Pense nas unidades de medida de superfície que você conhece, como quadradinhos e metros quadrados. Se você usá-las para medir uma superfície, obterá o mesmo resultado que um colega?

> Quando medimos uma grandeza com uma unidade de medida, e o resultado é igual para qualquer pessoa que faça a medição, temos uma unidade de medida **padronizada**. São exemplos de unidades de medida padronizadas: metro, centímetro, grau Celsius, dia, ano, hora, minuto, segundo, quilograma, grama, litro, mililitro, metro quadrado, real e centavo.

Na escola de Maíra, algumas aulas de Matemática são realizadas no laboratório de informática. Hoje, a aula é sobre unidades de medida padronizadas. Leia abaixo a atividade que a professora passou e veja como Maíra a resolveu.

ENTREM NO JOGO CIDADE DAS COMPRAS E ESCOLHAM 5 PRODUTOS. CADA PRODUTO DEVE ESTAR RELACIONADO COM UMA GRANDEZA DIFERENTE.

Cidade das COMPRAS

- Arroz — 5 kg
- Jarra — 2 L
- Papel higiênico — 30 m
- Requeijão — Após aberto, consumir em 72 horas
- Leite — Após aberto, conservar em geladeira a 7 °C

3 Observe as compras que Maíra fez e complete o quadro abaixo.

Produto	Medida	Unidade de medida	Grandeza
Pacote de arroz	5		Massa
Jarra		L	
Embalagem com rolo de papel higiênico	30		
Pote de requeijão			Tempo
Caixa de leite		°C	

4 Durante uma pesquisa de campo em Minas Gerais, um grupo de cientistas vai percorrer a distância de 169 km entre Ouro Preto e Tiradentes. Complete:

Nos dias da pesquisa, esse grupo vai percorrer ao todo _____ m.

Percorrendo 10 000 m por dia, ou seja, _____ km por dia, os cientistas vão fazer o percurso entre as 2 cidades em _____ dias. Então, para chegar a Tiradentes 2 dias antes dos festejos de 19 de janeiro, data de aniversário da cidade, eles devem sair de Ouro Preto no dia _____.

5 Escreva 2 frases usando 2 unidades de medida diferentes em cada frase. Depois mostre as frases a um colega e peça que ele verifique se estão corretas.

_____

_____

6 Tadeu estava navegando na internet quando se deparou com uma notícia que lhe chamou a atenção. Leia abaixo um trecho da notícia.

> *Shopping* inaugura Castelo de Bolinhas com 6 metros no AC
>
> Pela primeira vez, uma piscina de bolinhas de plástico, com cerca de 130 metros quadrados, vai ser montada em Rio Branco. O **Castelo das Bolinhas** inaugura nesta quinta-feira (17), a partir das 10 horas no Via Verde Shopping. A atração abre diariamente das 10 às 22 horas de segunda a sábado e nos domingos e feriados das 12 horas às 20 horas. Ingressos custam R$ 15,00 por 15 minutos no brinquedo.
>
> G1-GLOBO. **Acre**. Disponível em: <http://g1.globo.com/ac/acre/noticia/2016/03/shopping-inaugura-castelo-de-bolinhas-com-6-metros-no-ac.html>. Acesso em: 1º abr. 2016.

a) Em qual estado está localizada a cidade de Rio Branco? Do que trata essa notícia?

b) Quais grandezas são citadas na notícia e em seu título? Cite a unidade de medida de cada uma.

_____

_____

_____

c) Essa notícia foi publicada no dia 16 de março de 2016. Em qual dia da semana essa notícia foi publicada? E em que data foi a inauguração do **Castelo das Bolinhas**?

_____

_____

d) Quantas horas por semana a notícia anuncia que a piscina de bolinhas ficará aberta? Considere que a semana não tem feriado.

_____

7 Uma escola em Cuiabá, em Mato Grosso, instalou uma sala de informática para os alunos. Sabe-se que, para o bom funcionamento dos computadores, o ideal é mantê-los em ambientes com temperatura de 25 °C a 30 °C. A temperatura de 30 °C é a temperatura máxima para a máquina operar, mas a temperatura adequada é abaixo disso.

Sabendo disso, a diretora da escola consultou as temperaturas máximas registradas na cidade na primeira quinzena do mês de março. Veja abaixo o gráfico com essas temperaturas.

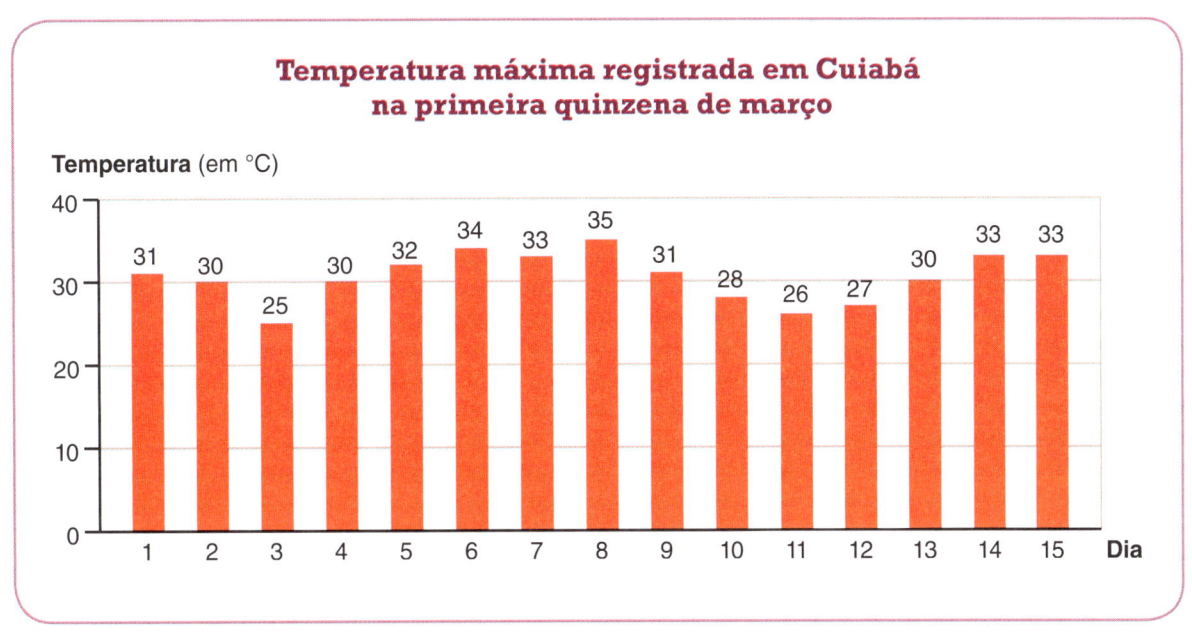

Temperatura máxima registrada em Cuiabá na primeira quinzena de março

Temperatura (em °C)

Dia	1	2	3	4	5	6	7	8	9	10	11	12	13	14	15
Temperatura	31	30	25	30	32	34	33	35	31	28	26	27	30	33	33

Gráfico elaborado para fins didáticos.

a) Qual grandeza cada coluna desse gráfico está representando? Em qual unidade de medida?

b) Em quais dias representados no gráfico a temperatura estava adequada para o bom funcionamento dos computadores?

c) Pense nas temperaturas registradas na primeira quinzena de março e responda: será necessário colocar ar-condicionado na sala de informática? Por quê?

205

FRAÇÃO E DECIMAL MAIOR DO QUE 1

1 A figura abaixo foi dividida em partes iguais. Você já sabe representar a parte pintada dessa figura! Represente-a com uma fração e um decimal.

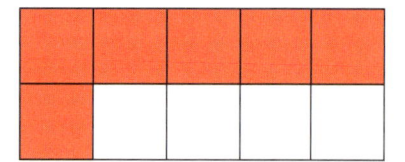

Fração: ―――

Decimal: _____

2 Cada figura abaixo foi dividida em partes iguais. Observe-as.

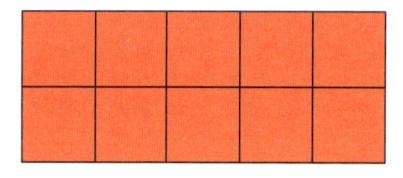

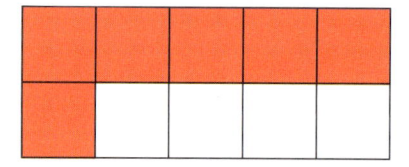

a) Essas figuras são iguais?

_____

b) Em quantas partes a primeira figura foi dividida? E a segunda figura?

_____

_____

c) Quantas partes pintadas as 2 figuras têm ao todo?

_____

> Considerando 1 dessas figuras como o inteiro, podemos representar a parte pintada nas 2 figuras com a fração $\frac{16}{10}$ (lemos: dezesseis décimos) ou com o decimal 1,6 (lemos: 1 inteiro e 6 décimos).

d) Compare a fração $\frac{16}{10}$ com as frações que você estudou até agora. Qual é a diferença entre elas? Converse com os colegas.

e) Compare o decimal 1,6 com os decimais que você estudou até agora. Qual é a diferença entre eles? Converse com os colegas.

3 As figuras abaixo foram divididas em partes iguais. Considerando 1 figura de cada quadro como o inteiro, ligue cada quadro à fração correspondente à parte pintada das figuras.

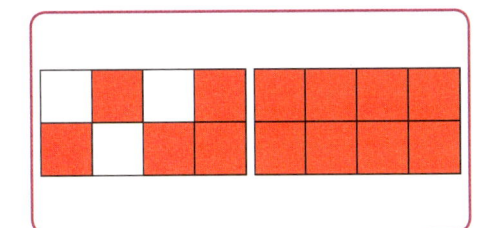

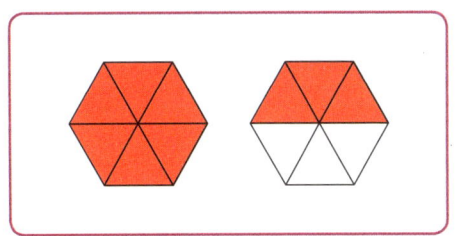

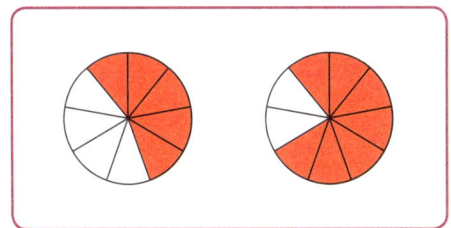

$\dfrac{9}{6}$ $\dfrac{12}{9}$ $\dfrac{13}{8}$

4 Cada figura abaixo foi dividida em partes iguais. Pinte as partes das figuras que representam a fração ou o decimal de cada item.

a) $\dfrac{5}{4}$

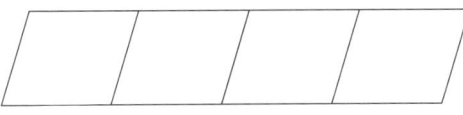

b) 1,3

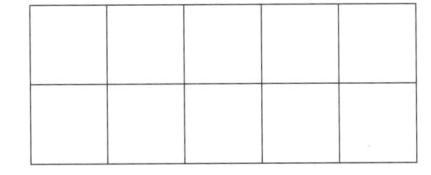

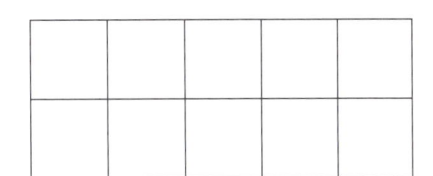

c) $\dfrac{12}{7}$

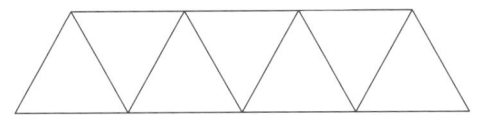

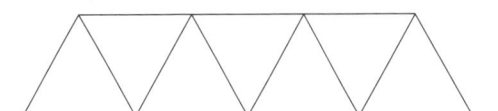

d) $\dfrac{7}{6}$

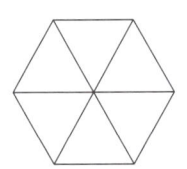

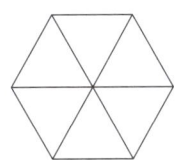

e) 1,1

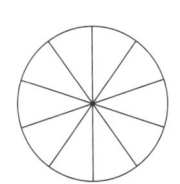

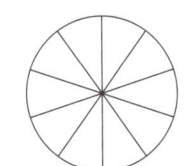

DIVISÃO: CONFERINDO O RESULTADO

Vamos relembrar as regras do jogo **Salute!**? Veja abaixo uma jogada com Maíra, Rubens e Mauri, em que Maíra foi o juiz.

(Rubens mostra carta 7; Mauri mostra carta 4; Maíra diz: "VINTE E OITO!")

1 Pense nas informações que os jogadores têm nessa rodada.

a) Quais informações Rubens tem nessa rodada?

_____

_____

b) Qual operação ele deve fazer para descobrir o número de sua carta?

_____

c) Quais informações Mauri tem nessa rodada? E qual operação ele deve fazer para descobrir o número de sua carta?

_____

_____

d) Como Rubens e Mauri podem conferir se o número que eles calcularam está correto?

_____

_____

2 Continue pensando nas informações que Maíra, Rubens e Mauri têm na rodada da página anterior e complete as frases abaixo com o nome das operações.

Para Mauri e Rubens descobrirem o número de suas cartas, cada um deles resolveu uma _____. Para conferir os resultados, eles podem resolver uma _____ com os números das cartas e verificar se o resultado é o número que o juiz falou.

Pensando nessa relação, podemos dizer que, para conferir o resultado de uma divisão, usamos uma _____.

3 Confira se cada divisão abaixo está correta usando uma multiplicação.
a) $45 \div 9 = 5$
b) $126 \div 2 = 63$
c) $56 \div 7 = 8$
d) $678 \div 3 = 226$

Rubens estava pensando em como fez para conferir o resultado das divisões.

SE EU TENHO UMA DIVISÃO COM RESTO ZERO, ENTÃO BASTA MULTIPLICAR O QUOCIENTE PELO DIVISOR E ENTÃO OBTENHO O DIVIDENDO. MAS, E SE O RESTO DA DIVISÃO NÃO FOR ZERO, SERÁ QUE POSSO FAZER ASSIM?

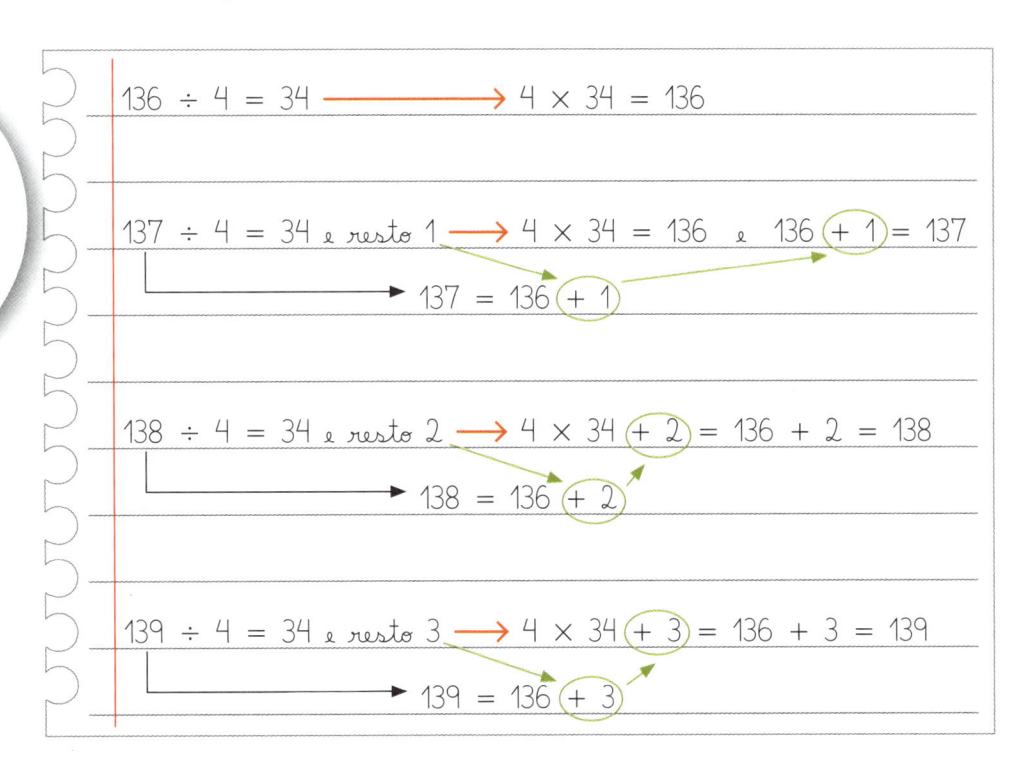

$136 \div 4 = 34 \longrightarrow 4 \times 34 = 136$

$137 \div 4 = 34$ e resto $1 \longrightarrow 4 \times 34 = 136$ e $136 + 1 = 137$
$137 = 136 + 1$

$138 \div 4 = 34$ e resto $2 \longrightarrow 4 \times 34 + 2 = 136 + 2 = 138$
$138 = 136 + 2$

$139 \div 4 = 34$ e resto $3 \longrightarrow 4 \times 34 + 3 = 136 + 3 = 139$
$139 = 136 + 3$

Para conferir o resultado de qualquer divisão, podemos usar a **relação fundamental da divisão**:

divisor × quociente + resto = dividendo

4 Confira se cada divisão abaixo está correta usando a relação fundamental da divisão.

a) 83 ÷ 2 = 41 e resto 1

c) 356 ÷ 6 = 59 e resto 2

b) 763 ÷ 4 = 190 e resto 3

d) 954 ÷ 9 = 106 e resto 0

5 Agora, resolva as divisões abaixo e depois confira o resultado.

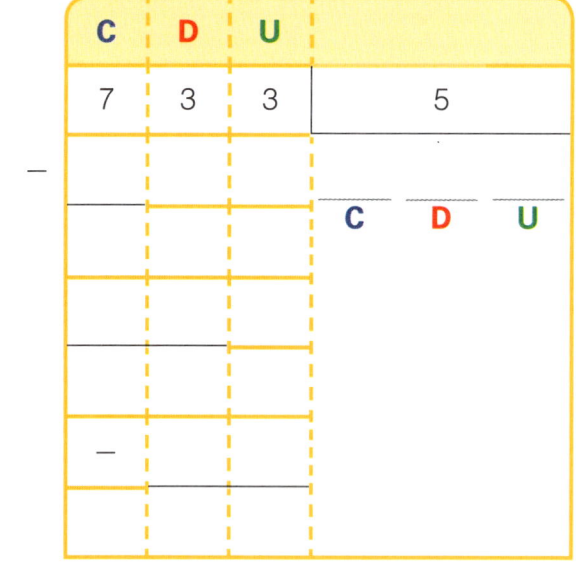

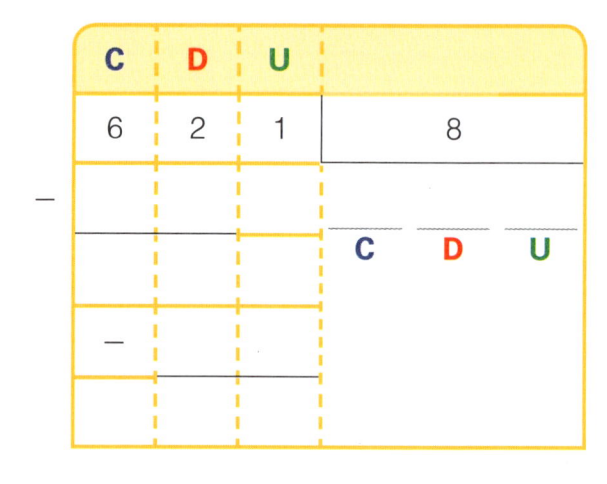

a) 733 ÷ 5 = _____ e resto _____

C	D	U	
7	3	3	5
			C D U

Conferência do resultado:

b) 621 ÷ 8 = _____ e resto _____

C	D	U	
6	2	1	8
			C D U

Conferência do resultado:

6 Aline está criando um *site* de compras dos produtos de sua loja. Na tela de pesquisa de produtos, o usuário visualiza sempre 4 colunas com os produtos, com a quantidade variável de linhas.

a) Se em uma pesquisa forem exibidos 783 produtos nesse *site*, então quantas linhas completas aparecerão? Há alguma linha incompleta, ou seja, com menos de 4 produtos? Quantos produtos essa linha tem?

_____

_____

_____

b) E se o *site* mostrasse os produtos organizados com o dobro de colunas, então quantas linhas completas apareceriam em uma busca com 783 produtos?

_____

_____

_____

c) Nessa situação, quantos produtos a mais a busca do *site* deveria retornar para que fossem mostradas apenas linhas completas com os produtos?

_____

_____

d) Confira o resultado das divisões que você fez nos itens **a** e **b** usando a relação fundamental da divisão.

Item **a**:   Item **b**:

GRÁFICO DE COLUNAS E TABELA

Catarina trabalha como gerente de uma loja de produtos eletrônicos. O dono da loja solicitou a ela informações sobre as vendas de cada produto no mês de julho. Veja abaixo o gráfico que ela construiu.

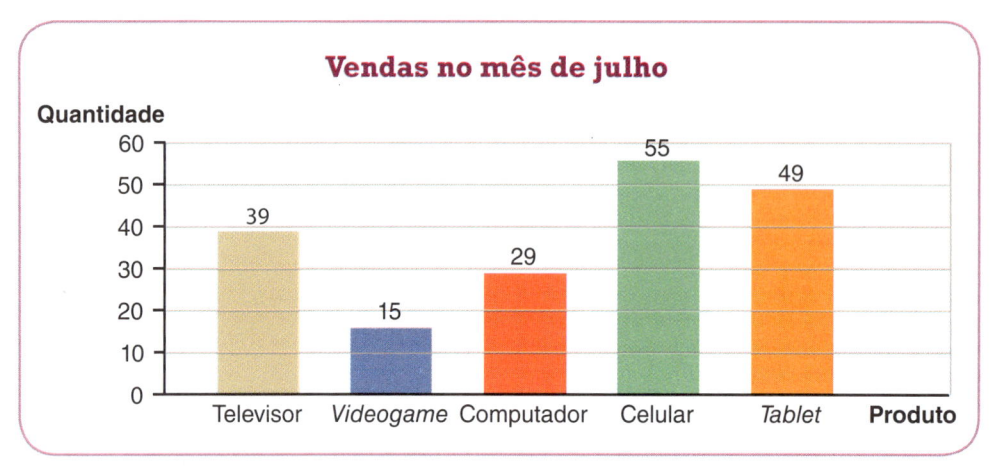

Vendas no mês de julho

Quantidade:
- Televisor: 39
- Videogame: 15
- Computador: 29
- Celular: 55
- Tablet: 49

Gráfico elaborado para fins didáticos.

1 Considere as vendas no mês de julho nessa loja.

a) Quantos televisores foram vendidos nesse mês? E quantos *tablets*?

_____

b) Qual foi o produto mais vendido nesse mês? E o menos vendido?

_____

c) Complete a tabela abaixo com todos os dados desse gráfico. Não se esqueça de registrar o título da tabela.

_____

	Televisor				
Quantidade		15			

Tabela elaborada para fins didáticos.

d) Agora, complete as frases abaixo.

Nesse mês foram vendidos _____ celulares a mais do que *videogames*, 20 *tablets* a mais do que _____ e 6 _____ a menos do que celulares.

A loja vendeu _____ produtos ao todo nesse mês.

2 Uma pesquisa feita em 2014 com 503 bibliotecas brasileiras revelou a quantidade aproximada de vezes que um livro pode ser emprestado antes de se estragar. Observe o gráfico abaixo com os resultados dessa pesquisa.

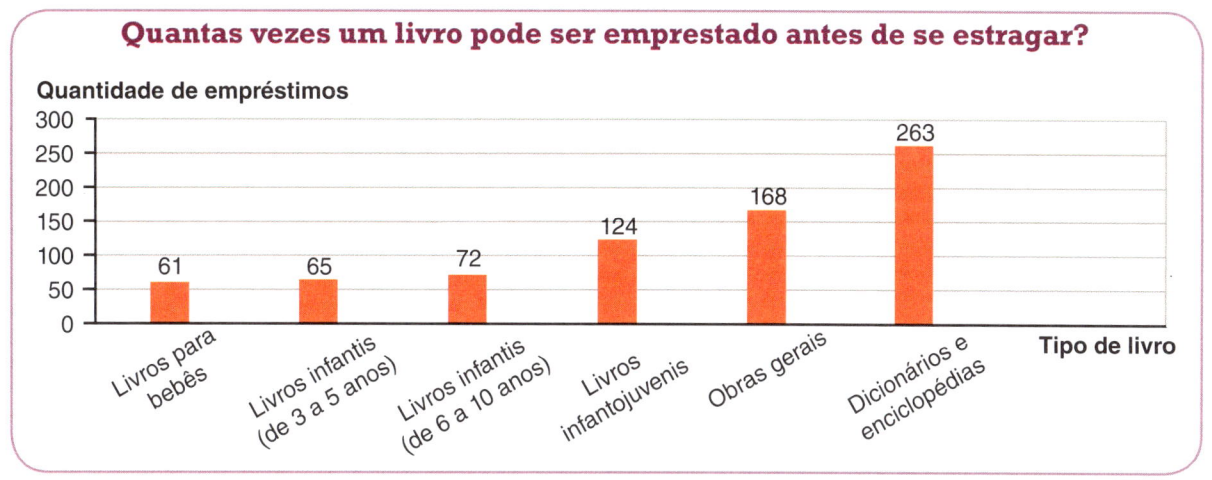

Quantas vezes um livro pode ser emprestado antes de se estragar?

Quantidade de empréstimos

- Livros para bebês: 61
- Livros infantis (de 3 a 5 anos): 65
- Livros infantis (de 6 a 10 anos): 72
- Livros infantojuvenis: 124
- Obras gerais: 168
- Dicionários e enciclopédias: 263

REVISTA BIBLIOO. **Pesquisa bibliotecas e leitura digital no Brasil.** Disponível em: <http://biblioo.info/wp-content/uploads/2014/04/Pesquisa-Bibliotecas-e-Leitura-Digital-no-Brasil.pdf>. Acesso em: 8 mar. 2016.

a) Represente os dados desse gráfico na tabela abaixo.

Tipo de livro	Quantidade de empréstimos
Livros para bebês	61
Livros infantis (de 3 a 5 anos)	65
Livros infantis (de 6 a 10 anos)	72
Livros infantojuvenis	124
Obras gerais	168
Dicionários e enciclopédias	263

Tabela elaborada para fins didáticos.

b) Em uma folha de papel à parte, elabore 2 perguntas sobre esses dados e dê para um colega responder.

c) Ao ler um livro, você toma cuidado com o manuseio? Por que você acha que os tipos de livros têm diferentes durabilidades de empréstimo? Converse com os colegas.

3 Os donos de uma loja *on-line* queriam saber como estavam os acessos ao *site* de compras da loja. Como esse *site* tem um contador de acessos diários, eles usaram esse registro para elaborar a tabela abaixo com a quantidade de acessos durante os dias da semana de janeiro e fevereiro.

Quantidade de acessos ao *site* de compras da loja

Mês / Dia da semana	Janeiro	Fevereiro	Total
Segunda-feira	3 856	1 268	
Terça-feira		1 785	6 999
Quarta-feira		3 234	5 341
Quinta-feira	375		6 723
Sexta-feira	1 239		
Sábado	4 358		9 123
Domingo	4 951		8 930
Total			49 498

Tabela elaborada para fins didáticos.

a) Use o espaço abaixo para fazer os cálculos e complete essa tabela. Depois, conte para os colegas quais operações você usou para obter cada número.

b) Observe os dados da tabela e complete as frases abaixo.

_____ foi o dia da semana em que houve mais acessos no *site* de compras da loja.

O mês de janeiro teve _____ acessos ao todo, e o mês de fevereiro, _____ acessos. O total de acessos nesses 2 meses foi _____.

4 Observe novamente a tabela da página anterior. Vamos construir um gráfico para representar os dados de cada mês? Pinte as colunas dos gráficos de acordo com as cores abaixo e escreva os valores e os dias da semana correspondentes.

- Segunda-feira
- Terça-feira
- Quarta-feira
- Quinta-feira
- Sexta-feira
- Sábado
- Domingo

Quantidade de acessos em janeiro ao *site* de compras da loja

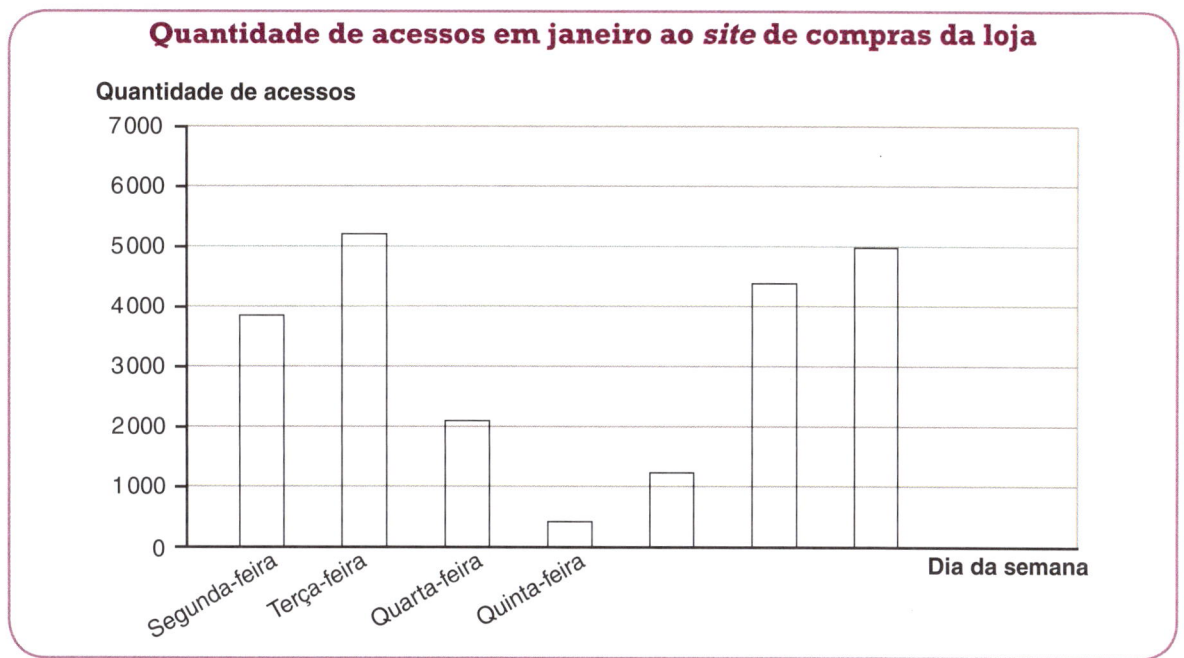

Quantidade de acessos / Dia da semana

Segunda-feira, Terça-feira, Quarta-feira, Quinta-feira

Gráfico elaborado para fins didáticos.

Quantidade de acessos em fevereiro ao *site* de compras da loja

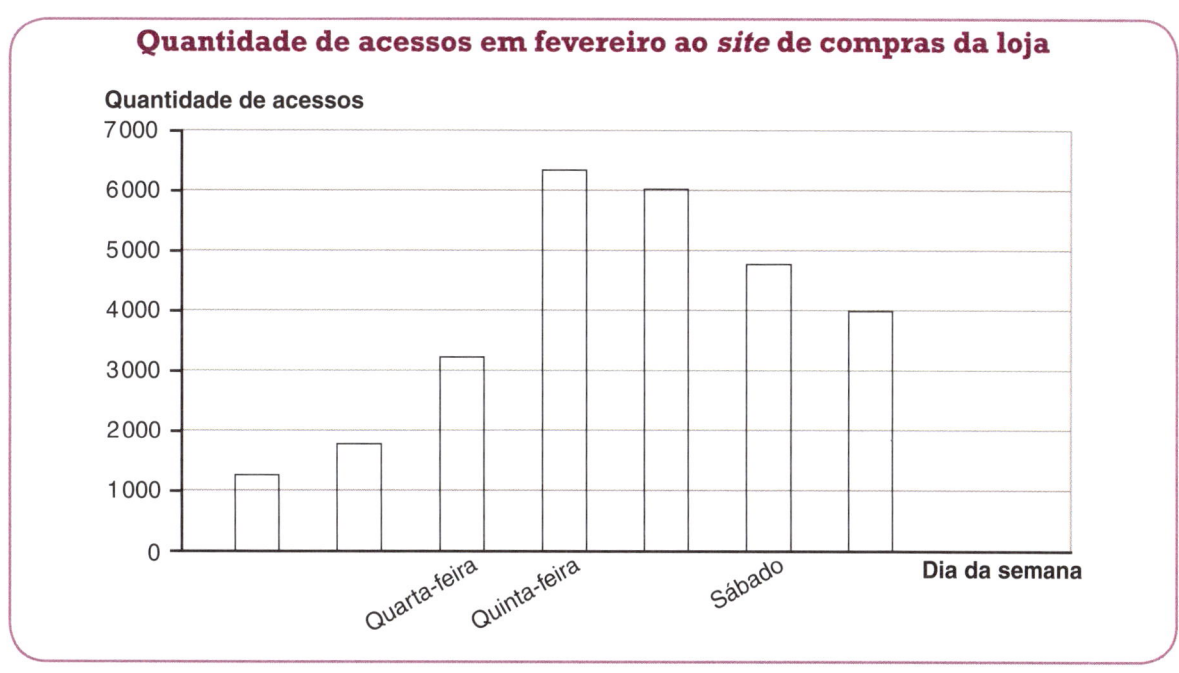

Quantidade de acessos / Dia da semana

Quarta-feira, Quinta-feira, Sábado

Gráfico elaborado para fins didáticos.

TROCANDO DINHEIRO

Álvaro, Cristina e Leia estão brincando com o jogo de tabuleiro **Compra e venda**. Nesse jogo, um jogador fica responsável pelo caixa, que tem cédulas com os mesmos valores das cédulas do Real.

Na sua vez, cada jogador lança 1 dado e movimenta seu marcador sobre a trilha do tabuleiro. Dependendo da casa em que cai, o jogador pega 1 carta e deve seguir as instruções dela, pagando ou recebendo dinheiro do caixa.

1 Em uma partida, o caixa do jogo foi Cristina. Veja abaixo as cartas que Álvaro e Leia receberam ao longo da partida e complete as frases a seguir.

Está com sorte
Você pode comprar uma história em quadrinhos por um quarto de R$ 12,00! Pague esse valor ao caixa.

O estoque acabou
As figurinhas de carros custam 2 reais por pacote, mas elas acabaram. Agora você só pode comprar figurinhas de super-heróis, que custam o triplo desse preço. Pague esse valor ao caixa.

Ganhando um presente
Você vai ganhar um terço de R$ 120,00 de presente de aniversário. Receba esse valor do caixa.

Hoje é dia de compras
Sua mãe pediu que você fosse ao supermercado com ela. A conta ficou dezoito reais a mais do que na semana passada, que foi R$ 77,00. Pague ao caixa o valor da compra desta semana.

Visita ao museu!
Uma turma da escola vai visitar um museu de arte. Cada aluno vai contribuir com R$ 16,00 para o transporte. Arrecade essa quantia de cada jogador e pague ao caixa.

a) Tive sorte e vou pagar apenas R$ _____ para comprar a história em quadrinhos.

b) O valor da conta do supermercado foi R$ _____.

c) O pacote de figurinhas de super-heróis custa R$ _____.

d) Você vai ganhar R$ _____ de presente de aniversário.

e) Como são 2 jogadores nessa partida, você deve dar R$ _____ ao caixa pelo transporte para o museu de arte.

2 Em outra partida, Álvaro ficou responsável pelo caixa. Auxilie-o a fazer trocas das cédulas para facilitar o troco nas operações dos jogadores. Escreva ou desenhe abaixo 3 maneiras de trocar a cédula indicada em cada item.

a) 1 cédula de R$ 100,00.

b) 1 cédula de R$ 50,00.

c) 1 cédula de R$ 50,00 e 2 cédulas de R$ 20,00.

d) 1 cédula de R$ 100,00 e 1 cédula de R$ 50,00.

3 Nessa partida, Leia estava com muita sorte! Ela tinha R$ 216,00 e recebeu R$ 112,00 e R$ 98,00 do caixa em 2 cartas consecutivas que pegou. Com quantos reais ela ficou? Com quais cédulas ela deve ficar para ter a menor quantidade de cédulas?

GRÁFICO DE SETORES

Um pesquisador queria saber qual aparelho eletrônico era mais usado antes de dormir por um grupo de jovens: computador, celular ou *video game*.

Ele entrevistou 240 jovens no ano de 2016. Veja abaixo o gráfico que representa o resultado dessa pesquisa.

Aparelhos eletrônicos mais usados antes de dormir por um grupo de jovens

> NA PESQUISA DESTE ANO, APENAS UM SEXTO DOS JOVENS RESPONDEU *VIDEOGAME* COMO O APARELHO ELETRÔNICO QUE MAIS USA ANTES DE DORMIR. METADE DOS JOVENS RESPONDEU CELULAR E UM TERÇO RESPONDEU COMPUTADOR.

1 Considere os dados dessa pesquisa.

a) Complete: _____ jovens participaram dessa pesquisa.

b) Quantos jovens responderam que o aparelho que eles mais usam antes de dormir é o computador? E o *video game*? E o celular?

_____

_____

_____

c) Reescreva abaixo a fala do pesquisador usando frações.

_____

_____

_____

d) Agora, converse com os colegas sobre as atividades que você faz antes de dormir. Você já notou se alguma dessas atividades deixa você com menos ou mais sono?

2 Agora é com vocês! Junte-se com 3 colegas para realizar esta atividade.

a) Entrevistem 25 alunos de sua escola para saber que tipo de lazer eles preferem: sair com os amigos, praticar esportes ou viajar com a família. Registre os dados da pesquisa na tabela abaixo e crie um título para ela.

Tipo de lazer	Quantidade de alunos
Sair com os amigos	
Praticar esportes	
Viajar com a família	

Tabela elaborada para fins didáticos.

b) Agora vocês vão registrar esses dados no gráfico de setores abaixo. Ele está dividido em partes iguais.

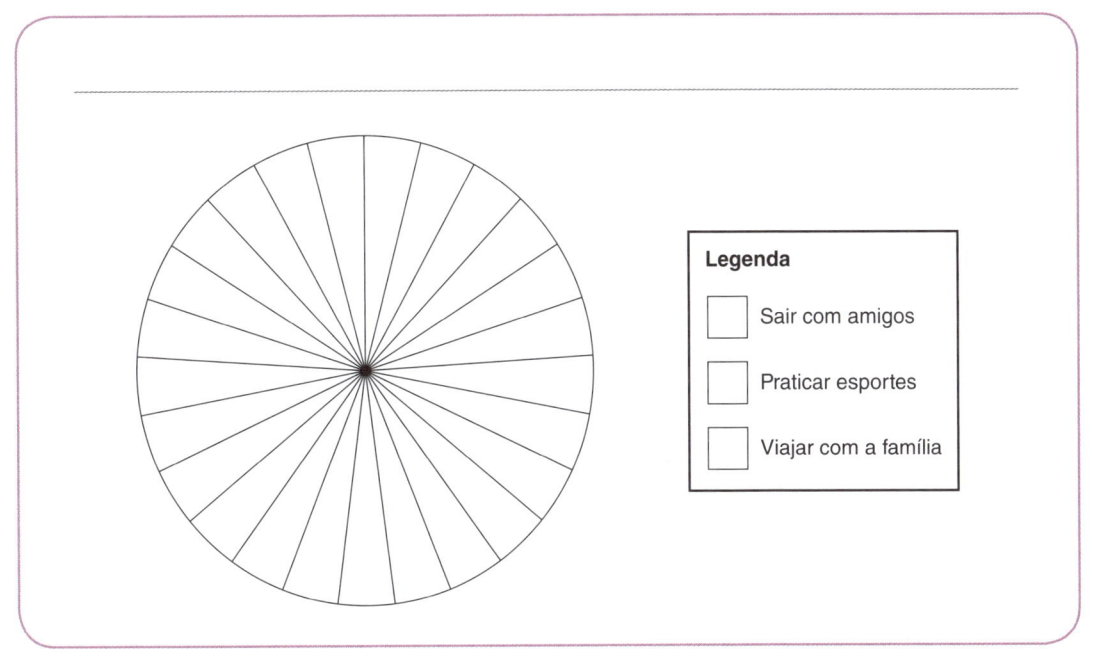

Legenda
- Sair com amigos
- Praticar esportes
- Viajar com a família

Gráfico elaborado para fins didáticos.

Completem: esse gráfico foi dividido em _____ partes iguais e cada parte vai representar _____ aluno entrevistado.

c) Escrevam o título do gráfico, escolham uma cor para cada tipo de lazer e pintem a legenda. Em seguida, pintem as partes do gráfico de acordo com os dados da pesquisa que vocês fizeram.

SIMETRIA EM POLÍGONOS

Você já estudou o tema simetria e deve se lembrar que uma figura plana simétrica pode ter 1 ou mais eixos de simetria.

Você sabia que alguns polígonos, que são figuras geométricas planas, também podem ser simétricos? Veja na malha quadriculada abaixo alguns exemplos de polígonos simétricos e seus eixos de simetria.

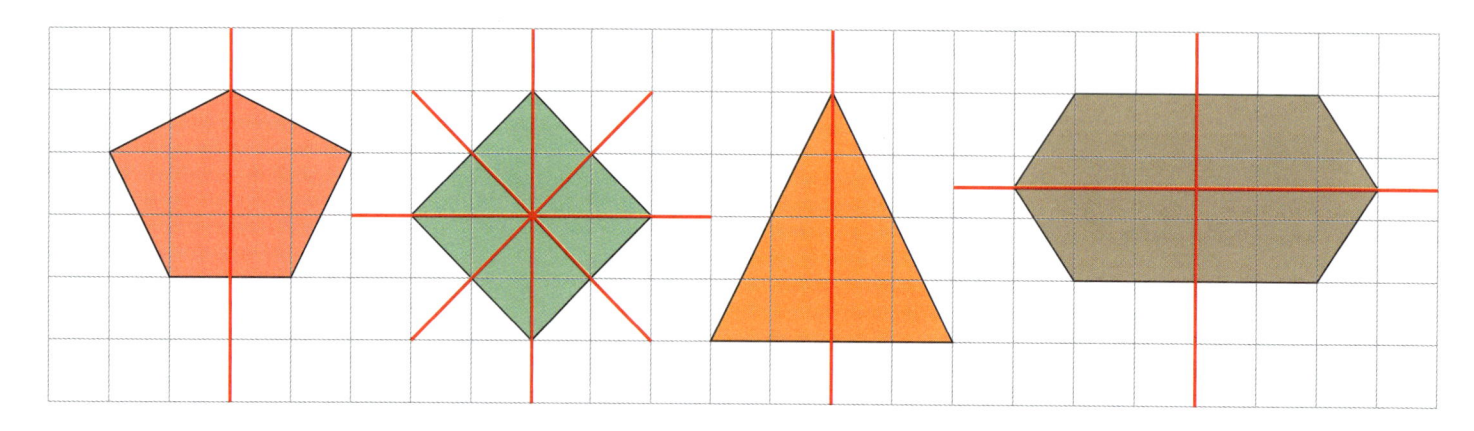

1 Vamos verificar a simetria em polígonos!

a) Primeiro, você vai confirmar a simetria dos polígonos representados acima. Destaque os polígonos do **Material Complementar**.
Dobre cada polígono por um dos eixos de simetria e verifique se as 2 partes ficam exatamente uma sobre a outra. Faça isso para todos os eixos de simetria.
Responda: esses polígonos são simétricos?

b) Agora, destaque o retângulo, o hexágono, o heptágono, o triângulo laranja e o triângulo lilás do **Material Complementar**.
Faça dobras de modo que as 2 partes fiquem exatamente uma sobre a outra. Em seguida, trace sobre a dobra o eixo de simetria.
Responda: quantos eixos de simetria tem cada polígono?

_____
_____
_____
_____

2 Trace os eixos de simetria de cada polígono representado na malha quadriculada abaixo. Depois, confira com o professor se você encontrou todos os eixos de simetria.

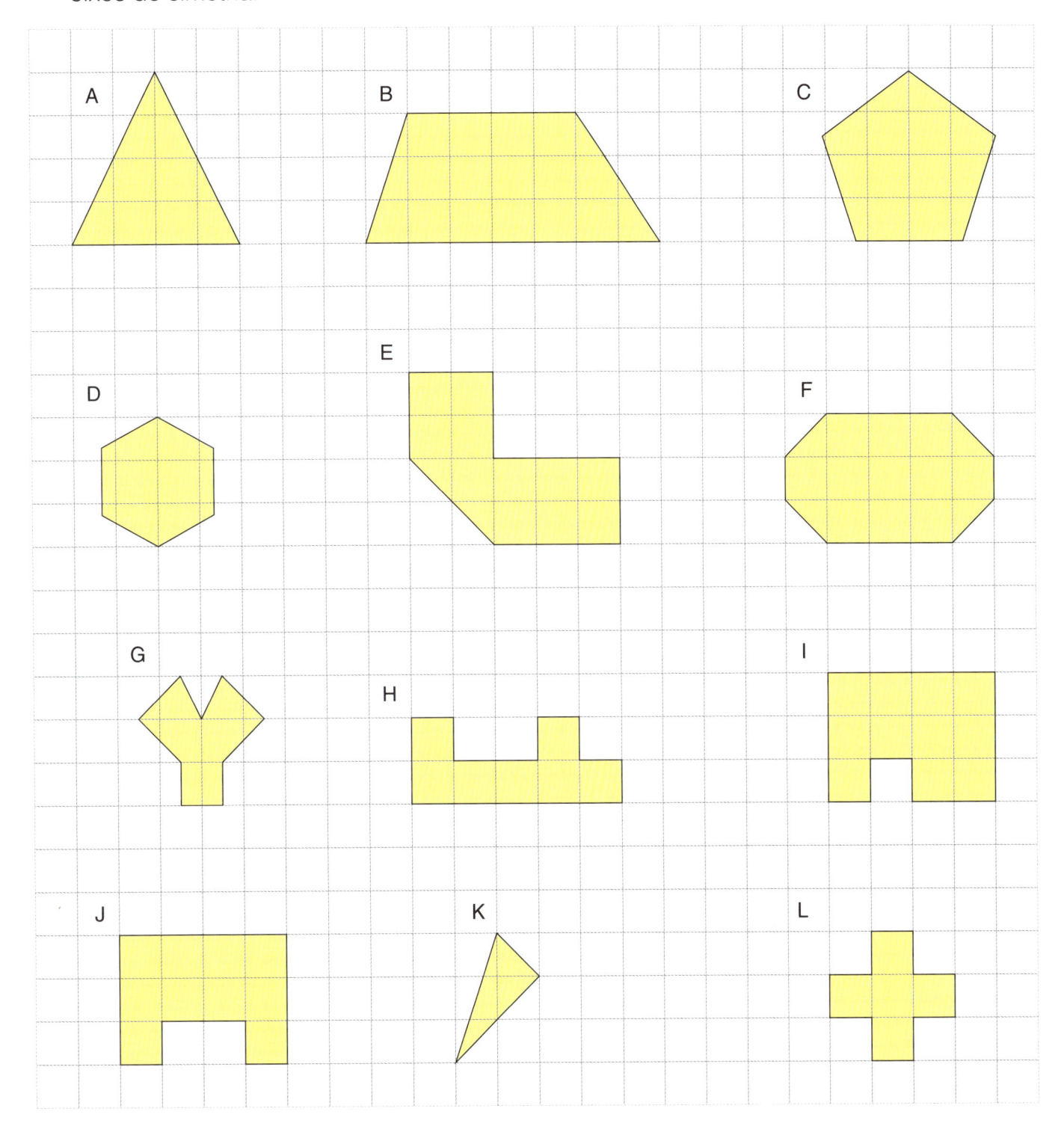

A   B   C

D   E   F

G   H   I

J   K   L

3 Pense nos quadriláteros que você já explorou: quadrado, retângulo e losango. Quantos eixos de simetria você acha que cada quadrilátero tem?

ATIVIDADES DO CAPÍTULO

1. Contorne em cada frase a unidade de medida e indique a grandeza a que se refere.

   a) Meu pai comprou 2 quilogramas de carne. _____

   b) Aquela jarra de suco é de 2 litros. _____

   c) Esse prédio tem 36 metros de altura. _____

   d) Demorei 10 minutos para chegar em casa. _____

   e) O termostato do congelador está regulado para 5 graus Celsius.
   _____

   Termostato: instrumento que controla a temperatura de um aparelho.

2. Na escola de Iago, 122 alunos participarão de uma gincana tecnológica. Para isso, eles devem se organizar em grupos de 8 alunos.

   a) Quantos grupos serão formados?
   _____

   b) Verifique sua resposta do item anterior usando a relação fundamental da divisão.

   c) Todos os grupos podem ficar com 8 alunos sem que sobre aluno sem grupo? Justifique.
   _____
   _____

3. Evandro tem 2 cédulas de 100 reais, 3 cédulas de 50 reais, 5 cédulas de 10 reais e 7 cédulas de 2 reais.

   a) Evandro trocou seu dinheiro. Ele continua com a mesma quantia, mas agora tem a menor quantidade de cédulas possível. Quais são as cédulas que Evandro tem?
   _____
   _____

   b) Complete: Evandro tem R$ _____ ao todo.

RESOLVENDO PROBLEMAS

- O professor de Tamíris criou uma caça ao tesouro tecnológica. Ele dividiu sua turma em grupos de 4 alunos e espalhou códigos QR com pistas pela escola. Cada pista indica o local onde o grupo encontrará a próxima pista.

  Tamíris e seu grupo encontraram a primeira pista. Veja abaixo a mensagem que ela trazia.

> Sou um objeto e tenho 2 tracinhos que giram, cercados de 1 dúzia de números. Meço uma grandeza que você usa toda hora.

Código QR: código de barras quadrado, como o da imagem abaixo, que pode ser lido por diversos aplicativos de celular. Esse código pode guardar pequenos textos ou endereços da internet, por exemplo.

Este código QR guarda o texto: Caça ao tesouro!

a) Onde está a próxima pista? E qual é a grandeza citada nessa pista?

___

b) Tamíris e seu grupo encontraram a segunda pista. Leia-a abaixo e descubra onde eles podem encontrar a terceira pista.

> Sei tudo sobre massas e pratos, mas não posso cozinhar nem comer. Venha e me faça uma pergunta e eu responderei em quilogramas e gramas.

___

c) Complete: o objeto onde se encontra a terceira pista está relacionado à grandeza _____.

d) O grupo de Tamíris chegou à última pista. Leia-a abaixo e descubra onde está o tesouro.

> O que você procura em minha porta encontrará. Guardo objetos que têm a forma de paralelepípedo. Você pode levar e ler meus objetos. Mas, se não os devolver, tempo longe de mim é o que você vai ter!

___

e) Agora, imagine que você estivesse criando adivinhas para as pistas de uma caça ao tesouro. Crie uma adivinha e peça a um colega que descubra a resposta.

TRABALHANDO COM JOGOS

DE 2 A 4 CARTAS

Número de jogadores: 4

Como jogar

Atenção! Use as cartas do jogo **Salute!**.

MATERIAL NECESSÁRIO
- Cartas do **Material Complementar**

- Pegue as 40 cartas do **Material Complementar**.
- Em cada rodada, o primeiro jogador deve embaralhar as cartas e formar um monte no centro da mesa, com os números das cartas virados para baixo. Em seguida, ele deve distribuir 4 cartas para cada jogador, inclusive para ele próprio.
- O mesmo jogador deve também virar 1 carta do monte e deixá-la com o número virado para cima, ao lado do monte. Essa carta indica o número-alvo da rodada.
- Na sua vez, cada jogador deve tentar compor o número-alvo usando de 2 a 4 cartas, com adições e/ou subtrações. O jogador ganha as cartas que usar para compor o número-alvo e deve descartar as outras cartas.

  Por exemplo, o número-alvo é 6 e um jogador virou as cartas com os números 2, 4, 8 e 8. Ele pode fazer 2 + 4 = 6 e ganhar as cartas com os números 2 e 4. Ele também pode fazer 8 − 4 + 2 = 6, ganhando as cartas 2, 4 e 8, ou ainda 2 + 4 + 8 − 8 = 6, ganhando as 4 cartas.
- Quando um jogador não puder compor o número-alvo, ele deve passar a vez e descartar as 4 cartas.
- Quem descobrir um erro no cálculo de outro jogador ganha 1 carta de quem errou. O jogador que errou deve passar a vez.
- A rodada termina quando os 4 jogadores tentaram formar o número-alvo 1 vez. Então, a carta com o número-alvo e as cartas descartadas na rodada são devolvidas para o monte.
- Na rodada seguinte, deve-se seguir todas as etapas novamente, começando por embaralhar as cartas do monte, distribuir 4 cartas para cada jogador e retirar 1 nova carta para ser o número-alvo da rodada.
- A partida termina quando não houver cartas suficientes no monte para uma nova rodada.
- Vence a partida quem tiver obtido a maior quantidade de cartas.

Adaptado de: **Crianças pequenas continuam reinventando a aritmética: séries iniciais — implicações da teoria de Piaget**, de Constance Kamii e Linda Leslie Joseph. Porto Alegre: Artmed, 2005. p. 146.

Pensando sobre o jogo

1. Carla, Mariana, Guilherme e Reinaldo jogaram uma partida do jogo **De 2 a 4 cartas**. Na primeira rodada, todos conseguiram formar o número-alvo, que foi a carta mostrada ao lado.

   [9]

   a) Veja abaixo as cartas dos jogadores e descubra como cada um obteve o número-alvo.

   Carla: _____
   [10] [10] [8] [1]

   Guilherme: _____
   [5] [3] [4] [1]

   Mariana: _____
   [10] [8] [2] [1]

   Reinaldo: _____
   [3] [7] [9] [10]

   b) Mariana ganhou 2 cartas na primeira rodada. Qual foi o cálculo que ela fez? Esse foi o melhor cálculo que ela poderia ter feito? Explique.

   _____
   _____

2. Na segunda rodada, o número-alvo foi 7. Carla percebeu que Mariana cometeu 1 erro e ganhou 1 carta dela. Assinale com um **X** o cálculo abaixo que Mariana pode ter feito.

   ☐ 5 + 2 − 7 + 7   ☐ 8 + 7 − 4 − 4   ☐ 4 + 3 − 7 + 8

   [7]

3. Após algumas partidas, os 4 amigos decidiram alterar uma das regras do jogo. Agora podem usar uma multiplicação com os 2 primeiros números que escolherem. Depois, seguem usando adições e/ou subtrações com os outros números das cartas. Em uma rodada, o número-alvo era 8. Qual cálculo eles podem fazer em cada item abaixo, aplicando a nova regra de usar uma multiplicação?

   a) _____
   [6] [4] [2] [5]

   b) _____
   [5] [2] [4] [2]

225

CAPÍTULO 11

JOGOS, CENTÉSIMOS E MEDIDAS

• MAIS FRAÇÕES

Você já jogou xadrez ou conhece alguém que joga? O xadrez é um jogo de tabuleiro cuja origem é incerta e repleta de lendas.

O tabuleiro é formado por 64 quadrados iguais: metade deles é branca e metade é preta. Além disso, o jogo tem 2 conjuntos de 16 peças: 8 peões, 2 torres, 2 cavalos, 2 bispos, 1 rainha e 1 rei.

1 Observe o tabuleiro de xadrez acima.

a) Complete: o tabuleiro está dividido em _____ quadrados iguais.

b) Pense no que você já aprendeu sobre fração e escreva a fração que representa cada quadrado do tabuleiro. ———

Você sabe como lemos a fração $\frac{1}{64}$? Lemos assim: um sessenta e quatro avos.

c) Complete: nesse tabuleiro, _____ quadrados são brancos e _____ quadrados são pretos.

> Para ler uma fração, utilizamos a palavra **avos** quando o denominador é maior do que 10 e diferente de 100 ou 1 000. Lemos o numerador da fração e, em seguida, o denominador seguido da palavra avos.
>
> Se o denominador é 100 ou 1 000, o lemos como centésimos ou milésimos, respectivamente.

d) Que fração representa a quantidade de quadrados brancos do tabuleiro em relação ao total de quadrados do tabuleiro?

Fração: ——— Por extenso: _____

e) E que fração representa a quantidade de quadrados pretos do tabuleiro em relação ao total de quadrados do tabuleiro?

Fração: ——— Por extenso: _____

Otaviano não conhecia o movimento das peças de xadrez. Ele fez uma pesquisa na internet e encontrou um jogo *on-line* que mostrava os movimentos de cada peça ao clicar sobre ela. Veja abaixo alguns exemplos.

Peão: ando 1 quadrado apenas para a frente.
Na primeira jogada, posso andar 2 quadrados para a frente.

Rei: ando 1 quadrado em qualquer direção.

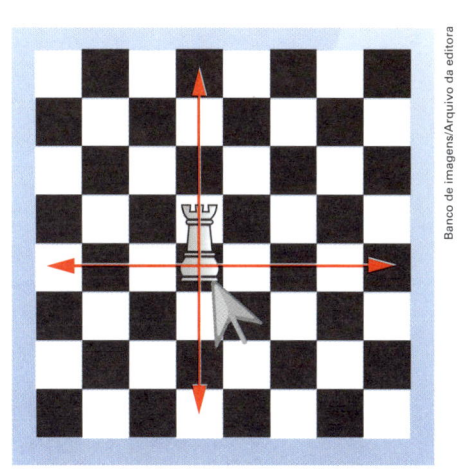

Torre: ando quantos quadrados quiser para a frente e para trás, para a direita e para a esquerda, sem pular nenhuma peça.

2 Pense em todas as peças do xadrez, observe a posição das peças acima e escreva a fração que representa cada item abaixo e sua escrita por extenso.

a) A quantidade de torres brancas em relação ao total de peças brancas.

Fração: ――― Por extenso: _____

b) A quantidade de peões em relação ao total de peças.

Fração: ――― Por extenso: _____

c) A quantidade de reis em relação ao total de peças.

Fração: ――― Por extenso: _____

d) A quantidade de quadrados para os quais o rei da imagem acima pode se mover em relação ao total de quadrados do tabuleiro.

Fração: ――― Por extenso: _____

e) A quantidade de quadrados para os quais a torre da imagem acima pode se mover em relação ao total de quadrados do tabuleiro.

Fração: ――― Por extenso: _____

NÚMEROS DECIMAIS: CENTÉSIMOS

Ivone tem um conjunto de peças do material dourado. Veja abaixo as peças que ela separou.

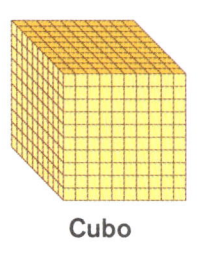

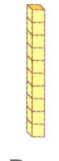

Cubo 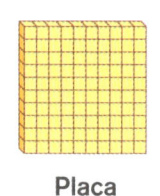 **Placa** **Barra**

SE EU DIVIDIR O CUBO EM 10 PARTES IGUAIS, ENTÃO CADA PARTE CORRESPONDERÁ A 1 PLACA. ASSIM, CADA CUBO DO MATERIAL DOURADO É FORMADO POR 10 PLACAS.

Ivone quis relacionar as peças do material dourado com as frações e os decimais que ela já conhece. Primeiro ela comparou 1 cubo com 1 placa do material dourado. Veja ao lado.

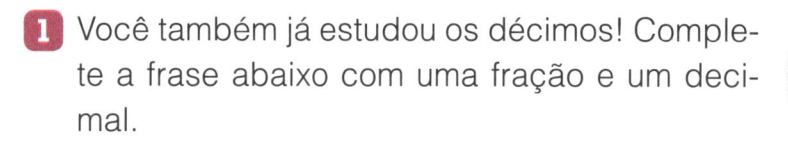

1 Você também já estudou os décimos! Complete a frase abaixo com uma fração e um decimal.

Cada placa representa ——— do cubo ou

_____ do cubo.

Depois que Ivone comparou 1 cubo com 1 placa, ela quis comparar 1 cubo com 1 barra. Acompanhe ao lado o raciocínio dela.

SE EU DIVIDIR O CUBO EM 100 PARTES IGUAIS, ENTÃO CADA PARTE CORRESPONDERÁ A 1 BARRA. ASSIM, CADA CUBO DO MATERIAL DOURADO É FORMADO POR 100 BARRAS.

A fração que representa cada uma das 100 barras que formam o cubo é $\frac{1}{100}$. Essa fração representada na forma decimal é 0,01. Lemos: **um centésimo**.

Observe ao lado como representamos o número 0,01 no quadro de valor posicional.

U,	d	c
Unidade	Décimo	Centésimo
0,	0	1

2 A figura abaixo foi dividida em partes iguais.

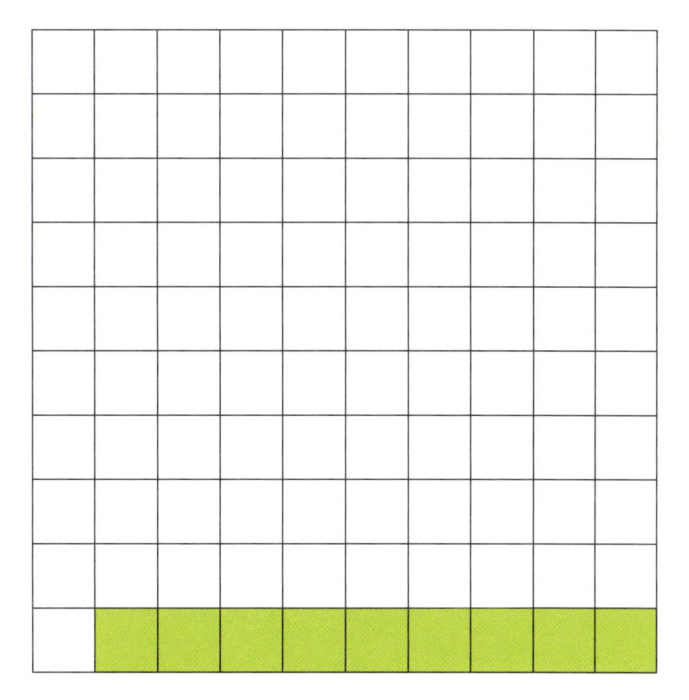

a) Complete: essa figura foi dividida em _____ partes iguais e _____ partes estão pintadas.

b) Represente a parte pintada dessa figura com um decimal, com uma fração e por extenso.

Decimal: _____   Fração: ―――

Por extenso: _____

c) Pinte de **roxo** outras partes da figura de modo que a parte pintada dessa figura passe a representar dezesseis centésimos.

d) Veja abaixo como representamos a nova parte pintada da figura na forma decimal. Depois, escreva como representamos na forma de fração.

Decimal: 0,16   Fração: ―――

e) Pinte de **marrom** outras partes da figura de modo que a parte pintada dessa figura passe a representar 0,35.

f) Agora, represente a nova parte pintada da figura com uma fração e por extenso.

Fração: ―――   Por extenso: _____

Nonogram: passatempo matemático japonês. Para resolvê-lo, é necessário pintar os quadradinhos de uma malha quadriculada seguindo algumas regras.

3 Rosana resolveu um passatempo de Nonogram e formou a figura abaixo.

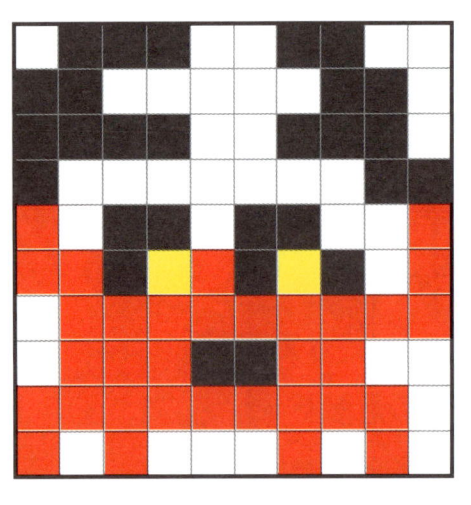

a) Quantos quadradinhos tem essa malha quadriculada?

_____

_____

b) Complete: a figura formada pelos quadradinhos pintados nessa malha quadriculada é um _____.

c) Essa figura é formada por quantos quadradinhos da malha?

_____

d) Quantos centésimos dessa malha quadriculada foram pintados?

_____

e) Escreva na forma decimal quantos centésimos dessa malha estão pintados de cada cor.

Amarelo → _____   **Vermelho** → _____

Preto → _____

f) A figura formada nessa malha quadriculada tem simetria? Se sim, quantos eixos de simetria ela apresenta?

_____

_____

g) Complete a figura na malha quadriculada ao lado de modo que ela tenha simetria em relação ao eixo de simetria indicado em **roxo**.

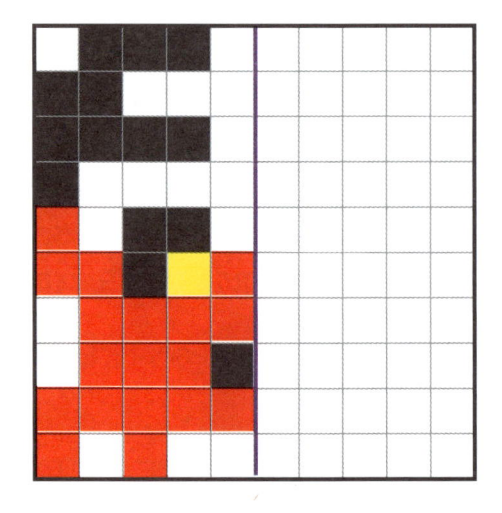

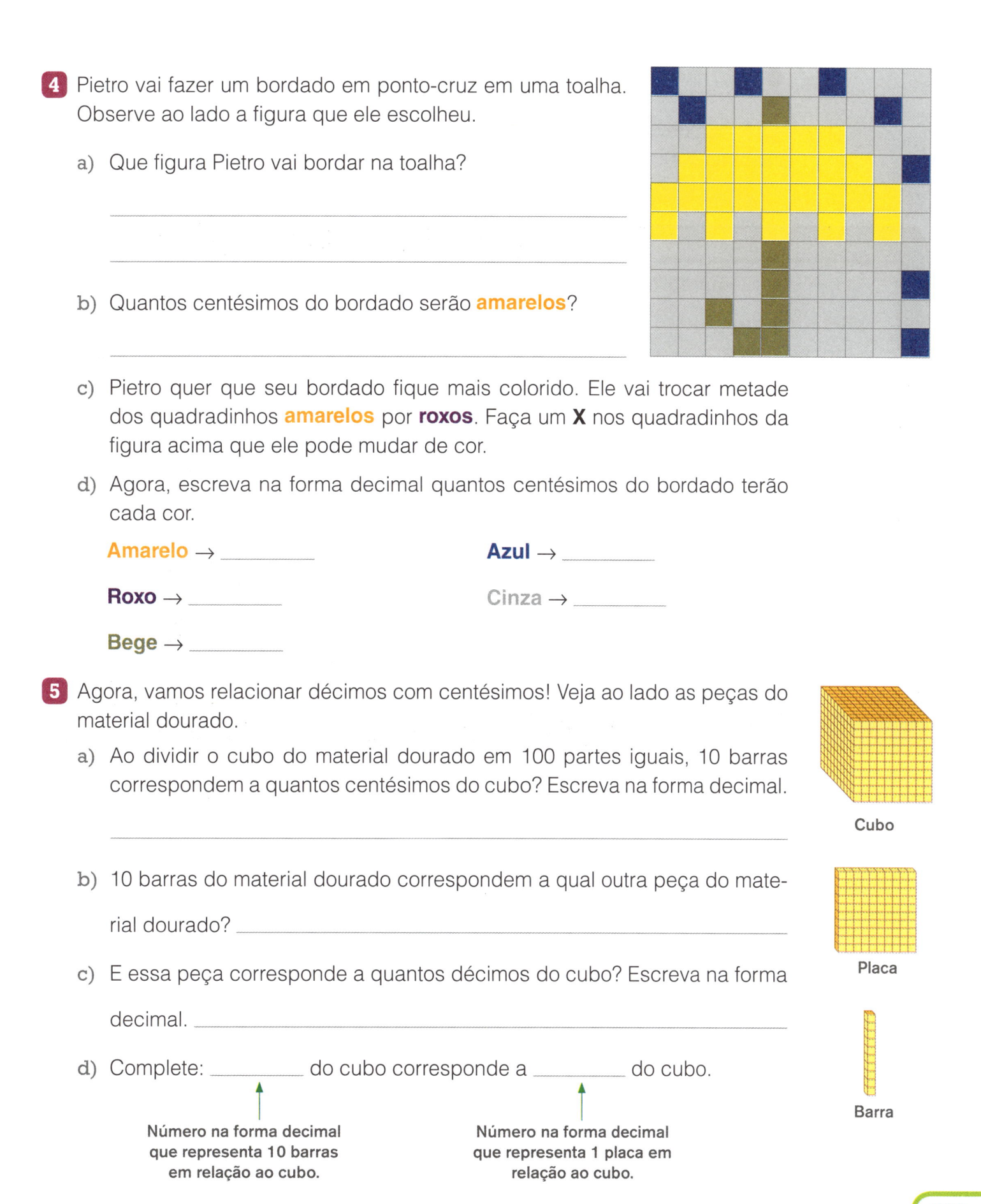

4 Pietro vai fazer um bordado em ponto-cruz em uma toalha. Observe ao lado a figura que ele escolheu.

a) Que figura Pietro vai bordar na toalha?

_____

_____

b) Quantos centésimos do bordado serão **amarelos**?

_____

c) Pietro quer que seu bordado fique mais colorido. Ele vai trocar metade dos quadradinhos **amarelos** por **roxos**. Faça um **X** nos quadradinhos da figura acima que ele pode mudar de cor.

d) Agora, escreva na forma decimal quantos centésimos do bordado terão cada cor.

Amarelo → _____   **Azul** → _____

Roxo → _____   Cinza → _____

Bege → _____

5 Agora, vamos relacionar décimos com centésimos! Veja ao lado as peças do material dourado.

a) Ao dividir o cubo do material dourado em 100 partes iguais, 10 barras correspondem a quantos centésimos do cubo? Escreva na forma decimal.

_____

b) 10 barras do material dourado correspondem a qual outra peça do material dourado? _____

c) E essa peça corresponde a quantos décimos do cubo? Escreva na forma decimal. _____

d) Complete: _____ do cubo corresponde a _____ do cubo.

↑ Número na forma decimal que representa 10 barras em relação ao cubo.

↑ Número na forma decimal que representa 1 placa em relação ao cubo.

Cubo

Placa

Barra

MEDIDAS DE MASSA E DE CAPACIDADE

A mãe de Matias pediu a ele que a ajudasse a pesquisar na internet receitas que reaproveitam talos e folhas de hortaliças.

Veja abaixo os ingredientes de uma das receitas que Matias encontrou.

Farofa com casca de abacaxi e talos

Rendimento: 8 pessoas

Ingredientes:

- $\frac{1}{2}$ xícara de óleo
- 1 cebola picada
- 2 dentes de alho amassados
- 2 xícaras de verduras picadas
- 1 xícara de cenoura ralada
- 1 xícara de casca de abacaxi batida no liquidificador
- $\frac{1}{2}$ kg de farinha de mandioca crua
- Sal e pimenta a gosto

QUANDO COZINHAMOS VERDURAS, ALGUNS TALOS E FOLHAS ACABAM INDO PARA O LIXO. ISSO TAMBÉM ACONTECE COM A CASCA DE ALGUMAS FRUTAS. PRECISAMOS EVITAR O DESPERDÍCIO DOS ALIMENTOS! VOCÊ ME AJUDA COM ESSA PESQUISA?

Fonte de consulta: RECEITAS DE REAPROVEITAMENTO. Disponível em: <http://receitasdereaproveitamento.blogspot.com.br/2007/10/farofa-com-casca-de-abacaxi-e-talos.html>. Acesso em: 10 mar. 2016.

1 Quais unidades de medida são usadas nessa receita? Quais são padronizadas?

_____

_____

2 Matias vai continuar ajudando a mãe, agora reescrevendo esses ingredientes para apenas 4 pessoas. Para isso, ele deve reduzir pela metade cada ingrediente.

Ajude-o a fazer os cálculos e escreva abaixo usando frações.

- ―― xícara de óleo
- ―― xícara de casca de abacaxi batida no liquidificador
- ―― xícara de cenoura ralada
- ―― kg de farinha de mandioca crua

3 Matias foi com a mãe comprar farinha de mandioca para fazer essa receita. Ela comprou também outros produtos, entre eles 1 pacote de algodão. Matias perguntou para ela: "Mãe, o que pesa mais: 1 pacote de farinha de mandioca ou 1 pacote de algodão? E o que pesa mais: 1 quilograma de farinha de mandioca ou 1 quilograma de algodão?".
O que você responderia para Matias?

4 Se a receita da farofa levasse leite, então que unidades de medida padronizadas poderiam ser usadas?

_____

_____

5 A mãe de Matias fez 2 litros de suco de beterraba e aproveitou também os talos e as folhas do vegetal para uma torta salgada. O suco vai ser servido em copos de 200 mL cada um.

A beterraba é uma planta rica em vitaminas e, por isso, seu consumo é benéfico à saúde. Ela pode ser consumida crua, em saladas e sucos, ou cozida. Para que a beterraba não perca seus nutrientes, é melhor cozinhá-la sem descascar e depois retirar a casca para o consumo.

a) Quantos copos de suco de beterraba podem ser servidos?

_____

b) Para poder servir 15 copos de 200 mL, quantos litros de suco de beterraba a mãe de Matias deveria ter feito?

_____

c) Você já comeu beterraba ou tomou seu suco? Conte para os colegas.

DIVISÃO: DIVISOR DE 2 ALGARISMOS

Para armazenar água da chuva, Clarice comprou um balde de 19 litros de capacidade e uma caixa-d'água de 500 litros de capacidade. Observe as imagens ao lado.

1 Para não deixar a caixa-d'água sempre destampada, Clarice armazena água da chuva no balde. Quando o balde enche, ela despeja a água na caixa. Ela quer saber quantos baldes cheios são necessários para encher a caixa-d'água. Acompanhe abaixo o cálculo que ela fez e complete com o que falta.

O divisor dessa divisão tem _____ algarismos. Eu posso resolver da mesma maneira que resolvo uma divisão com divisor de 1 algarismo.

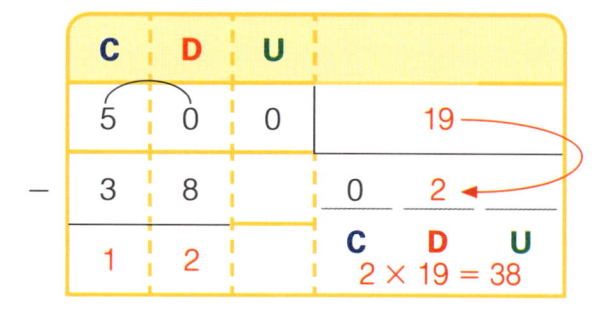

O número 500 tem _____ centenas.
Quando eu divido 5 centenas por 19, obtenho quociente 0 e resto 5 centenas.

Essas 5 centenas equivalem a _____ dezenas. Com o 0 na ordem das dezenas de 500, tenho 50 dezenas. Dividindo 50 dezenas por 19, obtenho _____ dezenas e sobram _____ dezenas.

Essas 12 dezenas equivalem a _____ unidades. Com o 0 na ordem das unidades de 500, tenho 120 unidades.

Dividindo _____ unidades por 19, obtenho _____ unidades e sobram _____ unidades.

Então, são necessários _____ baldes cheios e mais _____ litros.

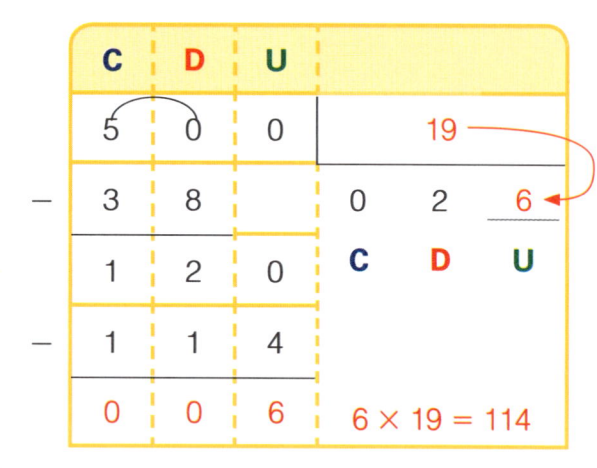

2 Escreva abaixo a relação fundamental para a divisão que Clarice resolveu e verifique a resposta.

_____

3 Resolva as divisões abaixo no quadro de valor posicional.

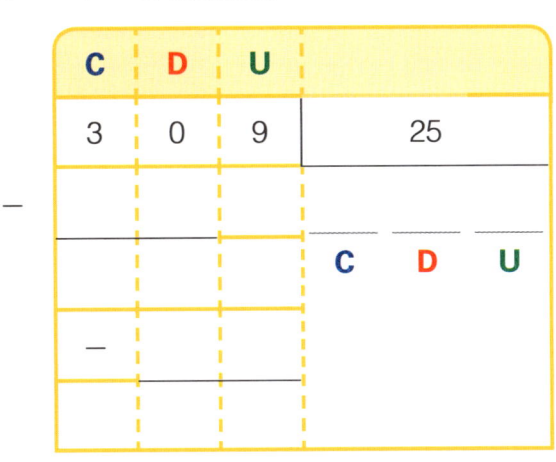

a) 309 ÷ 25 = _____ e resto _____

C	D	U	
3	0	9	25

b) 847 ÷ 18 = _____ e resto _____

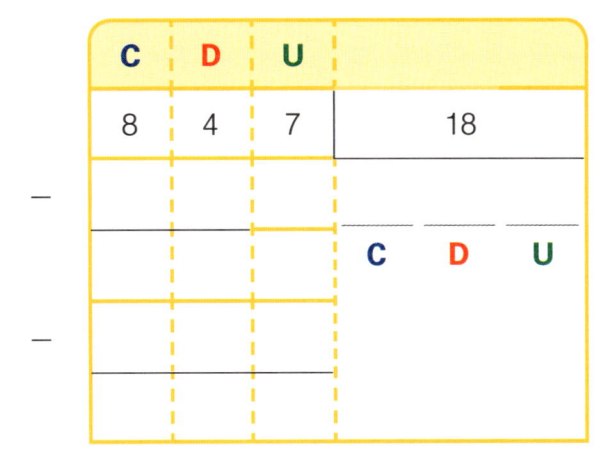

C	D	U	
8	4	7	18

4 Nos fins de semana, Adriana e seus amigos brincam com o jogo *on-line* **Aventura medieval**. O jogador ganha 13 pontos de experiência para cada truta que pescar. E, para passar de nível na habilidade de pescaria, cada jogador precisa de no mínimo 931 pontos de experiência.

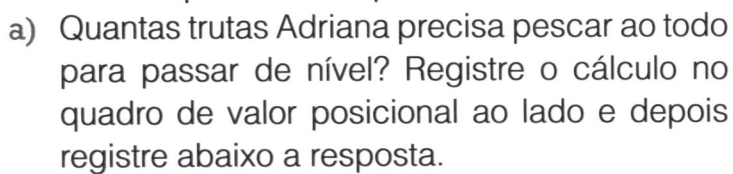

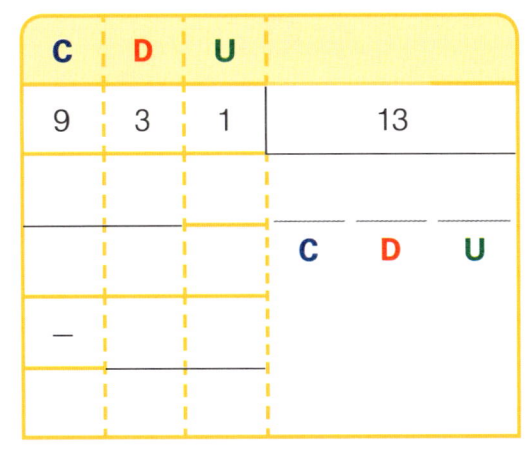

a) Quantas trutas Adriana precisa pescar ao todo para passar de nível? Registre o cálculo no quadro de valor posicional ao lado e depois registre abaixo a resposta.

_____

_____

C	D	U	
9	3	1	13

b) Adriana descobriu que também poderia pescar salmão e ganhar 15 pontos de experiência por cada salmão que ela pescar. Se Adriana pescar apenas salmões, então quantos salmões ela precisa ao todo para passar de nível?

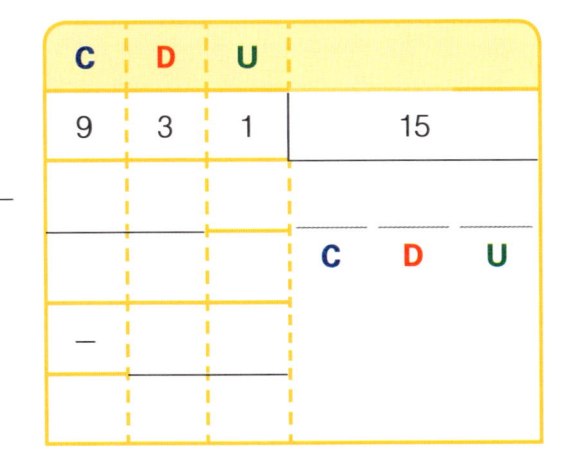

_____

C	D	U	
9	3	1	15

PLANIFICAÇÃO DE PRISMAS E DE PIRÂMIDES

Catarina gosta de criar carimbos com as faces de embalagens. Ela pinta cada face e depois carimba em uma folha de papel.

Veja ao lado os carimbos que ela fez com todas as faces de uma caixa.

1 Observe a forma dos carimbos que Catarina fez e assinale abaixo a caixa que ela utilizou.

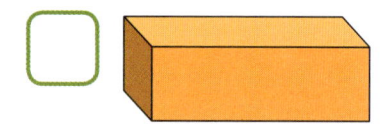

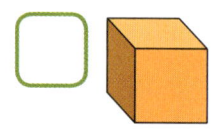

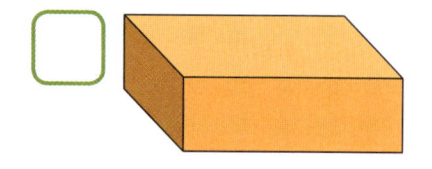

2 Agora Catarina usou a caixa verde para fazer os carimbos abaixo. Ela disse que carimbou todas as faces da caixa. Você concorda? Por quê?

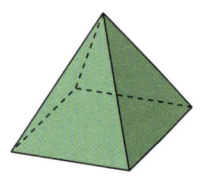

3 Desenhe todos os carimbos que Catarina pode obter com a caixa abaixo.

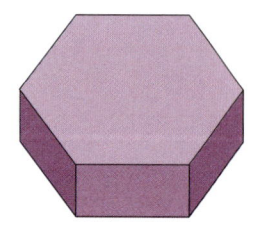

4 Complete: Catarina usou embalagens com a forma de prismas e de pirâmide.

Os carimbos que ela obteve com cada embalagem lembram a

_____ dos prismas e da pirâmide.

5 Nas planificações abaixo faltam as bases dos poliedros. Desenhe as bases e escreva o nome do poliedro que é obtido ao montar cada planificação.

a) _____

b) _____

c) _____

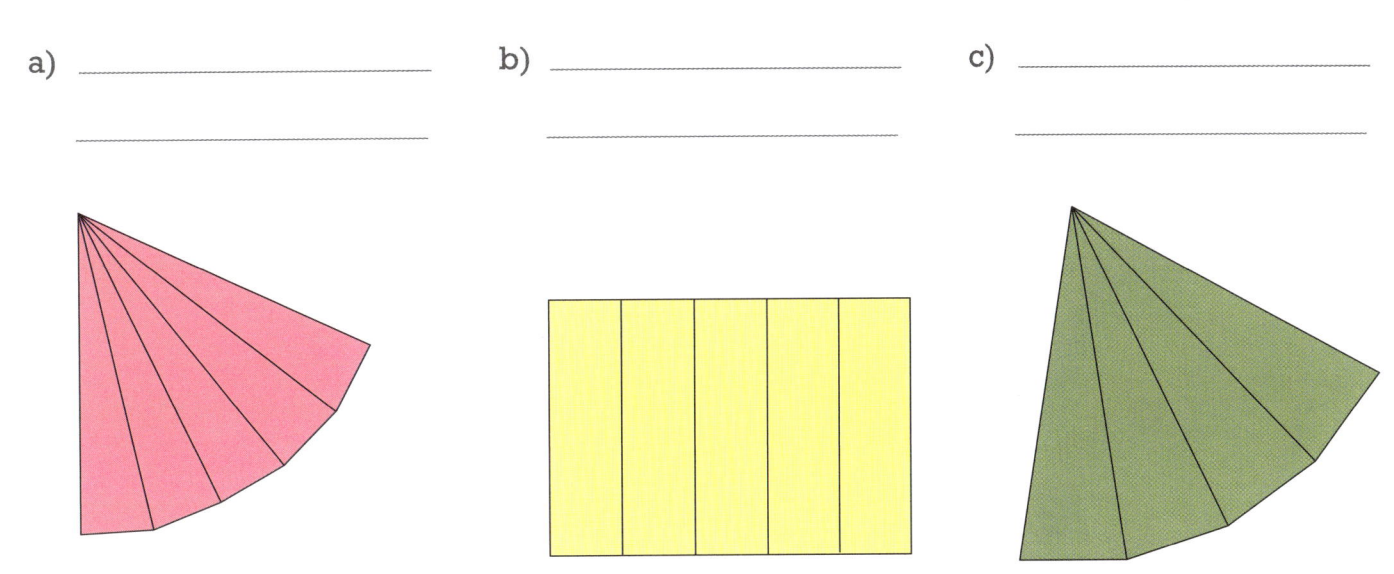

6 Tales aprendeu nas aulas de Matemática que o cubo tem 11 planificações diferentes! Ele já conhecia a planificação verde abaixo. Então tentou desenhar mais algumas planificações. Veja:

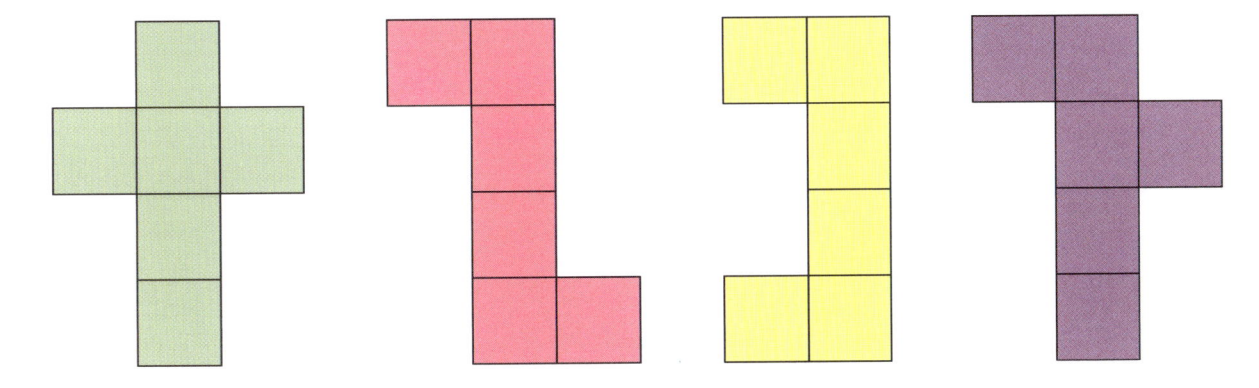

a) Quais dos desenhos que ele fez não são planificações de um cubo, ou seja, não formam um cubo quando são montados?

_____

_____

b) Destaque os moldes desses desenhos do **Material Complementar** e verifique sua resposta.

SEGMENTO DE RETA

Em uma aula de Arte, Claudete fez um desenho usando apenas linhas retas de diferentes cores. Veja ao lado.

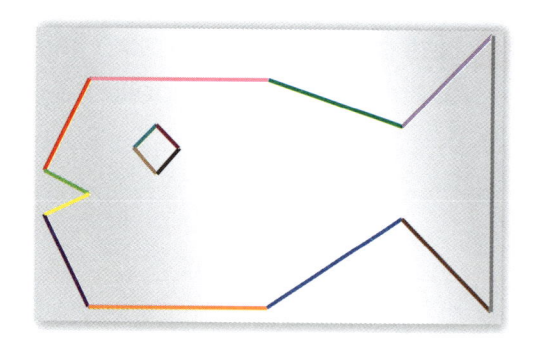

Ao ver o desenho de Claudete, seu professor ensinou uma nova nomenclatura aos alunos.

> Cada linha colorida que Claudete desenhou nessa figura é um **segmento de reta**. Segmento de reta é uma linha reta que tem começo e fim.

1 Assinale abaixo quais linhas são segmentos de reta.

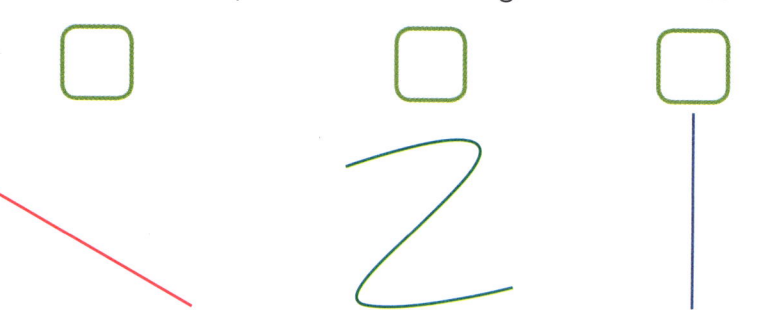

2 Quantas linhas de cores diferentes Claudete usou em seu desenho? Então, quantos segmentos de reta ela fez?

_____

3 As figuras abaixo são formadas apenas por segmentos de reta. Registre quantos segmentos de reta há em cada figura.

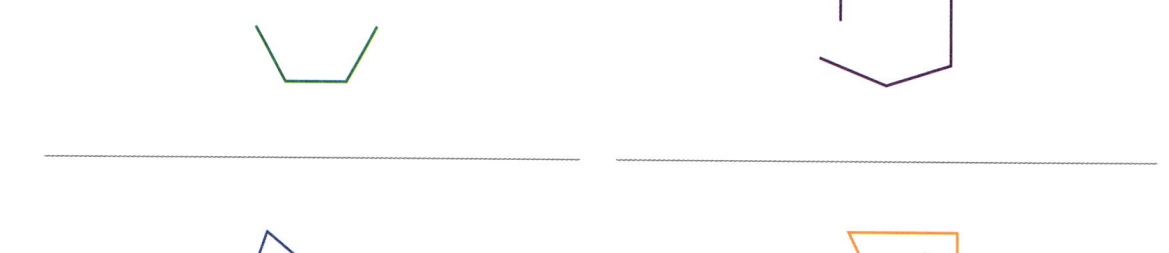

4 Solte sua imaginação!

a) Crie abaixo um desenho usando apenas segmentos de reta. Faça todos os traçados usando uma régua e, se quiser, pinte seu desenho.

b) Quantos segmentos de reta você usou?

_____

5 Como o segmento de reta é uma linha reta que tem começo e fim, podemos medir seu comprimento. Observe o segmento de reta abaixo.

a) Com uma régua, meça o comprimento do segmento de reta acima e registre.

Comprimento desse segmento de reta: _____

b) Trace abaixo um segmento de reta com metade do comprimento do segmento de reta dado e registre sua medida.

Comprimento desse segmento de reta: _____

c) Agora, trace abaixo um segmento de reta com um terço do comprimento do segmento de reta dado e registre sua medida.

Comprimento desse segmento de reta: _____

d) Trace abaixo um segmento de reta de 3 cm e complete a frase.

O comprimento desse segmento de reta é _____ do comprimento do segmento de reta dado.

ATIVIDADES DO CAPÍTULO

1. Complete cada item abaixo relacionando as frações e os decimais.

    a) $\dfrac{18}{100} = $ _____

    b) $\dfrac{18}{10} = $ _____

    c) $\dfrac{61}{100} = $ _____

    d) $\dfrac{61}{10} = $ _____

    e) $0,27 = $ _____

    f) $2,7 = $ _____

2. Escreva como se lê cada número abaixo.

    a) $0,15 \rightarrow$ _____

    b) $\dfrac{15}{10} \rightarrow$ _____

    c) $1,5 \rightarrow$ _____

    d) $\dfrac{15}{100} \rightarrow$ _____

    e) $1,12 \rightarrow$ _____

    f) $\dfrac{112}{100} \rightarrow$ _____

    g) $1,1 \rightarrow$ _____

    h) $\dfrac{110}{100} \rightarrow$ _____

    i) $\dfrac{12}{33} \rightarrow$ _____

    j) $\dfrac{1}{112} \rightarrow$ _____

3. Observe o desenho ao lado.

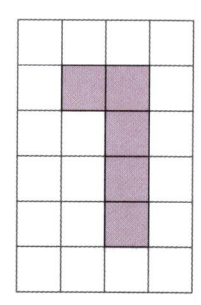

    a) Esse desenho é uma planificação do cubo? _____

    b) Complete o desenho de modo que seja possível montar um cubo.

4. Desenhe abaixo todos os carimbos que você pode obter com as faces de uma embalagem com a forma de uma pirâmide de base hexagonal.

RESOLVENDO PROBLEMAS

1. Flora fez uma compra no mercado que custou R$ 27,00. Ela pagou com 1 cédula de R$ 100,00 e, para facilitar o troco, deu mais R$ 2,00 ao caixa. Quantos reais Flora recebeu de troco?

   _____

2. As 16 equipes de voleibol das escolas do bairro vão participar de um campeonato. As partidas são eliminatórias, ou seja, as 2 primeiras equipes jogam a partida. Então, a equipe perdedora dessa partida sai do campeonato e a equipe vencedora joga uma nova partida com a próxima equipe até que reste apenas a equipe campeã.

   a) Se houvesse apenas 2 equipes no campeonato, então quantas partidas seriam jogadas nesse campeonato?

   _____

   b) E se houvesse 3 equipes? E 4 equipes?

   _____
   _____

   c) Então, com as 16 equipes, quantas partidas serão jogadas nesse campeonato?

   _____

3. Joílson gosta de inventar dicas! Veja abaixo as dicas que ele criou sobre as disciplinas das suas aulas na quarta-feira e escreva as aulas dele no quadro.

   - Na quarta-feira eu tenho aula de Matemática, Ciências, Arte, História e Língua Portuguesa.
   - O nome da disciplina da primeira aula tem 8 letras.
   - A última aula é a de Arte.
   - Depois da aula de Ciências, eu tenho aula de História.
   - Antes da aula de Arte, eu tenho aula de Língua Portuguesa.

1ª aula	2ª aula	3ª aula	4ª aula	5ª aula

241

CÁLCULO MENTAL

1. Observe os termos das multiplicações ao lado.

   $1 \times 7 = 7$

   $2 \times 7 = 14$

   $4 \times 7 = 28$

   $8 \times 7 = 56$

   a) O que é possível observar em relação ao 1º fator de cada multiplicação?

   _____

   _____

   b) O que é possível observar em relação ao 2º fator?

   _____

   c) E o que é possível observar em relação ao produto?

   _____

   d) Agora, considerando o que você observou nessas multiplicações, resolva as multiplicações abaixo.

   $1 \times 6 = 6$

   $2 \times 6 =$ _____

   $4 \times 6 =$ _____

   $8 \times 6 =$ _____

   $3 \times 3 =$ _____

   $6 \times 3 =$ _____

   $12 \times 3 =$ _____

   $24 \times 3 =$ _____

   $1 \times 5 = 5$

   $2 \times 5 =$ _____

   $4 \times 5 =$ _____

   $8 \times 5 =$ _____

   $3 \times 4 =$ _____

   $6 \times 4 =$ _____

   $12 \times 4 =$ _____

   $24 \times 4 =$ _____

2. Se você sabe que $4 \times 20 = 80$, então consegue calcular rapidamente o valor de 8×20? Justifique.

   _____

3. Continue resolvendo as multiplicações abaixo.

7 × 1 = 7

7 × 2 = _____

7 × 4 = _____

7 × 8 = _____

11 × 2 = _____

11 × 4 = _____

11 × 8 = _____

11 × 16 = _____

10 × 5 = 50

10 × 10 = _____

10 × 20 = _____

10 × 40 = _____

12 × _____ = 24

12 × _____ = 48

12 × _____ = 96

12 × _____ = 192

4. Agora, resolva cada multiplicação abaixo e relacione-a com as divisões correspondentes.

a) 7 × 8 = _____ → 56 ÷ 8 = _____ e 56 ÷ 7 = _____

b) 6 × 5 = _____ → 30 ÷ 5 = _____ e 30 ÷ 6 = _____

c) 9 × 3 = _____ → 27 ÷ 3 = _____ e 27 ÷ _____ = _____

d) 4 × 12 = _____ → _____ ÷ 12 = 4 e _____ ÷ _____ = 12

e) 5 × 20 = _____ → _____ ÷ 20 = 5 e _____ ÷ 5 = _____

5. Por que saber resolver 7 × 8 ajuda no cálculo do valor de 56 ÷ 7?

MINHAS DICAS

Anote algo que você aprendeu nestas atividades e que pode ajudar a realizar seus cálculos mais rapidamente.

_____

_____

_____

LEITURA DE IMAGEM

PRESTANDO ATENÇÃO NA POSTURA

Você costuma passar muito tempo sentado usando o computador ou olhando para baixo enquanto usa o celular e o *tablet*? Você já reparou em como posiciona seu corpo na frente desses aparelhos? Como ficam suas costas: retas ou curvadas? E seu pescoço? E o braço que você usa para movimentar o *mouse* ou para segurar o celular ou o *tablet*?

OBSERVE

As imagens desta página não estão representadas em proporção.

1 — Andrey_Popov/Shutterstock

2 — Daniel Ingold/Getty Images

3 — Image Point Fr/Shutterstock

4 — Sergio Dotta/Arquivo da editora

1. Compare as fotos da página anterior.

    a) O que há em comum entre essas fotos?

    _____

    _____

    b) O que há de diferente entre as fotos?

    _____

    _____

ANALISE

2. Ao usar o computador, recomenda-se que a tela esteja de 50 cm a 70 cm de distância do usuário e ao nível dos olhos ou um pouco abaixo deles. Outra recomendação é que as costas estejam bem apoiadas no encosto da cadeira e os braços fiquem sobre a mesa ou apoiados nos "braços" da cadeira.
Em qual das fotos a pessoa está seguindo essas recomendações?

    _____

3. Para dispositivos portáteis, como celulares e *tablets*, indica-se que se mantenha as costas retas e que não se incline o pescoço. Você deve levantar o dispositivo até a altura dos olhos, mantendo os braços apoiados nos "braços" da cadeira, na lateral do corpo.
Em qual das fotos a pessoa está seguindo essas recomendações?

    _____

4. O hábito de digitar no celular usando unicamente os polegares também deve ser evitado. O correto é segurar o celular com uma mão e digitar usando a outra mão. Em qual das fotos a pessoa está seguindo essa recomendação?

    _____

RELACIONE

5. Antigamente, quando não havia computadores e *videogames*, as crianças brincavam mais no quintal e na rua e iam a parques com amigos e familiares. E você, costuma brincar no quintal ou na rua? Costuma passear ao ar livre com seus familiares?

CAPÍTULO 12

DINHEIRO, DECIMAIS E FIGURAS

CENTÉSIMOS E CENTAVOS DO REAL

Sara está consultando o *site* de uma papelaria para verificar o preço de 1 caixa de material dourado para seu filho. Veja ao lado o que ela encontrou na pesquisa.

MATERIAL DOURADO
Caixa com 62 peças
R$ 19,90

1 Observe a propaganda.

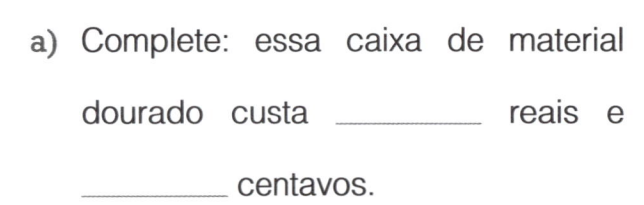

a) Complete: essa caixa de material dourado custa _____ reais e _____ centavos.

> Você pode usar as cédulas e moedas do **Material Complementar** para resolver as atividades.

> • 1 real equivale a 100 centavos.
> 1 centavo do real é o mesmo que 1 centésimo do real.

b) Represente os centavos do item anterior com uma fração e um decimal.

Fração: _____   Decimal: _____

c) Sara consultou o preço no *site*, mas pretende fazer a compra pessoalmente na papelaria. Contorne abaixo as cédulas e as moedas necessárias para pagar essa caixa de material dourado e não receber troco.

As imagens destas páginas não estão representadas em proporção.

246

2 A caminho da papelaria, Sara viu a mesma caixa de material dourado em uma loja de brinquedos, mas com preço mais barato: R$ 17,85. Ela comprou nessa loja, pagando a quantia exata em dinheiro.

a) Desenhe abaixo 2 maneiras diferentes que Sara pode ter usado para pagar o valor dessa caixa de material dourado.

1ª maneira	2ª maneira

b) Compare suas respostas com as respostas dos colegas. Eles apresentaram as mesmas maneiras de pagar esse valor?

3 Ligue cada moeda do Real abaixo à descrição correspondente.

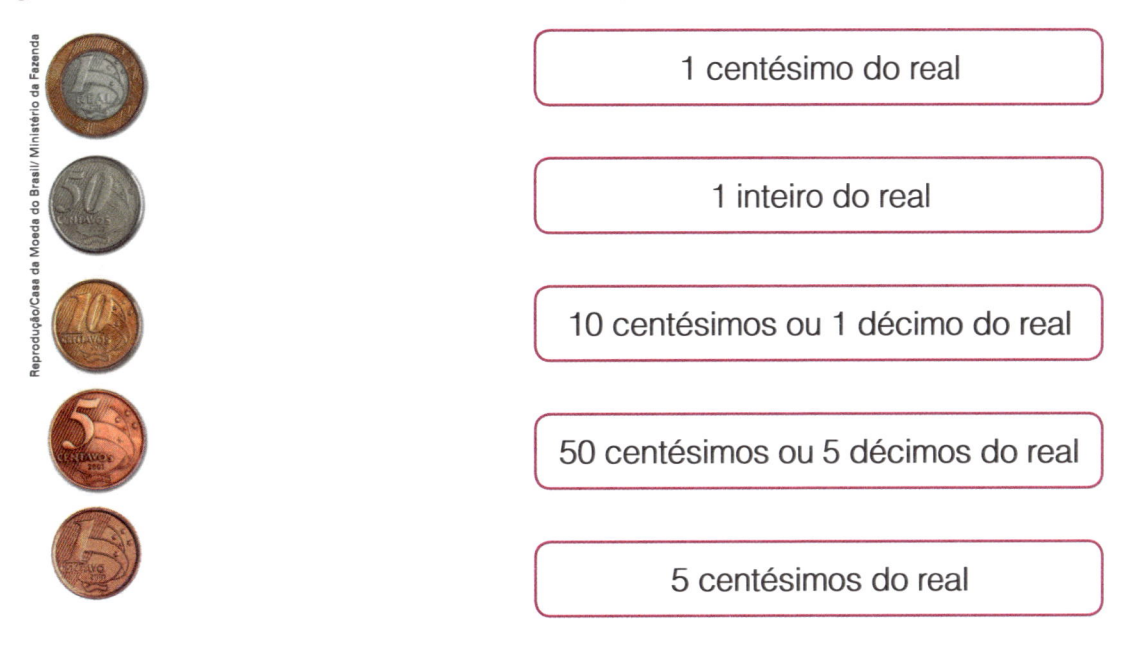

- 1 centésimo do real
- 1 inteiro do real
- 10 centésimos ou 1 décimo do real
- 50 centésimos ou 5 décimos do real
- 5 centésimos do real

4 Pesquise em revistas ou folhetos de propaganda imagens em que apareçam números na forma decimal. Depois, com a ajuda do professor, monte um mural na sala de aula com as imagens pesquisadas pela turma e converse com os colegas sobre a unidade de medida usada em cada número pesquisado.

NÚMEROS DECIMAIS: MILÉSIMOS

Origâmi: arte japonesa de dobrar um pedaço de papel e criar representações de seres e objetos sem cortar nem fazer colagem.

Conta uma lenda japonesa que quem fizer 1 000 *tsurus* usando a técnica do origâmi e com o pensamento voltado para um desejo, ao dobrar o último *tsuru* esse desejo poderá se realizar.

Inspirados nessa lenda, os professores de Amarílis lançaram uma campanha pela paz, convidando as turmas a fazer 1 000 *tsurus*. Eles divulgaram a campanha em várias redes sociais, chamando-a de **Faça *tsurus*, não faça guerra**.

As imagens desta página não estão representadas em proporção.

O *tsuru* é uma ave parecida com a cegonha. Na cultura do Japão, essa ave é símbolo de saúde, vida longa, felicidade e sorte.

Tsurus feitos com a técnica do origâmi.

1 Imagine uma caixa com 1 000 *tsurus* iguais. Complete com uma fração: cada *tsuru* corresponde a ——— do total de *tsurus* que estão na caixa.

Essa fração representada na forma decimal é 0,001. Lemos: **um milésimo**.

Observe ao lado como representamos o número 0,001 no quadro de valor posicional.

U,	d	c	m
Unidade	Décimo	Centésimo	Milésimo
0,	0	0	1

2 No primeiro dia da campanha, os alunos da turma de Amarílis fizeram 55 *tsurus*. Podemos representar a quantidade de *tsurus* que os alunos já fizeram em relação ao total de *tsurus* que as turmas precisam fazer pelo decimal 0,055. Escreva esse número na forma de fração e por extenso.

Fração: ——— Por extenso: ———————————

3 Complete o quadro abaixo.

Decimal	Fração	Por extenso
	$\frac{5}{1000}$	
0,038		
		Dez milésimos.
0,901		
	$\frac{21}{1000}$	
		Quinhentos e doze milésimos.

4 Você já viu provas de atletismo em Jogos Olímpicos ou outras competições?

a) Morgana vai participar de uma competição que tem metade de 1 km. Essa distância representa quantos milésimos do quilômetro? Escreva na forma decimal, na forma de fração e por extenso.

Lembre-se: 1 km corresponde a 1 000 m.

_____

_____

b) Copie a frase abaixo escrevendo a distância na forma decimal.
Cléber vai participar de uma competição que tem cem milésimos do quilômetro.

_____

5 Crie um problema que apresente o número abaixo em uma das 2 formas e dê para um colega resolver. Depois, confiram juntos a resposta de cada problema que vocês criaram.

$$\frac{8}{1000} \qquad 0,008$$

Problema: _____

Resposta: _____

6 Você já montou algum quebra-cabeça? Sabe como é esse jogo?

O quebra-cabeça é um jogo em que o propósito é encaixar todas as peças, no local correto, para formar uma imagem.

A dificuldade dos quebra-cabeças se dá pela quantidade de peças e pelo tamanho delas. Por exemplo, um quebra-cabeça de 9 peças grandes é mais fácil de ser montado do que um quebra-cabeça de 100 peças pequenas.

Outro fator de dificuldade na montagem é a imagem que se vai montar: quanto mais parecidas forem as partes da imagem que aparecem nas peças, mais difícil é a montagem.

Rodolfo gosta muito de montar quebra-cabeças com imagens de filmes. Ele descobriu um *site* em que pode montar virtualmente muitos quebra-cabeças. Ele montou então o quebra-cabeça ao lado, que tem 50 linhas com 20 peças em cada uma.

Quebra-cabeça de cena do filme *Angry birds: o filme*, criado por John Cohen. Produzido nos Estados Unidos e na Finlândia, teve seu lançamento em 2016.

a) Quantas peças tem esse quebra-cabeça?

b) As peças que ficam nos cantos desse quebra-cabeça representam quantos milésimos do total de peças?

c) As peças que formam as bordas desse quebra-cabeça representam quantos milésimos do total de peças?

7 Ao estudar os milésimos, Ivone se lembrou de como relacionou as peças do material dourado aos décimos e aos centésimos.

Cubo   Placa   Barra   Cubinho

a) Complete as frases abaixo com frações e com decimais.

Ao dividir o cubo do material dourado em 10 partes iguais, obtemos 10 placas e cada placa corresponde a _____ ou _____ do cubo.

Ao dividir o cubo em 100 partes iguais, obtemos 100 barras e cada barra corresponde a _____ ou _____ do cubo.

Ao dividir o cubo em 1 000 partes iguais, obtemos 1 000 cubinhos e cada cubinho corresponde a _____ ou _____ do cubo.

b) Complete escrevendo os números por extenso: 23 cubinhos do material dourado correspondem a _____ do cubo, e 367 cubinhos correspondem a _____ _____ do cubo.

8 Agora, vamos relacionar décimos, centésimos e milésimos! Complete cada item abaixo com decimais.

a) _____ do cubo corresponde a _____ do cubo.
   ↑   ↑
Número na forma decimal que representa   Número na forma decimal que representa
10 barras em relação ao cubo.   1 placa em relação ao cubo.

b) _____ do cubo corresponde a _____ do cubo.
   ↑   ↑
Número na forma decimal que representa   Número na forma decimal que representa
100 cubinhos em relação ao cubo.   1 placa em relação ao cubo.

c) _____ do cubo corresponde a _____ do cubo.
   ↑   ↑
Número na forma decimal que representa   Número na forma decimal que representa
100 cubinhos em relação ao cubo.   10 barras em relação ao cubo.

● DOBRADURA DE *TSURU*

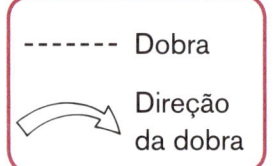

- - - - - Dobra

⤴ Direção da dobra

Agora, você vai aprender a fazer uma dobradura de *tsuru*! Antes de começar, relembre ao lado o significado de alguns sinais que aparecem nas dobraduras. Em seguida, com uma folha de papel com a forma de um quadrado, siga os passos abaixo.

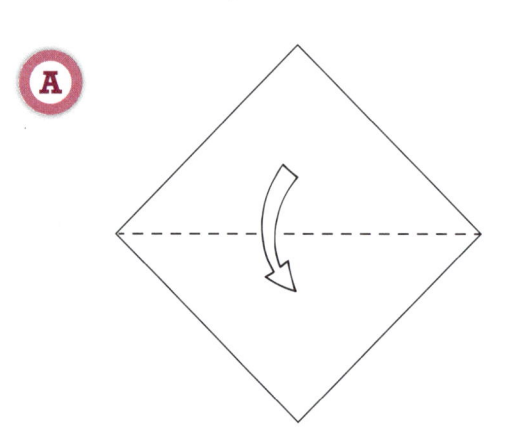

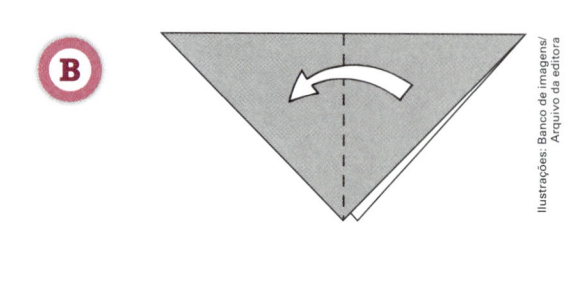

A

B

C Abra a primeira abertura para formar um quadrado.

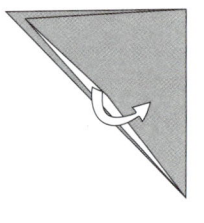

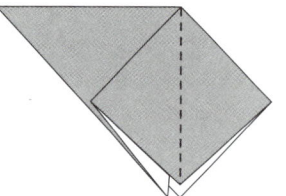

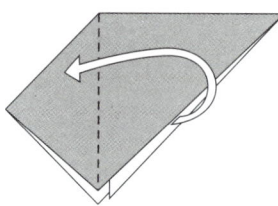

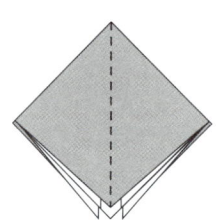

D Vire a dobradura e repita o passo anterior.

E

F

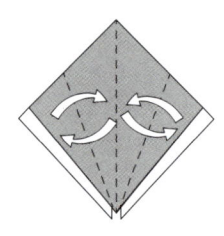

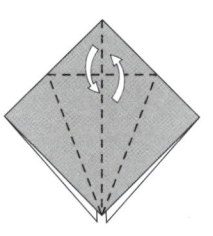

G Puxe a ponta inferior da dobradura, abrindo-a.

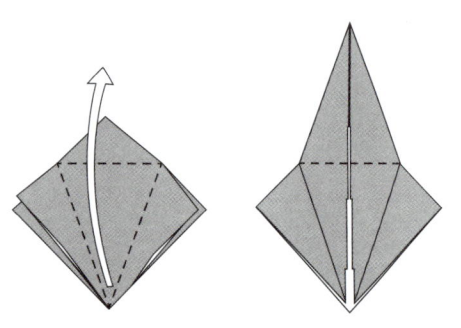

H Vire a dobradura e repita os passos **E** e **G**.

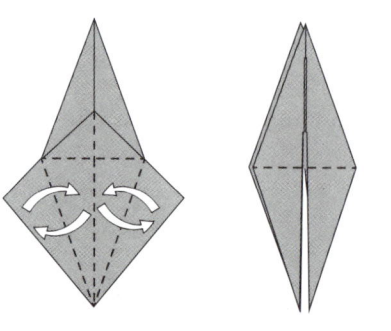

252

I

J Vire a dobradura e repita o passo anterior.

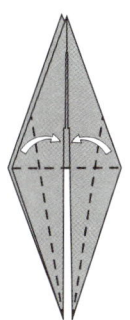

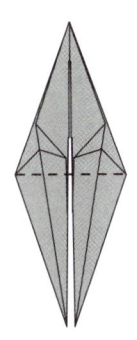

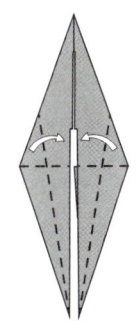

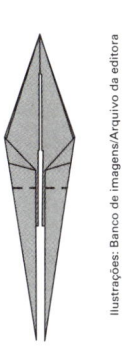

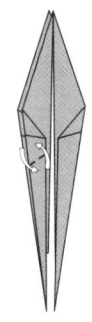

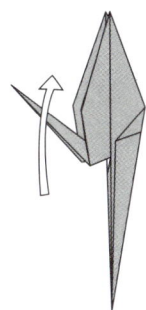

K Dobre e desdobre a ponta para cima e depois puxe-a por dentro da dobradura.

L Repita o passo anterior com a outra ponta.

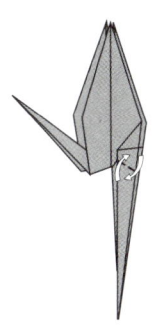

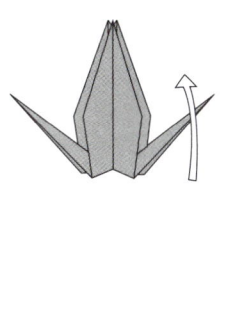

M Dobre a ponta para baixo e para dentro, formando a cabeça do *tsuru*. Em seguida, abra as asas e pronto!

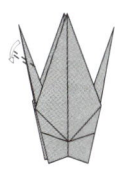

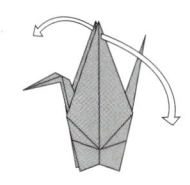

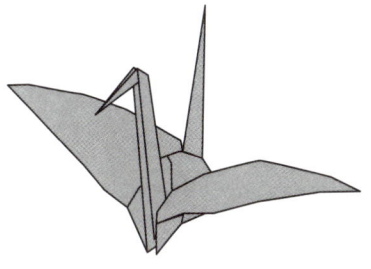

Ilustrações: Banco de imagens/Arquivo da editora

1 Para fazer a dobradura de *tsuru*, você usou uma folha de papel com a forma de um quadrado. Que outras figuras geométricas planas você identifica nos passos da dobradura? Indique o nome da figura plana e o passo da dobradura.

_____

_____

2 Você achou fácil fazer a dobradura do *tsuru*? Você faria junto com os colegas da escola 1000 dobraduras de *tsuru* para realizar um desejo? Se sim, que desejo seria? E você faria essas dobraduras para promover uma campanha pela paz, como Amarílis e os alunos da escola dela fizeram? Converse com os colegas.

COMPARAÇÃO E DECOMPOSIÇÃO DE DECIMAIS

Anabel ganhou de sua avó uma colcha quadriculada. Veja ao lado as cores dessa colcha.

1 Conte os quadradinhos dessa colcha.

a) Quantos quadradinhos essa colcha tem ao todo?

_____

_____

b) Os quadradinhos amarelos representam quantos centésimos do total de quadradinhos? Escreva na forma decimal.

_____

_____

c) Os quadradinhos vermelhos representam quantos centésimos do total de quadradinhos? Escreva na forma decimal.

_____

_____

d) E os quadradinhos verdes? E os quadradinhos roxos? Escreva na forma decimal.

_____

_____

2 Compare o total de quadradinhos de cada cor dessa colcha.

a) Qual decimal representa a cor com mais quadradinhos? E a cor com menos quadradinhos?

_____

_____

b) Então, qual é o maior decimal? E qual é o menor decimal?

_____

3 Pense na quantidade de quadradinhos de cada cor na colcha da página anterior.

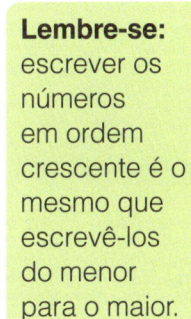

Lembre-se: escrever os números em ordem crescente é o mesmo que escrevê-los do menor para o maior.

a) Escreva em ordem crescente os decimais que representam essas quantidades em relação ao total de quadradinhos.

_____

b) Observe os algarismos dos décimos e dos centésimos desses números. Como você explicaria a um colega como ordenar esses números?

A professora Lucíola escreveu na lousa o decimal 3,178 e representou a decomposição e a escrita por extenso desse número. Veja abaixo.

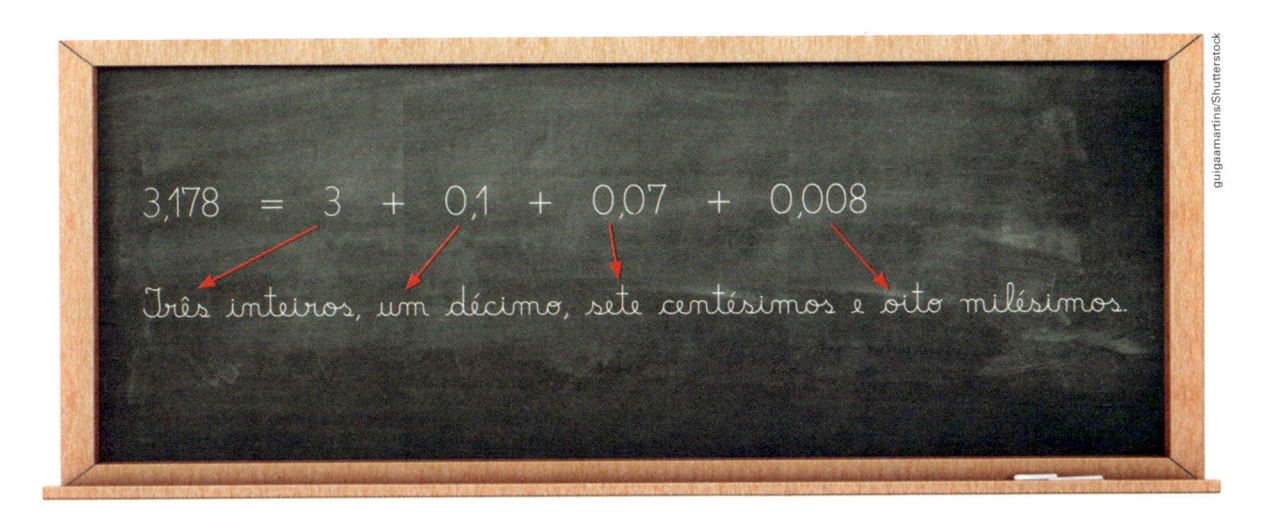

3,178 = 3 + 0,1 + 0,07 + 0,008

Três inteiros, um décimo, sete centésimos e oito milésimos.

4 Agora é com você! Decomponha os números abaixo e escreva-os por extenso.

a) 9,531 = _____

b) 7,024 = _____

c) 5,45 = _____

d) 2,001 = _____

5 Vamos comparar os números 3,178 e 3,182? Relembre ao lado a decomposição do número 3,178 e veja a decomposição do número 3,182.

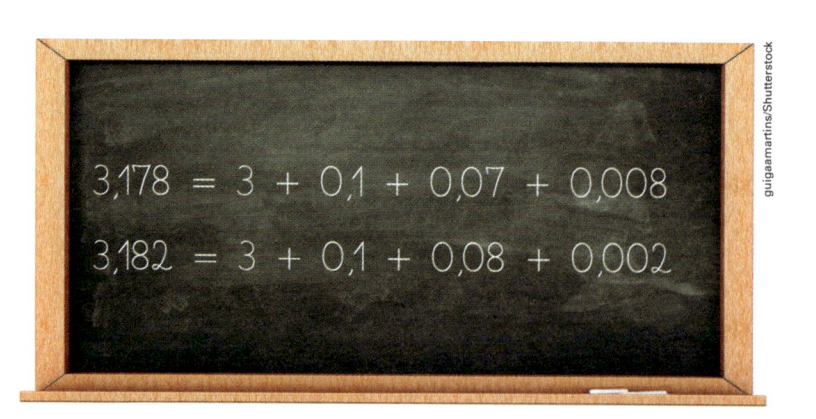

$$3,178 = 3 + 0,1 + 0,07 + 0,008$$
$$3,182 = 3 + 0,1 + 0,08 + 0,002$$

a) Qual desses números tem o maior algarismo na ordem das unidades? Comparando apenas esses algarismos é possível dizer qual desses números é maior?

b) Qual desses números tem o maior algarismo na ordem dos décimos? Comparando apenas esses algarismos é possível dizer qual desses números é maior?

c) Qual desses números tem o maior algarismo na ordem dos centésimos? Comparando apenas esses algarismos é possível dizer qual desses números é maior?

d) Foi necessário comparar os algarismos da ordem dos milésimos para descobrir qual desses números é maior? E se você estivesse comparando os números 3,178 e 3,179?

6 Compare os números decimais abaixo usando os sinais > (é maior do que), < (é menor do que) ou = (é igual a).

a) 10,09 _____ 10,5

b) 0,8 _____ 0,51

c) 1,25 _____ 1,5

d) 101,7 _____ 101,07

e) 305,3 _____ 305,30

f) 200,5 _____ 200,50

g) 22,03 _____ 21,3

h) 101,01 _____ 101,1

i) 0,004 _____ 0,040

7 Escreva em ordem crescente os números abaixo e comente com os colegas a estratégia que você usou para compará-los.

0,81   0,55   0,001   1,5   1,2   1,05   0,002   0,005

_____

8 Uma empresa de estatística monitorou o tempo que os visitantes ficaram em um *site* de notícias. Veja abaixo os 20 primeiros registros feitos em uma segunda-feira.

3,167 minutos	1,442 minuto	2,705 minutos	3,107 minutos	3,224 minutos
6,19 minutos	4,652 minutos	3,025 minutos	2,8 minutos	3,307 minutos
3,187 minutos	2,998 minutos	1,900 minuto	5,06 minutos	2,899 minutos
3,370 minutos	2,969 minutos	4,003 minutos	4,11 minutos	1,404 minuto

a) Qual foi o maior tempo de permanência registrado? E o menor tempo?

_____

_____

b) Escreva nos quadrinhos acima números ordinais de acordo com o tempo de permanência nesse *site*, em ordem crescente.

A CALCULADORA E OS DECIMAIS

Observe a calculadora ao lado. Você sabe para que serve a tecla destacada?

Essa é a tecla de ponto, que é usada no lugar da vírgula para representar na calculadora números na forma decimal.

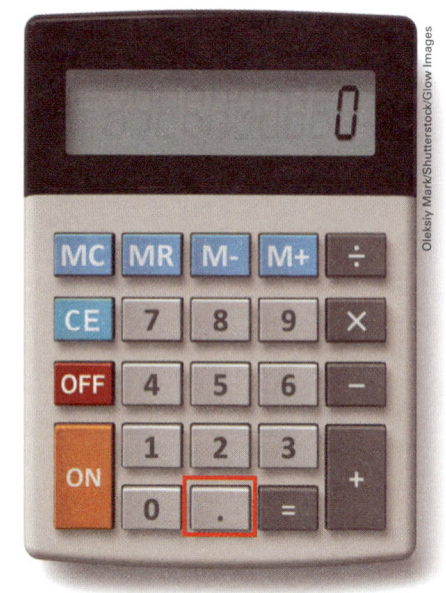

Maria Clara está representando alguns decimais no visor de uma calculadora. Para representar 1 décimo, ela apertou as teclas `0` `.` `1` e, em seguida, apertou `=`. Veja abaixo o decimal que apareceu no visor da calculadora.

1 Agora é a sua vez! Aperte as teclas abaixo em uma calculadora e veja o decimal que aparece no visor. Depois, complete as frases.

a) `0` `.` `2` `=`

No visor da calculadora apareceu o decimal _____.

b) `0` `.` `4` `7` `=`

No visor da calculadora apareceu o decimal _____.

c) `0` `.` `9` `6` `=`

No visor da calculadora apareceu o decimal _____.

2 Depois de representar 1 décimo no visor da calculadora, Maria Clara quis representar 10 centésimos e 100 milésimos. Mas, ao apertar a tecla = após cada número, ela ficou surpresa com o que apareceu no visor!

a) Faça como Maria Clara e represente 10 centésimos e 100 milésimos na calculadora. Verifique o decimal que aparece no visor quando você aperta a tecla = e registre-o abaixo.

| 0 | . | 1 | 0 | = |

No visor da calculadora apareceu o decimal _____.

| 0 | . | 1 | 0 | 0 | = |

No visor da calculadora apareceu o decimal _____.

b) Por que você acha que Maria Clara ficou surpresa?

> Você já sabe que: 1 décimo = 10 centésimos = 100 milésimos ou $\frac{1}{10} = \frac{10}{100} = \frac{100}{1000}$. Assim: 0,1 = 0,10 = 0,100

3 Pinte da mesma cor os quadrinhos abaixo que têm o mesmo número.

| $\frac{500}{1000}$ | 0,505 | $\frac{50}{100}$ | 0,601 | 0,005 | 0,050 |

| $\frac{160}{1000}$ | $\frac{5}{1000}$ | $\frac{5}{10}$ | 0,16 | 0,5 | $\frac{16}{10}$ |

| $\frac{50}{1000}$ | 0,50 | $\frac{55}{1000}$ | 0,05 | $\frac{5}{100}$ | $\frac{16}{100}$ |

| 0,500 | 0,106 | 0,160 | $\frac{16}{1000}$ | 0,016 | $\frac{55}{100}$ |

ÁREA E PERÍMETRO

Érica e Fabrício se entretêm juntos no jogo **Mundo da escavação**. Nesse jogo, eles podem construir casas, minerar e criar objetos de madeira e de metal. Após um tempo explorando, eles decidiram limpar uma clareira para construir 1 casa para cada um. Eles cercaram seus terrenos com pedaços de cerca de 2 cores diferentes. Veja abaixo como ficaram as cercas que eles construíram no jogo.

1 A cerca da esquerda foi construída por Érica, e a da direita, por Fabrício.

a) Quantos pedaços de cerca Érica usou ao todo em seu terreno? E Fabrício?

_____

_____

b) Imagine que cada pedaço de cerca tenha 1 m de comprimento. Quantos metros de cerca cada um deles usou?

_____

> Calcular o comprimento total da cerca usada em cada terreno é o mesmo que calcular o comprimento do contorno do terreno. O comprimento do contorno do terreno é chamado de **perímetro** do terreno.

c) Você já sabe o que é área! Qual é a área dos terrenos cercados por Érica e por Fabrício?

Área do terreno de Érica: _____ metros quadrados.

Área do terreno de Fabrício: _____ metros quadrados.

> Podemos abreviar metros quadrados como **m²**.

2 Observe as medidas que você calculou na atividade **1**.

a) Quem cercou um terreno com maior área?

b) Quem usou menos madeira para construir sua cerca? Então quem cercou um terreno com menor perímetro?

3 Agora imagine que cada pedaço de cerca tem 1 cm de comprimento.

a) Quantos centímetros de cerca cada um deles usou em seu terreno?

_____

> Além de metros quadrados (m²), podemos usar como unidade de medida de superfície o **centímetro quadrado (cm²)**. O centímetro quadrado é a área de um quadrado com lados medindo 1 cm.

b) Qual é a área dos terrenos cercados por Érica e por Fabrício?

Área do terreno de Érica: _____ cm².

Área do terreno de Fabrício: _____ cm².

4 O conceito de perímetro também pode ser usado em polígonos!

a) Meça os lados dos polígonos abaixo e registre a medida de cada lado próximo a ele.

b) Qual é o perímetro de cada um desses polígonos, ou seja, qual é o comprimento total de seu contorno?

Perímetro do quadrado: _____   Perímetro do triângulo: _____

Perímetro do retângulo: _____

5 Cada quadradinho das malhas quadriculadas abaixo tem lados de 1 cm.

a) Calcule a área e o perímetro de cada polígono e registre.

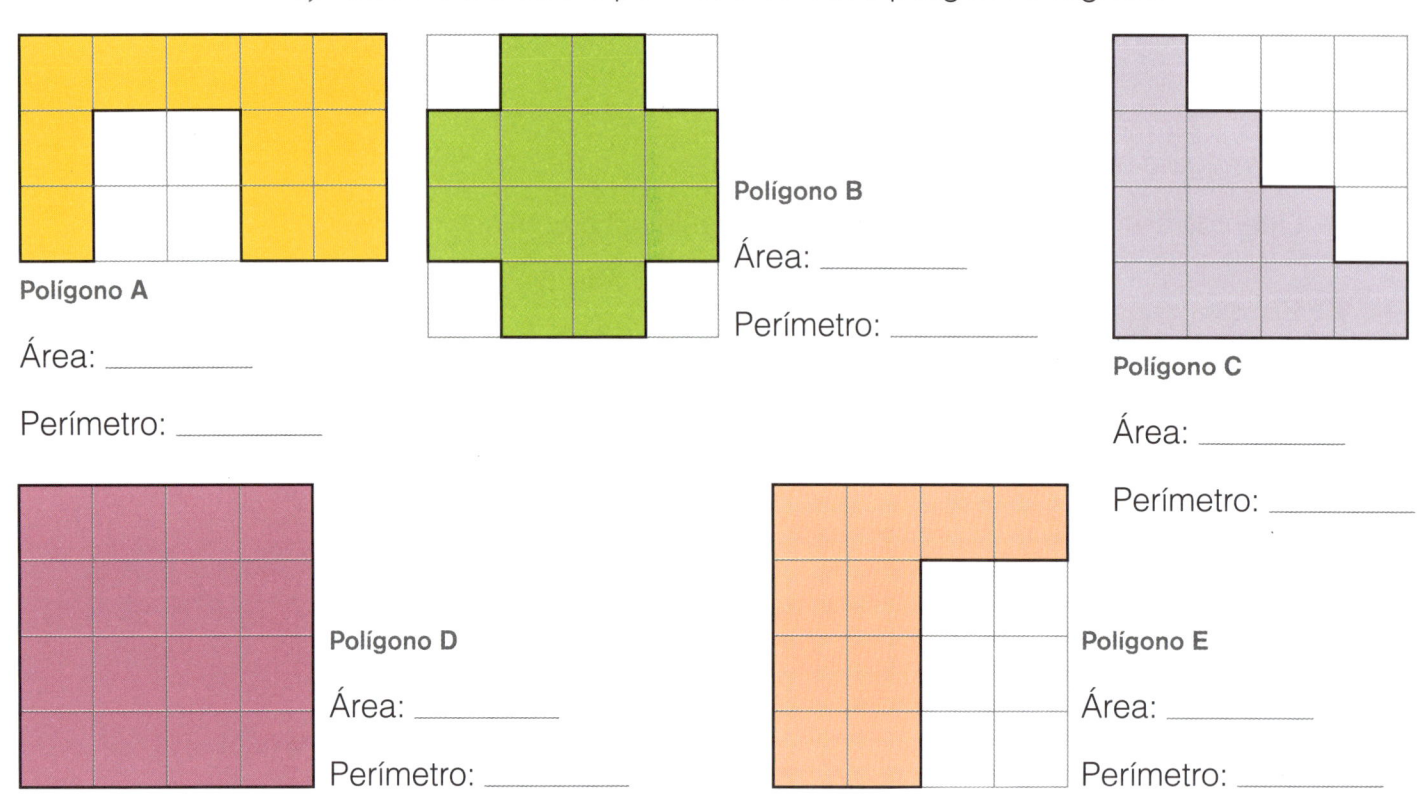

Polígono A

Área: _____

Perímetro: _____

Polígono B

Área: _____

Perímetro: _____

Polígono C

Área: _____

Perímetro: _____

Polígono D

Área: _____

Perímetro: _____

Polígono E

Área: _____

Perímetro: _____

b) Quais desses polígonos têm perímetros iguais? E as áreas deles, também são iguais?

6 A malha quadriculada abaixo tem quadradinhos com 1 cm de lado. Desenhe nela 2 retângulos diferentes que tenham 16 cm² de área, mas com perímetros diferentes. Depois, registre o perímetro delas.

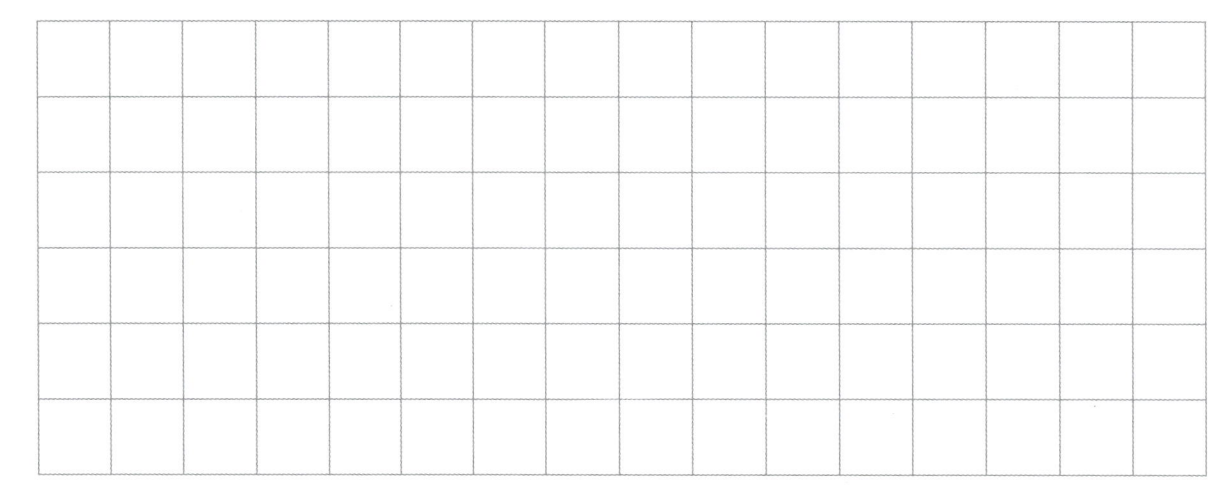

Perímetro do primeiro retângulo: _____   Perímetro do segundo retângulo: _____

7 Considere as figuras abaixo.

a) Calcule a área dessas figuras considerando 1 quadradinho de cada figura como unidade de medida.

A: _____   **C:** _____

B: _____   **D:** _____

b) Converse com os colegas. As figuras **C** e **D** são formadas pela mesma quantidade de quadradinhos? Os quadradinhos em cada figura têm o mesmo tamanho? As 2 figuras têm a mesma área?

> Só podemos fazer comparações entre 2 grandezas usando a mesma unidade de medida. Então, para comparar a área da figura **C** com a área da figura **D**, temos de dividi-las em quadradinhos iguais.

c) Veja a figura **D** dividida em quadradinhos menores, com o mesmo tamanho dos quadradinhos que dividem a figura **C**. Calcule a área de cada figura considerando esse quadradinho como unidade de medida.

C: _____   **D:** _____

d) Agora, veja a figura **C** dividida em quadradinhos com o mesmo tamanho que a figura **D** foi dividida inicialmente. Calcule a área de cada figura considerando esse quadradinho como unidade de medida.

C: _____   **D:** _____

> Podemos usar como unidade de medida qualquer tamanho de quadradinho. Nas figuras do item **d**, o quadradinho é uma unidade de medida que equivale a 4 quadradinhos pequenos das figuras do item **c**.

EXPLORANDO PRISMAS E PIRÂMIDES

Edgar resolveu propor um desafio a 3 amigas: elas tinham de adivinhar o prisma ou a pirâmide em que ele estava pensando. Cada uma podia fazer 2 perguntas e ele responderia apenas "Sim" ou "Não".

Leia abaixo o diálogo entre Edgar e suas amigas.

— TEM 2 BASES DE MESMA FORMA?
— NÃO.

— TEM MAIS DE 5 VÉRTICES?
— SIM.

— AS FACES LATERAIS SÃO TRIANGULARES?
— SIM.

— A BASE É HEXAGONAL?
— NÃO.

— TEM 6 VÉRTICES?
— SIM.

— JÁ SEI QUAL É O POLIEDRO!
— ENTÃO DIGA QUAL É O NOME DELE.

1 E você, também descobriu em qual poliedro Edgar pensou? Escreva o nome do poliedro e faça ao lado um desenho dele.

Nome: _____

2 Releia as perguntas e as respostas do desafio.

a) Quando Edgar respondeu que o poliedro não tinha 2 bases de mesma forma, que poliedros ele descartou?

_____

b) Edgar respondeu que o poliedro tinha faces laterais triangulares. Essa resposta ajudou a perceber algo sobre o poliedro?

_____

c) Se alguém perguntasse "Tem menos de 5 vértices?" e a resposta fosse "Sim", então em qual poliedro Edgar estaria pensando? Justifique.

_____

🔊 d) Crie um desafio parecido com o de Edgar, pensando em um prisma ou uma pirâmide. Depois, desafie um colega para descobrir o poliedro.

3 Classifique cada afirmação abaixo sobre os prismas e as pirâmides em verdadeira (**V**) ou falsa (**F**).

a) ☐ Os prismas e as pirâmides são figuras geométricas planas, como os polígonos.

b) ☐ Os prismas e as pirâmides são poliedros e, por isso, não são figuras geométricas planas.

c) ☐ Os prismas têm 2 bases formadas por polígonos iguais.

d) ☐ Os prismas têm 1 ou 2 bases, dependendo do polígono usado.

e) ☐ As pirâmides têm 1 ou 2 bases, dependendo do polígono usado.

f) ☐ As faces laterais dos prismas podem ser retangulares ou triangulares, dependendo da forma da base.

g) ☐ As faces laterais das pirâmides são sempre triangulares, independentemente da forma da base.

h) ☐ Nos prismas e nas pirâmides, a quantidade de faces laterais é igual à quantidade de arestas da base.

PESQUISAS NA INTERNET

Leia abaixo um texto com instruções para fazer pesquisas usando *sites* de busca na internet.

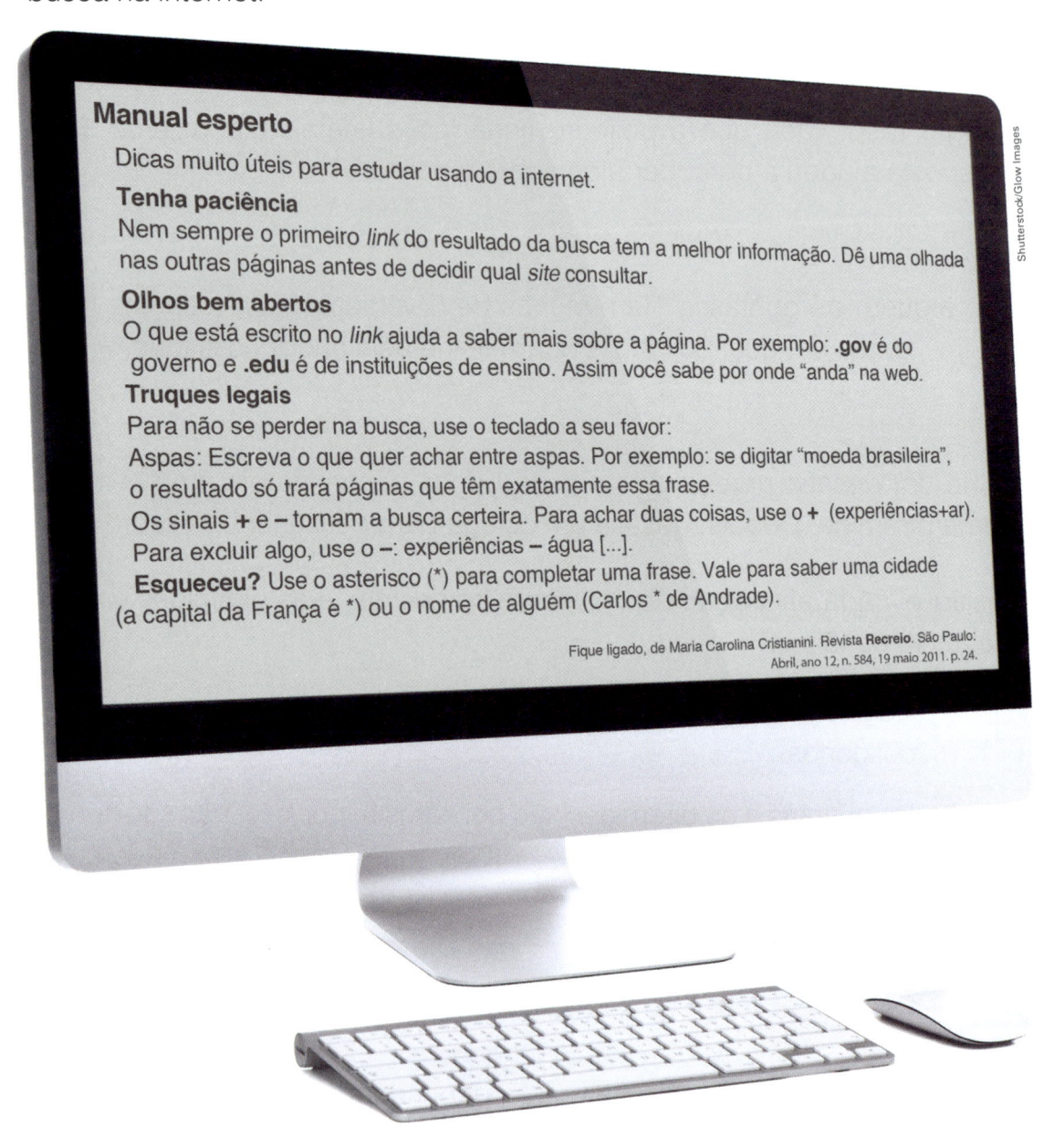

Manual esperto

Dicas muito úteis para estudar usando a internet.

Tenha paciência

Nem sempre o primeiro *link* do resultado da busca tem a melhor informação. Dê uma olhada nas outras páginas antes de decidir qual *site* consultar.

Olhos bem abertos

O que está escrito no *link* ajuda a saber mais sobre a página. Por exemplo: **.gov** é do governo e **.edu** é de instituições de ensino. Assim você sabe por onde "anda" na web.

Truques legais

Para não se perder na busca, use o teclado a seu favor:

Aspas: Escreva o que quer achar entre aspas. Por exemplo: se digitar "moeda brasileira", o resultado só trará páginas que têm exatamente essa frase.

Os sinais **+** e **–** tornam a busca certeira. Para achar duas coisas, use o **+** (experiências+ar).

Para excluir algo, use o **–**: experiências – água [...].

Esqueceu? Use o asterisco (*) para completar uma frase. Vale para saber uma cidade (a capital da França é *) ou o nome de alguém (Carlos * de Andrade).

Fique ligado, de Maria Carolina Cristianini. Revista **Recreio**. São Paulo: Abril, ano 12, n. 584, 19 maio 2011. p. 24.

1 A primeira dica do **Manual esperto** é que você olhe mais de uma página antes de decidir qual *site* consultar. Converse com os colegas e o professor sobre como escolher o melhor *site* para consultar em uma pesquisa. Depois, anote abaixo 2 critérios de escolha que você pode utilizar.

_____

_____

2 Marcela fez uma pesquisa sobre pirâmides para saber mais sobre esse poliedro. O *site* de busca apresentou 530 000 resultados, incluindo páginas sobre as pirâmides no Egito e as pirâmides no México. Seguindo a orientação do **Manual esperto**, ela mudou sua busca para pirâmides + geometria , o que reduziu o número de resultados para 199 000. Quantos resultados que provavelmente não interessavam a Marcela apareceram na primeira busca? Registre os cálculos.

_____

3 Marcela escutou uma música em uma apresentação de teatro e adorou! Ela infelizmente não conhecia a música, mas conseguiu decorar um trecho: com pedrinhas de brilhante . Chegando em casa, Marcela quis procurar a música na internet.
Como Marcela pode fazer para encontrar rapidamente a letra dessa música?

_____

_____

4 Ao pesquisar sobre o cientista Alexander G. Bell, Marcela digitou no *site* de pesquisas "Alexander G. Bell" e obteve menos resultados do que quando digitou "Alexander Bell" . Converse com os colegas e o professor sobre o motivo de o resultado ser diferente.

5 Um dos colegas de Marcela não pode ingerir leite e derivados do leite. Ela quer procurar uma receita de bolo que não utiliza esses ingredientes. Como ela pode fazer essa pesquisa?

_____

_____

6 Marcela quer pesquisar o nome da cidade mais antiga do Brasil. Sugira 2 maneiras diferentes para ela fazer essa pesquisa usando o símbolo *.

_____

_____

ATIVIDADES DO CAPÍTULO

1. Pense nas moedas do Real.

   a) Quantos centavos há em R$ 2,50? _____

   b) Para formar essa quantia, quais e quantas moedas do Real você usaria?
   _____

2. Escreva os números abaixo em ordem decrescente.

   5,50   0,660   22,8   2,80   4,2   4,02   0,015   0,150
   _____

3. Decomponha os números decimais abaixo e escreva-os por extenso.

   a) 0,758 = _____
   _____

   b) 2,310 = _____
   _____

   c) 2,301 = _____
   _____

4. Calcule a área e o perímetro de cada figura abaixo, sabendo que cada quadradinho tem lados medindo 1 cm.

   a)

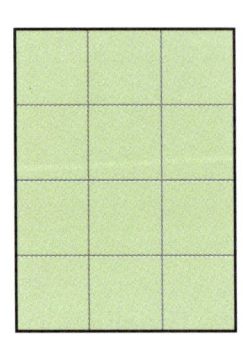

   Área: _____

   Perímetro: _____

   b)

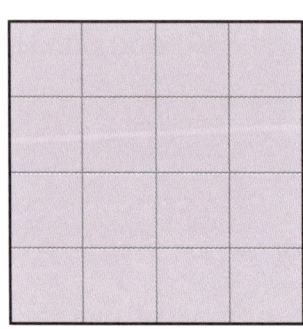

   Área: _____

   Perímetro: _____

   c)

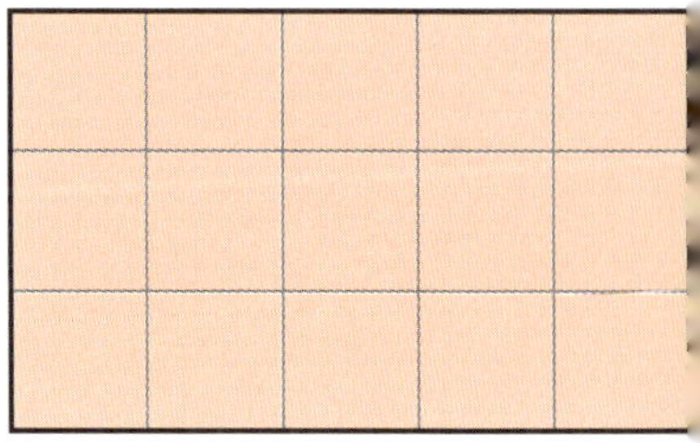

   Área: _____

   Perímetro: _____

RESOLVENDO PROBLEMAS

- Arabela e seu marido Rafael moram em Recife. Em um domingo, eles foram andar de bicicleta.

  - O passeio do casal iniciou-se às 11:10.

  - Eles foram de bicicleta até a casa da mãe de Rafael, que fica 3 quilômetros distante da casa onde moram.

  - Em seguida, o casal e a mãe de Rafael caminharam até a papelaria, que fica a 0,5 quilômetro da casa dela. Arabela pagou ao todo R$ 81,00 nos 3 cadernos iguais que eles compraram.

  - Depois eles caminharam de volta com a mãe de Rafael até a casa dela.

  - Por fim, o casal retornou de bicicleta à casa onde moram, chegando 1 hora e 45 minutos depois do horário em que saíram.

  Ciclovia na praia de Boa Viagem, em Recife, em Pernambuco. Foto de 2016.

  a) Complete as frases abaixo.

  - Ao todo, o casal percorreu _____ km de bicicleta.

  - O casal e a mãe de Rafael caminharam por _____ km.

  - Ao todo, o casal percorreu _____ km.

  b) Complete: cada caderno que eles compraram custou R$ _____.

  c) Arabela pagou os cadernos com 1 cédula de 100 reais e mais 2 moedas. Ela recebeu 1 cédula de troco. Qual é o valor de cada moeda que ela deu?

  _____

  d) O casal voltou à casa onde moram antes das 13:00? Em que horário eles chegaram?

  _____

CÁLCULO MENTAL

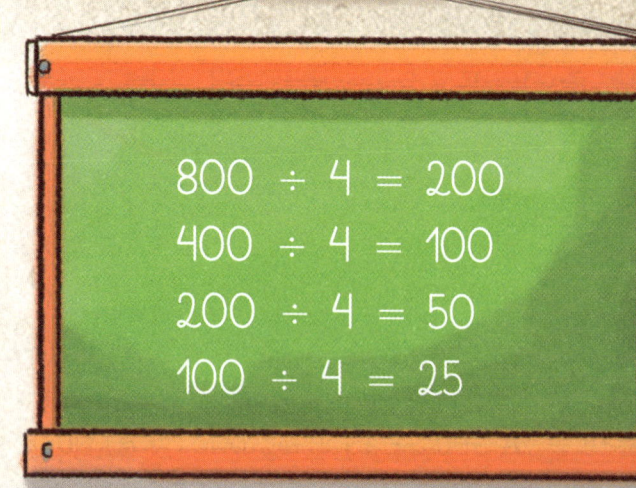

1. Observe os termos das divisões ao lado.

   a) O que é possível observar em relação ao dividendo de cada divisão?
   _____
   _____
   _____

   $800 \div 4 = 200$
   $400 \div 4 = 100$
   $200 \div 4 = 50$
   $100 \div 4 = 25$

   b) O que é possível observar em relação ao divisor?
   _____

   c) E o que é possível observar em relação ao quociente?
   _____

   d) Agora, considerando o que você observou nessas divisões, resolva as divisões abaixo.

   $810 \div 3 = 270$
   $270 \div 3 = $ _____
   $90 \div 3 = $ _____
   $30 \div 3 = $ _____

   $1500 \div 2 = $ _____
   $300 \div 2 = $ _____
   $60 \div 2 = $ _____
   $12 \div 2 = $ _____

   $320 \div 5 = 64$
   $80 \div 5 = $ _____
   $20 \div 5 = $ _____
   $5 \div 5 = $ _____

   $224 \div 4 = $ _____
   $112 \div 4 = $ _____
   $56 \div 4 = $ _____
   $28 \div 4 = $ _____

2. Se você sabe que $80 \div 4 = 20$, então consegue calcular rapidamente o valor de $160 \div 4$? Justifique.
   _____

3. Observe as divisões ao lado.

a) O que é possível observar em relação ao dividendo de cada divisão?
_____
_____

$$800 \div 25 = 32$$
$$800 \div 50 = 16$$
$$800 \div 100 = 8$$
$$800 \div 200 = 4$$

b) O que é possível observar em relação ao divisor?
_____

c) E o que é possível observar em relação ao quociente?
_____

d) Agora, considerando o que você observou nessas divisões, resolva as divisões abaixo.

$80 \div 1 = 80$

$80 \div 2 = $ _____

$80 \div 4 = $ _____

$80 \div 8 = $ _____

$40 \div 5 = $ _____

$40 \div 10 = $ _____

$40 \div 20 = $ _____

$40 \div 40 = $ _____

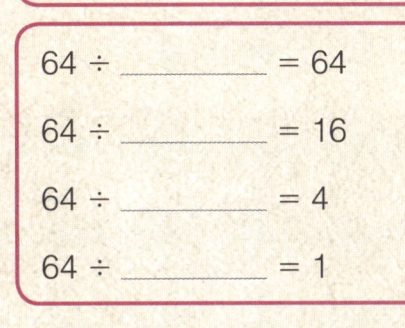

$81 \div 1 = 81$

$81 \div 3 = $ _____

$81 \div 9 = $ _____

$81 \div 27 = $ _____

$64 \div $ _____ $= 64$

$64 \div $ _____ $= 16$

$64 \div $ _____ $= 4$

$64 \div $ _____ $= 1$

● **MINHAS DICAS**

Anote algo que você aprendeu nestas atividades e que pode ajudar a realizar seus cálculos mais rapidamente.
_____
_____

LER E ENTENDER

Hoje em dia é comum as pessoas usarem símbolos no meio de textos, principalmente em conversas pelo computador ou celular. Você conhece os símbolos abaixo?

Fonte de consulta: TECH TUDO. **Listas**. Disponível em: <www.techtudo.com.br/listas/noticia/2015/07/os-melhores-desafios-de-emojis-da-internet.html>. Acesso em: 5 abr. 2016.

ANALISE

1. Observe o texto acima.

   a) Você sabe como se chamam esses símbolos?
   _____

   b) Onde você já viu esses símbolos serem usados? Cite 2 exemplos.
   _____

   c) Do que trata esse texto?
   _____

   d) O que significam os números contidos no texto?
   _____
   _____

RELACIONE

2. Vamos pesquisar!

   a) Pergunte a um adulto o que é um ditado popular e registre abaixo.

   _____
   _____

   b) Peça a um adulto que lhe ensine um ditado popular que você não conhece. Anote abaixo e mostre aos colegas.

   _____

   c) Escolha 2 ditados populares do texto da página anterior. Identifique quais são esses ditados e escreva-os abaixo usando palavras. Não se esqueça de anotar o número que identifica os ditados populares que você escolheu.

   _____
   _____
   _____
   _____

3. Agora é a sua vez!

   a) Escolha o nome de um livro ou de um filme. Em seguida, escreva-o abaixo usando somente símbolos. Você pode usar *emojis* ou símbolos que você mesmo inventar!

   Eu escolhi o nome _____.

   b) Mostre seu texto para um colega. Peça a ele que descubra o que significa e registre sua descoberta abaixo. Em seguida, anote o nome que você escolheu e verifique se ele acertou.

   Nome que meu colega identificou: _____

   Nome que eu escolhi: _____

O QUE APRENDI?

1. Observe novamente a imagem que você viu na abertura desta Unidade.

    a) Quais decimais que aparecem na lousa são maiores do que 1?
    _____

    b) Qual é o título do gráfico apresentado no *slide*?
    _____

    c) Com qual grupo de pessoas a pesquisa representada nesse gráfico foi feita?
    _____

    d) Quantos alunos dessas turmas acessam a internet todos os dias?
    _____
    _____

    e) Qual turma tem mais alunos que acessam a internet todos os dias? Quantos alunos?
    _____
    _____

2. Considere os polígonos que aparecem na apresentação de *slides*.

   a) Quantos eixos de simetria tem o ◇ ? E quantos eixos de simetria tem o ⬠ ?

   _____

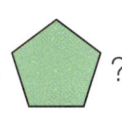

   b) Reproduza o ▢ na malha quadriculada ao lado e trace todos os seus eixos de simetria.

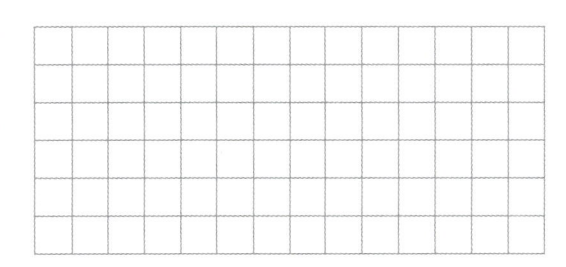

3. Contorne a planificação que corresponde ao calendário sobre a mesa do professor.

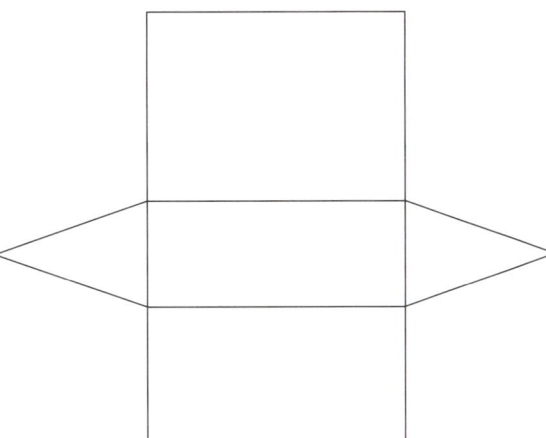

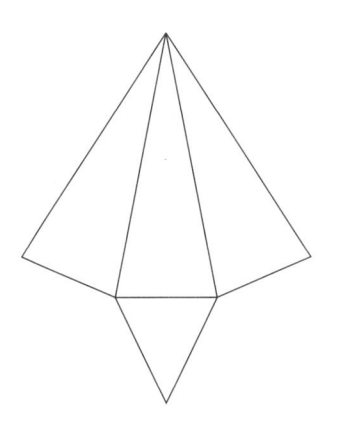

MINHA COLEÇÃO DE PALAVRAS

Escreva o significado de cada expressão abaixo.

- Figura plana simétrica: _____

- Milésimo: _____

- Segmento de reta: _____

- Quociente: _____

275

PARA SABER MAIS

LIVROS

Adivinhe se puder, de Eva Furnari. São Paulo: Moderna, 2011.
Esse livro apresenta uma coletânea de adivinhas engraçadas e com temas pertinentes ao universo infantil. As ilustrações que acompanham o texto despistam o leitor, fazendo-o raciocinar em uma direção equivocada, o que é justamente o espírito dessa brincadeira popular.

Alice no país dos números, de Carlo Frabetti. São Paulo: Ática, 2009.
Alice é uma menina dos dias de hoje que odeia Matemática. Em uma viagem fabulosa, ela vive muitas aventuras com os personagens da história de outra Alice, a do País das Maravilhas. Mas a grande aventura de Alice – e dos leitores – é descobrir que a Matemática é divertida.

A Matemática no museu de arte, de Majungmul. São Paulo: Callis, 2012.
O livro ensina a analisar obras de arte com um olhar matemático: pontos que se unem para formar retas, braço em formato de cilindro, etc. Ele mostra vários detalhes de obras de artistas famosos, que utilizam elementos da Matemática para compor seus trabalhos.

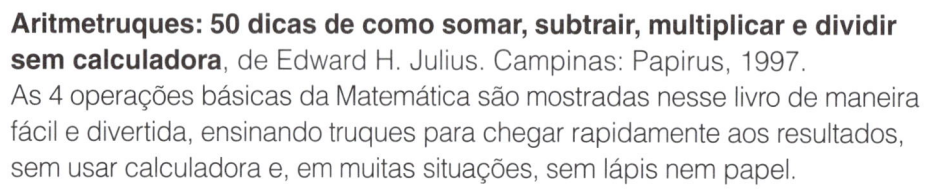

Aritmetruques: 50 dicas de como somar, subtrair, multiplicar e dividir sem calculadora, de Edward H. Julius. Campinas: Papirus, 1997.
As 4 operações básicas da Matemática são mostradas nesse livro de maneira fácil e divertida, ensinando truques para chegar rapidamente aos resultados, sem usar calculadora e, em muitas situações, sem lápis nem papel.

Contando com o relógio, de Nílson José Machado. São Paulo: Scipione, 2003.
Quando chega à classe, Gustavo nota que um dos ponteiros do relógio sumiu! A professora aproveita para dar uma aula diferente e divertida ensinando os alunos a ver o horário, mesmo sem o auxílio do ponteiro grande.

Diário de uma minhoca, de Doreen Cronin. São Paulo: Companhia das Letrinhas, 2004.
Esse livro relata de forma animada e divertida como é o cotidiano da vida de um minhoco em seu mundo subterrâneo: ele vai à escola, brinca com os amigos e faz a lição de casa.

Dinheiro, dinheirim – moeda no cofrim: fazendo poupança, o porquinho Dindim enche a pança, de Itamar Rabelo, Mauro Nogueira e Victor José Hohl. São Paulo: Senac, 2008.
Usando versos e linguagem simples, o porquinho Dindim dá uma aula sobre como poupar dinheiro, um hábito que deve começar na infância. Com esse livro o leitor perceberá que a educação financeira é um conhecimento que promove a qualidade de vida e a construção de uma sociedade melhor.

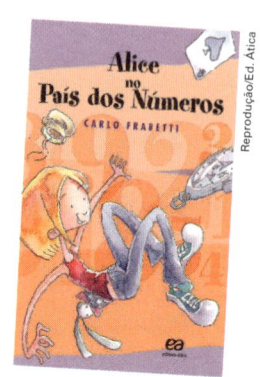

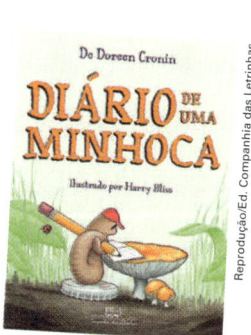

Em busca dos números perdidos, de Michael Thomson.
São Paulo: Melhoramentos, 2010.

Enquanto investiga o desaparecimento dos números e procura descobrir o culpado desse crime, o leitor vai resolvendo problemas matemáticos e avança nos desafios em busca da solução.

Matemática em mil e uma histórias – Uma história da China: figuras geométricas planas, de Martins Rodrigues Teixeira.
São Paulo: FTD, 1998.

Nesse livro, que faz parte da coleção "Matemática em mil e uma histórias", o Vô Lao conta sobre o tangram, e a garotada se diverte criando figuras.

O livro das formas do sr. Formalindo, de Marcelo Cipis.
São Paulo: Global, 2011.

Circunferência, triângulo, quadrado, retângulo e outras figuras geométricas desvendam as formas do mundo, contando uma história apenas por imagens.

Operação dragão amarelo, de Julian Press.
São Paulo: Cia. das Letras, 2005.

Três irmãos detetives vivem uma aventura emocionante em um castelo, investigando o desaparecimento de uma moeda rara. A cada capítulo, o leitor deve seguir as informações relatadas pelos personagens e as pistas deixadas nas ilustrações para desvendar o mistério.

O pintinho que nasceu quadrado, de Regina Chamlian e Helena Alexandrino. São Paulo: Global, 2007.

O livro fala das diferenças humanas e do lugar no mundo a que cada um tem direito. Em busca desse lugar, os diferentes seres da história saem pelos caminhos em busca de um mundo melhor.

O pirulito do pato, de Nílson José Machado.
São Paulo: Scipione, 2004.

Os patinhos Lino e Dino acabam de ganhar da mãe um pirulito dividido em 2. Aí chega o patinho Xato: mais 1 patinho para dividir o pirulito. Quando cada um dos 3 patinhos já estava com sua parte... Chega Zinho, e mais uma divisão para ser resolvida.

Os problemas da família Gorgonzola, de Eva Furnari.
São Paulo: Moderna, 2015.

A família Gorgonzola está cheia de problemas. Será que você consegue ajudá-la resolvendo os desafios que aparecem nesse livro?

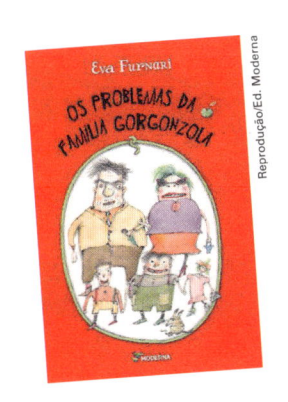

SITES

Todos os *sites* relacionados foram acessados em: 27 jun. 2016.

CIÊNCIA HOJE DAS CRIANÇAS. Disponível em: <http://chc.cienciahoje.uol.com.br/>.

Esse *site* disponibiliza materiais científicos, com temas gerais e específicos da Matemática, em linguagem própria para as crianças.

IBGE 7 A 12. Disponível em: <www.7a12.ibge.gov.br>.

Esse *site* do IBGE é destinado às crianças de 7 a 12 anos de idade. Ele disponibiliza informações sobre o Brasil e sua população, jogos, brincadeiras, mapas e materiais para pesquisa.

REVISTA RECREIO. Disponível em: <www.recreio.com.br>.

Esse *site* apresenta jogos educativos para crianças. Aprenda e divirta-se com os desafios de Matemática!

TARSILA DO AMARAL. Disponível em: <www.tarsiladoamaral.com.br/>.

Site oficial da artista plástica brasileira Tarsila do Amaral, onde é possível conhecer a biografia e as obras dela e, ainda, brincar com quebra-cabeças, jogos da memória e caça-palavras.

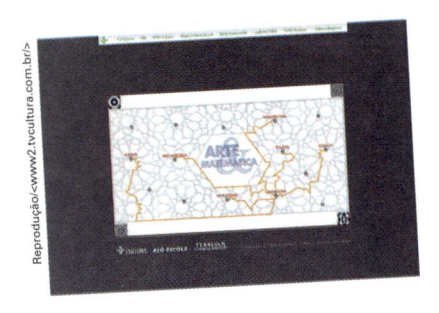

TV CULTURA. Disponível em: <www2.tvcultura.com.br/artematematica/home.html>. Na programação de Educação do *site* da TV Cultura, é possível acessar a série **Arte e Matemática**, que apresenta conteúdos variados associados à Matemática: obras de arte, vídeos, jogos e atividades com mosaicos, simetria, tangram, etc.

BIBLIOGRAFIA

ASCHENBACH, Lena. *A arte-magia das dobraduras:* histórias e atividades pedagógicas com *origami*. São Paulo: Scipione, 1990.

BORIN, Júlia. *Jogos e resolução de problemas:* uma estratégia para as aulas de Matemática. São Paulo: CAEM/IME-USP, 2002.

BRASIL. *Elementos conceituais e metodológicos para a definição dos direitos da aprendizagem e desenvolvimento do ciclo de alfabetização (1º, 2º e 3º anos do Ensino Fundamental)*. Brasília: DICEI/COEF, 2012.

_____. *Lei de Diretrizes e Bases da Educação Nacional (LDB):* lei n. 9 394, de 20 de dezembro de 1996, que estabelece as diretrizes e bases da educação nacional. Brasília: Câmara dos Deputados, Edições Câmara, 2011.

_____. Ministério da Educação. Secretaria de Educação Básica. Fundo Nacional de Desenvolvimento da Educação. *Ensino Fundamental de nove anos:* orientações para a inclusão da criança de seis anos de idade. Brasília, 2006.

_____. Ministério da Educação. Secretaria de Educação Básica. Fundo Nacional de Desenvolvimento da Educação. *Pró-letramento:* programa de formação continuada de professores das séries iniciais do Ensino Fundamental: Matemática. Brasília, 2006.

_____. Ministério da Educação. Secretaria de Educação Fundamental. *Parâmetros Curriculares Nacionais:* Matemática. Brasília, 1997.

_____. Ministério da Educação. Secretaria de Educação Fundamental. *Parâmetros Curriculares Nacionais:* temas transversais – ética, pluralidade cultural, orientação sexual. Brasília, 1997.

_____. *Pacto Nacional pela Alfabetização na Idade Certa (PNAIC)*. Disponível em: <pacto.mec.gov.br/component/content/article/2-uncategorised/53-entendendo-o-pacto>. Acesso em: 16 set. 2015.

CENTURIÓN, Marília. *Números e operações:* conteúdo e metodologia da Matemática. São Paulo: Scipione, 1995.

COLL, César; TEBEROSKY, Ana. *Aprendendo Matemática:* conteúdos para o Ensino Fundamental de 1ª a 4ª série. São Paulo: Ática, 2000.

D'AMBROSIO, Ubiratan. *Da realidade à ação:* reflexões sobre educação e Matemática. Campinas: Summus/Ed. da Unicamp, 1986.

DUVAL, Raymond; MACHADO, Sílvia Dias Alcântara (Org.). Registros de representação semiótica e funcionamento cognitivo da compreensão em Matemática. In: *Aprendizagem em Matemática*. Campinas: Papirus, 2007.

FRIEDMANN, Adriana. *Brincar:* crescer é aprender. O resgate do jogo infantil. São Paulo: Moderna, 1996.

HAYDT, Regina Célia. *Avaliação do processo ensino-aprendizagem.* São Paulo: Ática, 2000.

ISAACS, Geoff. *Bloom's Taxonomy of Educational Objectives.* Teaching and Educational Development Institute. Australia: University of Queensland, 1996.

KAMII, Constance. *A criança e o número.* Campinas: Papirus, 2003.

_____; DEVRIES, Rheta. *Jogos em grupo na educação infantil:* implicações da teoria de Piaget. São Paulo: Trajetória Cultural, 1991.

KISHIMOTO, Tizuko Morchida. *O jogo e a educação infantil.* São Paulo: Pioneira, 1994.

LERNER, Delia. *Didática da Matemática:* reflexões psicopedagógicas. Porto Alegre: Artmed, 1996.

_____. *Ler e escrever na escola:* o real, o possível e o necessário. Porto Alegre: Artmed, 2002.

MACHADO, Nílson José. *Conhecimento e valor.* São Paulo: Moderna, 2004.

_____. *Educação:* projetos e valores. São Paulo: Escrituras, 2004.

_____. *Educação e autoridade.* Petrópolis: Vozes, 2008.

NUNES, Terezinha et al. *Educação Matemática:* números e operações numéricas. São Paulo: Cortez, 2005. v. 1.

PANIZZA, Mabel. *Ensinar Matemática na Educação Infantil e nas séries iniciais.* Porto Alegre: Artmed, 2006.

PERRENOUD, Philippe. *Construir as competências desde a escola.* Porto Alegre: Artmed, 1999.

SACRISTÁN, José Gimeno. *O currículo:* uma reflexão sobre a prática. Porto Alegre: Artmed, 2000.

SMOLE, Kátia Stocco; DINIZ, Maria Ignez; CÂNDIDO, Patrícia. *Brincadeiras infantis nas aulas de Matemática.* Porto Alegre: Artmed, 2000.

_____. *Resolução de problemas.* Porto Alegre: Artmed, 2000.

ZABALA, Antoni. *A prática educativa:* como ensinar. Porto Alegre: Artmed, 1998.

TABULEIRO DO JOGO QUATRO EM LINHA

PÁGINAS 32 E 33 DO LIVRO

0	1	2	3	4	5	6	7
27	28	29	30	31	32	33	8
26	54	55	60	64	66	34	9
25	50	120	125	144	72	35	10
24	48	108	180	150	75	36	11
23	45	100	96	90	80	37	12
22	44	42	41	40	39	38	13
21	20	19	18	17	16	15	14

QUATRO EM LINHA

FICHAS DO JOGO QUATRO EM LINHA

PÁGINAS 32 E 33 DO LIVRO

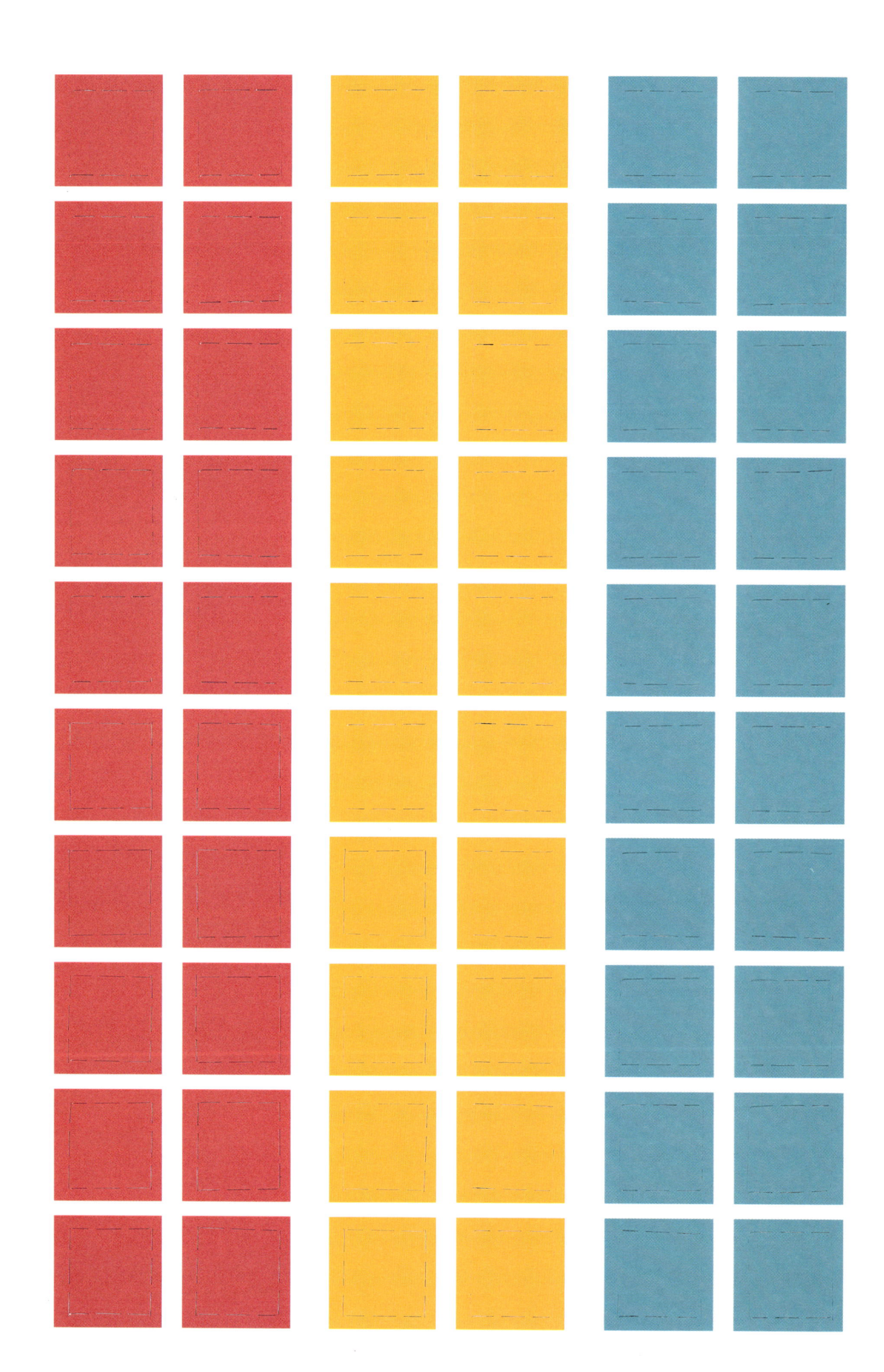

4

DADOS DO JOGO QUATRO EM LINHA

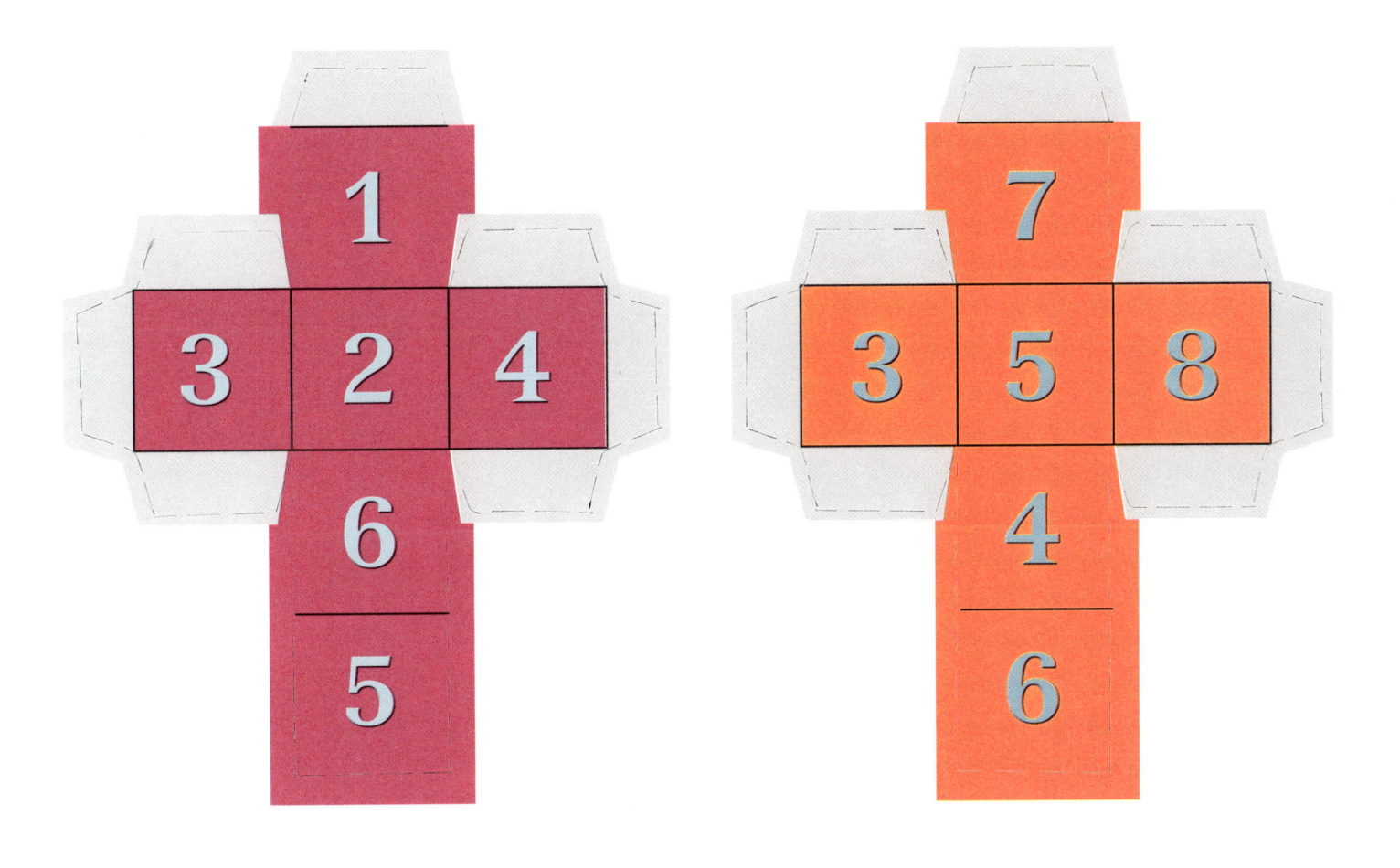

PÁGINAS 32 E 33 DO LIVRO

DOBRE

COLE

5

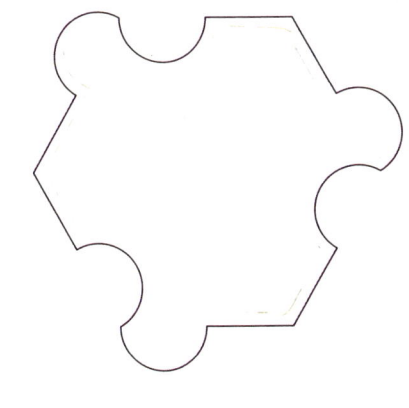

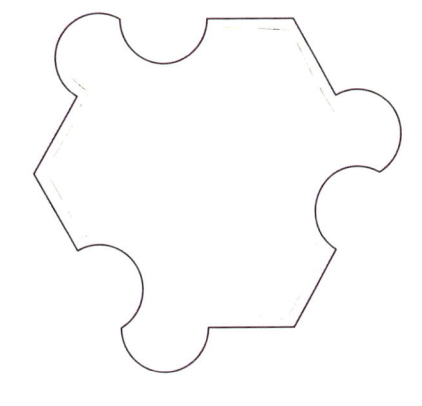

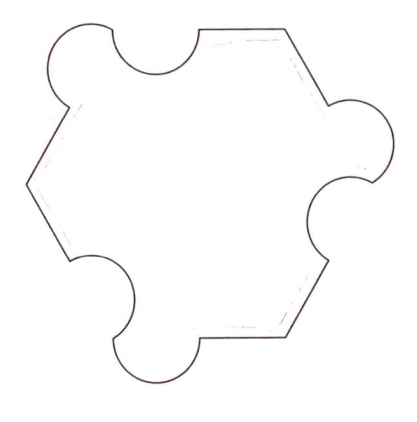

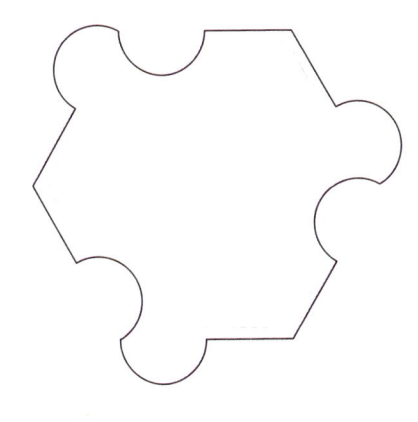

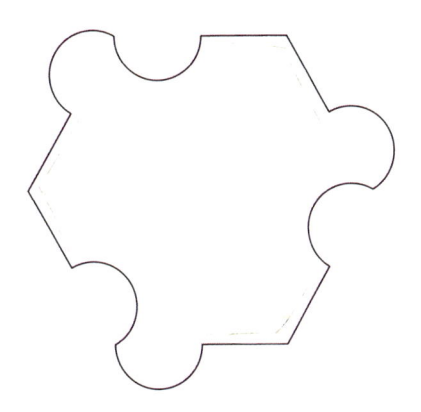

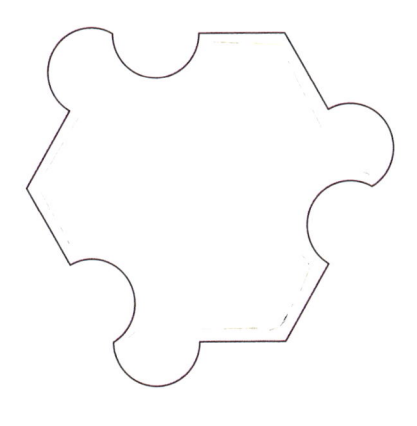

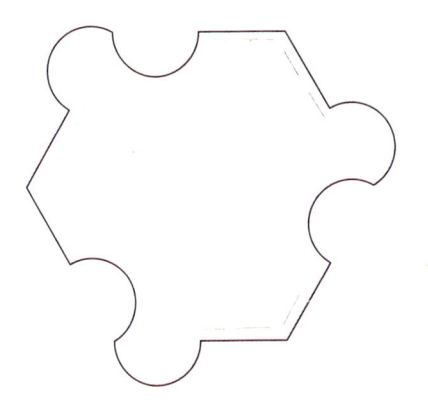

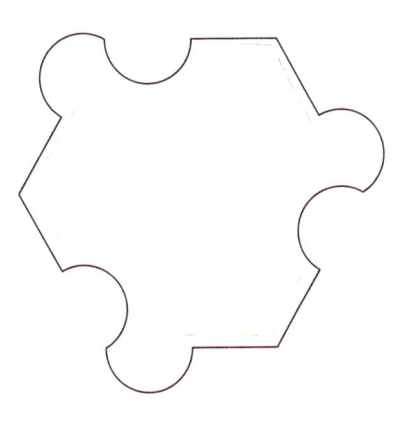

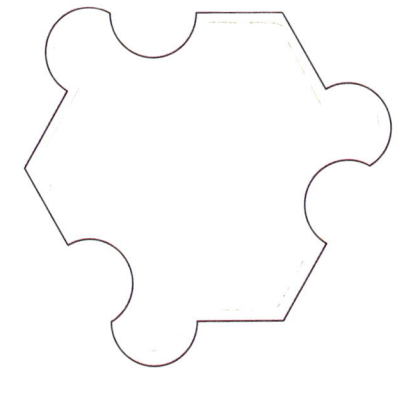

PEÇAS DO MOSAICO

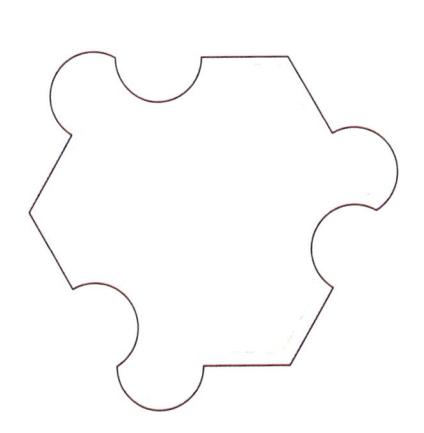

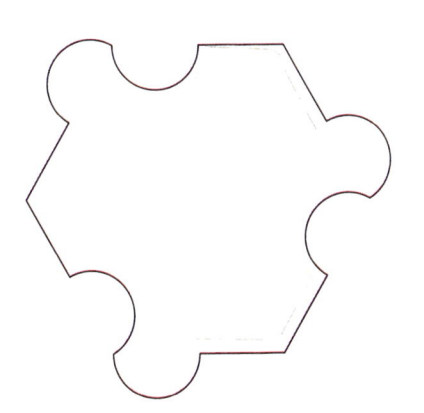

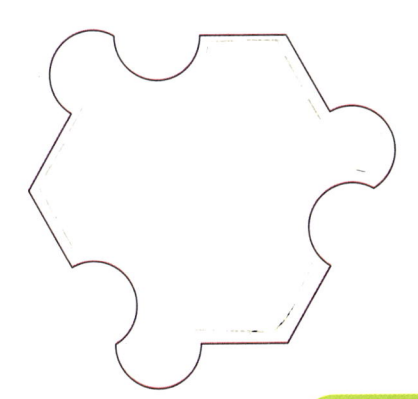

PÁGINA 76 DO LIVRO

PEÇAS DO MOSAICO DE TRAPÉZIOS

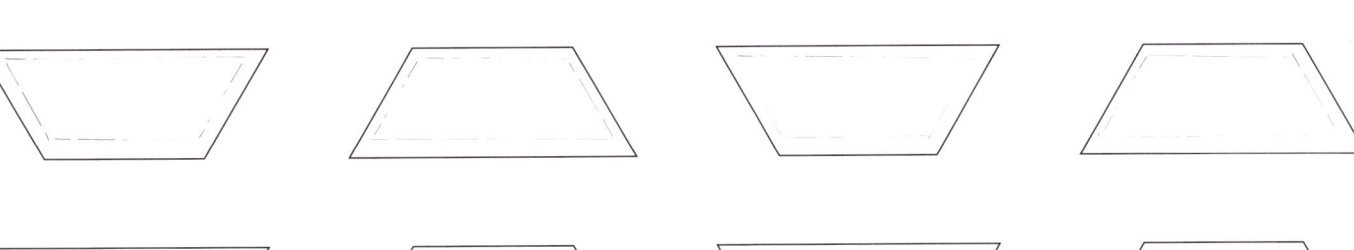

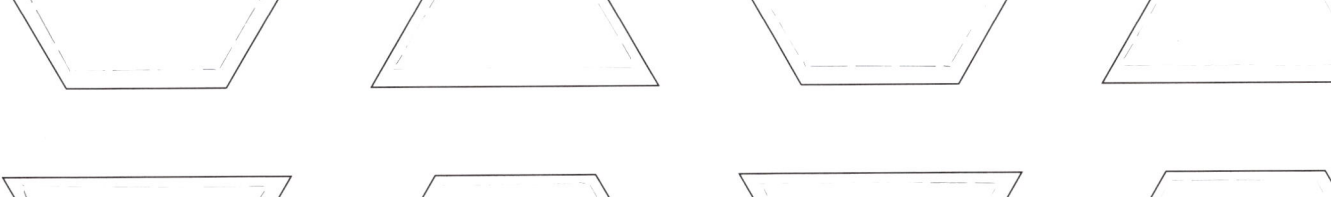

PÁGINA 77 DO LIVRO

10

CÍRCULOS

PÁGINAS 84 E 85 DO LIVRO

12

CÍRCULOS

PÁGINAS 84 E 85 DO LIVRO

MOLDE DE CUBO

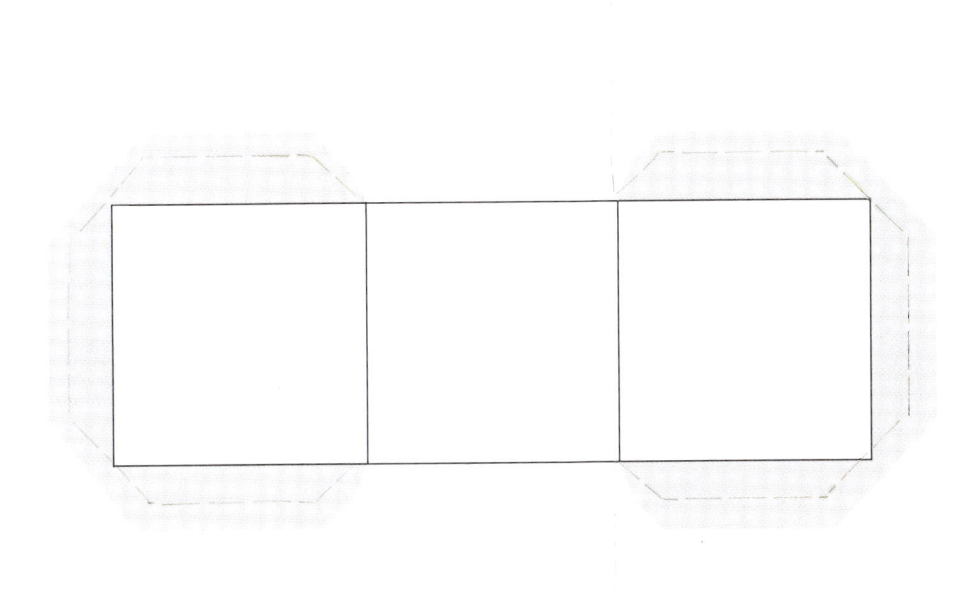

PÁGINA 91 DO LIVRO

———————— DOBRE

- - - - - - - COLE

15

MOLDE DE PARALELEPÍPEDO

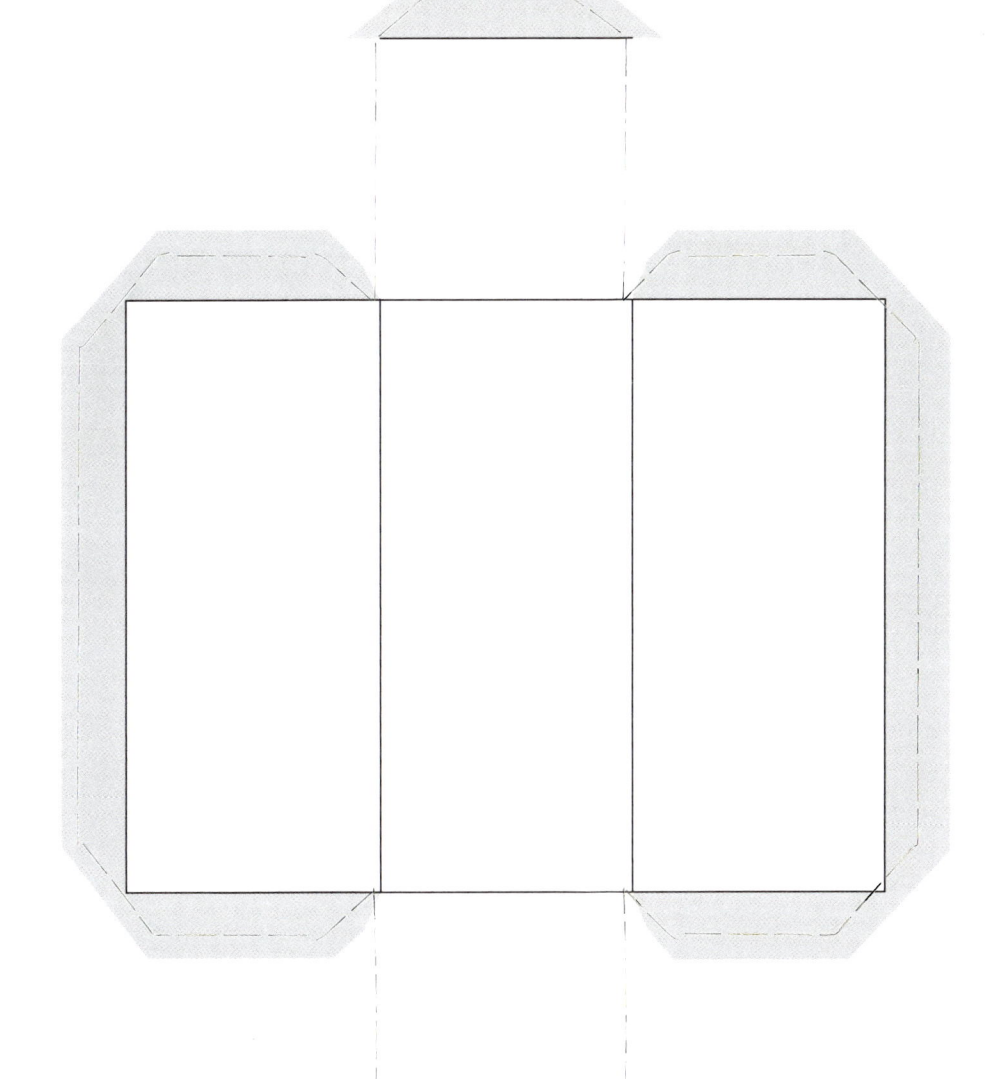

PÁGINA 91 DO LIVRO

———— DOBRE

COLE

MOLDE DE PIRÂMIDE DE BASE QUADRADA

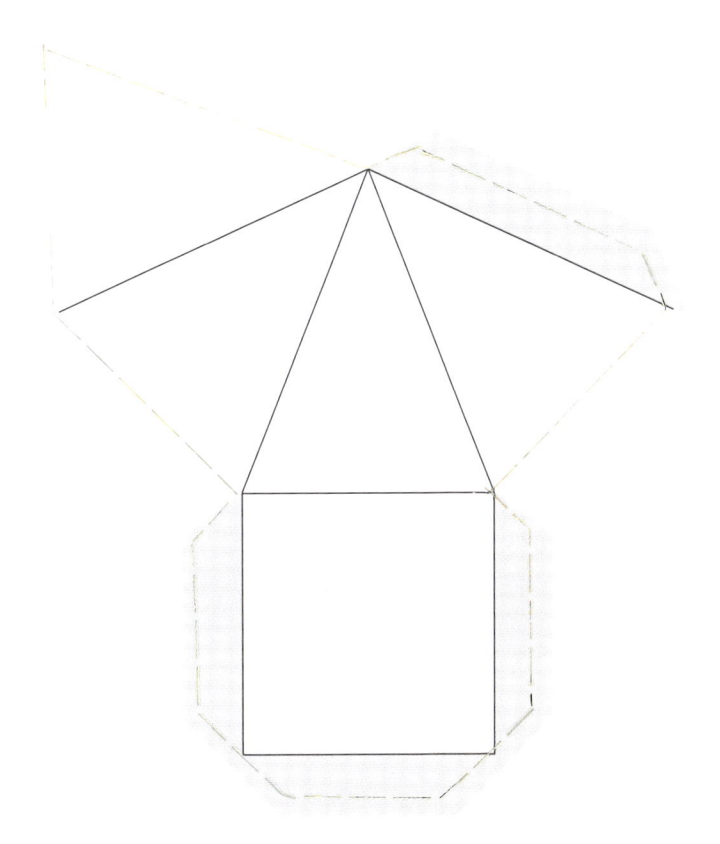

PÁGINA 91 DO LIVRO

——————— DOBRE

COLE

MOLDE DE PRISMA DE BASE HEXAGONAL

PÁGINA 91 DO LIVRO

DOBRE

COLE

CARTAS DO JOGO *SALUTE!*

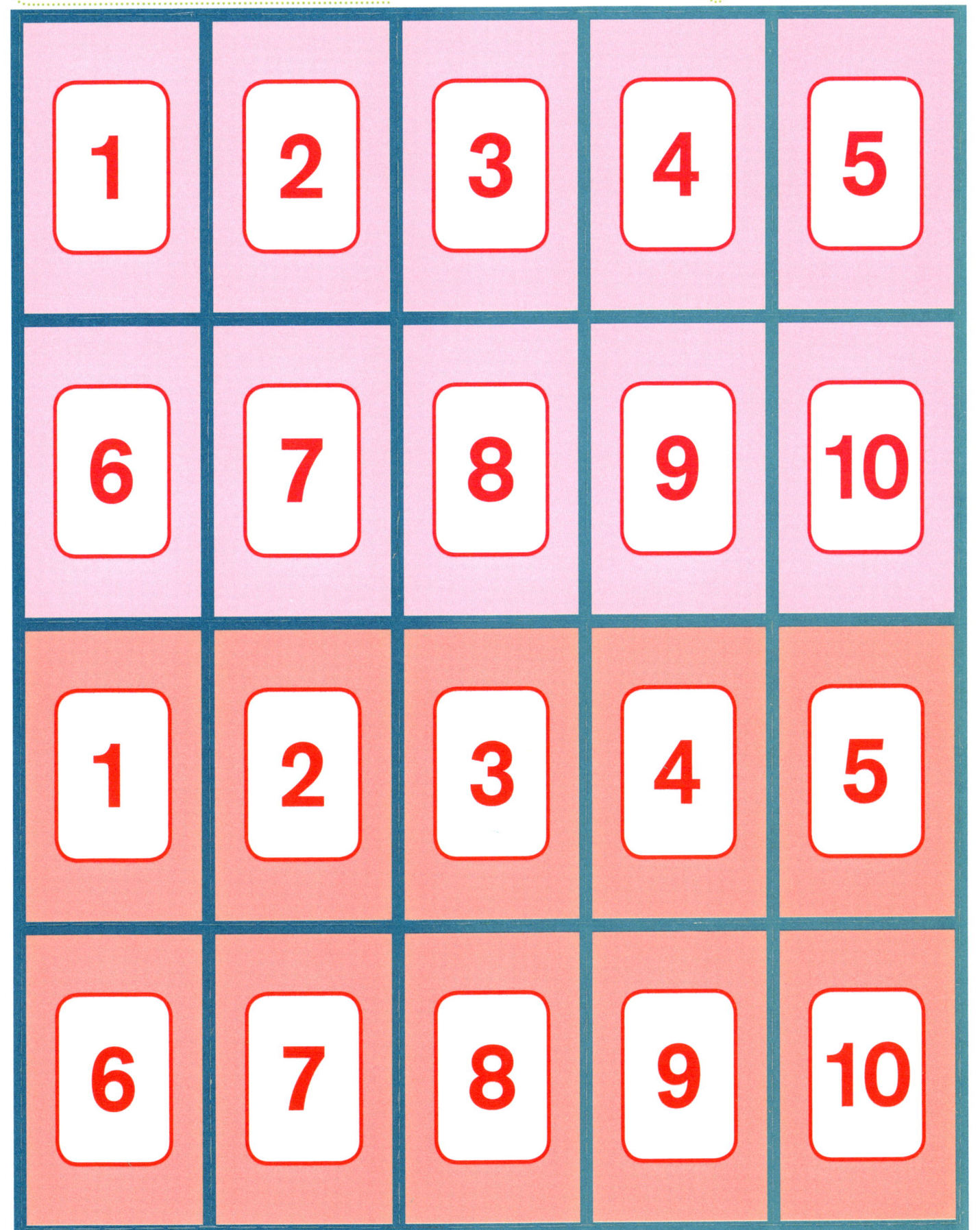

PÁGINAS 94 E 95 DO LIVRO

1	2	3	4	5
6	7	8	9	10
1	2	3	4	5
6	7	8	9	10

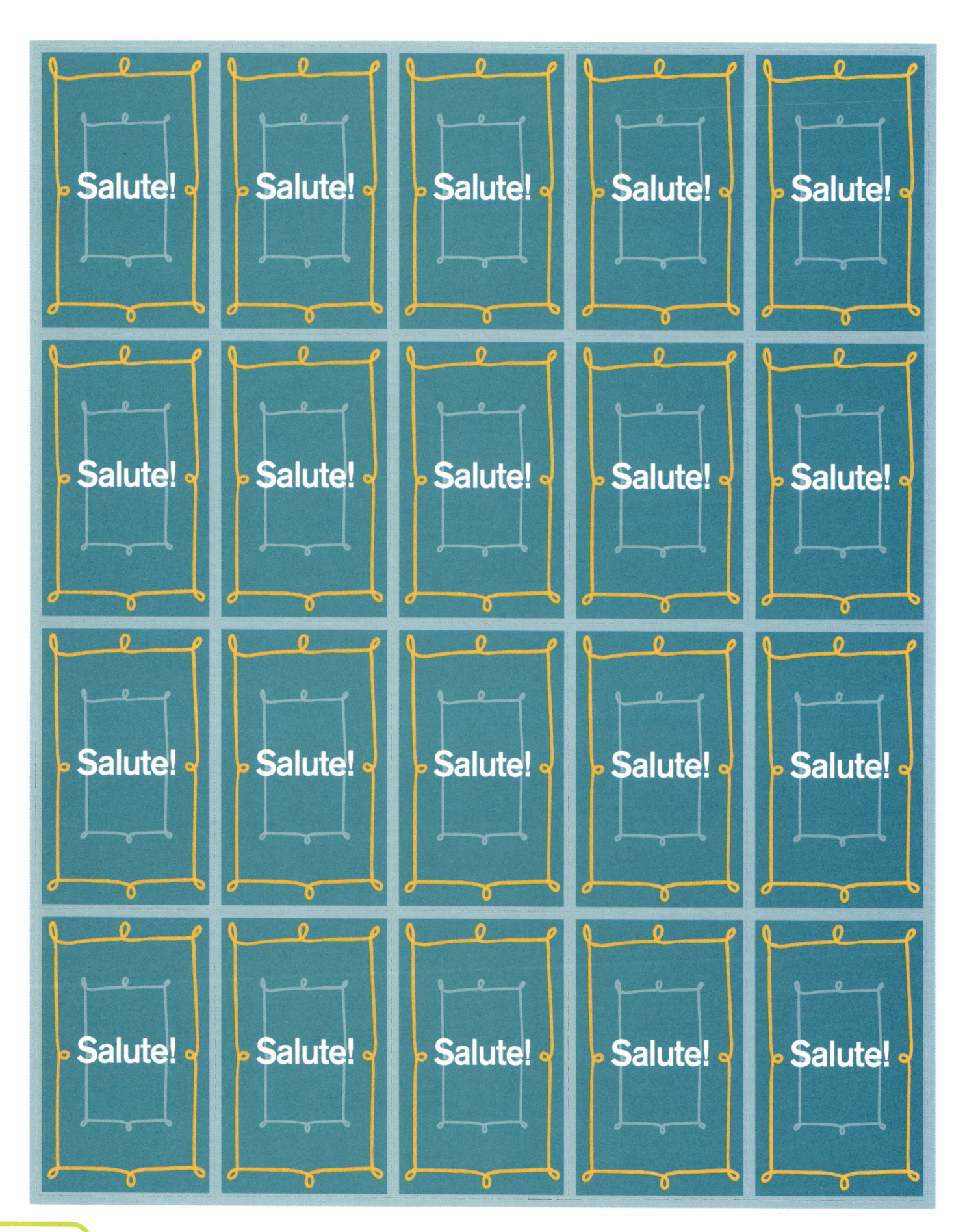

Salute!	Salute!	Salute!	Salute!	Salute!
Salute!	Salute!	Salute!	Salute!	Salute!
Salute!	Salute!	Salute!	Salute!	Salute!
Salute!	Salute!	Salute!	Salute!	Salute!

CARTAS DO JOGO *SALUTE!*

PÁGINAS 94 E 95 DO LIVRO

1	2	3	4	5
6	7	8	9	10
1	2	3	4	5
6	7	8	9	10

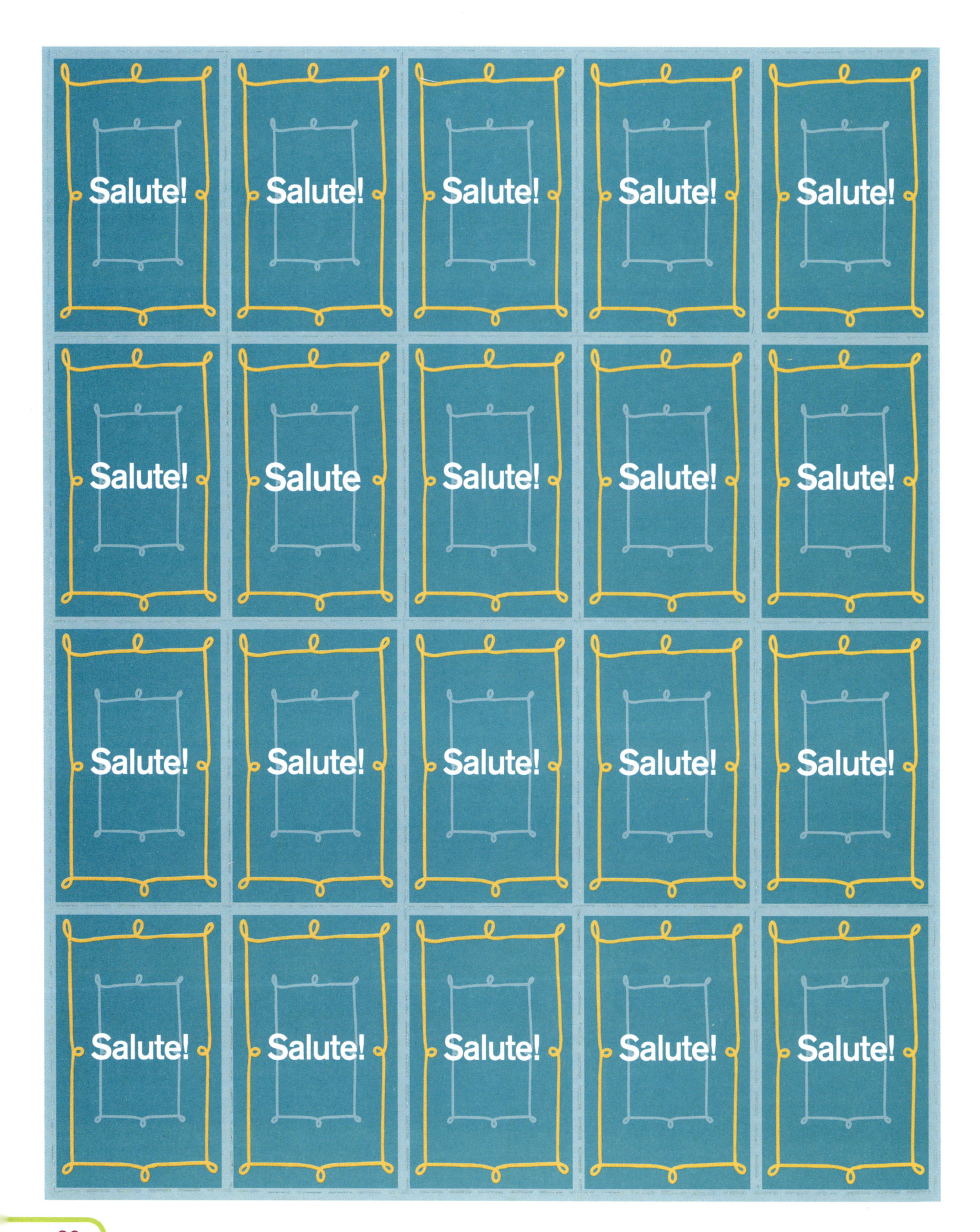

Salute!	Salute!	Salute!	Salute!	Salute!
Salute!	Salute	Salute!	Salute!	Salute!
Salute!	Salute!	Salute!	Salute!	Salute!
Salute!	Salute!	Salute!	Salute!	Salute!

CARTAS DO JOGO DA MULTIPLICAÇÃO

PÁGINAS 158 E 159 DO LIVRO

CARTAS DO JOGO DA MULTIPLICAÇÃO

PÁGINAS 158 E 159 DO LIVRO

CARTAS DO JOGO DA MULTIPLICAÇÃO

PÁGINAS 158 E 159 DO LIVRO

CARTAS DO JOGO DA MULTIPLICAÇÃO

PÁGINAS 158 E 159 DO LIVRO

TIRAS

PÁGINA 166 DO LIVRO

MOLDE DOS POLIEDROS

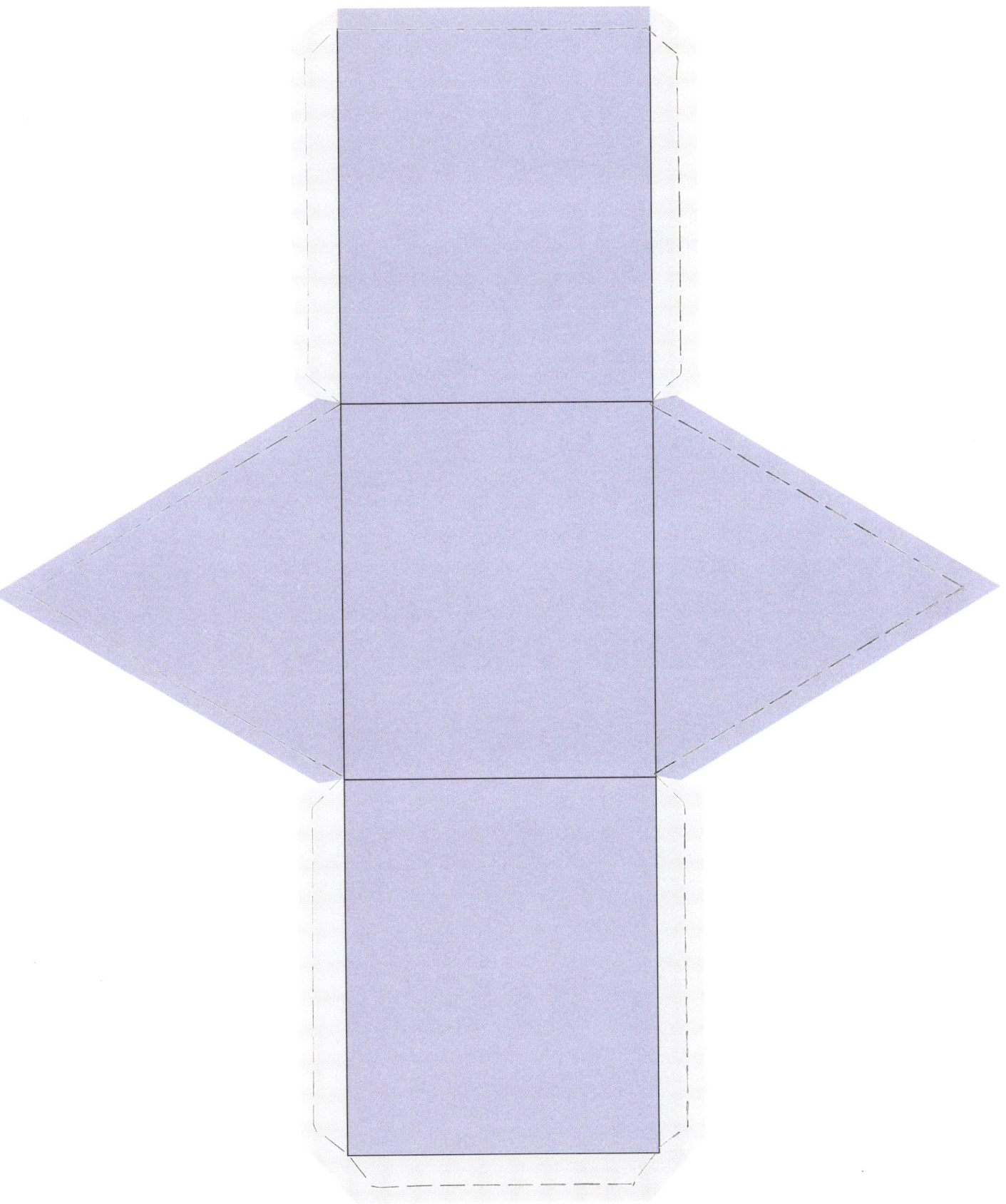

PÁGINAS 190 E 191 DO LIVRO

DOBRE

COLE

37

MOLDE DOS POLIEDROS

PÁGINAS 190 E 191 DO LIVRO

—— DOBRE

▬▬ COLE

39

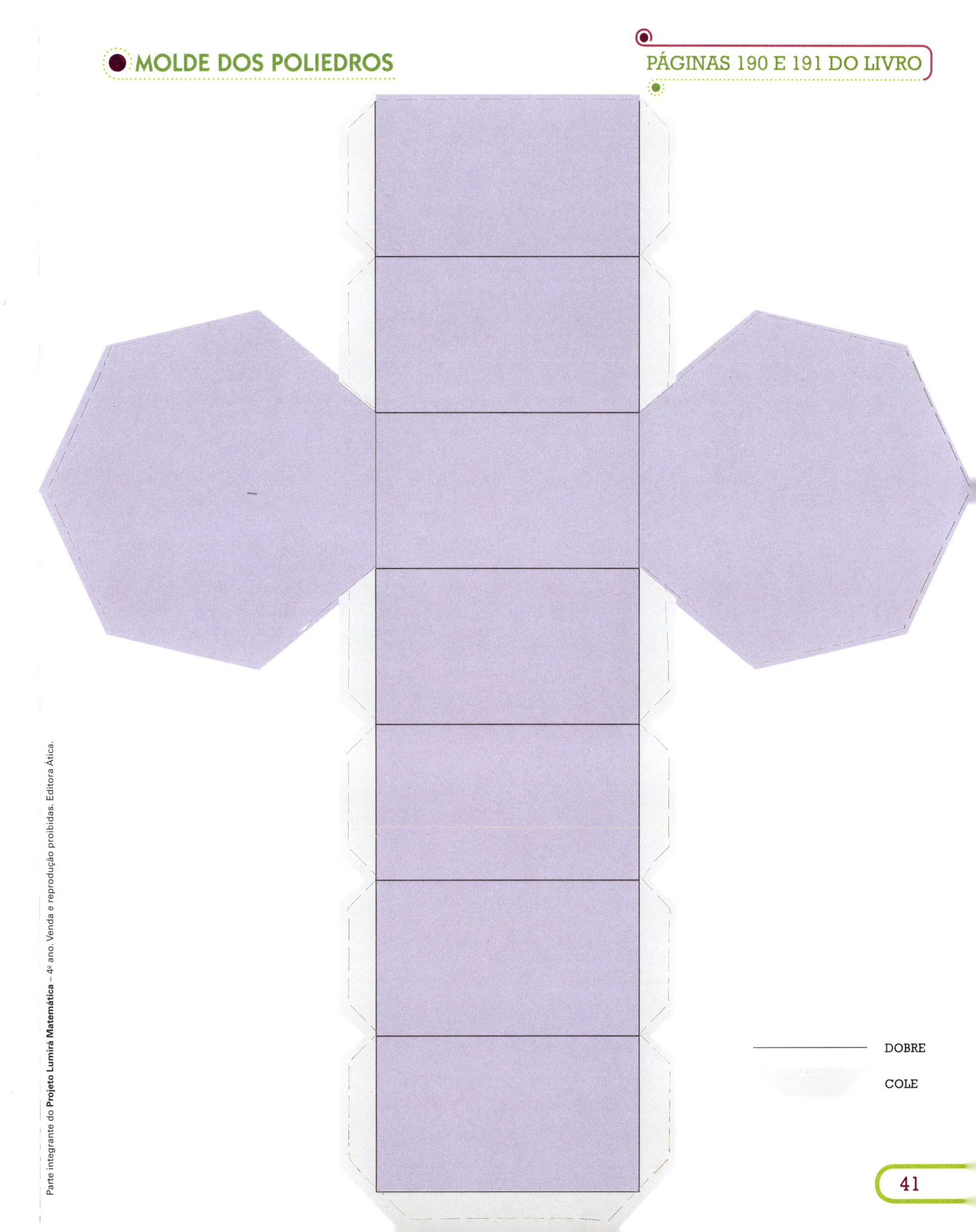

MOLDE DOS POLIEDROS

PÁGINAS 190 E 191 DO LIVRO

DOBRE

COLE

41

MOLDE DOS POLIEDROS

PÁGINAS 190 E 191 DO LIVRO

—————— DOBRE

▨▨▨▨ COLE

43

MOLDE DOS POLIEDROS

PÁGINAS 190 E 191 DO LIVRO

DOBRE

COLE

45

MOLDE DOS POLIEDROS

PÁGINAS 190 E 191 DO LIVRO

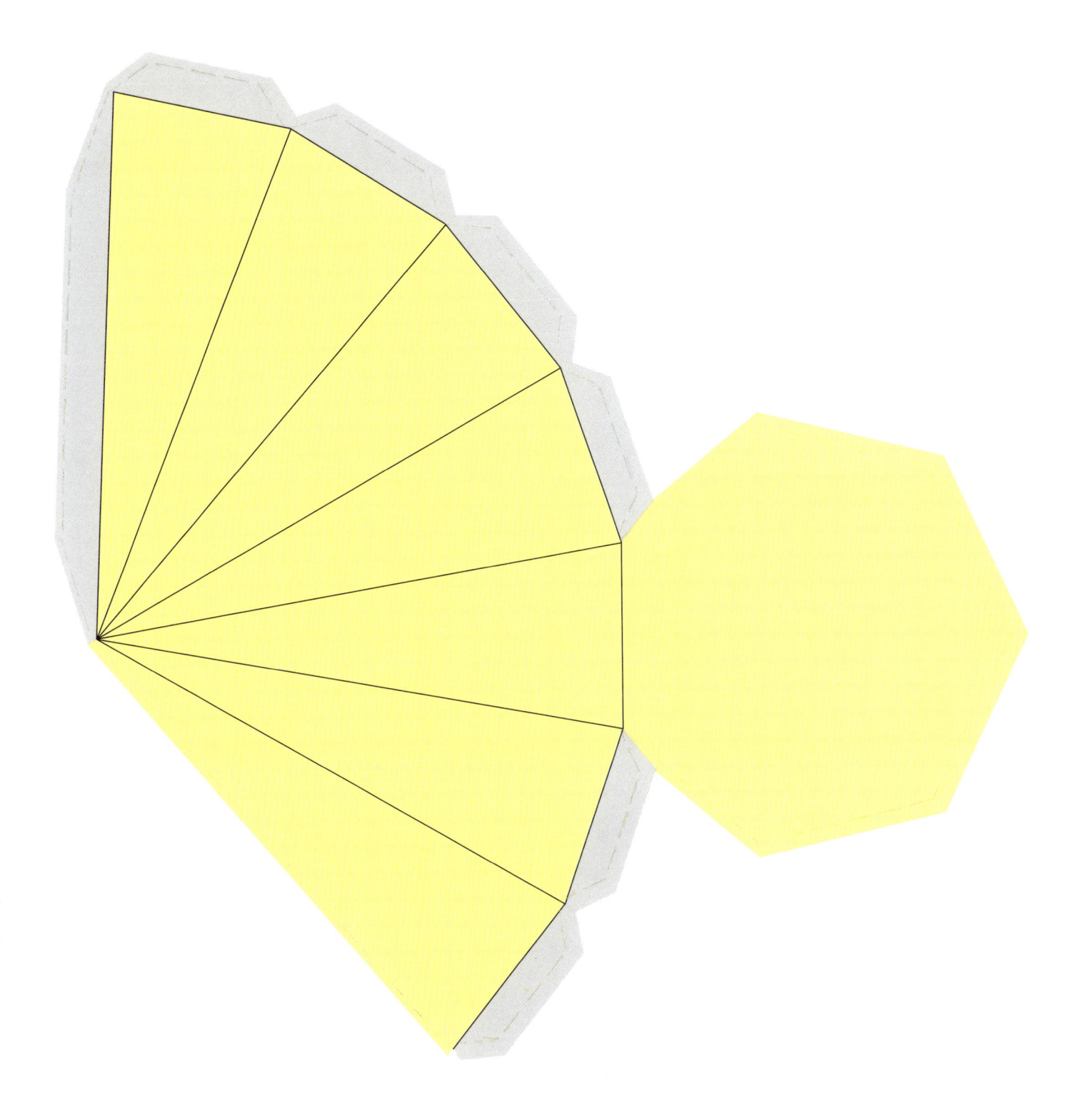

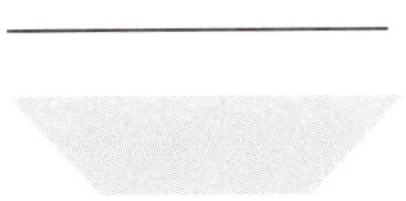

——— DOBRE

▭ COLE

47

MOLDE DOS POLIEDROS

PÁGINAS 190 E 191 DO LIVRO

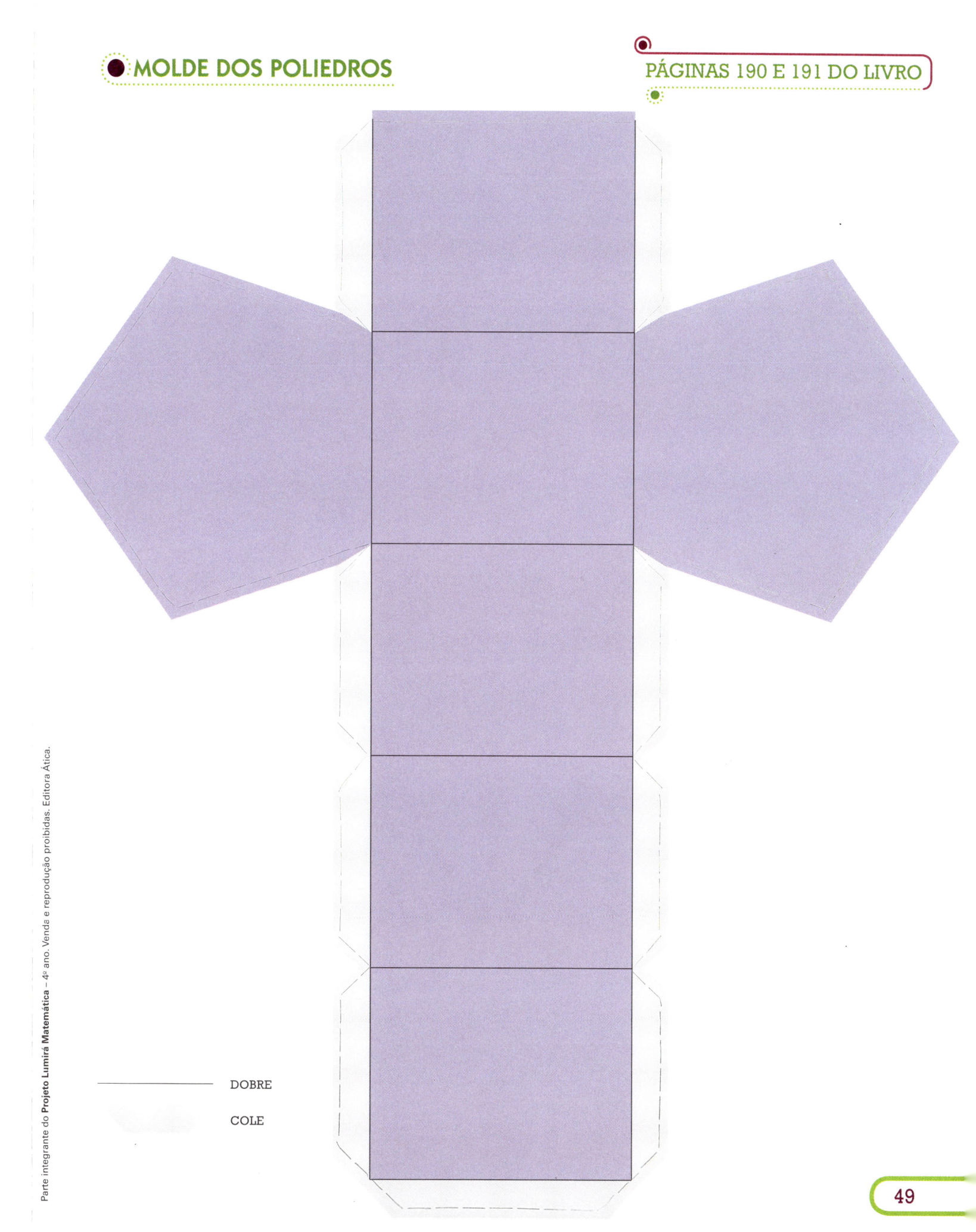

––––––––– DOBRE

COLE

49

MOLDE DOS POLIEDROS

PÁGINAS 190 E 191 DO LIVRO

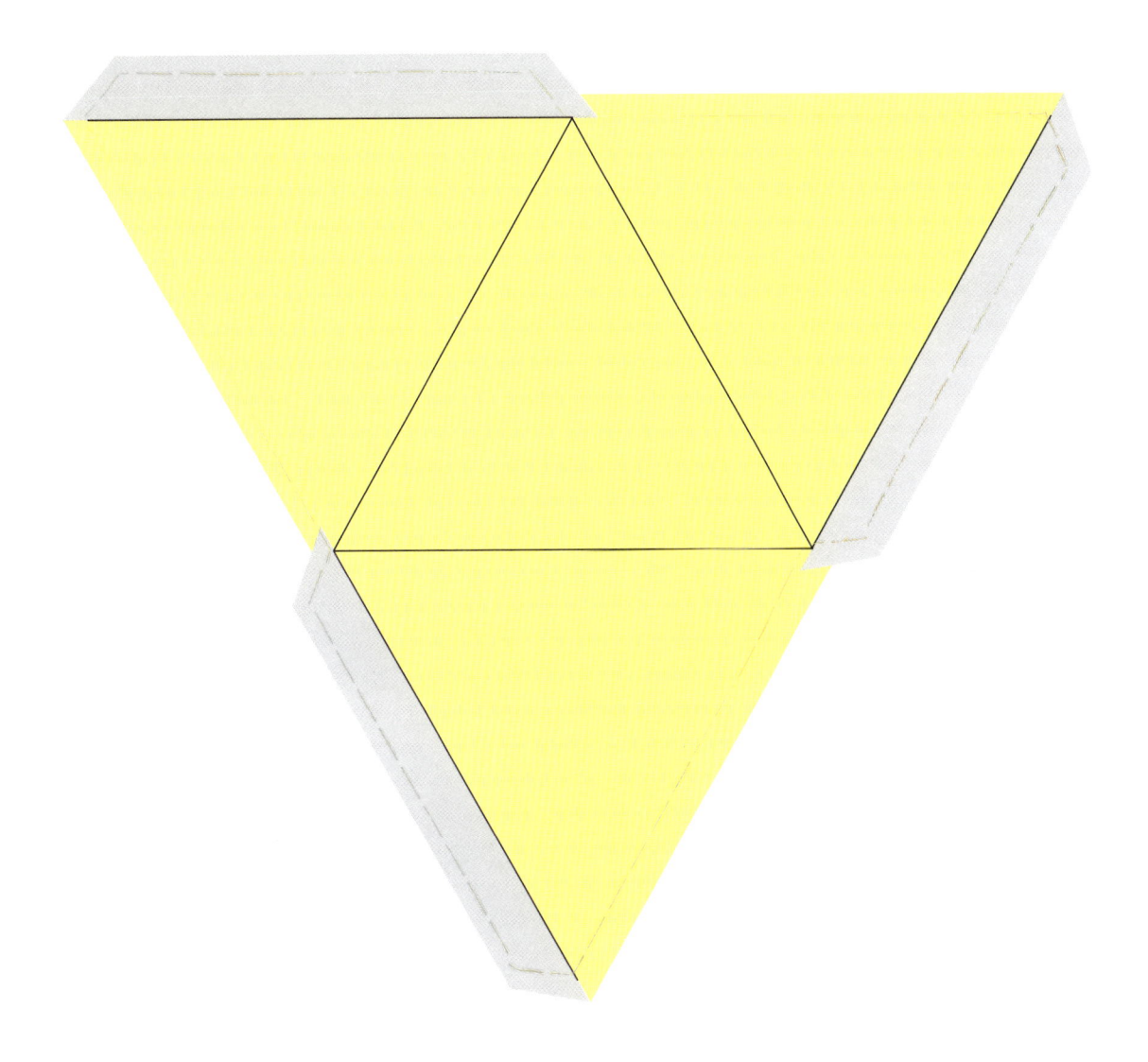

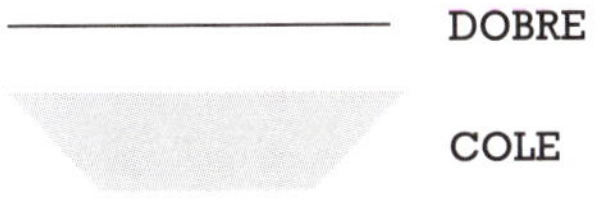

———— DOBRE

COLE

51

SIMETRIA EM POLÍGONOS

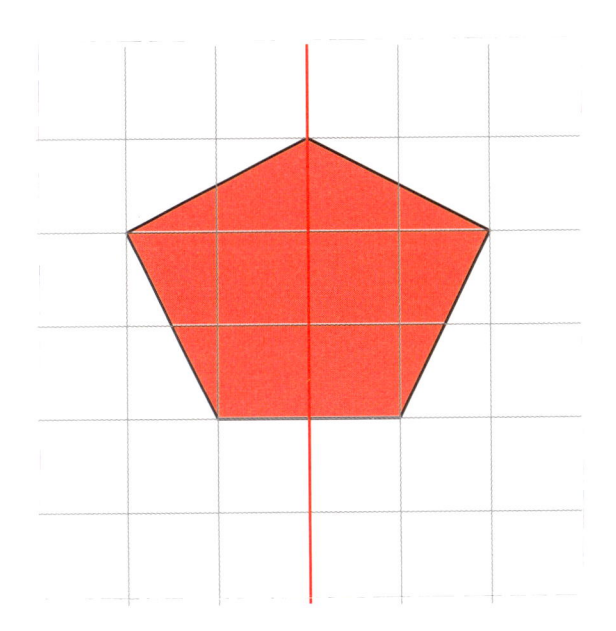

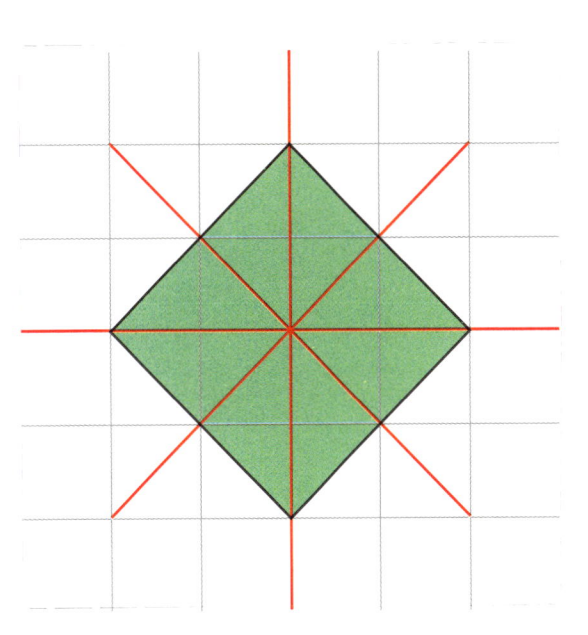

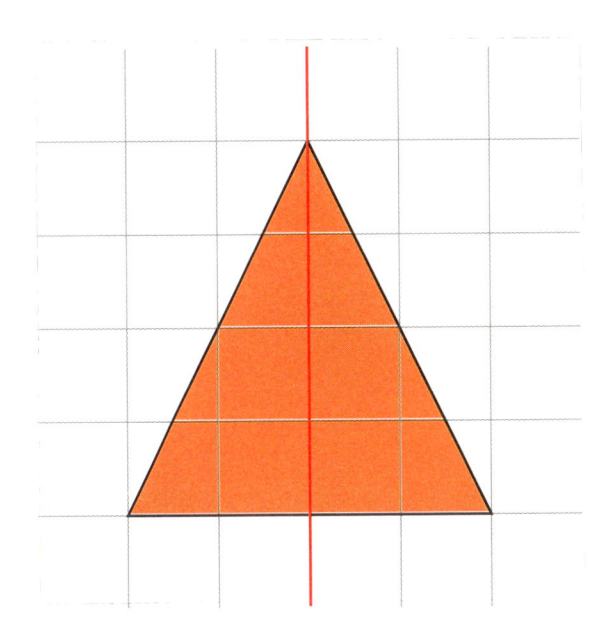

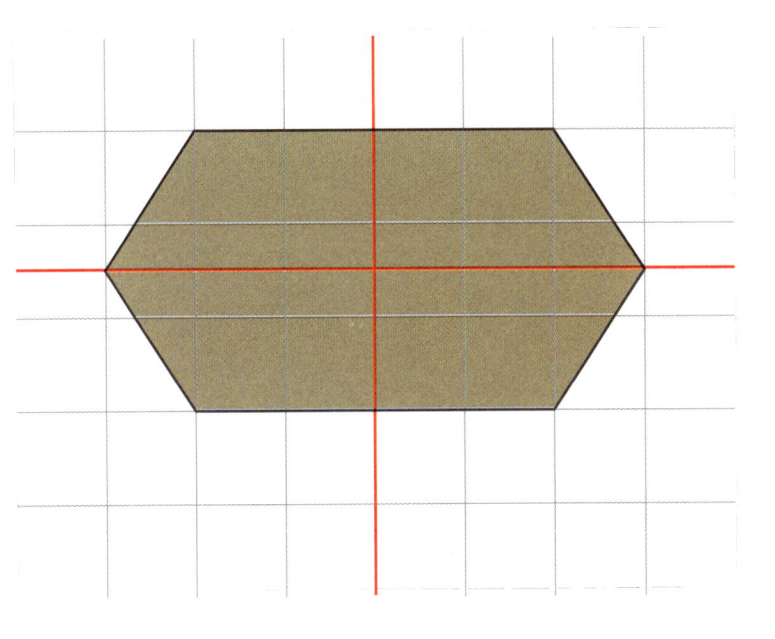

PÁGINA 220 DO LIVRO

POLÍGONOS

PÁGINA 220 DO LIVRO

56

MOLDES DOS DESENHOS

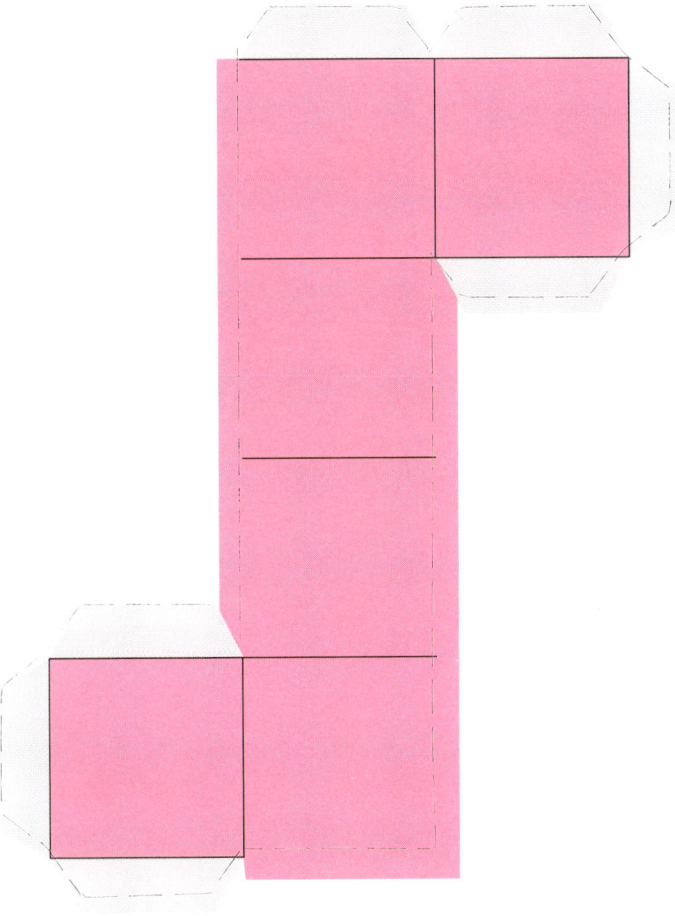

PÁGINA 237 DO LIVRO

DOBRE

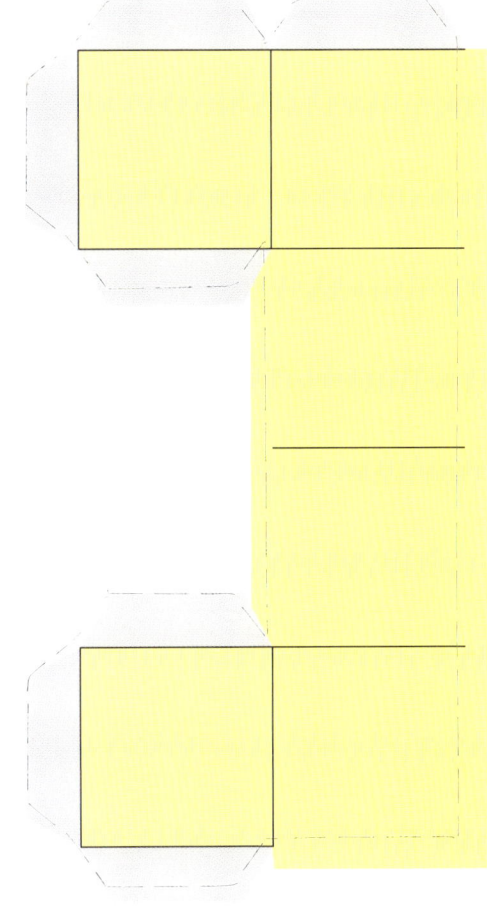

COLE

57

MOEDAS DO REAL

PÁGINA 246 DO LIVRO

60

CÉDULAS DO REAL

PÁGINA 246 DO LIVRO

61

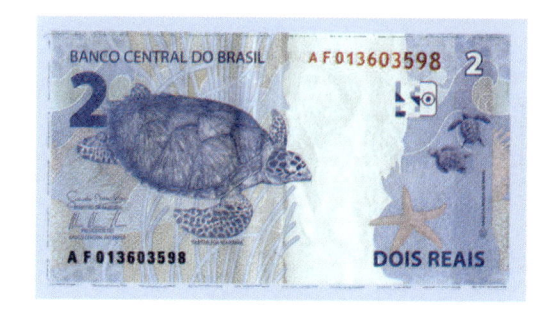

Fotos: Casa da Moeda do Brasil/Ministério da Fazenda

62

CÉDULAS DO REAL

PÁGINA 246 DO LIVRO

Fotos: Casa da Moeda do Brasil/Ministério da Fazenda

64

Projeto LUMIRÁ

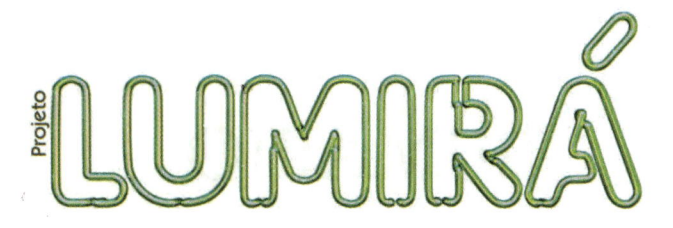

Matemática 4

Caderno de Atividades

Aluno: ....

Escola: ....

Parte integrante do **Projeto Lumirá Matemática** – 4º ano. Venda e reprodução proibidas. Editora Ática.

editora ática

SUMÁRIO

UNIDADE 1

CAPÍTULO 1
- Para que servem os números? 3
- Números maiores do que 1 000 4
- Adição e subtração 5
- Adição com mais de 2 parcelas 6
- Calendário 7
- Tabela de dupla entrada 8
- Empilhamento de cubos e vistas 9

CAPÍTULO 2
- Símbolos matemáticos 10
- Decomposição e escrita por extenso 11
- Diferentes maneiras de resolver uma multiplicação 12
- Medidas de tempo: minutos e segundos 13
- Ampliação e redução de figura plana em malha quadriculada 14

CAPÍTULO 3
- Operações com dinheiro 15
- Metade e um quarto de um inteiro e de uma quantidade 16
- Medidas de comprimento 17
- Gráfico de colunas duplas 18
- Simetria 20

UNIDADE 2

CAPÍTULO 4
- Mosaicos e regularidades 21
- Multiplicação por número de 2 algarismos 22
- Metade, um quarto e um oitavo de um inteiro e de uma quantidade 23
- Medidas de comprimento: milímetro, centímetro, metro e quilômetro 24

CAPÍTULO 5
- Números e operações 25
- Multiplicação no jogo *Salute!* 26
- Medidas de massa: grama, quilograma e tonelada 27
- Gráfico de setores 28

CAPÍTULO 6
- Divisão no quadro de valor posicional 30
- Medidas de temperatura: grau Celsius (°C) 31
- Fração 32
- Polígonos 33

UNIDADE 3

CAPÍTULO 7
- Números e medidas 34
- Compras com dinheiro 35
- Medida de superfície: área 36
- Divisão com reagrupamento 37
- Gráfico de setores 38

CAPÍTULO 8
- Mais divisões 39
- Jogo da divisão 40
- Área 41
- Comparação de frações 42
- Combinações 43
- Explorando polígonos 44

CAPÍTULO 9
- Equivalência de frações 45
- Números decimais: décimos 46
- Medidas de capacidade: litro e mililitro 47
- Tabela e gráficos de colunas 48
- Prismas e pirâmides 50

UNIDADE 4

CAPÍTULO 10
- Grandezas e unidades de medida 51
- Fração e decimal maior do que 1 52
- Divisão: conferindo o resultado 53
- Gráfico de colunas e tabela 54
- Simetria em polígonos 55

CAPÍTULO 11
- Números decimais: centésimos 56
- Divisão: divisor de 2 algarismos 57
- Planificação de prismas e de pirâmides 58
- Segmento de reta 59

CAPÍTULO 12
- Centésimos e centavos do real 60
- Números decimais: milésimos 61
- Comparação e decomposição de decimais 62
- Área e perímetro 63
- Explorando prismas e pirâmides 64

UNIDADE 1 CAPÍTULO 1

PÁGINAS 12 E 13 DO LIVRO

PARA QUE SERVEM OS NÚMEROS?

1 Leia a frase abaixo.

> Em 2012, os celulares da cidade de São Paulo passaram a ter 9 dígitos. Por exemplo: 98181-0000.

a) Escreva todos os números citados na frase acima.

_____

b) Complete as frases: O número _____ indica a quantidade de dígitos do celular. O número _____ indica uma contagem e uma medida de tempo.

E _____ indica o código de um telefone celular.

2 Escreva os dados da sua escola e indique o que os números usados representam.

a) Endereço completo: _____

_____

_____

Os números do endereço indicam: _____

b) Número do telefone: _____

Esse número indica: _____

c) Quantidade de salas de aula: _____

Esse número indica: _____

3 **Cleópatra** é o nome de um dos filmes mais longos já apresentados no cinema. Foi produzido em 1963 e tem 243 minutos de duração. Lembrando-se de que 1 hora tem 60 minutos, complete as frases abaixo.

a) A duração do filme Cleópatra é _____ minutos, ou seja, é _____ horas e _____ minutos.

b) O número 1963 indica o _____ em que o filme foi produzido e é uma medida de _____.

3

NÚMEROS MAIORES DO QUE 1 000

- Observe o quadro numérico abaixo e depois faça o que se pede.

1500	1501	1502	1503	1504	1505	1506	1507	1508	1509
1510	1511	1512	1513	1514	1515	1516	1517	1518	1519
1520	1521	1522	1523	1524	1525	1526	1527	1528	1529
1530	1531	1532	1533	1534	1535	1536	1537	1538	1539
1540	1541	1542	1543	1544	1545	1546	1547	1548	1549
1550	1551	1552	1553	1554	1555	1556	1557	1558	1559
1560	1561	1562	1563	1564	1565	1566	1567	1568	1569
1570	1571	1572	1573	1574	1575	1576	1577	1578	1579
1580	1581	1582	1583	1584	1585	1586	1587	1588	1589

a) Procure no quadro numérico e escreva abaixo um número com a caraterística indicada em cada item.

- Número em que o algarismo da dezena seja igual ao das unidades.

_____

- Número que tenha 0 no algarismo das dezenas.

_____

- Número que tenha o mesmo algarismo na ordem das unidades de milhar e na ordem das unidades.

_____

- Número que tenha o algarismo 2 na ordem das unidades de milhar.

_____

b) Qual é o maior número do quadro numérico?

_____

c) Escreva abaixo qual seria a próxima linha do quadro numérico.

UNIDADE 1 CAPÍTULO 1

ADIÇÃO E SUBTRAÇÃO

1 Resolva as adições e subtrações abaixo no quadro de valor posicional.

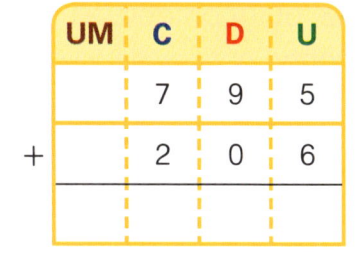

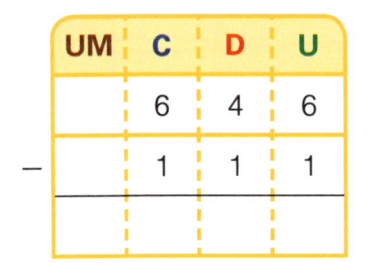

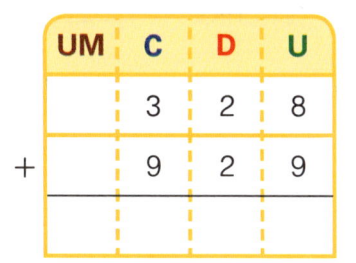

a) 301 + 254 = _____

	UM	C	D	U
		3	0	1
+		2	5	4

b) 795 − 230 = _____

	UM	C	D	U
		7	9	5
−		2	3	0

c) 646 − 111 = _____

	UM	C	D	U
		6	4	6
−		1	1	1

d) 327 − 127 = _____

	UM	C	D	U
		3	2	7
−		1	2	7

e) 795 + 206 = _____

	UM	C	D	U
		7	9	5
+		2	0	6

f) 328 + 929 = _____

	UM	C	D	U
		3	2	8
+		9	2	9

2 Observe as respostas da atividade anterior.

a) Em alguma das operações o resultado tem todos os algarismos iguais? Qual é esse resultado?

_____

b) No quadro de valor posicional ao lado, escreva o resultado da última operação e subtraia dele o resultado da primeira operação.

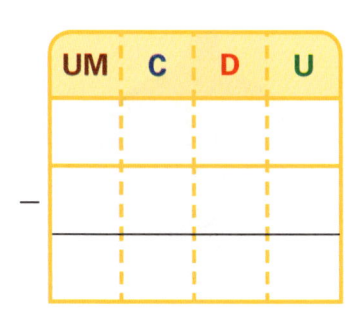

	UM	C	D	U
−				

UNIDADE 1 CAPÍTULO 1

PÁGINAS 20 E 21 DO LIVRO

ADIÇÃO COM MAIS DE 2 PARCELAS

1 Resolva a situação abaixo no quadro de valor posicional. Em seguida, registre a adição que você usou e complete a frase.

Cássio tem 1 634 cm de fita azul, 978 cm de fita amarela e 43 cm de fita vermelha. Quantos centímetros de fita ele tem ao todo?

UM	C	D	U
1	6	3	4
	9	7	8
+		4	3

_____ + _____ + _____ = _____

Cássio tem, ao todo, _____ centímetros de fita.

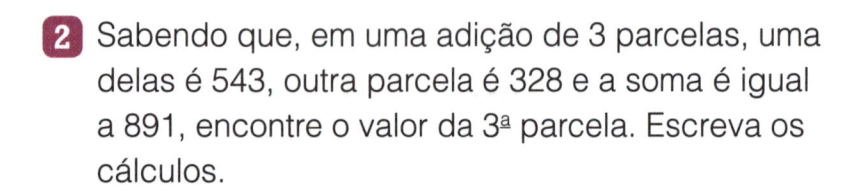

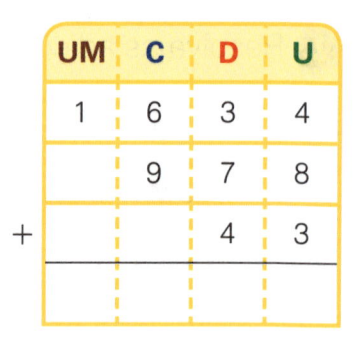

2 Sabendo que, em uma adição de 3 parcelas, uma delas é 543, outra parcela é 328 e a soma é igual a 891, encontre o valor da 3ª parcela. Escreva os cálculos.

_____

3 Danilo comprou alguns ingredientes para uma salada: 750 gramas de cebola, 550 gramas de tomate e 360 gramas de cenoura.

UM	C	D	U
	7	5	0
	5	5	0
+	3	6	0

a) Quantos gramas de ingredientes ele comprou ao todo? Resolva no quadro de valor posicional ao lado.

_____

b) Se ele tivesse comprado também 320 gramas de pimentão, então quantos gramas de ingredientes ele teria comprado ao todo?

_____

UNIDADE 1 CAPÍTULO 1

PÁGINAS 22 E 23 DO LIVRO

CALENDÁRIO

- Veja ao lado a lista de compromissos de Thaís. Ela anotou cada compromisso em uma cor diferente.

AGOSTO – 2016

Reunião de trabalho: todas as quintas-feiras, às 14h
Aula de natação: dias 2, 10, 16, 24 e 30
Festa de aniversário da Poliana: dia 21
Avaliação de inglês: dia 19
Concerto de música: dia 27

a) Os compromissos da lista de Thaís ocorreram em qual mês e ano?

_____

b) Pinte no calendário abaixo as datas dos compromissos de acordo com as cores que Thaís usou na lista.

Agosto - 2016

Domingo	Segunda-feira	Terça-feira	Quarta-feira	Quinta-feira	Sexta-feira	Sábado
	1	2	3	4	5	6
7	8	9	10	11	12	13
14	15	16	17	18	19	20
21	22	23	24	25	26	27
28	29	30	31			

c) Nesse mês, em qual dia da semana Thaís não teve compromissos?

_____

d) Thaís estudou para a avaliação de inglês diariamente, desde o primeiro dia de agosto até um dia antes da avaliação. Quantos dias ela estudou ao todo?

_____

e) Em que dia da semana de agosto Thaís teve seu primeiro compromisso? E seu último compromisso, em que dia da semana foi?

_____

UNIDADE 1 CAPÍTULO 1

PÁGINAS 24 E 25 DO LIVRO

TABELA DE DUPLA ENTRADA

1 Luís tem vários arquivos digitais de domínio público. Para organizar esses arquivos, ele elaborou uma tabela por categoria e país de origem. Veja abaixo como ficou a tabela.

Classificação dos arquivos digitais por categoria e país de origem

País de origem \ Categoria	Músicas	Vídeos	Programas	Imagens	Livros
Brasil	23	19	15	50	21
Coreia do Sul	6	3	4	17	2
Argentina	12	14	0	28	13
Alemanha	10	11	12	30	9
China	5	7	22	27	6
Itália	15	14	7	12	9

Tabela elaborada para fins didáticos.

a) Luís tem mais arquivos de músicas ou de imagens?

_____

b) Contorne o país do qual país Luís tem menos arquivos.

2 Vamos simplificar a tabela de Luís, classificando os arquivos por continente: América (Brasil e Argentina), Europa (Alemanha e Itália) e Ásia (Coreia do Sul e China).

a) Preencha a tabela abaixo.

Classificação dos arquivos digitais por categoria e continente de origem

Continente de origem \ Categoria	Músicas	Vídeos	Programas	Imagens	Livros
América					
Europa					
Ásia					

Tabela elaborada para fins didáticos.

b) Quantos arquivos digitais Luís tem ao todo?

_____

UNIDADE 1 CAPÍTULO 1

PÁGINAS 26 A 29 DO LIVRO

EMPILHAMENTO DE CUBOS E VISTAS

- Observe a organização dos cubos em cada figura abaixo. Depois faça as atividades a seguir.

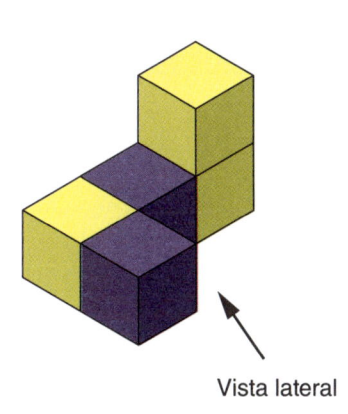

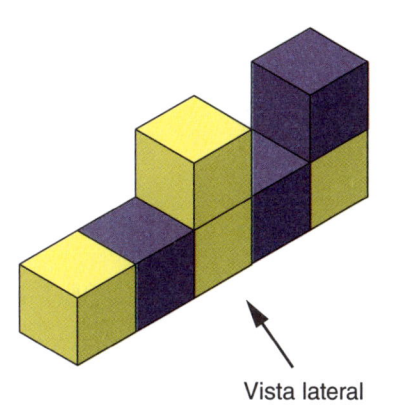

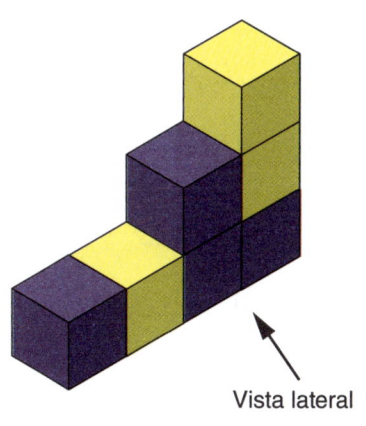

Vista lateral
Empilhamento A

Vista lateral
Empilhamento B

Vista lateral
Empilhamento C

a) Qual empilhamento tem mais cubos **roxos**?

_____

b) Imagine que você vai trocar cubos no empilhamento **C**, de maneira que ele fique com a mesma quantidade de cubos de cada cor que o empilhamento **B**. O que você terá de fazer?

_____

c) Agora, imagine que você vai colocar mais cubos no empilhamento **A**, de maneira que ele fique com a mesma quantidade de cubos de cada cor que o empilhamento **C**. Quantos cubos de cada cor você terá de colocar?

_____

d) Desenhe e pinte abaixo a vista lateral indicada em cada empilhamento.

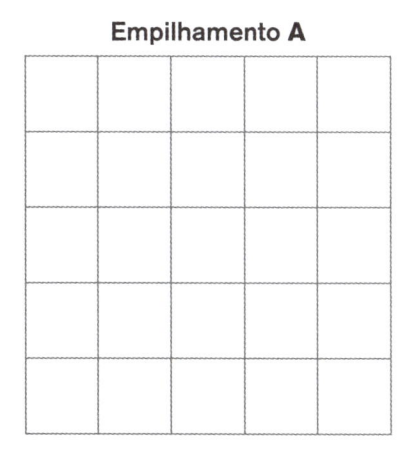

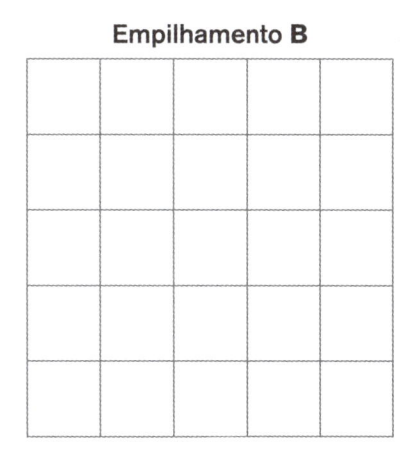

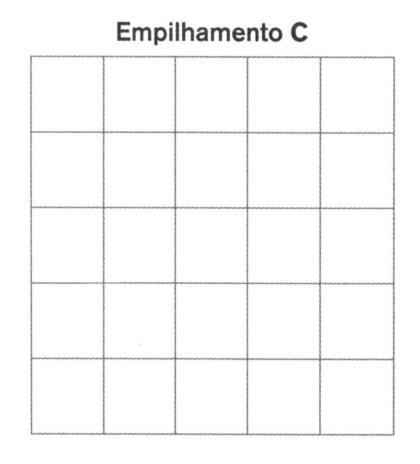

| Empilhamento A | Empilhamento B | Empilhamento C |

SÍMBOLOS MATEMÁTICOS

1 Compare os números abaixo usando os símbolos = (**é igual a**) e ≠ (**é diferente de**).

a) 325 + 15 _____ 300 + 40

b) 70 × 3 _____ 70 + 200

c) 1500 − 500 _____ 500 × 2

d) 35 + 35 + 35 _____ 20 × 5

e) 47 + 53 _____ 30 × 4

f) 1331 _____ 1313

g) 345 _____ 305 + 40

h) 90 × 2 _____ 100 + 90

i) 25 × 6 _____ 30 × 5

j) 350 + 50 _____ 7 × 50

2 Selecione na atividade anterior apenas os itens marcados com o símbolo ≠. Escreva esses itens nas linhas abaixo e compare os números usando agora os símbolos > (**é maior do que**) e < (**é menor do que**).

_____

_____

_____

3 Complete as frases dos itens a seguir escrevendo os termos: **maior do que**, **menor do que** ou **igual à**.

a) Eliana e Jorge foram à padaria juntos. Eliana comprou 13 pães, e Jorge comprou 9. Portanto, a quantidade de pães que

Jorge tem é _____ a quantidade que Eliana tem.

b) Tales tem 19 anos, e Regina tem 17. Logo, a idade de Tales é

_____ a idade de Regina. Mas Regina é mais alta que Tales.

Isso significa que a altura de Regina é _____ a altura de Tales.

c) Bernardo estuda todos os dias e Tiago também. Então, a quantidade de dias

em que Bernardo estuda é _____ quantidade de dias em que Tiago estuda.

UNIDADE 1 CAPÍTULO 2

PÁGINAS 36 E 37 DO LIVRO

DECOMPOSIÇÃO E ESCRITA POR EXTENSO

1 Uma fábrica produziu 1 unidade de milhar, 2 centenas, 3 dezenas e 4 unidades de aparelhos de telefone celular. Dessa quantidade, 30 + 2 aparelhos não passaram nos testes de qualidade e mil e três unidades foram vendidas.

a) Quantos aparelhos, ao todo, não foram vendidos?

_____

b) Quantos aparelhos passaram nos testes de qualidade?

_____

_____

2 Leia as informações de cada item a seguir e escreva os números citados decompondo-os em ordens e escrevendo-os por extenso.

a) O Brasil tem 5 570 municípios.

Decomposição: _____

Por extenso: _____

b) De acordo com o Catálogo Taxonômico da Fauna do Brasil, o país tem 986 espécies de anfíbios.

_{Fonte dos dados: Sistema de informação sobre a biodiversidade brasileira (SiBBr). **Biodiversidade brasileira**. Disponível em: <www.sibbr.gov.br/areas/?area=biodiversidade>. Acesso em: 15 jun. 2016.}

Decomposição: _____

Por extenso: _____

Sapo-cururu

Corpo: 15 cm

O sapo-cururu é uma das 986 espécies de anfíbios encontradas no Brasil. Foto tirada em Oiapoque, no Amapá, em 2015.

UNIDADE 1 CAPÍTULO 2

PÁGINAS 38 A 41 DO LIVRO

DIFERENTES MANEIRAS DE RESOLVER UMA MULTIPLICAÇÃO

1 Complete as resoluções por decomposição das multiplicações abaixo. Em seguida, confira os resultados resolvendo a multiplicação no quadro de valor posicional.

a) 4 × 317 = _____

　　4 × _____ = _____

　　4 × _____ = _____

　　4 × _____ = _____

　　_____ + _____ + _____ = _____

UM	C	D	U
	3	1	7
×			4

b) 5 × 769 = _____

　　5 × _____ = _____

　　5 × _____ = _____

　　5 × _____ = _____

　　_____ + _____ + _____ = _____

UM	C	D	U
	7	6	9
×			5

2 Resolva as multiplicações abaixo da forma que preferir.

a) 9 × 336 = _____

b) 5 × 438 = _____

c) 5 × 615 = _____

d) 4 × 562 = _____

12

UNIDADE 1 CAPÍTULO 2

PÁGINAS 42 E 43 DO LIVRO

MEDIDAS DE TEMPO: MINUTOS E SEGUNDOS

1 Indique quantos minutos e quantos segundos estão representados nos itens a seguir.

a) 57 segundos → _____ minutos e _____ segundos.

b) 190 segundos → _____ minutos e _____ segundos.

c) 378 segundos → _____ minutos e _____ segundos.

d) 400 segundos → _____ minutos e _____ segundos.

2 Mariano foi convidado para 4 eventos diferentes em um mesmo dia. Para decidir a qual evento ele vai, Mariano fez uma tabela comparativa do tempo de duração de cada um deles.

Comparação da duração de cada evento

Evento	Duração em horas	Duração em minutos
Peça de teatro	2 horas	
Filme no cinema	2 horas e meia	
Jogo de basquete	1 hora e meia	
Oficina de gravura	4 horas e meia	

Tabela elaborada para fins didáticos.

a) Complete a tabela convertendo a duração de cada evento para minutos.

b) Mariano organizou sua agenda do dia e decidiu gastar no máximo 210 minutos com lazer. Quantas horas ele pode gastar no evento que escolher?

_____

c) Quais eventos Mariano pode escolher para gastar menos do que 210 minutos com lazer?

_____

d) Se você pudesse ir a apenas um desses eventos, qual escolheria? Por quê?

_____

_____

AMPLIAÇÃO E REDUÇÃO DE FIGURA PLANA EM MALHA QUADRICULADA

1 Procure no dicionário e escreva sinônimos das palavras abaixo.

a) Ampliar → _____

b) Reduzir → _____

2 Observe abaixo os desenhos na malha quadriculada. Em seguida, complete cada item com os termos **ampliação** ou **redução**.

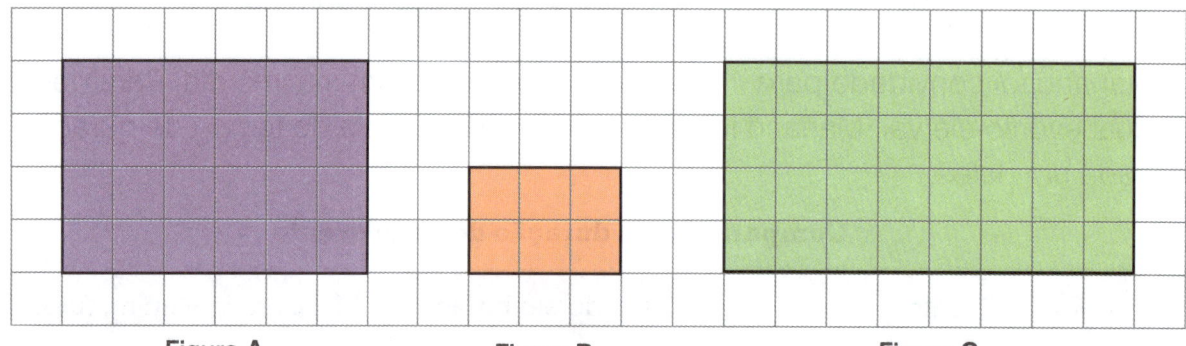

Figura A   **Figura B**   **Figura C**

a) A figura **A** é uma _____ da figura **B**.

b) A figura **B** é uma _____ da figura **A**.

c) A figura **B** não é uma _____ da figura **C**, pois essas figuras não têm o mesmo formato.

3 Observe as figuras abaixo. Indique com um **X** a figura que não é uma redução ou uma ampliação da figura **A**.

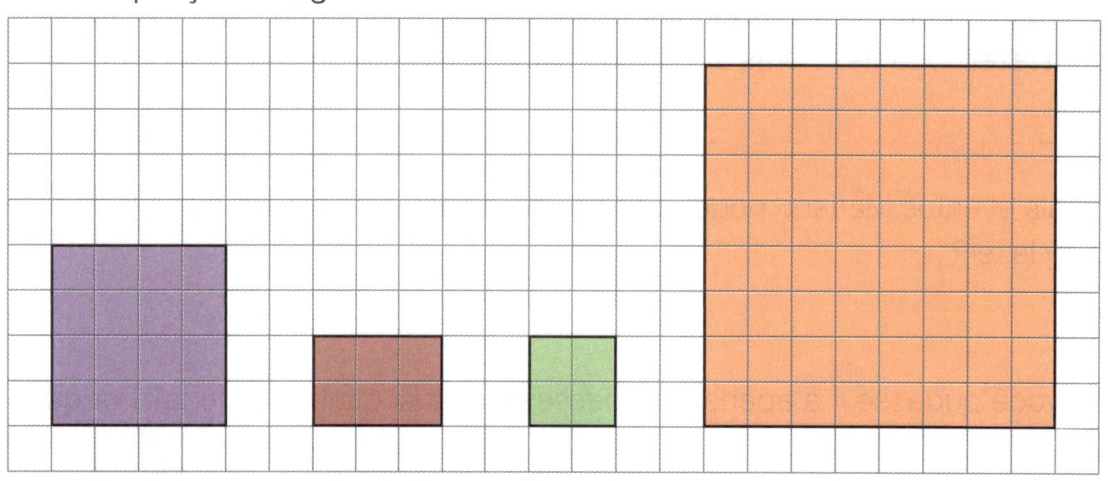

Figura A   **Figura B**   **Figura C**   **Figura D**

UNIDADE 1 CAPÍTULO 3

PÁGINAS 50 E 51 DO LIVRO

OPERAÇÕES COM DINHEIRO

As imagens desta página não estão representadas em proporção.

1 Na cidade em que Regiane mora, cada passagem de ônibus custa R$ 3,00. Ao pegar o ônibus, Regiane pagou a passagem com 1 nota de R$ 10,00. Observe abaixo o troco que ela recebeu.

a) Quantos reais Regiane recebeu de troco?

_____

b) O troco que Regiane recebeu está correto?

_____

c) Indique duas outras maneiras de formar o valor do troco de Regiane com outras cédulas e moedas.

_____

_____

d) Regiane pega 2 ônibus por dia, de segunda-feira a sábado. Aos domingos, ela não anda de ônibus. Quantos reais ela gasta por semana com ônibus?

_____

2 Rui pagou o ingresso para o cinema com 1 cédula e recebeu R$ 17,00 de troco.

a) Com essas informações, é possível saber qual foi a cédula usada por Rui?

_____

_____

b) Se o ingresso custou R$ 33,00, então qual foi a cédula usada por Rui?

_____

METADE E UM QUARTO DE UM INTEIRO E DE UMA QUANTIDADE

1 Joel ganhou de presente um jogo de quebra-cabeça com as bandeiras de 193 países. Nesse jogo, cada bandeira é dividida em partes iguais. A bandeira da Geórgia foi dividida em 4 partes iguais. Observe a montagem feita por Joel.

Montagem da bandeira da Geórgia.

a) Complete: a bandeira da Geórgia está dividida em _____ partes iguais, ou seja, cada parte corresponde a um _____ da bandeira.

b) Imagine que a bandeira da Geórgia foi dividida na metade. Em quantas partes iguais essa bandeira foi dividida?

_____

2 Os irmãos Bruno e Rodrigo dividem de maneira igual tudo o que eles têm. No aniversário eles receberam estes presentes:

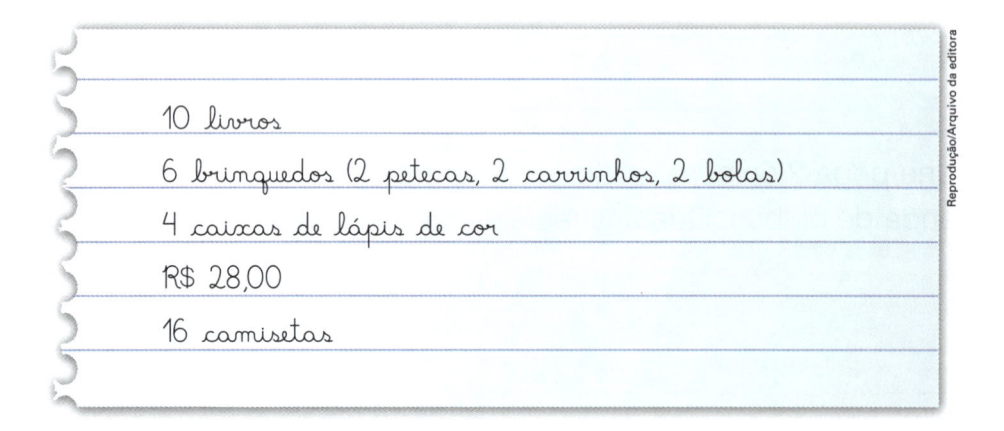

- 10 livros
- 6 brinquedos (2 petecas, 2 carrinhos, 2 bolas)
- 4 caixas de lápis de cor
- R$ 28,00
- 16 camisetas

a) Complete: cada irmão recebeu: _____ livros, _____ peteca, _____ carrinho, _____ bola, _____ caixas de lápis de cor, R$ _____ e _____ camisetas.

b) Percebendo que tinham camisetas demais, os irmãos resolveram doar um quarto delas. Quantas camisetas eles doaram?

_____

MEDIDAS DE COMPRIMENTO

- Célia vai mobiliar seu apartamento com uma estante e um armário em cada cômodo. Observe abaixo a tabela que ela fez para facilitar a compra dos móveis.

Móveis dos cômodos

Cômodo	Comprimento da estante (em cm)	Comprimento do armário (em cm)
Sala	170	60
Cozinha	140	90
Quarto	110	40
Área de serviço	90	50

Tabela elaborada para fins didáticos.

a) Qual é a diferença de comprimento entre a maior e a menor estante?

_____

_____

b) Qual é a diferença de comprimento entre o maior e o menor armário?

_____

_____

c) Em todos os cômodos, a estante e o armário ficarão lado a lado. Sem fazer cálculos, tente responder: em qual cômodo o comprimento da estante e do armário juntos é o menor?

_____

d) Agora, calcule e escreva o comprimento da estante e do armário juntos para cada cômodo.

- Sala: _____
- Quarto: _____
- Cozinha: _____
- Área de serviço: _____

UNIDADE 1 CAPÍTULO 3

PÁGINAS 60 E 61 DO LIVRO

GRÁFICO DE COLUNAS DUPLAS

1 Renato e seu pai dividem as tarefas da casa, e é Renato quem lava as roupas. Para não manchá-las, ele separa as peças brancas das coloridas antes da lavagem. Observe na tabela a seguir as roupas que ele tem para lavar.

Quantidade de peças de roupa coloridas e brancas

Tipo de peça / Cor	Camisetas	Calças	Meias	Bermudas
Coloridas	15	10	14	9
Brancas	12	5	15	3

Tabela elaborada para fins didáticos.

De acordo com os dados da tabela de Renato, construa um gráfico de colunas duplas.

Título: _____

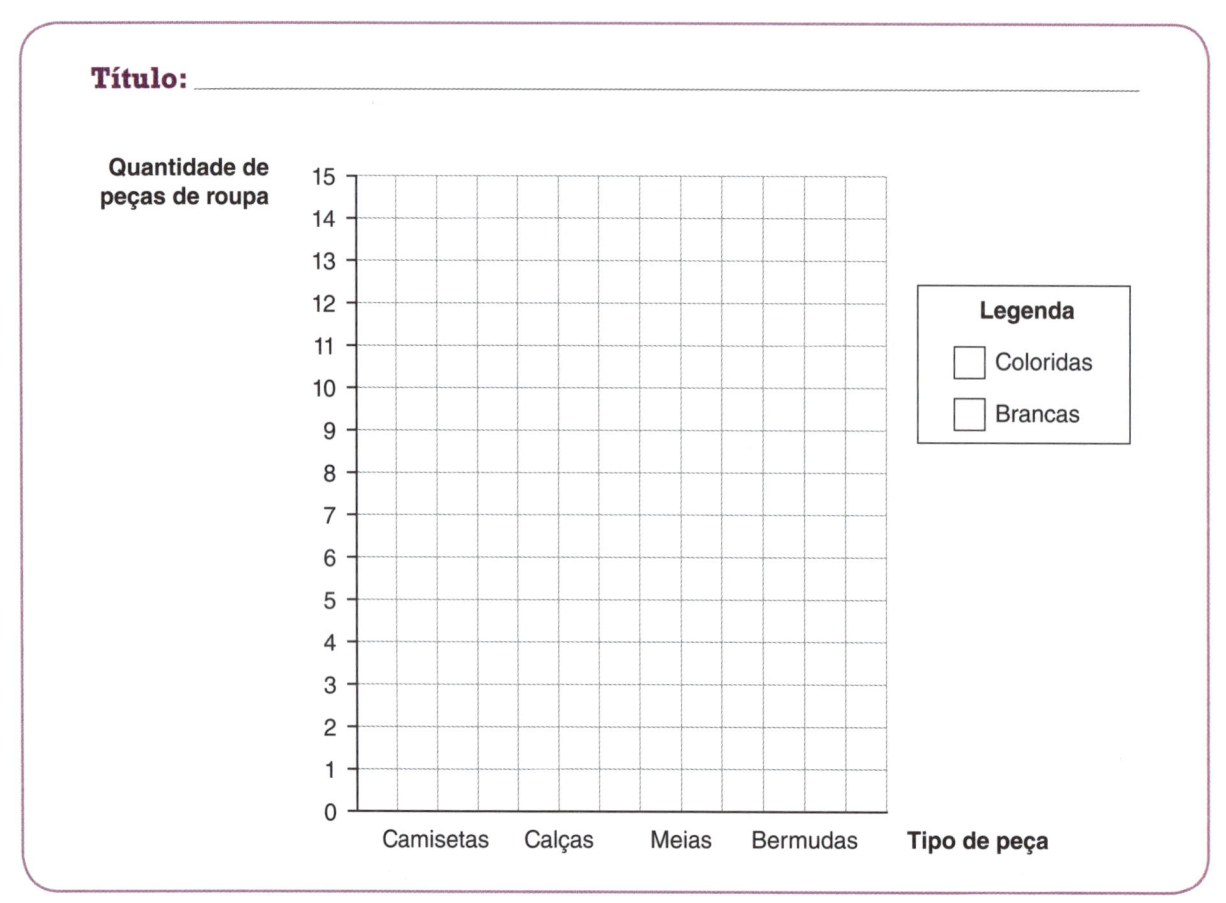

Quantidade de peças de roupa

Legenda
☐ Coloridas
☐ Brancas

Tipo de peça

Gráfico elaborado para fins didáticos.

2 Com base na tabela e no gráfico da atividade anterior, responda às questões abaixo.

a) Quantas peças de roupa coloridas Renato lavará ao todo? E quantas peças de roupas brancas?

_____

_____

_____

b) Renato lavará mais peças de roupa coloridas ou brancas?

_____

c) Qual é o tipo de roupa que Renato lavará em maior quantidade?

_____

d) Siga o exemplo abaixo e indique um tipo de roupa e cor que se encaixa na descrição.

> Renato vai lavar mais de 14 peças. → camisetas coloridas ou meias brancas

- Renato vai lavar menos de 9 peças.

_____

- Renato vai lavar menos de 2 peças.

_____

- Renato vai lavar menos de 20 peças.

_____

e) Crie uma pergunta que possa ser respondida com os dados do gráfico. Em seguida, responda-a.

Pergunta: _____

_____

Resposta: _____

_____

SIMETRIA

1 Ligue cada termo abaixo com sua descrição.

- Figura plana simétrica
- Figuras planas simétricas
- Figuras que apresentam simetria entre si.
- Figura que apresenta simetria.

2 Observe as figuras abaixo.

Figura A — Figura B — Figura C — Figura D

a) Identifique quais figuras acima apresentam simetria e trace seus eixos de simetria.

b) Escreva abaixo quais figuras têm a quantidade de eixos indicada.

Apenas 1 eixo de simetria: _____

Mais de 1 eixo de simetria: _____

Nenhum eixo de simetria: _____

3 Desenhe na malha quadriculada abaixo a figura simétrica ao desenho.

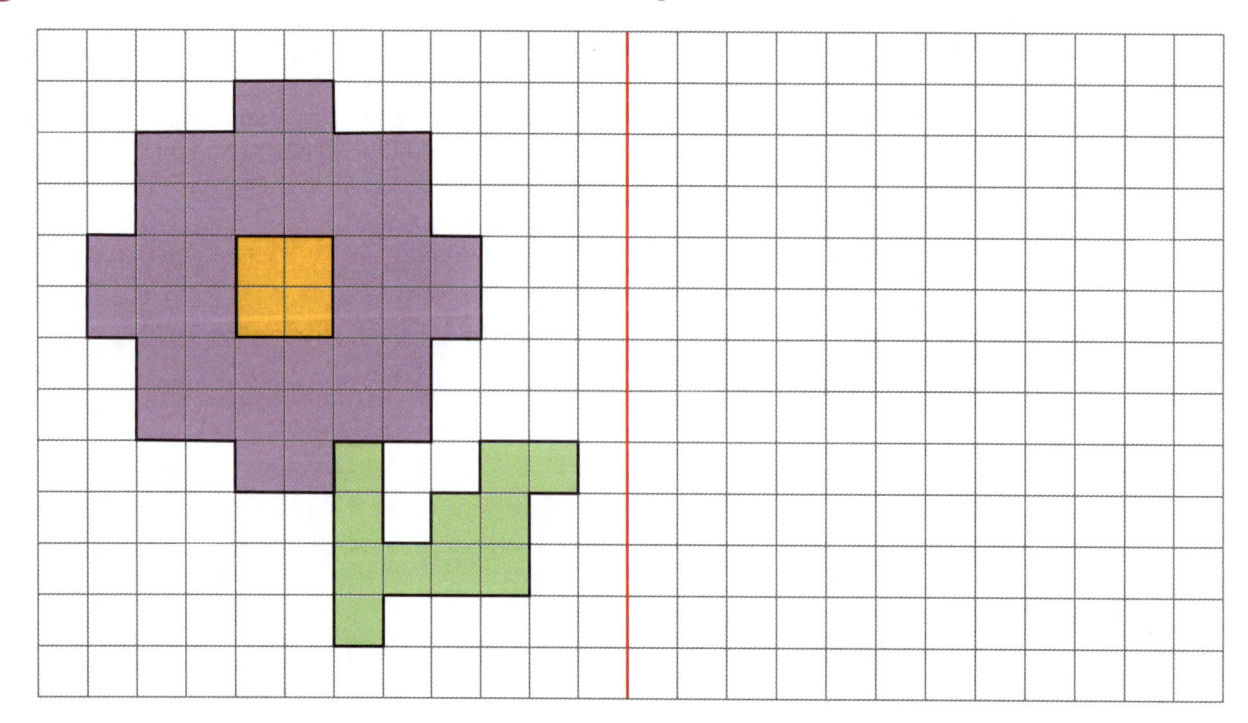

MOSAICOS E REGULARIDADES

1 Observe a regularidade em cada mosaico abaixo. Em seguida, termine de pintar cada malha.

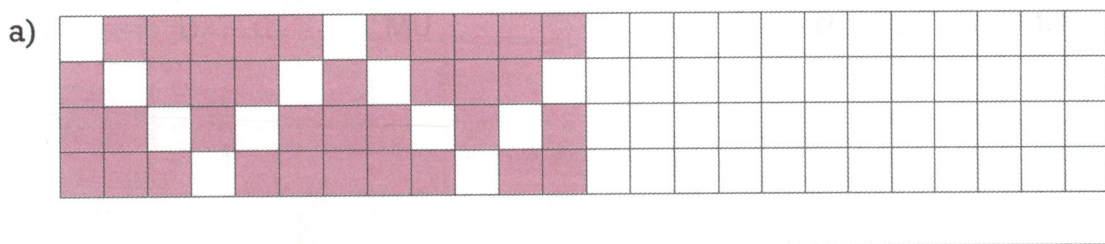

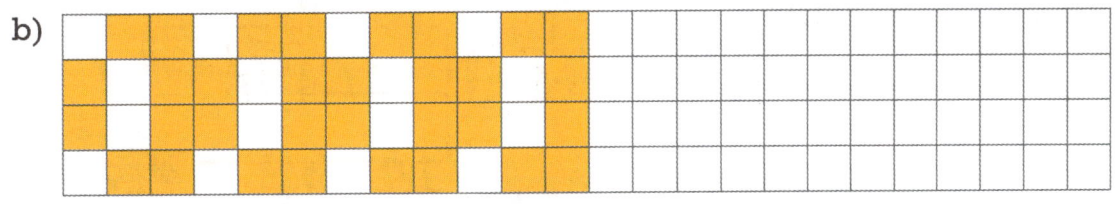

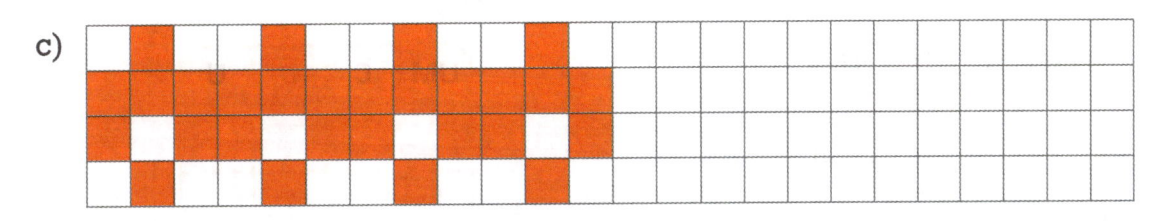

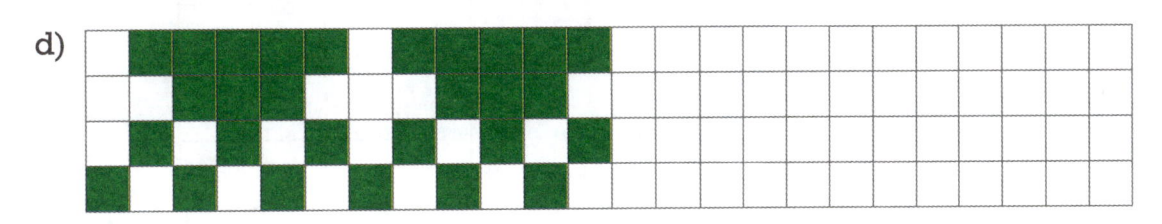

a)

b)

c)

d)

2 Observe os mosaicos que você completou na atividade anterior.

a) Esses mosaicos são formados por qual figura geométrica plana?

_____

_____

b) Eles podem ser chamados de mosaicos geométricos? Por quê?

_____

_____

_____

_____

UNIDADE 2 · CAPÍTULO 4

PÁGINAS 80 A 83 DO LIVRO

MULTIPLICAÇÃO POR NÚMERO DE 2 ALGARISMOS

1 Resolva as seguintes multiplicações.

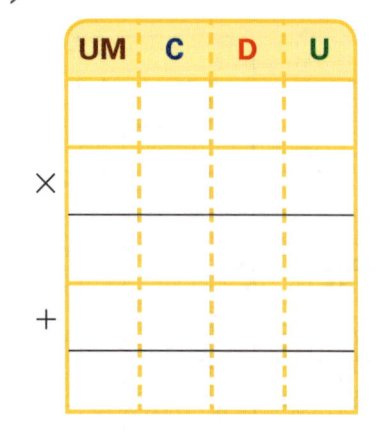

a) 17 × 527 = _____

c) 31 × 168 = _____

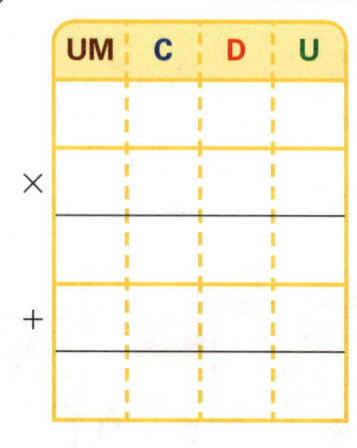

b) 16 × 243 = _____

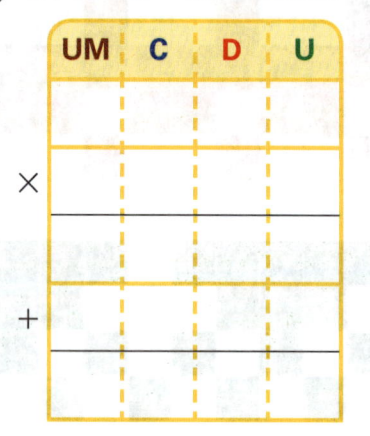

d) 61 × 76 = _____

2 Patrícia cria bijuterias com sementes e peças de metal. Ela usa 97 sementes e 154 peças de metal para cada colar que cria.

a) De quantas peças de metal e sementes Patrícia precisa para criar 12 colares? Registre seu cálculo no espaço ao lado.

_____

_____

b) Patrícia tem 2 mil peças de metal e 3 mil sementes. Quantos itens de cada tipo faltam para que ela possa criar 16 colares?

_____

_____

METADE, UM QUARTO E UM OITAVO DE UM INTEIRO E DE UMA QUANTIDADE

1 Ronaldo dividiu três círculos de papel em partes iguais: o círculo **verde** em 2 partes, o círculo **laranja** em 4 partes e o círculo **roxo** em 8 partes. Complete as frases de cada item abaixo.

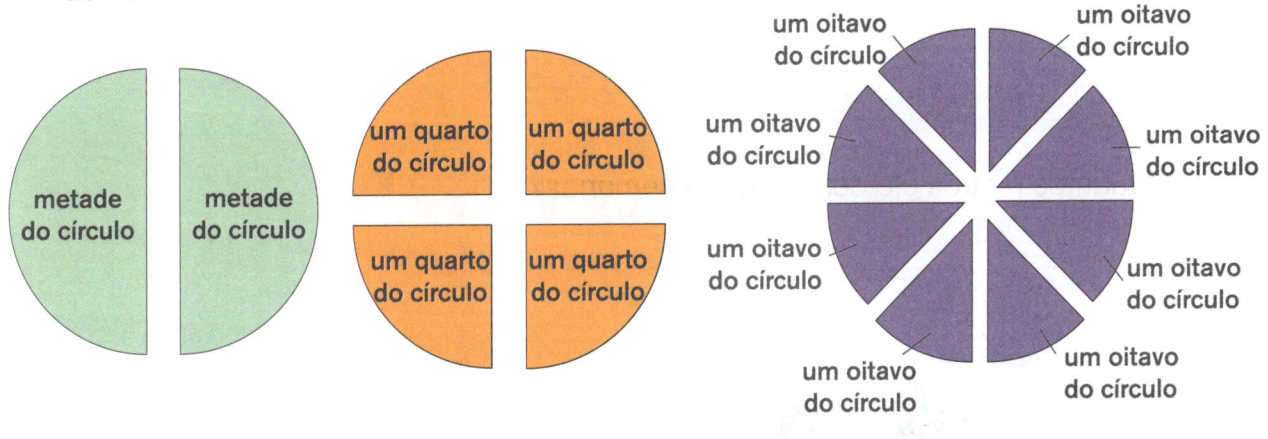

a) Ronaldo tem ao todo _____ peças **verdes**, _____ peças **laranja** e _____ peças **roxas**.

b) Cada peça **roxa** representa 1 _____ ou —— do círculo.

c) Cada peça **laranja** representa 1 _____ ou —— do círculo.

d) Cada peça **verde** representa 1 _____ ou —— do círculo.

2 Iasmin arrecadou 880 livros para as bibliotecas das 4 escolas da cidade. Ela pretende doar a metade dos livros para a escola **A**, um quarto para a escola **B** e o restante será dividido igualmente entre as demais escolas, **C** e **D**.

a) Indique quantos livros cada escola vai receber.

- Escola **A**: _____
- Escola **C**: _____
- Escola **B**: _____
- Escola **D**: _____

b) Iasmin dividiu os livros entre as escolas de acordo com a quantidade de alunos que cada uma tinha. Qual é a escola com mais alunos? Por quê?

_____

_____

MEDIDAS DE COMPRIMENTO: MILÍMETRO, CENTÍMETRO, METRO E QUILÔMETRO

1 Para se preparar para uma competição, um atleta corre 25 km três vezes por semana.

a) Quantos quilômetros o atleta corre por semana?

_____

_____

b) Quantos metros ele correrá em 4 semanas?

_____

_____

Maratonista Marilson Gomes dos Santos treinando para os Jogos Olímpicos de 2016 no Aterro do Flamengo, no Rio de Janeiro. Foto de 2016.

2 Catarina mediu com uma régua o comprimento de 3 objetos que ela costuma carregar em sua mochila.

Caderno: 21 cm   Apontador: 2 cm   Dicionário: 6 cm

a) Escreva, em milímetros, o comprimento dos objetos que Catarina mediu.

- Caderno: _____

- Apontador: _____

- Dicionário: _____

b) Qual unidade de medida você acha que é mais adequada para medir esses objetos?

_____

UNIDADE 2 CAPÍTULO 5

PÁGINAS 96 E 97 DO LIVRO

NÚMEROS E OPERAÇÕES

1 O trem é um meio de transporte eficiente e barato. Leia as informações abaixo sobre os trens que operam na cidade onde João mora e responda ao que se pede.

- Cada trem tem 12 vagões com 20 metros cada, totalizando 250 metros de extensão.
- As estações ferroviárias funcionam todos os dias, das 4 horas às 23 horas.
- O preço da passagem é R$ 3,00.

a) Durante quantas horas as estações ferroviárias funcionam por dia?

_____

b) Na última quarta-feira, 9 000 passagens de trem foram vendidas. Quantos reais foram arrecadados nesse dia com as passagens?

_____
_____

c) Quantos metros medem ao todo os espaços entre os vagões de cada trem?

_____
_____

2 O professor Adriano levará em *vans* seus 40 alunos a uma exposição artística. Cada *van* pode levar no máximo 12 pessoas de cada vez, além do motorista.

a) A quantidade de *vans* de que Adriano irá precisar para levar todos os seus alunos à exposição é maior ou menor do que 3?

_____

b) Imagine que somente Adriano e seus alunos foram à exposição esse dia e que o ingresso custava R$ 4,00. Quantos reais a organização do evento arrecadou com a venda dos ingressos nesse dia?

_____

MULTIPLICAÇÃO NO JOGO **SALUTE!**

1 Raquel, Leonardo e Berenice estão jogando **Salute!**. Raquel é quem está dizendo *Salute!*. Assim que os outros jogadores mostraram suas cartas na 1ª rodada, ela gritou "Quarenta e dois".

a) Leonardo disse que sua carta tinha o número **8**. Leonardo está certo? Explique sua resposta.

_____

_____

b) Berenice disse que sua carta tinha o número **6** e ganhou a rodada. Qual era o número da carta de Leonardo? Por quê?

_____

c) Em outra rodada, Leonardo disse **40** quando viu as cartas de Berenice e Raquel. Se Berenice tinha a carta **8**, então qual é a carta que Raquel mostrou? Por quê?

_____

d) Na rodada seguinte, Berenice disse **41** quando viu as cartas de Leonardo e Raquel. Pense na tabuada dos números 2 a 10. Quais são as cartas que Leonardo e Raquel mostraram? Por quê?

_____

_____

2 Escreva as cartas que os jogadores de **Salute!** devem tirar para obter cada número abaixo como resultado.

a) 32 = _____   d) 63 = _____

b) 40 = _____   e) 25 = _____

c) 72 = _____   f) 23 = _____

MEDIDAS DE MASSA: GRAMA, QUILOGRAMA E TONELADA

1 Complete as frases abaixo.

a) Um animal de 20 kg tem _____ gramas.

b) Meu celular pesa meio quilograma, ou seja, ele tem _____ gramas.

c) Um trator consegue carregar 5 _____. Ele carrega até 5 000 kg.

d) Meu computador tem _____ kg ou 3 000 gramas.

e) Meia tonelada de cimento é igual a 500 _____.

2 Para não usar mais sacos plásticos, Vera comprou 3 sacolas de papel que aguentam, no máximo, 3 kg cada uma. Ela precisa separar os alimentos da lista abaixo nas 3 sacolas. Nas duas primeiras sacolas, ela quer colocar 3 kg e o restante na terceira sacola. Indique quais alimentos ela deve colocar em cada sacola e quantos gramas cada sacola terá.

Maçã: 2 kg
Caju: 500 gramas
Seriguela: 250 gramas
Tomate: 1 800 gramas
Banana: 1 kg

Cebola: 300 gramas
Inhame: 1 200 gramas
Quiabo: 250 gramas
Abacaxi: 800 gramas
Mandioca: 700 gramas

Sacola 1: _____   Sacola 2: _____   Sacola 3: _____

GRÁFICO DE SETORES

1 André tem uma barraca de hortaliças na feira. Todos os dias, ele anota a quantidade que vendeu de cada produto. Observe o gráfico que ele fez e depois faça as atividades a seguir.

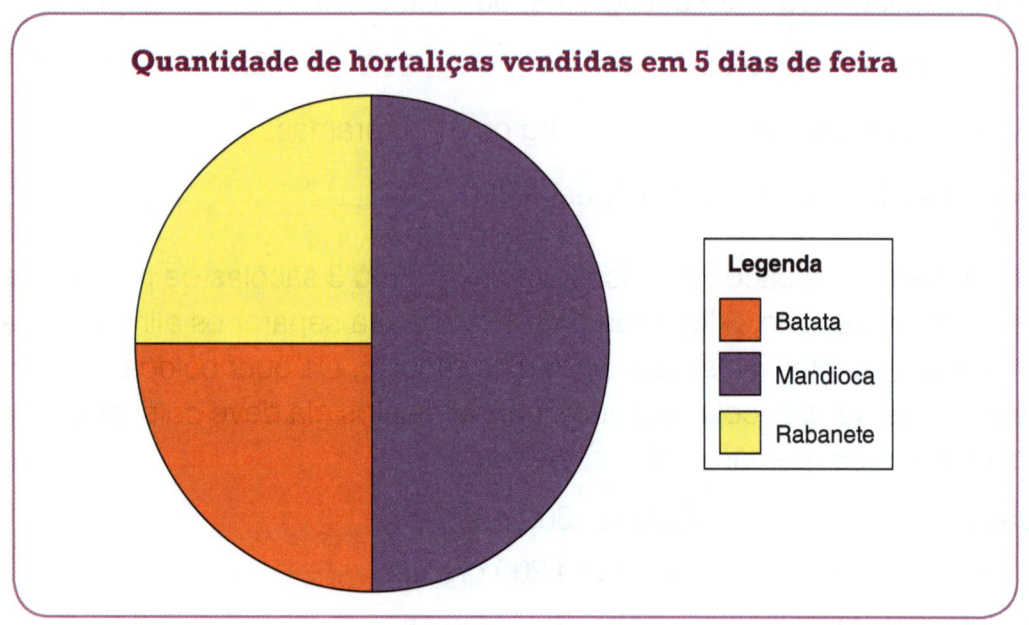

Quantidade de hortaliças vendidas em 5 dias de feira

Legenda:
- Batata
- Mandioca
- Rabanete

Gráfico elaborado para fins didáticos.

a) Qual é o nome desse tipo de gráfico?

_____

b) Leia o título do gráfico e explique o que o gráfico está representando.

_____

_____

c) Complete: a cor _____ representa metade da quantidade de hortaliças vendidas, e a cor laranja representa _____ da quantidade de hortaliças vendidas. E um quarto da quantidade de hortaliças vendidas está representado pela cor _____.

d) No gráfico, qual é a cor que representa o produto mais vendido? E qual é esse produto?

_____

_____

2 Na semana seguinte, André passou a vender mais um tipo de hortaliça. Veja a tabela que ele fez com os dados de 2 semanas e em seguida responda às questões abaixo.

Quantidade de hortaliças vendidas em 2 semanas de feira

Hortaliça	Quantidade de hortaliças (em kg)
Batata	metade → 28
Mandioca	um quarto → 14
Nabo	um oitavo → 7
Rabanete	um oitavo → 7

Tabela elaborada para fins didáticos.

a) Quantos quilogramas de hortaliças André vendeu ao todo?

_____

b) Pinte as partes do gráfico abaixo de acordo com a legenda e a tabela.

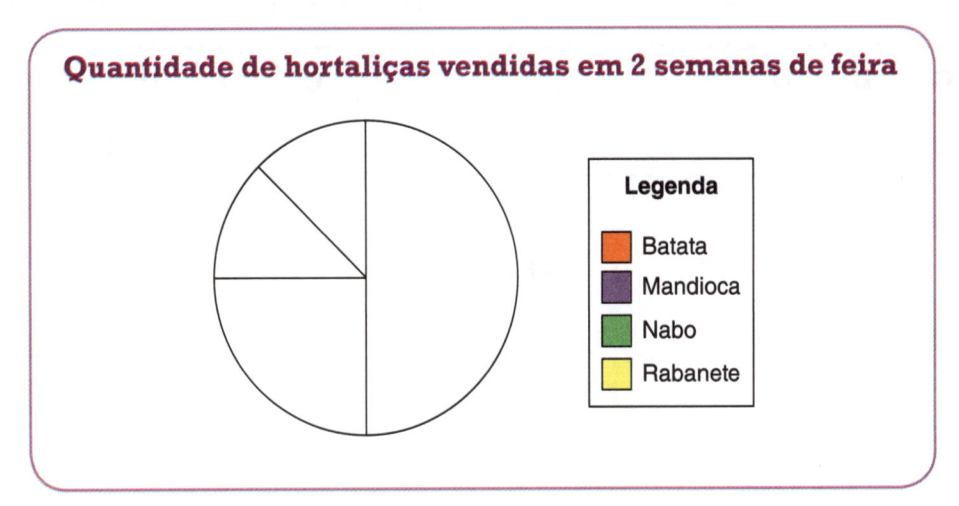

Quantidade de hortaliças vendidas em 2 semanas de feira

Legenda
- Batata
- Mandioca
- Nabo
- Rabanete

c) Complete as frases abaixo com frações.

- As batatas representam ―― do total de hortaliças vendidas.

- As mandiocas representam ―― do total de hortaliças vendidas.

- Os nabos representam ―― do total de hortaliças vendidas.

- Os rabanetes representam ―― do total de hortaliças vendidas.

UNIDADE 2 — CAPÍTULO 6

PÁGINAS 116 A 119 DO LIVRO

DIVISÃO NO QUADRO DE VALOR POSICIONAL

1 Resolva as divisões a seguir.

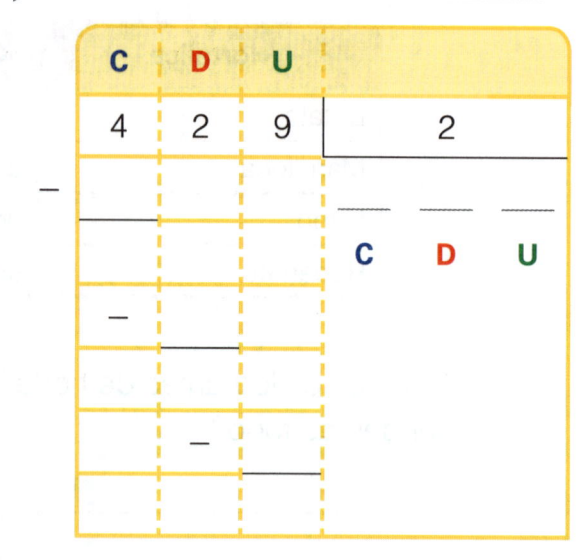

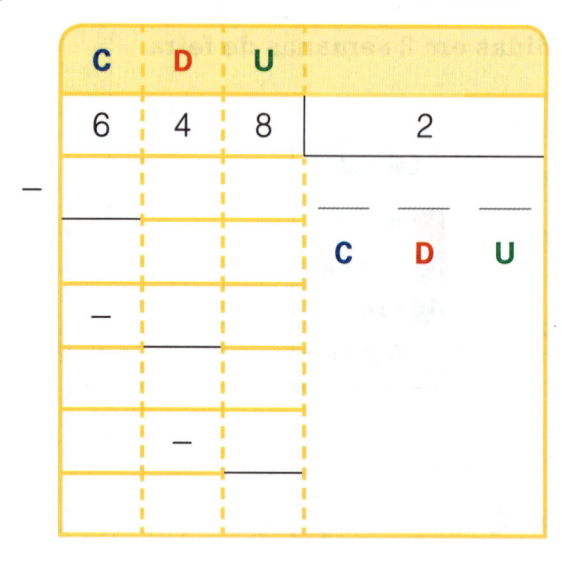

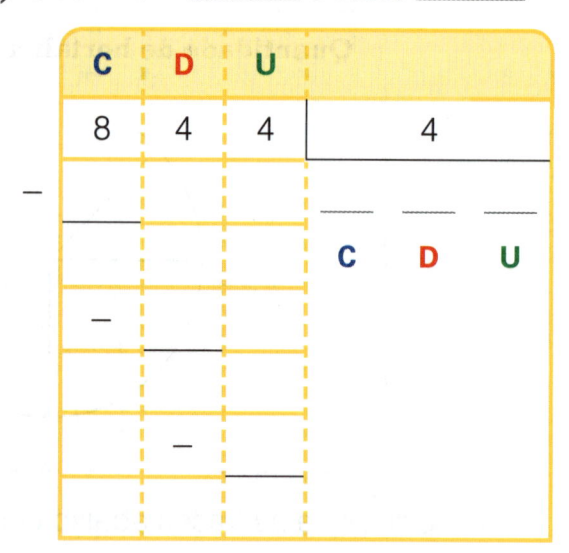

a) 697 ÷ 3 = _____ e resto _____

C	D	U	
6	9	7	3

c) 429 ÷ 2 = _____ e resto _____

C	D	U	
4	2	9	2

b) 648 ÷ 2 = _____ e resto _____

C	D	U	
6	4	8	2

d) 844 ÷ 4 = _____ e resto _____

C	D	U	
8	4	4	4

2 Observe as divisões que você resolveu nos quadros de valor posicional na atividade anterior.

a) Marque com um **X** as divisões que tiveram resto zero.

b) Complete: na divisão do item **c**, o número 2 é chamado _____ e o número _____ é chamado dividendo. Essa divisão não é exata; o _____ é igual a 214 e o resto é igual a _____.

MEDIDAS DE TEMPERATURA: GRAUS CELSIUS (°C)

1 Qual é a unidade de medida de temperatura usada no Brasil?

_____

2 Qual é o nome do instrumento que usamos para medir temperaturas?

_____

3 Cite duas situações em que usamos medida de temperatura.

_____

_____

4 Hélio consultou a previsão do tempo para dois dias diferentes da próxima semana na cidade em que ele mora.

Terça-feira
↑ Máx. 24 °C
↓ Mín. 17 °C

Sexta-feira
↑ Máx. 21 °C
↓ Mín. 14 °C

a) Em qual dos dois dias a temperatura máxima será maior?

_____

b) Em qual dos dois dias a temperatura mínima será menor?

_____

c) Qual é a diferença entre a temperatura máxima e a temperatura mínima em cada dia?

- Terça-feira: _____
- Sexta-feira: _____

FRAÇÃO

1 As figuras abaixo estão divididas em partes iguais. Siga o exemplo e complete a tabela.

Desenho	Fração	Por extenso
	$\dfrac{2}{4}$	dois quartos
	———	cinco oitavos
	$\dfrac{2}{3}$	
	———	
	———	três sétimos
	$\dfrac{2}{5}$	

2 Complete as frases a seguir.

a) Um terço de 27 kg é _____ kg.

b) Um sétimo de _____ camisetas é 2 camisetas.

c) Um _____ de 60 dias corresponde a 12 dias.

d) Um _____ de 450 metros é 50 metros.

UNIDADE 2 CAPÍTULO 6

PÁGINAS 128 A 131 DO LIVRO

POLÍGONOS

1 Observe as figuras geométricas planas abaixo.

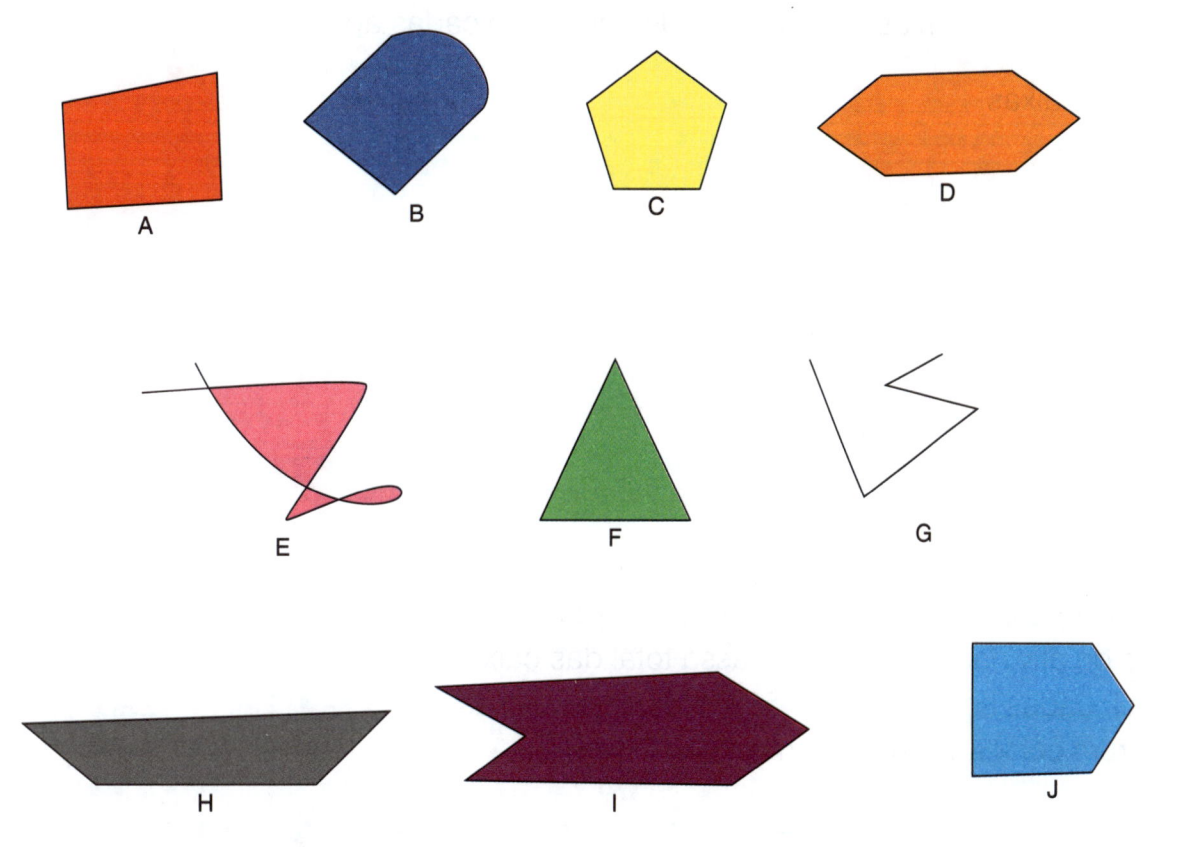

a) Classifique as figuras acima.

- Triângulo: _____
- Quadrilátero: _____
- Pentágono: _____
- Hexágono: _____
- Heptágono: _____
- Não é polígono: _____

b) Explique por que algumas dessas figuras geométricas planas não são polígonos.

_____

_____

2 Desenhe no espaço ao lado um polígono com 8 lados e indique o nome dele.

Nome do polígono: _____

UNIDADE 3 CAPÍTULO 7

PÁGINAS 142 E 143 DO LIVRO

NÚMEROS E MEDIDAS

1 Um armazém tem caixas de 5 kg e 500 gramas cada uma. Calcule quantos quilogramas têm as quantidades de caixas indicadas abaixo.

a) 4 caixas: _____

b) 8 caixas: _____

c) 12 caixas: _____

d) 20 caixas: _____

2 Em um caminhão foram colocadas caixas iguais às da atividade anterior. A massa total das caixas colocadas no caminhão é 55 kg. Quantas caixas foram colocadas no caminhão?

_____

3 Paula trabalha há 6 anos em uma escola. Ela começou a trabalhar lá quando tinha 19 anos.

a) A afirmação "Paula tem 27 anos." está correta?

_____

b) Justifique a sua resposta ao item anterior com uma operação matemática.

_____

4 Indique que tipo de medida esses números representam em cada frase.

a) Eu tenho 9 anos de idade. → medida de _____

b) Meu livro favorito tem 15 cm de altura. → medida de _____

c) Minha mochila tem 3 kg. → medida de _____

d) A temperatura mínima hoje foi de 17 °C. → medida de _____

34

UNIDADE 3 CAPÍTULO 7

PÁGINAS 144 E 145 DO LIVRO

COMPRAS COM DINHEIRO

- Maria pesquisou os preços de alguns produtos em dois mercados diferentes. Observe a lista que ela fez.

Mercado A
1 kg de tomate: R$ 4,50
1 kg de cebola: R$ 2,10
1 kg de maçã: R$ 6,90
1 kg de manga: R$ 4,30

Mercado B
1 kg de tomate: R$ 4,40
1 kg de cebola: R$ 2,50
1 kg de maçã: R$ 6,30
1 kg de manga: R$ 4,30

a) De acordo com a lista de Maria, em qual mercado o preço do quilograma de tomate é menor?

_____

b) E em qual mercado o preço do quilograma de manga é maior?

_____

c) Escreva por extenso o preço do quilograma de maçã no Mercado **B**.

_____

d) É mais vantajoso comprar 1 kg de cebola no Mercado **A** ou no Mercado **B**? Justifique sua resposta.

_____
_____

e) Em qual mercado é menos vantajoso comprar 1 kg de maçã? Justifique sua resposta.

_____
_____

MEDIDA DE SUPERFÍCIE: ÁREA

1 Usando 1 quadradinho como unidade de medida, calcule a área de cada toalha de retalhos abaixo.

a) _____

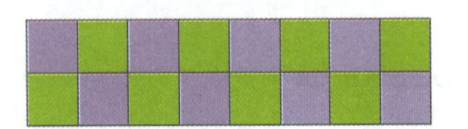

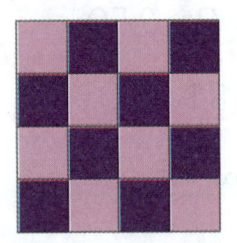

c) _____

b) _____

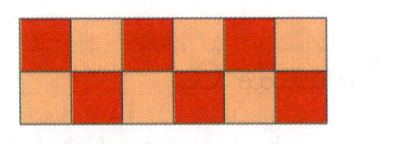

d) _____

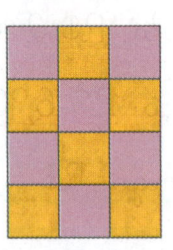

2 Represente o cálculo de cada área da atividade anterior com uma multiplicação.

a) _____

b) _____

c) _____

d) _____

3 Pinte na malha quadriculada abaixo um retângulo com 36 quadradinhos de área.

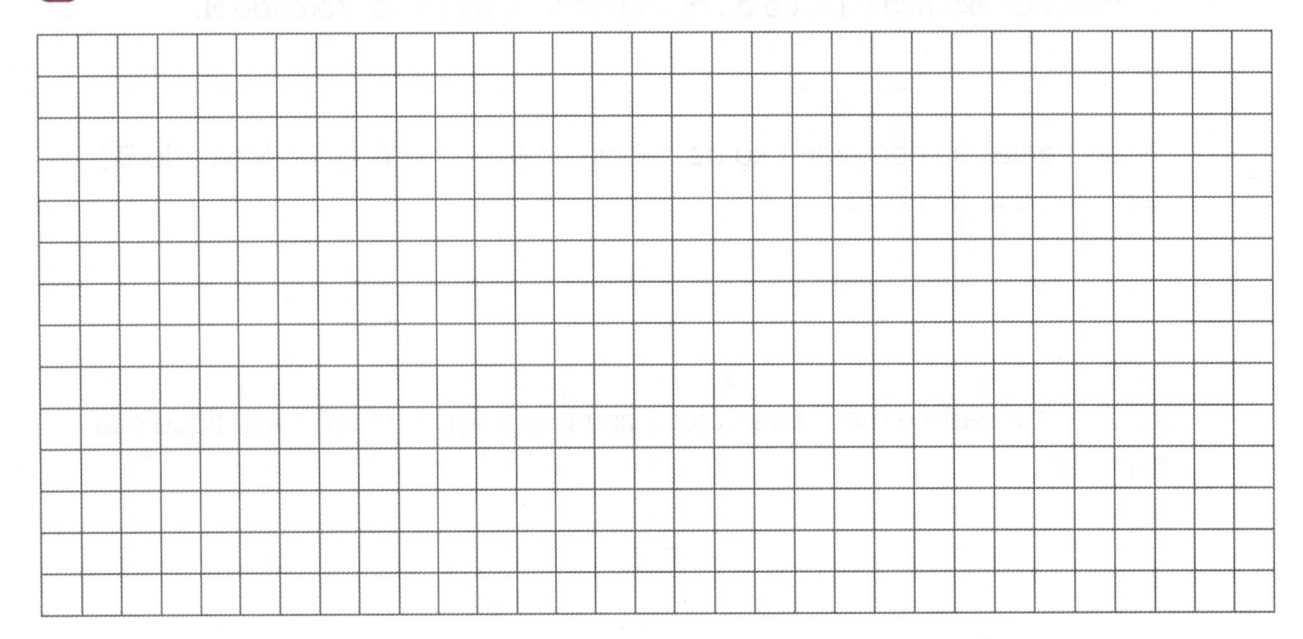

UNIDADE 3 CAPÍTULO 7

PÁGINAS 150 A 153 DO LIVRO

DIVISÃO COM REAGRUPAMENTO

- Estime a ordem dos quocientes das divisões abaixo. Em seguida, resolva as divisões no quadro de valor posicional.

a) 688 ÷ 3 = _____ e resto _____

Ordem do quociente:

_____

C	D	U	
6	8	8	3
			C D U

c) 327 ÷ 2 = _____ e resto _____

Ordem do quociente:

_____

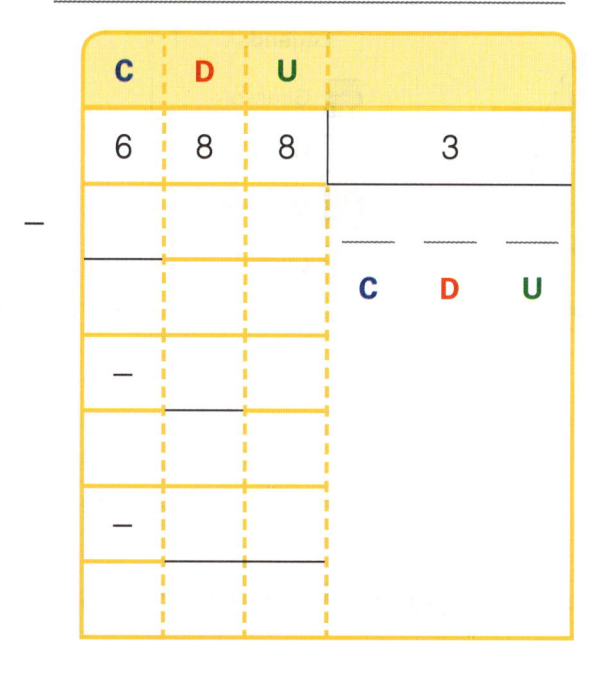

C	D	U	
3	2	7	2
			C D U

b) 171 ÷ 9 = _____ e resto _____

Ordem do quociente:

_____

C	D	U	
1	7	1	9
			D U

d) 273 ÷ 8 = _____ e resto _____

Ordem do quociente:

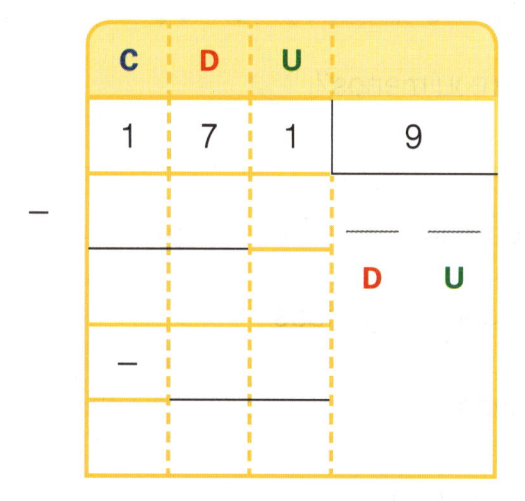

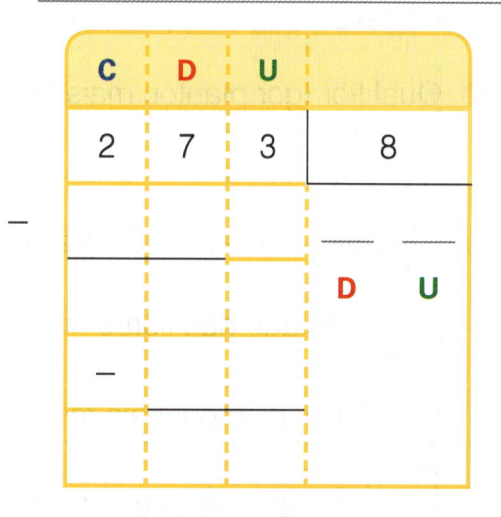

_____

C	D	U	
2	7	3	8
			D U

GRÁFICO DE SETORES

- Igor construiu o gráfico de setores abaixo para representar a variedade de flores que ele plantou no jardim da sua casa.

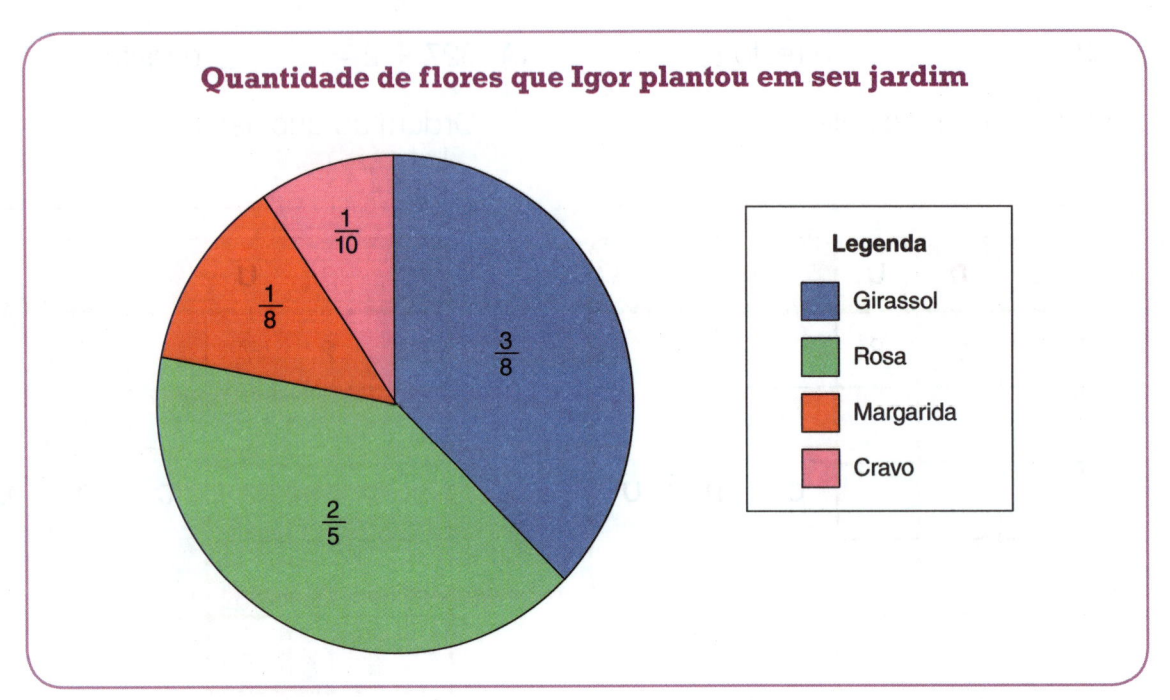

Quantidade de flores que Igor plantou em seu jardim

- Girassol: $\frac{3}{8}$
- Rosa: $\frac{2}{5}$
- Margarida: $\frac{1}{8}$
- Cravo: $\frac{1}{10}$

Gráfico elaborado para fins didáticos.

a) Escreva por extenso a quantidade de cada tipo de flor que Igor plantou.

- Girassol: _____
- Rosa: _____
- Margarida: _____
- Cravo: _____

b) Qual flor Igor plantou mais? E qual ele plantou menos?

_____

c) Classifique as afirmativas abaixo em verdadeiras (**V**) ou falsas (**F**).

☐ Metade das flores que Igor plantou são margaridas.

☐ Igor plantou mais rosas do que cravos.

☐ A maior parte das flores plantadas são girassóis.

PÁGINAS 160 E 161 DO LIVRO

MAIS DIVISÕES

1 Gabriel vai resolver a divisão 243 ÷ 3.

a) Complete o texto do balão do pensamento de Gabriel.

b) Agora, confira a estimativa do item anterior resolvendo a divisão no quadro de valor posicional abaixo.

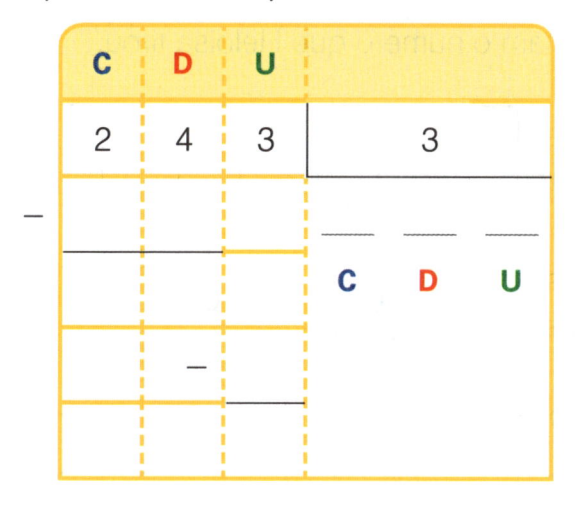

_____ CENTENAS DIVIDIDAS EM _____ GRUPOS DÁ _____ CENTENA EM CADA GRUPO. ENTÃO, O QUOCIENTE DA DIVISÃO DE 243 POR 3 É DA ORDEM DAS _____.

C	D	U	
2	4	3	3
			C D U

2 Resolva o problema que Joice criou no quadro de valor posicional.

GUSTAVO QUER DIVIDIR IGUALMENTE 745 LIVROS EM 8 PRATELEIRAS. QUANTOS LIVROS ELE VAI COLOCAR EM CADA PRATELEIRA?

C	D	U	
7	4	5	8
			C D U

Resposta:

_____

_____

39

UNIDADE 3 CAPÍTULO 8

PÁGINAS 162 E 163 DO LIVRO

JOGO DA DIVISÃO

1 Heloísa e seu irmão estão brincando com o **Jogo da divisão**. Heloísa escolheu o número 8. Ela tirou 5 cartas do monte e consultou a tabela ao lado para calcular a sua pontuação. As cartas que ela pegou representam o número 410.

Pontuação de cada carta

Cor da carta	Pontuação
Amarela	1
Azul	10
Vermelha	100

Tabela elaborada para fins didáticos.

a) Pinte as cartas abaixo que representam o número que Heloísa tirou.

b) Heloísa declarou o quociente e o resto da divisão de 410 por 8 e ganhou as cartas. Quais são os números que Heloísa declarou? Registre a divisão no quadro de valor posicional ao lado.

C	D	U	
4	1	0	8

_____

_____

_____

2 No **Jogo da divisão**, cada jogador tira 5 cartas.

a) Qual é o menor número que pode ser representado no jogo?

_____

b) Quais cartas um jogador precisa tirar para representar o menor número?

_____

c) Qual é o maior número que pode ser representado no jogo?

_____

d) E quais cartas um jogador precisa tirar para representar o maior número?

_____

ÁREA

- André representou os canteiros de seu jardim na malha quadriculada abaixo. Considere que cada quadradinho da malha quadriculada tem 1 m de lado.

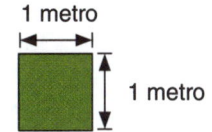

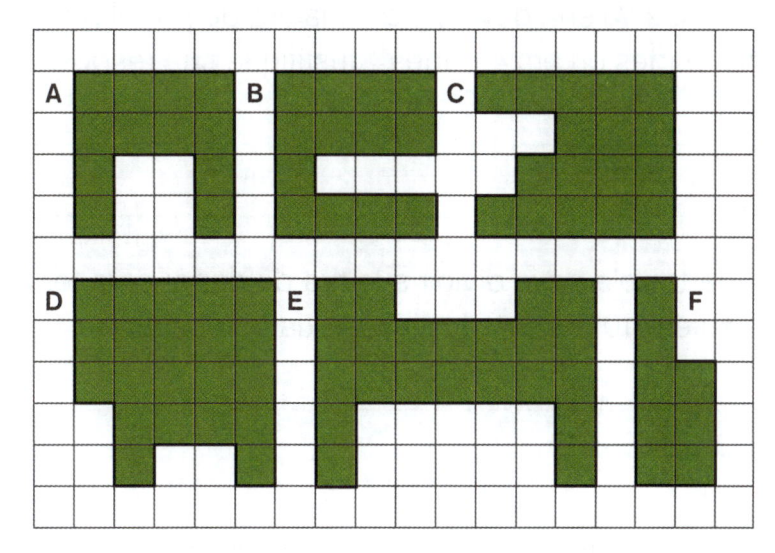

a) Indique quantos quadradinhos tem a representação de cada canteiro.

- Canteiro **A**: _____
- Canteiro **B**: _____
- Canteiro **C**: _____
- Canteiro **D**: _____
- Canteiro **E**: _____
- Canteiro **F**: _____

b) Indique a área, em metros quadrados, de cada canteiro.

- Canteiro **A**: _____
- Canteiro **B**: _____
- Canteiro **C**: _____
- Canteiro **D**: _____
- Canteiro **E**: _____
- Canteiro **F**: _____

c) Qual é o canteiro que ocupa a maior área da malha quadriculada? E qual canteiro ocupa a menor área?

_____

_____

d) Qual é a diferença entre a área do maior canteiro e a área do menor?

_____

_____

UNIDADE 3 CAPÍTULO 8

PÁGINAS 166 A 169 DO LIVRO

COMPARAÇÃO DE FRAÇÕES

1 Valéria vai dividir uma tira de papel em partes iguais.

a) Em quantas partes Valéria deve dividir sua tira de papel para ter partes maiores: em 3 partes ou em 4 partes? Justifique sua resposta.

_____
_____

b) Em quantas partes ela deve dividir sua tira de papel para ter partes menores: em 5 partes ou em 10 partes? Justifique sua resposta.

_____
_____

2 Compare as frações usando os símbolos > (**é maior do que**) e < (**é menor do que**).

a) $\dfrac{1}{2}$ _____ $\dfrac{1}{6}$ b) $\dfrac{1}{8}$ _____ $\dfrac{1}{7}$ c) $\dfrac{1}{10}$ _____ $\dfrac{1}{4}$

3 Os irmãos Samuel e Samanta ganharam cada um 12 adesivos. Samanta colou 2 adesivos em cada página do seu caderno. Seu irmão colou 4 adesivos em cada página do seu caderno. Observe abaixo como ficaram as páginas dos cadernos deles.

Samanta   **Samuel**

a) Em qual das distribuições cada folha de caderno ficou com mais adesivos?

_____

b) Complete: Cada folha do caderno de Samuel tem _____ dos adesivos dele e cada folha do caderno de Samanta tem _____ dos adesivos dela.

42

UNIDADE 3 CAPÍTULO 8

PÁGINAS 170 E 171 DO LIVRO

COMBINAÇÕES

1 Patrícia tem 4 relógios que podem ser montados com 6 pulseiras diferentes.

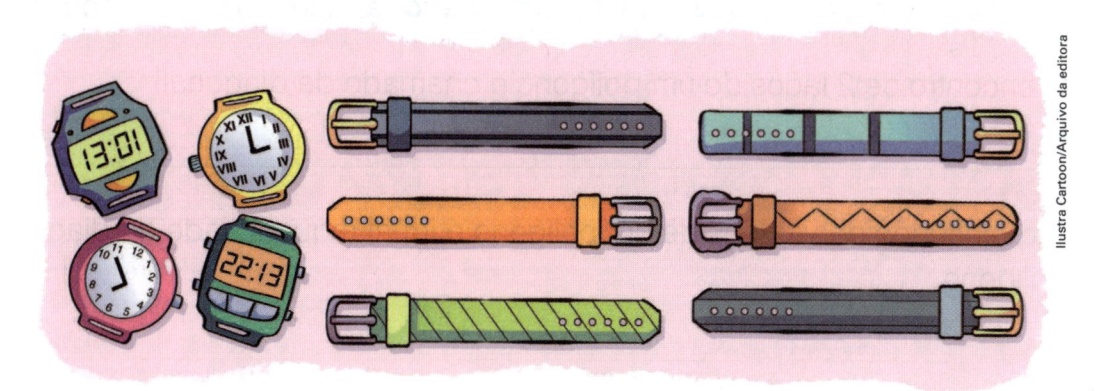

a) Quantas combinações diferentes de relógios e pulseiras Patrícia pode fazer?

_____

b) Se Patrícia ganhar mais 1 relógio e mais 2 pulseiras, então quantas combinações ela poderá fazer?

_____

c) Patrícia deu 1 relógio e 2 pulseiras para um amigo. Quantas combinações diferentes ela poderá fazer com os outros 3 relógios e suas 4 pulseiras?

_____

2 Crie um problema que possa ser respondido pela resolução abaixo.

> 5 × 10 = 50 → Isabela pode fazer 50 combinações diferentes.

_____
_____
_____
_____

43

UNIDADE 3 CAPÍTULO 8

PÁGINAS 172 E 173 DO LIVRO

EXPLORANDO POLÍGONOS

1 Em cada frase abaixo, a palavra **diagonal** entrou no lugar de outro termo. Reescreva e corrija cada frase substituindo **diagonal(ais)** pelo termo correto.

a) O encontro de 2 lados de um polígono é chamado de diagonal.

_____

b) A quantidade de vértices de um polígono é igual à quantidade de diagonais do polígono.

_____

c) Todos os quadriláteros têm 4 diagonais.

_____

2 Tainá desenhou alguns polígonos e suas diagonais. Observe os desenhos dela.

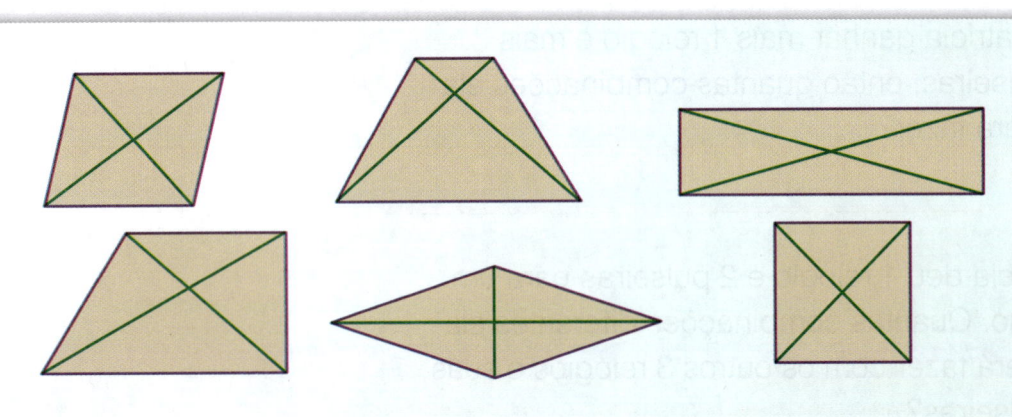

As linhas retas em roxo são diagonais do polígono. E as linhas retas em verde são lados do polígono.

a) Tainá descreveu o que significam as linhas retas coloridas. Você concorda com ela? Por quê?

_____

_____

b) Nos polígonos que Tainá desenhou, há 2 trapézios. Contorne-os.

EQUIVALÊNCIA DE FRAÇÕES

1 Amélia construiu tiras de papel divididas em partes iguais. Veja abaixo as tiras que ela construiu.

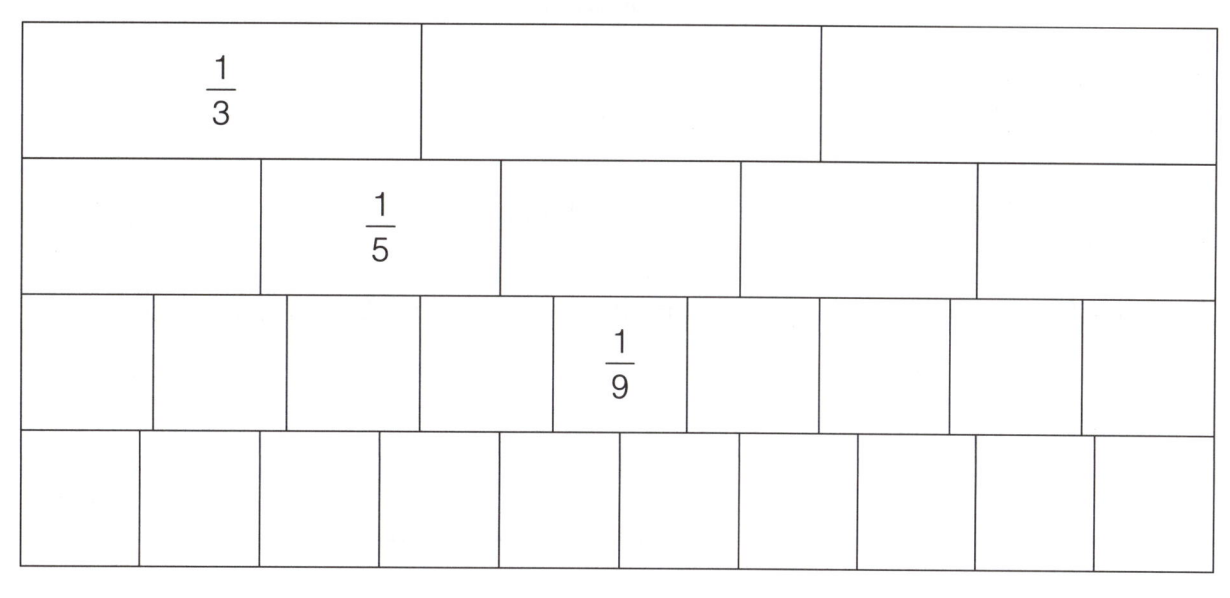

a) Escreva acima a fração que representa cada parte.

b) 3 partes da terceira tira têm o mesmo tamanho de qual outra parte?

_____

c) 2 partes da quarta tira têm o mesmo tamanho de qual outra parte?

_____

d) Escreva as frações equivalentes a cada fração abaixo.

- $\dfrac{1}{5} =$ _____
- $\dfrac{3}{9} =$ _____
- $\dfrac{2}{3} =$ _____
- $\dfrac{3}{5} =$ _____

2 As tiras abaixo foram divididas em partes iguais. Em cada uma delas, pinte de **rosa** o equivalente a $\dfrac{1}{2}$. Na segunda e na terceira tira, pinte de **marrom** o equivalente a $\dfrac{1}{4}$.

NÚMEROS DECIMAIS: DÉCIMOS

1 Escreva cada fração abaixo na forma decimal e por extenso.

a) $\dfrac{2}{10}$ → Decimal: _____   Por extenso: _____

b) $\dfrac{8}{10}$ → Decimal: _____   Por extenso: _____

c) $\dfrac{4}{10}$ → Decimal: _____   Por extenso: _____

2 Cada figura abaixo está dividida em 10 partes iguais. Pinte a quantidade que se pede.

a) 7 décimos

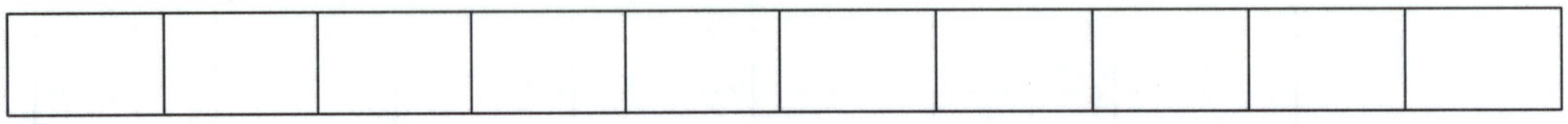

b) $\dfrac{5}{10}$

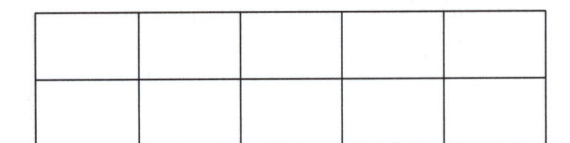

c) $\dfrac{7}{10}$

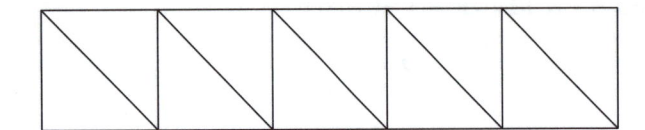

d) Seis décimos

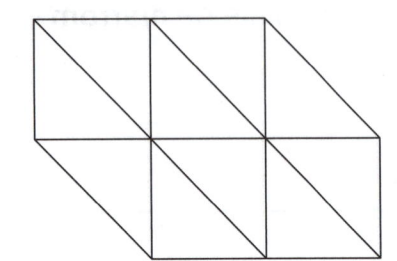

UNIDADE 3 CAPÍTULO 9

PÁGINAS 186 E 187 DO LIVRO

MEDIDAS DE CAPACIDADE: LITRO E MILILITRO

As imagens desta página não estão representadas em proporção.

- Observe os recipientes de alguns produtos.

Garrafa com leite: 1 _____

Bisnaga de protetor solar: 120 _____

Frasco com sabonete líquido: 250 _____

Lata de tinta: 18 _____

Galão com água: 5 _____

Pote com mel: 350 _____

a) Complete as legendas das imagens com a unidade de medida adequada: **mL** ou **L**.

b) Em quais dos recipientes cabe menos de 1 L?

_____

_____

c) Sandra comprou meio litro de sabonete líquido. Quantos frascos de 250 mL ela comprou?

_____

47

UNIDADE 3 CAPÍTULO 9

PÁGINAS 188 E 189 DO LIVRO

TABELA E GRÁFICOS DE COLUNAS

- Alan organizou em sua escola um **Bazar Beneficente** de roupas de frio. Para controlar a quantidade de peças vendidas e o valor arrecadado, ele construiu uma tabela e um gráfico de colunas.

Bazar Beneficente de roupas de frio

Peça	Quantidade vendida	Valor arrecadado (R$)
Blusas	32	288
Calças	45	360
Pares de meia	19	57
Pares de luva	27	108
Gorros	15	90
Cachecóis	9	45

Tabela elaborada para fins didáticos.

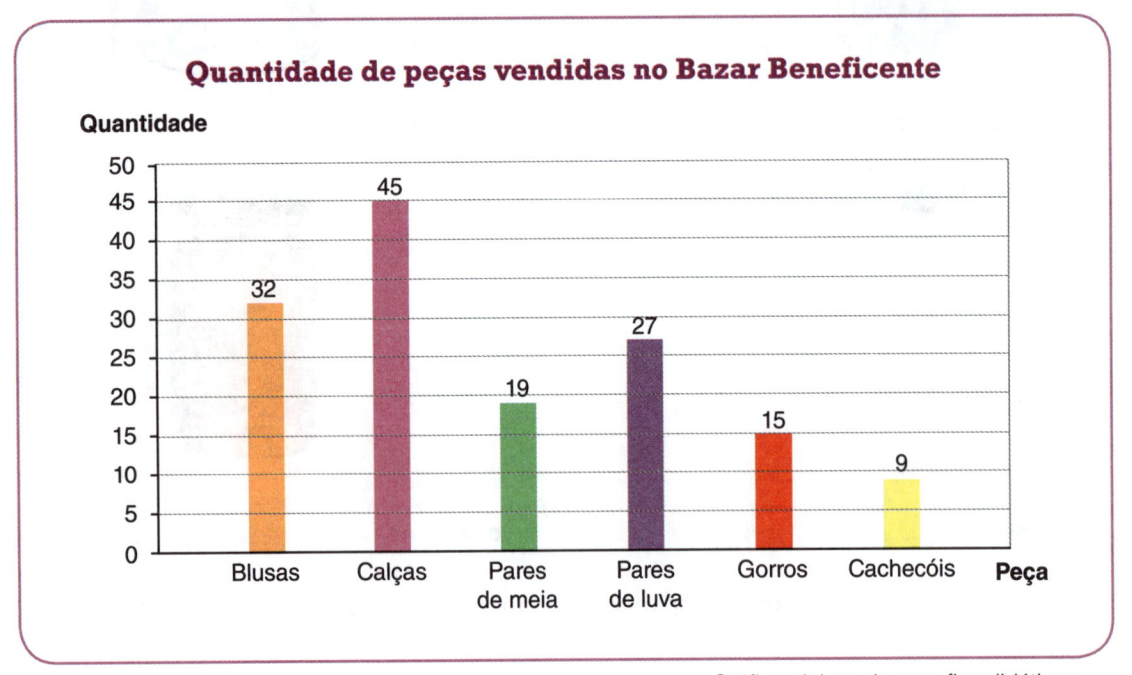

Quantidade de peças vendidas no Bazar Beneficente

Peça	Quantidade
Blusas	32
Calças	45
Pares de meia	19
Pares de luva	27
Gorros	15
Cachecóis	9

Gráfico elaborado para fins didáticos.

a) Quais foram as peças mais vendidas? E quais foram as peças menos vendidas?

_____

_____

b) Quantos reais foram arrecadados pelo Bazar?

_____

c) Alan construiu um segundo gráfico para representar as vendas em reais. Observe o gráfico abaixo e explique por que ele teve que construir esse segundo gráfico.

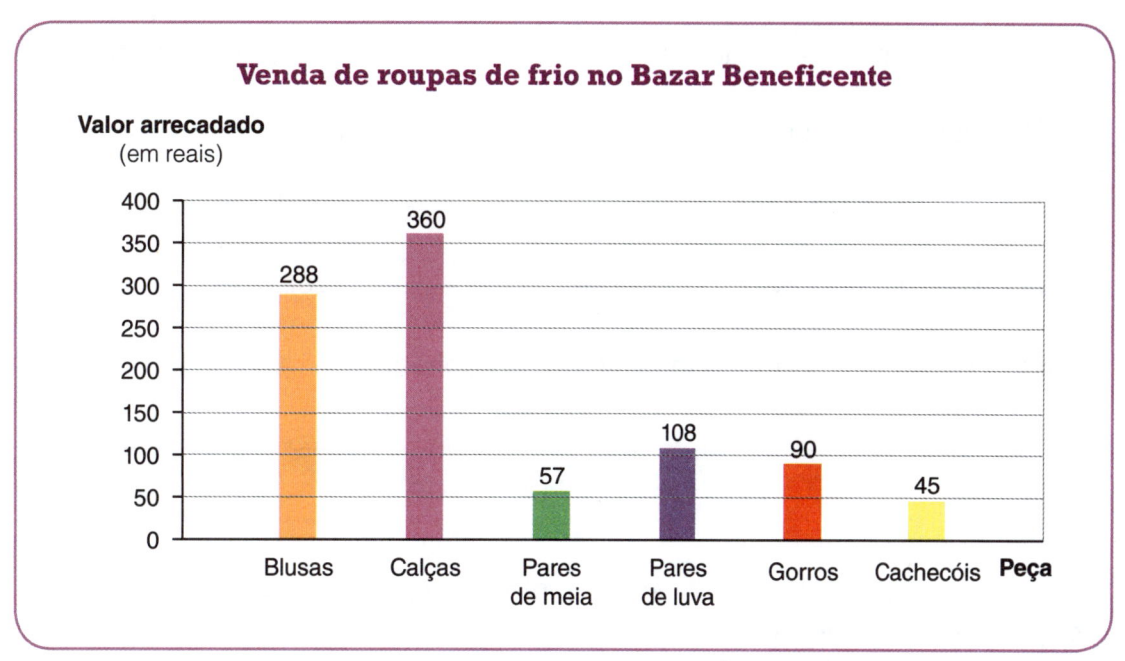

Venda de roupas de frio no Bazar Beneficente

Valor arrecadado (em reais)

- Blusas: 288
- Calças: 360
- Pares de meia: 57
- Pares de luva: 108
- Gorros: 90
- Cachecóis: 45

Gráfico elaborado para fins didáticos.

_____

_____

d) Complete: O Bazar Beneficente vendeu _____ pares de meia a mais do que gorros, mas arrecadou R$ _____ a mais com os gorros do que com as meias.

e) Para responder ao item anterior, você teve que fazer duas operações. Indique abaixo quais foram essas operações.

_____

f) Observe novamente o primeiro gráfico e responda: qual é o total de peças vendidas no Bazar Beneficente?

_____

g) Qual é a diferença entre o valor arrecadado com a venda das calças e o valor arrecado com a venda das blusas?

_____

_____

49

PRISMAS E PIRÂMIDES

1 Complete as frases abaixo.

a) A base de um prisma de base _____ é um triângulo.

b) Um prisma de base hexagonal tem _____ faces.

c) Uma pirâmide de base _____ tem 5 faces.

d) Uma pirâmide de base pentagonal tem _____ vértices.

2 Explique o que são as faces laterais de um poliedro.

_____

_____

3 Pense sobre os poliedros que você montou e complete a tabela abaixo com as informações que faltam.

Quantidade de vértices dos poliedros

Nome do poliedro	Base	Quantidade de faces	Quantidade de arestas	Quantidade de vértices do polígono
	Triângulo		6	
	Pentágono	6		
	Hexágono			7
Prisma de base triangular			9	6
Prisma de base pentagonal			15	10
	Hexágono	8		

Tabela elaborada para fins didáticos.

UNIDADE 4 CAPÍTULO 10

PÁGINAS 202 A 205 DO LIVRO

GRANDEZAS E UNIDADES DE MEDIDA

1 Para cada frase a seguir, indique qual é a medida usada.

a) Que calor! Hoje está fazendo 30 °C. → medida de _____

b) Esse filme é curto, ele dura apenas 50 minutos. → medida de _____

c) Comprei um pacote com 5 kg de arroz. → medida de _____

d) Aquele livro tem mais de 20 cm de altura. → medida de _____

2 Pense nas medidas que você conhece. Escolha duas medidas que não foram citadas na atividade anterior. Indique seus nomes e crie uma frase para cada uma delas.

- Medida de _____.

  Frase: _____

- Medida de _____.

  Frase: _____

3 Indique um instrumento que você usaria para medir cada uma das grandezas da atividade **1**.

a) _____ c) _____

b) _____ d) _____

4 Pesquise e copie abaixo uma receita culinária que apresente unidades de medida de massa, de capacidade e de tempo. Depois contorne as medidas de acordo com a legenda: medidas de massa em **azul**, medidas de capacidade em **roxo** e medidas de tempo em **laranja**.

_____
_____
_____
_____
_____

FRAÇÃO E DECIMAL MAIOR DO QUE 1

1 Cada uma das figuras abaixo foi dividida em partes iguais. Cada quadro foi associado à fração correspondente à parte pintada das figuras, considerando 1 figura em cada quadro.

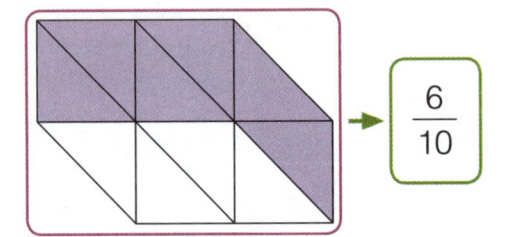

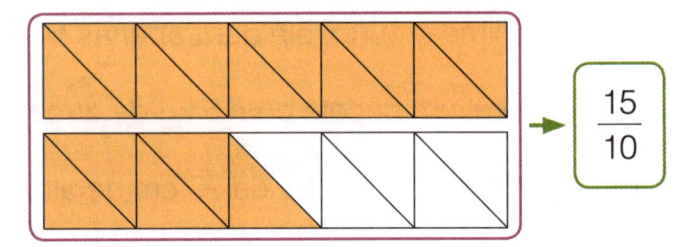

$\dfrac{6}{10}$ $\dfrac{15}{10}$

a) Quantas partes estão pintadas na figura roxa?

_____

b) Quantas partes estão pintadas ao todo nas duas figuras laranja?

_____

c) Escreva cada fração abaixo em decimal.

- $\dfrac{15}{10} =$ _____
- $\dfrac{6}{10} =$ _____

d) Complete: O numerador da fração $\dfrac{15}{10}$ é _____ do que o denominador, pois indica a quantidade de partes _____ nas duas figuras laranja.

2 Pinte as figuras em cada item de acordo com o decimal indicado.

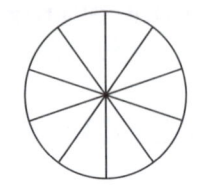

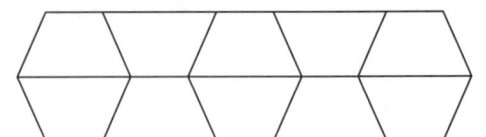

a) 0,3

b) 1,3

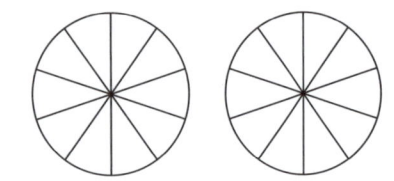

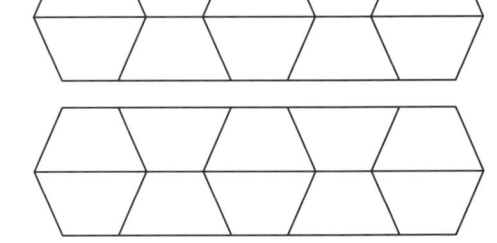

c) 0,7

d) 1,7

UNIDADE 4 · CAPÍTULO 10

PÁGINAS 208 A 211 DO LIVRO

DIVISÃO: CONFERINDO O RESULTADO

1 Heitor e Leia levaram seus 7 sobrinhos ao cinema. Como todos são estudantes, eles pagaram meia entrada. Eles gastaram ao todo R$ 117,00 com os ingressos.

a) Calcule quanto custou cada ingresso e registre seus cálculos no quadro de valor posicional ao lado.

b) Confira sua resposta com uma multiplicação.

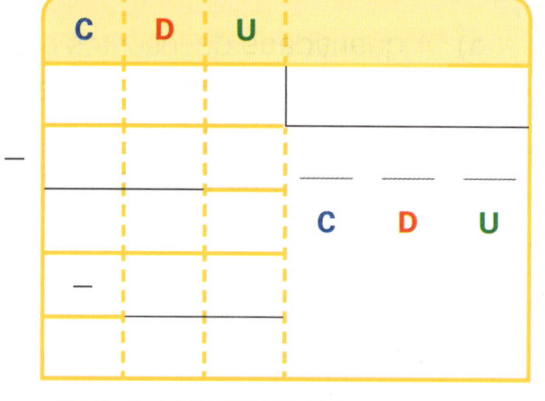

2 Cristina dividiu 479 por 6 e encontrou quociente igual a 79 e resto 4.

a) Cristina fez a divisão corretamente? Registre a divisão no quadro de valor posicional ao lado.

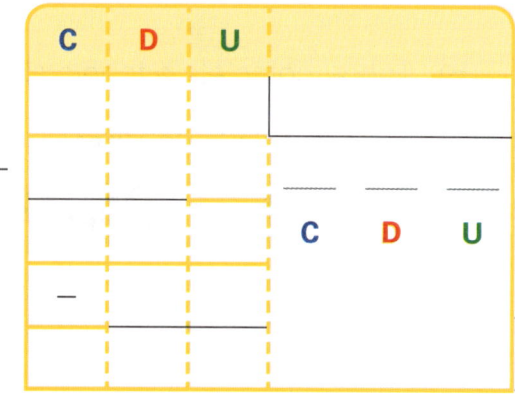

_____

_____

b) Agora, justifique sua resposta ao item anterior usando a relação fundamental da divisão.

_____

UNIDADE 4 CAPÍTULO 10

PÁGINAS 212 A 215 DO LIVRO

GRÁFICO DE COLUNAS E TABELA

- O gráfico de colunas abaixo representa a quantidade de inscritos em cada modalidade esportiva do Campeonato Interescolar deste ano.

Quantidade de alunos inscritos por esporte no Campeonato Interescolar

- Basquete: 536
- Futebol: 852
- Xadrez: 345
- Corrida: —

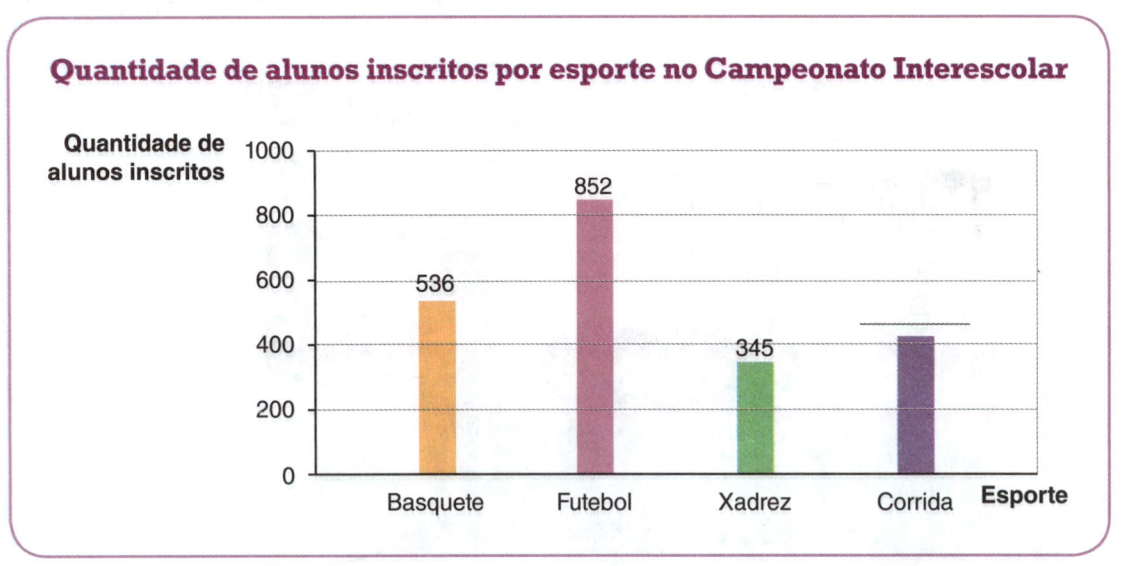

Gráfico elaborado para fins didáticos.

a) A quantidade de inscritos na corrida é metade da quantidade de inscritos no futebol. Calcule a quantidade de inscritos na corrida no quadro de valor posicional ao lado. Em seguida, complete o gráfico.

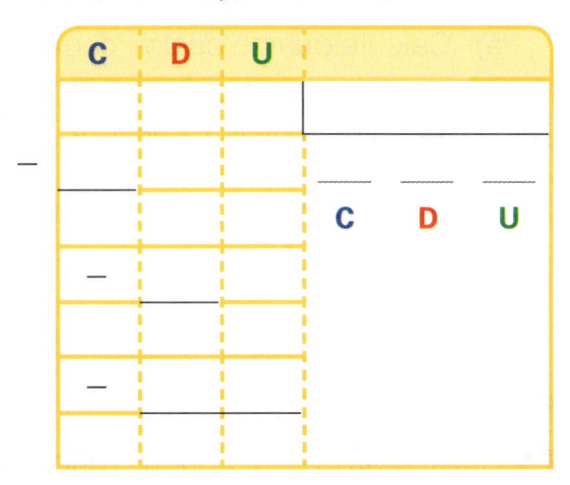

C	D	U

b) Agora, complete a tabela abaixo com os dados do gráfico.

Quantidade de alunos inscritos por esporte no Campeonato Interescolar

Esporte	Quantidade de inscritos

Tabela elaborada para fins didáticos.

SIMETRIA EM POLÍGONOS

1 Observe os polígonos representados na malha quadriculada abaixo.

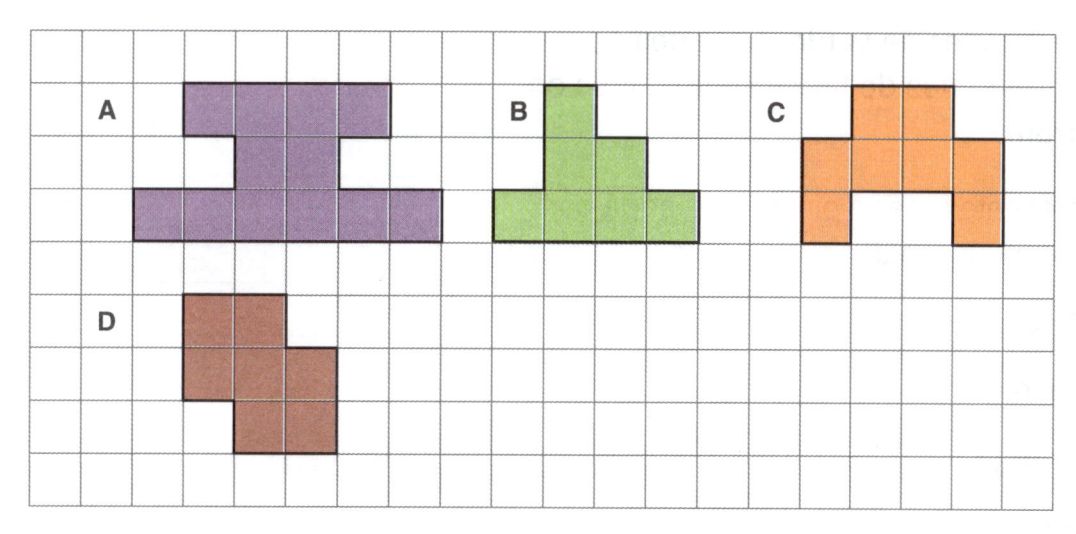

a) Trace os eixos de simetria em cada polígono acima.

b) Todos os polígonos apresentam simetria?

_____

c) Como o polígono que não apresenta simetria pode ser modificado para ganhar simetria?

_____

_____

d) Desenhe na malha quadriculada um polígono que apresente mais de dois eixos de simetria.

2 Desenhe na malha quadriculada abaixo dois hexágonos que tenham quantidades de eixos de simetria diferentes. Indique os eixos de simetria de cada um.

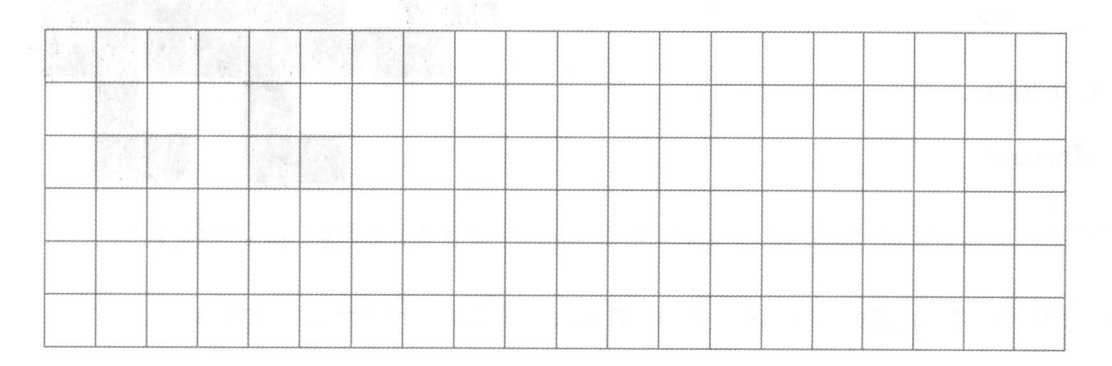

UNIDADE 4 CAPÍTULO 11

PÁGINAS 228 A 231 DO LIVRO

NÚMEROS DECIMAIS: CENTÉSIMOS

1 A figura a seguir está divida em 100 partes iguais.

a) Pinte 9 partes de **verde**, 13 partes de **roxo**, 24 partes de **laranja** e 40 partes de **marrom**.

b) Represente a parte pintada de cada cor na forma decimal.

- **Verde**: _____
- **Roxo**: _____
- **Laranja**: _____
- **Marrom**: _____

c) Represente a parte pintada dessa figura na forma decimal e na forma de fração.

- Decimal: _____
- Fração: _____

2 Cristina resolveu um passatempo de **Nonogram** e formou a figura abaixo. As figuras formadas pelos quadradinhos pintados nessa malha quadriculada são um dromedário e um sol.

a) Quantos centésimos da figura foram pintados?

_____

_____

b) Indique quantos centésimos da figura estão pintados de cada cor.

- **Laranja**: _____
- **Marrom**: _____

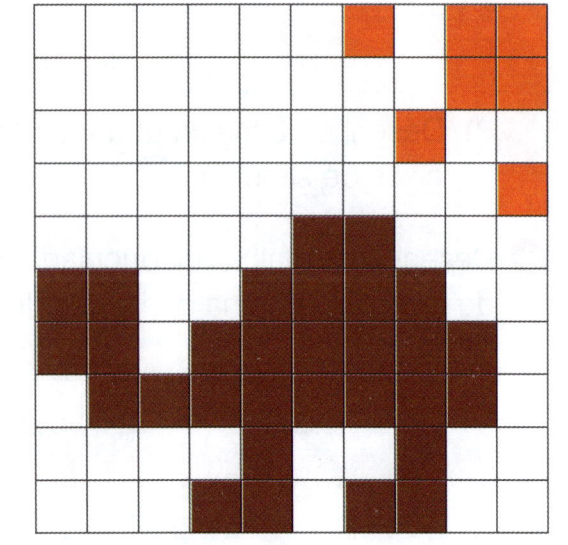

c) Complete: Se eu pintar os quadradinhos em branco de azul, então a parte pintada em azul representará 63 centésimos ou _____ da figura.

UNIDADE 4 CAPÍTULO 11

PÁGINAS 234 E 235 DO LIVRO

DIVISÃO: DIVISOR DE 2 ALGARISMOS

1 Resolva as divisões a seguir no quadro de valor posicional.

a) 753 ÷ 12 = _____ e resto _____

C	D	U	
7	5	3	12
			C D U

b) 962 ÷ 26 = _____ e resto _____

C	D	U	
9	6	2	26
			C D U

2 Tatiana e Rodrigo têm uma floricultura. Eles estão organizando 900 rosas em buquês para vender.

a) Se eles dividirem as rosas em buquês com uma dúzia de flores cada um, então quantos buquês ao todo eles terão? Sobrarão rosas? Registre seu cálculo no quadro de valor posicional ao lado.

Resposta: _____

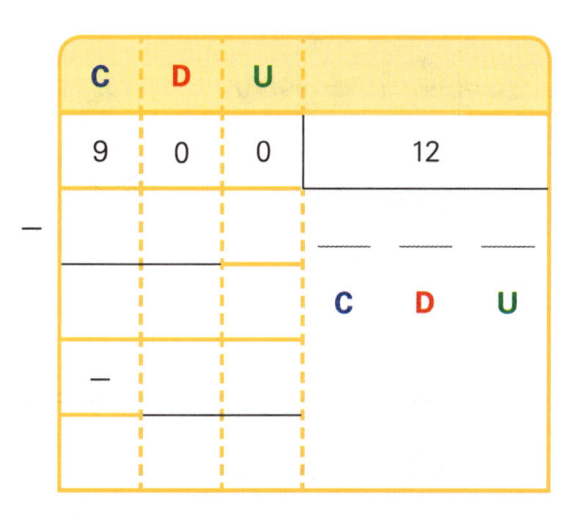

C	D	U	
9	0	0	12
			C D U

b) E se eles dividirem as rosas em buquês com duas dúzias de flores cada um, então quantos buquês ao todo eles terão? Sobrarão rosas? Registre seu cálculo no quadro de valor posicional ao lado.

Resposta: _____

C	D	U	
9	0	0	24
			C D U

PLANIFICAÇÃO DE PRISMAS E DE PIRÂMIDES

- Observe as planificações a seguir.

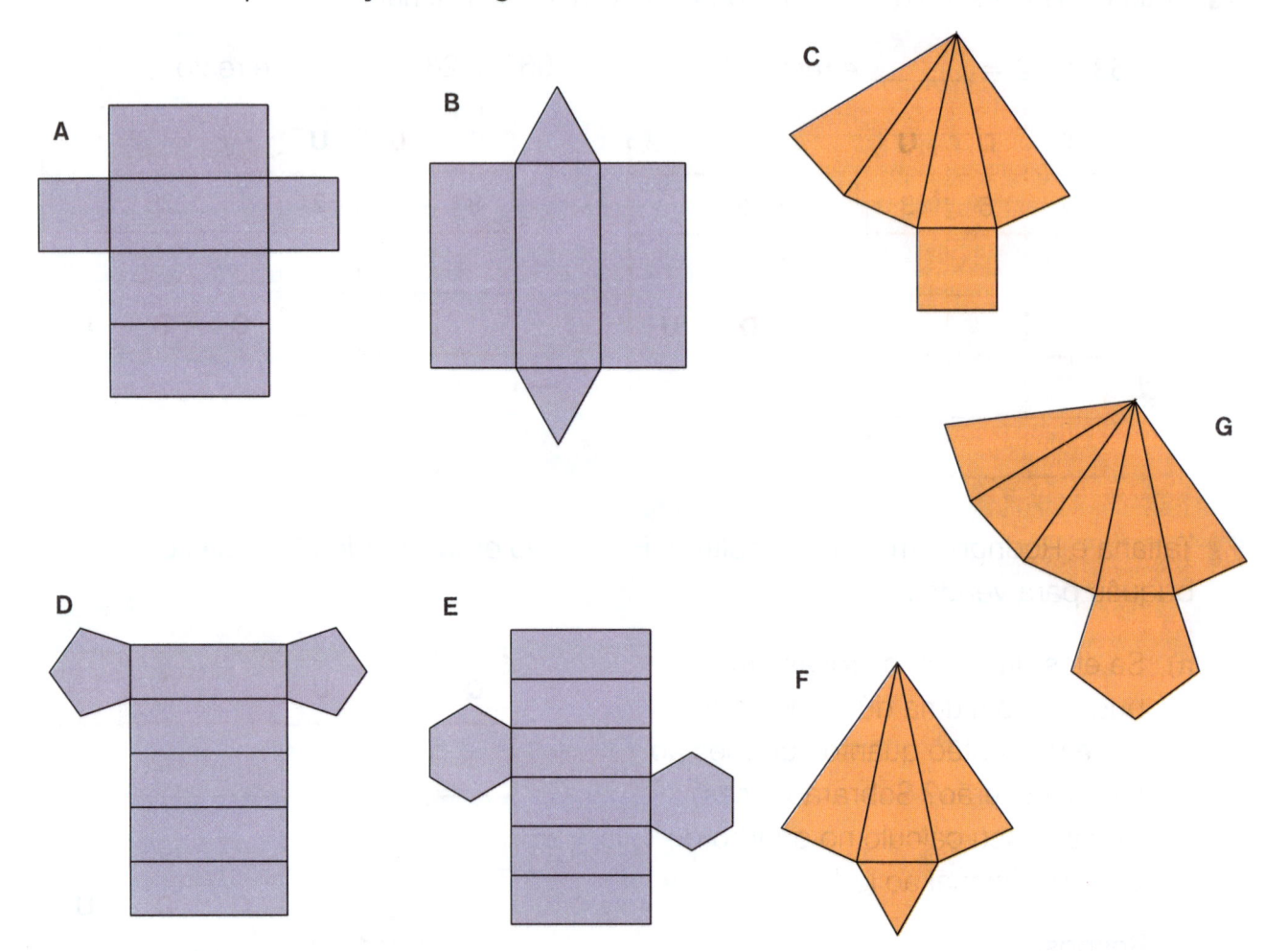

a) Complete: As planificações de _____ estão em **roxo** e as planificações de _____ estão em **laranja**.

b) Indique o nome do poliedro que é obtido ao montar cada planificação.

- Planificação **A**: _____
- Planificação **B**: _____
- Planificação **C**: _____
- Planificação **D**: _____
- Planificação **E**: _____
- Planificação **F**: _____
- Planificação **G**: _____

UNIDADE 4 CAPÍTULO 11

PÁGINAS 238 E 239 DO LIVRO

SEGMENTO DE RETA

1 Silene desenhou uma palavra usando linhas retas coloridas. Veja o desenho dela ao lado.

a) Qual é o nome das linhas retas que Silene usou em seu desenho?

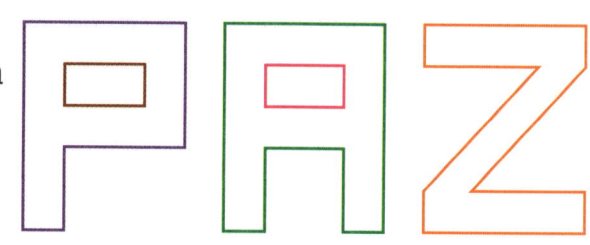

_____

b) Registre quantos segmentos de reta de cada cor Silene usou em seu desenho.

- **Roxo**: _____
- **Marrom**: _____
- **Verde**: _____
- **Rosa**: _____
- **Laranja**: _____

c) Quantos segmentos de reta Silene usou ao todo em seu desenho?

_____

2 Complete o desenho da casa abaixo usando somente segmentos de reta. Faça todos os traçados usando uma régua. Depois, pinte o desenho.

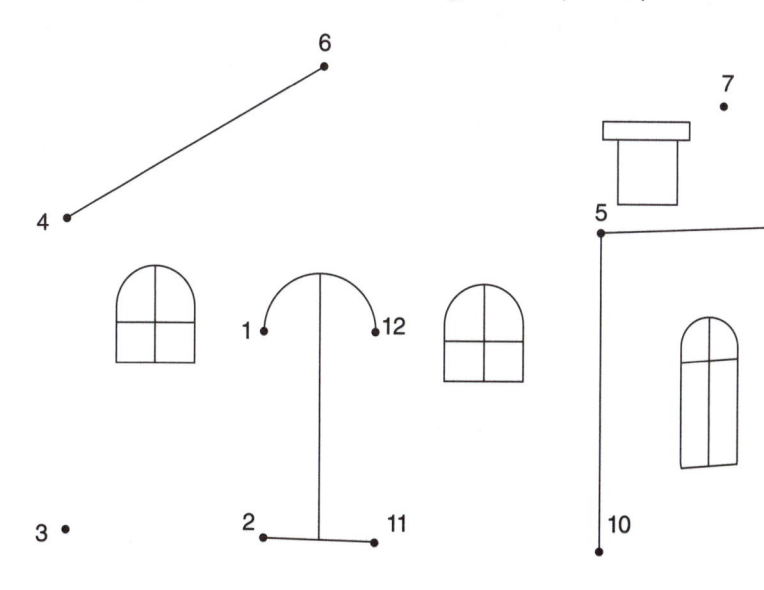

59

CENTÉSIMOS E CENTAVOS DO REAL

1 Siga o exemplo e escreva os valores abaixo por extenso.

> R$ 12,45 → 12 inteiros e 45 centésimos de real ou 12 inteiros, 4 décimos e 5 centésimos de real.

a) R$ 0,05 → _____

b) R$ 0,15 → _____

c) R$ 1,15 → _____

d) R$ 1,05 → _____

e) R$ 1,50 → _____

2 Em cada item abaixo, reescreva a frase representando os reais em decimal.

a) Rose pagou o almoço com 24 inteiros, 20 décimos e 5 centésimos de real.
_____

b) Catarina recebeu 90 centésimos de real a mais de troco na padaria.
_____

c) Paulo pagou 380 centésimos de real na passagem de ônibus.
_____

3 Desenhe abaixo 2 maneiras de obter 7 inteiros e 75 centésimos de real com cédulas e moedas.

1ª maneira

2ª maneira

NÚMEROS DECIMAIS: MILÉSIMOS

1 Em um treino de corrida de 1 km, Rogério torceu o pé e não completou os últimos 200 m. Responda a cada item abaixo na forma decimal, na forma de fração e por extenso.

a) Quantos milésimos de quilômetro Rogério conseguiu correr?

_____

_____

b) Quantos milésimos de quilômetro faltaram para ele completar o treino?

_____

_____

2 Um instituto de pesquisa entrevistou mil pessoas de uma cidade para saber o que estavam achando do atendimento de uma nova loja. As pessoas podiam responder: **ótimo**, **bom**, **ruim** ou **não sei**. Observe abaixo o resultado da pesquisa e depois complete as frases.

- 502 pessoas consideraram o atendimento **ótimo**.
- 322 pessoas consideraram o atendimento **bom**.
- 96 pessoas consideraram o atendimento **ruim**.
- O restante respondeu **não sei**.

a) A fração de entrevistados que considera o atendimento bom é _____.

b) A quantidade de pessoas que aprova o atendimento, ou seja, que considera o atendimento ótimo ou bom é _____ do que a metade dos entrevistados.

c) A quantidade de pessoas que considera o atendimento ruim corresponde a _____ ou _____ dos entrevistados.

d) A quantidade de pessoas que não soube responder é igual a 80 pessoas, o que corresponde a _____ milésimos dos entrevistados.

COMPARAÇÃO E DECOMPOSIÇÃO DE DECIMAIS

1 Siga o exemplo abaixo e complete cada item com as informações que faltam.

> 5,693 → 5 + 0,6 + 0,09 + 0,003
> Cinco inteiros, seis décimos, nove centésimos e três milésimos

a) 6,124 → _____

   Seis inteiros, um décimo, dois centésimos e quatro milésimos.

b) 12,457 → _____

   _____

c) 12,102 → _____

   _____

d) _____ → _____

   Cento e quatro inteiros, três centésimos e seis milésimos.

2 A Fórmula 1 é um tipo de corrida de carros de alta velocidade. Nessa competição, o tempo que um piloto demora para completar a corrida é medido em até milésimos de segundos. A tabela abaixo mostra o tempo em segundos que alguns pilotos demoraram para completar uma volta.

Voltas mais rápidas em treino livre para o Grande Prêmio do México de F1

Piloto	Tempo (em segundos)
Lewis Hamilton	81,097
Daniel Ricciardo	81,201
Sebastian Vettel	81,294
Nico Rosberg	81,083

Fonte dos dados: UOL. **Fórmula 1**. Disponível em: <http://esporte.uol.com.br/ultimas-noticias/efe/2015/10/31/rosberg-supera-hamilton-por-14-milesimos-e-lidera-3-treino-no-mexico.htm>. Acesso em: 30 jun. 2016.

a) Qual dos pilotos demorou menos tempo para completar uma volta?

_____

b) Ordene os tempos que os pilotos demoraram para completar uma volta em ordem crescente.

_____

ÁREA E PERÍMETRO

1 Caio desafiou Alessandra a desenhar 1 retângulo que tenha 18 cm² de área e 18 cm de perímetro. Alessandra fez o desenho em uma malha quadriculada com quadradinhos de 1 cm de lado. Observe abaixo o retângulo que ela desenhou.

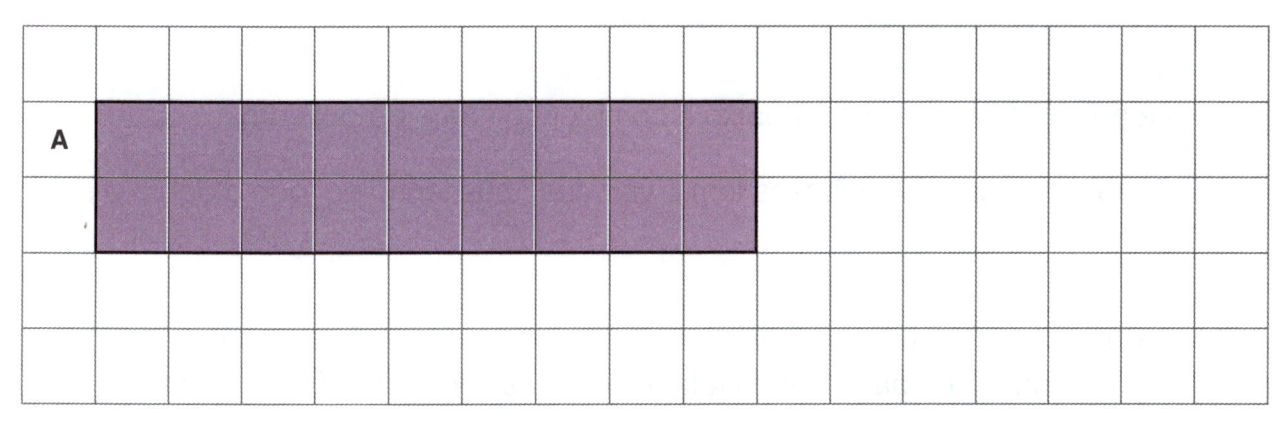

a) Alessandra venceu o desafio? Por quê?

_____

_____

_____

_____

b) Represente a área do retângulo que Alessandra desenhou com uma multiplicação.

- Figura **A**: _____ × _____ = _____ cm²

c) Resolva o desafio proposto por Caio desenhando o retângulo pedido na malha quadriculada acima.

2 Classifique as afirmativas abaixo em verdadeiras (**V**) ou falsas (**F**).

☐ Duas figuras com mesmo perímetro sempre têm mesma área.

☐ Duas figuras com mesma área sempre têm mesmo perímetro.

☐ Só podemos fazer comparações entre 2 grandezas usando a mesma unidade de medida.

EXPLORANDO PRISMAS E PIRÂMIDES

1 Indique uma diferença entre um prisma e uma pirâmide.

_____

_____

2 Leia a adivinha de cada item abaixo e complete o nome do poliedro.

a) Cada uma das minhas bases tem 5 vértices, mas tenho ao todo o dobro disso.

Eu sou um _____.

b) A quantidade total de meus vértices é 1 a mais do que a quantidade de vértices da minha base. Tenho 4 faces e todas são iguais. Eu sou uma

_____.

c) Minha face lateral é retangular e eu tenho duas faces triangulares. Eu sou um

_____.

d) Tenho duas bases e cada uma delas tem 7 vértices. Eu sou um _____

_____.

3 Agora é a sua vez! Crie uma adivinha usando as características que você conhece dos poliedros abaixo.

a) Prisma de base hexagonal

_____

_____

b) Pirâmide de base pentagonal

_____

_____

c) Prisma de base retangular

_____

_____